世界思想文化史叢書

西方文化與中世紀神哲學思想

唐逸著

國立中央圖書館出版品預行編目資料

西方文化與中世紀神哲學思想／唐逸
著.--初版.--臺北市：東大出版：
三民總經銷，民81
面；　公分.--(世界思想文化史叢書)
參考書目；面
ISBN 957-19-1304-9（精裝）
ISBN 957-19-1305-7（平裝）

1.哲學-西洋-中古(476-1453)

142　　81001092

著　者　唐　逸
發行人　劉仲文
出版者　東大圖書股份有限公司
總經銷　三民書局股份有限公司
印刷所　東大圖書股份有限公司
　　地址／臺北市重慶南路一段
　　　六十一號二樓
　　郵撥／〇一〇七一七五——〇號
初　版　中華民國八十一年四月
編　號　E 11011
基本定價　陸元貳角貳分
行政院新聞局登記證局版臺業字第〇一九七號

ISBN 957-19-1305-7（平裝）

《世界思想文化史叢書》總序

一九八六年（民七五）七月，偉勳應邀回國參加國建會社會文化組討論期間，由於東大圖書公司董事長劉振强先生的一番好意，聯袂南下旅遊兩天，觀賞横貫公路一帶的奇峰美景。回途中偉勳偶然提及戰後日本文化出版事業的蓬勃發展，就以各種思想史以及文化史方面的叢書來説，已有數十套之多；反觀我國的出版界，直至今日仍無一套像樣的此類叢書，從啓蒙教育的觀點去看，難免令人感慨萬千。在臺北出版商中向來以「敢於突破」享有盛名的劉先生一聽之下，立即靈機大動，敦促偉勳籌劃一套《世界思想文化史叢書》。偉勳返美之後，擬出初步計畫，同時邀請清松共同擔任主編，負責策劃、邀稿與審訂。

依照劉先生的意願，我們為了本叢書擬出編輯要旨，明白指出，「其編輯之目的，旨在促進國人對世界各主要地區的思想與文化之特質及其發展之認證，明其興亡之迹，剖其强弱之理，藉以開擴國人眼界，加深國人思想，培養文化創造力，期能綜合中外優點長處，創造能予繼往開來的新時代中國思想與文化。」至於各書作者與內容一點，我們也指明，「每一地區之思想文化史由主編邀約對該地區之思想與文化發展特具研究心得之專家學者擔任撰稿，內容須包含該地區各時期之神話、社會、政治、科技、文學、藝術、哲學、宗教……等各方面，各撰稿人須顧及各時期與地區之特色（例如以宗教為主，以哲學為主，或以科技為主……），依自己的學術專長與立場進行整合，並提出特有立論，但總須陳述發展，點出特質，評價優劣，說明興衰，以供國人借鏡。」

我們的叢書雖以「思想文化史」冠名，但因各書作者的治學專長以及偏好有所不同，要能充分兼顧思想史與文化史兩面，頗不容易。部分作者的專長如在哲學，可能偏重思想史的發展；另一部分作者的專長如在文學藝術，亦可能偏重文化史的發展。一般地說，歷史學家較有辦法並重思想史與文化史的同時發展。我們衷心盼望這一套叢書能有拋磚引玉之功，且盡高度的啓蒙教育之效。

依照我們的原定計畫，本叢書應有五十册以上，希望儘能包括世界各大地區在思想文化方面的顯著發展。如就我國來說，至少十二册，始於先秦，終於現代海峽兩岸各自發展的思想文化概況。又就鄰邦日本來說，也分成五册（古代、中世、近世、近代與現代）。其他較為重要的地區，也分多册，譬如近代歐洲與現代歐洲各有五册，另加一册總論。有時思想史與文化史可能分開，我們就多加一册。無論如何，我們的叢書希望具有伸縮的餘地，在人力不足的有限條件下，設法隨時適予調節，不過仍要堅持讀者所期待的學術水平。

中華文化傳統以儒、釋、道三家為主，這是中國思想與文化本有根基所在。不過，再好的傳統皆須經歷批判的繼承和創造的發展，始能提高其在世界思想文化領域中的地位。然而，進行比較與開拓視野正是繼承與發展的最佳途徑。為此我們有必要將中國思想文化史放置在世界思想文化史的脈絡中，一方面比較其優劣長短，另一方面開拓國人的視野，藉以開闢出一條未來中國思想文化的康莊大道。我們期望，本叢書旣有助於讀者在世界脈絡的比較和定位中，對中國思想與文化進行反思，亦能進而有助於中外思想與文化的交流與全通。

我們認為，雖然目前海峽兩岸的中國在政治上仍處於「一分為二」的局面，但是兩岸的知識份子應皆懷有「文化中國」的共識，並且為促成中國文化的再造投注心力。我們主編這套《世界思想文化史叢書》的最大願望，也就是在提供海峽兩岸的中國人更為深遠的世界視野的同時，能為傳統中國文化的繼往開來，承擔一份責任。

傅偉勳　沈清松

一九八九年十月十日

自　序

一九八〇年，余甫授基督教思想史於中國社會科學院研究生院，未幾乃撰講章。逾三數載，復援筆草成《西方文化與中世紀神哲學思想》。舉此書指要，約有二端。一者，欲以研究思想史之方法論，付諸實施，此於本書緒言中已述其旨趣，兹不更論。二者，欲闡明中古神哲學思想乃近現代西方觀念之一大源頭，於理會西方文化，至關緊要， 而世之論者雖言其淵藪有自來， 則止於近代， 常有攔腰斬斷之感。以此遂發願刊行一種中世紀思想文化史，義理與考據兼行，論述與文獻並舉，固知其非傳世之作，冀可聊應一時之需。未經歲，復涉筆〈安瑟倫哲學思想研究〉，草蹙之間，僅成一章，卽〈安瑟倫真理論〉，並及〈論語法家〉之數節而已。自是俗務紛繁，遂擱筆而可不復為。世事茫茫，緣法有殊，非相契者，豈可强求。於是乃收〈真理論〉為本書之附錄焉。至若〈中世紀神學四講〉，則係客居海外之時， 應作者之請， 匆匆迻譯， 原擬付梓單行， 殊料數載之間輾轉求售，竟無一問津者。今亦附錄於此，以示其別有學術立場及功力，不惟其完備之文獻可為本書生色，卽其立論之學理，亦與拙作有相得益彰之意趣。質之皮華德先生，未知以為然否也。

今校樣旣置案次，展卷披閱，如臨新篇，嘆所學之謭陋，明知海之無涯。斯時也，書局編輯先生索序甚殷，竟無辭以付之。昔者顧亭林云，人之患在好為人序。今自為之序，庶幾可免於譏乎。

書稿棄置篋中經年，承友人傅偉勳教授收入叢書，併誌謝忱。

一九九二年二月

西方文化與中世紀神哲學思想

目　次

〔附錄一〕安瑟倫的眞理論

第一部分

〔附錄二〕中世紀神學四講

一 緒言：關於本書的方法

對於歷史上的思想，有種種不同的評價標準。其一是專就思想本身的形式嚴整性立論，此卽某些思想史家所稱的邏輯之美(或不美)。其二是專就思想在實踐中的成敗功過立論。一種觀念有其理想相及現實相，若僅以其現實相評價其理想相，似失於偏。觀念的現實意義固然可由其實踐的效果來判斷，然而觀念還往往具有原型性，使觀念的生命歷久不衰，或激發出繼承性的新觀念，以及後世的實踐。此時，對歷史上觀念的現實意義之評價，亦不得不括入此種繼承性實踐之得失。古希臘城邦的市民大會式民主，不久便被大帝國征服並取代，可謂歷史上的失敗。但是此種依據程序化的輿論權力來制約行政權力的民主思想，卻成爲近現代相對成功的民主實踐之原型（人權觀念則大抵溯源於斯多葛派及基督教的自然法人權觀）。中國周朝的井田思想在當時及後世皆未獲成功，但對後世的政治哲學與政治實踐卻具有某些原型性影響。凡此種種，皆爲研究思想之實踐效果時不容忽略之條件。而一種觀念是否具有持久之生命或激發出在結構上有連續性之觀念，則首先取決於原型觀念在邏輯上的嚴整性及理念上的合理性（相對於文化體系而言）。以此之故，思想史之第一要義，乃是研究思想本身之意義結構。

與實踐效果相關，另一種評價標準是根據行爲的利益動機來說明思想的性質。諸如哈貝馬斯的詮釋學便強調利益在思想觀念中的作用。等而下焉者則滿足於說明某思想代表某階級的利益，彷彿捨此而外別無價值之可言。然而以利益說明思想的性質及意義，頗有邏輯上的困難。1.思想本身不在觀察範圍之內，故思想形成過程中，「利益」是否以及如何參與思維，不可能給以證實。2.「利益」作爲行爲動機，乃是被主體理解的利益，是一種觀念；自在的利益不可能參與思維。3.既然利益是一種觀念，其本身便是一個價值判斷；在判斷中主體可能已經不自覺地運用了傳統價值的前提，修訂或否定了原初的利益。4.在利益判斷中主體運用價值性前提，此前提作爲判斷又有其前提，如此追溯下去會發現極其複雜的概念聯繫，故欲在行爲與原初利益之間建立規律性的平行關係十分困難。

要之，在觀念世界中本無「赤裸裸的實際利益」，而僅有價值性理念性的利益。一切利益的涵義，皆以一定的價值觀念爲前提，依主體的認識而變動不居，故以固定的利益來論定固定的思想之「本質」，並無充足理由可言。人對利益的判斷往往被日後的實踐及認識所否定或修訂。當人們自以爲按照本身的利益而採取激越的行動時，也許正在走向災難或毀滅。反之，歷史上的社會性災難也可能產生史稱的有利因素。十字軍討伐、聖像破壞運動、三十年戰爭、世界大戰，大率如此。陀斯朶也夫斯基在《地下屋手扎》中喊道，不要替我指出我的利益是什麼，利益對我有什麼用呢。陀氏是在爲人類行爲中的非理性動機張本。實際上，人類的行爲動機，旣有意志的參與，又有理性的參與，也有潛意識等衝動的參與，大抵以語言爲形式，卻鮮有清晰的性質。其中利益觀念自起一定的作用，但是這種作用的性質、程度、過程並不清楚，尤以利益觀念與其他價值觀念的關係最爲糾纏。然而利益是一種「兌現價值」，人們對其迫切關注，使其有較多的實踐檢驗機會，亦即較多的修訂機會。這也許是某種功利主義的 raison d'être，然則這也正是不可用固定利益來說明思想之性質的有力理由。

既然思想不是利益的工具，那末思想是什麼呢？筆者無意於裁判思想的「本質」。吾人所知道的思想，乃是思維的語言陳述，其意義隨主體之體驗理解而深化。一定的陳述之意義與一定的行爲模式之間，或有一種不確定的對應關係。如不論「事實的陳述」，則思想大抵具有價値判斷的性質。人們往往留意於實踐對於思想效果的檢驗功能，卻疏略於觀念對於實踐之目的與領域的設定作用。大約語言的自我設定性、實踐的不可窮盡性，加之思維的不可觀察性，乃是使觀念具有持久生命和意外發展的基本條件。而一種觀念是否具有持久的生命，則首先取決於其相對於文化體系的理念合理性。一般而言，難以判斷一種「傳統觀念」會在什麼時候以什麼形式重新出現並影響人的行爲。

以此之故，在思想史研究中，需要一種方法，系統地處理上述的觀念持久或可能持久的現象。筆者曾提出分析詮釋法，以研究意義結構。此方法以語言陳述爲對象，卻不絕對依賴文本（與詮釋學和解構法不同），留意於理性與非理性兩個層面，採取可行的分析和詮釋技術，不排除心理分析和淸楚的歷史解釋，彰顯隱蔽的前提，澄淸概念的聯繫，以期確定一種可資邏輯檢驗（相對於已知及假設條件）的意義結構。由於本方法預設意義依賴於前提，而前提依主體自覺或不自覺認肯之觀念而變化，此種認肯具行爲模式的體驗性質，故本方法預設觀念之可能持久生命（相對穩定的意義結構）及意外發展（產生不同的意義結構）。意義結構大抵可理解爲在意義演繹及應用中的一組相對穩定的基本前提。應用此方法，可以衡量一種觀念的邏輯嚴整性及理念上的合理性，故亦可用於思想史研究。但是由於本方法關注諸多細節，要求反覆的分析，層層的詮釋，故更適宜個案研究及比較文化觀念研究，而於一般思想史論述難有充分發揮之餘地。本書雖力求遵循此一方法之精神，卻不能曲盡其義。至若本書中之文化背景重建，亦限制在已知條件的最低限度之內，蓋本書之方法在根本上並非歷史解釋法，於此可知何以本書以中世紀神學觀念爲說明西方文化發展的重要條件之一，卻不以歷史背景爲中世紀神學觀念之根本說明。理念之合理性固然相對於文化背景，但同一文化背景中有如此紛繁不一之思想體系，各有其相對穩定的意義結構，故思想史應以說明思想本身之意義結構爲第一要務。形成意義結構之條件，未知多於已知，不可強不知以爲知。意義結構之說明，乃是或多或少具有主體體驗性的假說，不可能給以完全客觀的證實。本書旣以意義之發掘爲主旨，故自然排除所謂肯定與否定或精華與糟粕之說，因爲不論揚棄抑或根據一時一地之社會作用來固定思想之「本質」，皆是宣告意義生命之終結。

總而言之，思想史的論述乃是意義之詮解，依主體之體認而轉移；思想史家的工作，無非是不斷提出一種或許多餘的個人洞見而已。

二　中世紀神學思想的現代意義

自文藝復興以後，在人文學術中有一種貶抑中世紀神學思想的傾向。十八世紀的吉朋 (Edward Gibbon)、十九世紀末的弗萊則(Sir James George Frazer) 皆爲代表人物。實則近現代西方文化思想，承襲於中世紀神哲學者良多。近代科學方法及實驗萌起於十三世紀的經院。近現代大學教育及體制是中世紀大學的延續和發展。近代哲學，如大陸理性主義，是經院哲學的繼承者。現代西方政治、法律、社會風俗中有許多因素皆溯源於中世紀。今日不少流行用語，諸如存在、異化、主體、契約、人權、理性、指稱、詞項、符號、象徵等等，皆是中世紀經院中的熟語，而中國引入這些概念的歷史不及百年。

十八世紀浪漫主義時期，曾有人嚮往中世紀文化，那大抵是發思古之幽情。自十九世紀末季以來，方開始嚴肅地考訂中古文本，認眞研究中世紀學術。自此以往，西方學界對中世紀乃有新的認識，不再籠統地稱中世紀爲「黑暗時代」；反而指出，現代社會的許多制度與技術，諸如小寫拉丁字母、大學體制與學位、地方自治和選舉、城市公社、議會憲章、十二人陪審團制、法學演繹原則、自由貿易、金融銀行、遠洋航海、土木工程、機械製造、實驗科學，凡此率皆承襲於中世紀。

目前中世紀神哲學研究，已具相當規模。一些有實力的大學，相率成立中世紀研究中心。一九八七年五月在新魯汶大學成立的國際中世紀研究協會，是代表各國中世紀研究中心、學會的國際性組織。

由於歷史原因，從事中世紀神哲學研究者，以天主教學者居多。本書則純從文化思想史的角度，研究中世紀神哲學觀念與方法的發展及其與現代西方文化觀念的某些聯繫。由於下文大抵按歷史年代論述，鮮有分析觀念結構之機會，故本節舉出一二實例，略加研討，以爲本書的一個引子。

首先舉「異化」爲例。這本是一個基督教概念。與現代歐洲語言中相應的詞同形同義的詞見於中世紀拉丁文通俗本《舊約·約伯記》31·3:

> Numquid non perditio est iniquo, et
> alienatio operanti bus injustitiam.

alienatio 源於動詞 alieno, 原義爲「（財產的）轉讓」，引伸爲「分離，遺棄」。這個動詞用來翻譯希臘文的 *αποξενόω*，後者義爲「從家中趕出去」。案頭幾種英文聖經並未將這個詞譯爲 alienation。如英國欽定本聖經作:

> Is not destruction to the wicked?
> And a strange punishment to the workers of iniquity?

新牛津標準本作:

> Does not calamity befall the unrighteous?
> and disaster the workers of iniquity?

好消息聖經則作:

He sends disaster and ruin
to those who do wrong.

官話合和本的中譯爲:「豈不是禍患臨到不義的，災害臨到作孽的呢。」

又,《新約·以弗所書》4•18-20「他們心地昏昧，與上帝所賜的生命隔絕了……」後半句在拉丁文通俗本中作: alienati a viâ Dei; 欽定本和牛津標準本皆作: alienated from the life of God。

經文中的「異化」，本指與上帝生命的隔絕疏離，對於受造物而言，這意指永死，乃是原罪導致的懲罰。與眞生命隔絕了，便失去眞實存在的意義。近現代「異化」所指的「對象化」，便是從 alienatio 的宗教意義演化而來。再者，自絕於上帝，不受至善的指導，也是一種墮落的本性，可說是一切人間罪惡的根源。故倫理的罪之內涵大於法律的罪，而宗教的罪又大於倫理的罪。此種關於罪的意義結構，至今爲通行的用法，深刻地影響着西方文化。而罪意義的完整詮釋大抵形成於中世紀，這裏僅涉及罪意義的一小部分。

再舉中世紀神學中法的演繹原則與自然法觀念，約略說明其現代意義。十二世紀意大利僧侶格拉西阿努斯（Gratianus 又按現代讀法譯作格拉西安。爲減少拗口，本書常採用後一類音譯但註出拉丁原名）編著的《敎令集》是一部敎會法大全。第一部論法的本原；第二部分析案例；第三部論聖禮。第二部解析案例的方法，是在每一案例項下演繹出一系列需要解決的先決問題，繼而援引聖經、敎父、敎皇通諭、宗教會議決議等權威的有關論述，將各種不同乃至彼此矛盾的見解加以比較權衡（如同阿貝拉的《是與否》），最後得出作者認爲合理可通的結論。例如第 23 案（Decretum 2.23）是關於鎭壓異端問題。某一地區的敎士及信衆淪爲異端並向附近地區擴張。後一地區的主敎在敎皇訓諭下號召世俗政權的軍隊討伐異端。經過激戰，異端分子傷亡就俘者甚衆，餘者投降，重歸普世敎會。格拉西安指出，此案取決於以下的先決問題。㈠打仗是有罪的嗎？㈡對於基督徒，什麼戰爭方爲正當？㈢基督徒受到損害時，是否應報以武力？㈣世仇之爭是否應繩之以法？㈤法官有權處死已被定罪的人嗎？㈥壞人應當被強迫變好嗎？㈦異端應當被剝奪財產嗎？㈧敎士有權利拿起武器嗎？

可以看出作者是從羅馬法、日耳曼習慣法、敎會法規、神學的一些基本原則出發，通過演繹原則，探索法理以及判例的邏輯一致性。如將格拉西安的法學思想與十四世紀奧卡姆的人權學說加以比較，可發現意義結構的演化。二人皆從社會成員的權利與義務的基本構架（而不是從道德修養或政治需要出發）討論行爲規範。二人皆以內涵超過法律是非的道義價值作爲法律的基本原則。格拉西安將啓示眞理中的道德律作爲基本原理；奧卡姆則以自然法中包涵的人類基本權利，即自由權利和私有財產財權，作爲基本原則。二人皆著重法律結構的演繹原則及一致性。權利結構、道義原則、演繹原則，至今仍爲法學的基本原則，而涵義有所演化。

在中世紀，承前啓後的系統法學思想論述，可舉托馬斯的《神學大全》第一部第二分部 90 至 100 題爲代表。托馬斯指出「法是行爲的法則與尺度，使人行動或限制其行動；因爲 lex 源於 ligare，約束人的行動。」[11] 他給法下的定義是：「由管理社會的人，爲公益而制

---

[11] *Summa Theologiae* 1.2 ae. 90. 1. 動詞 ligo 義爲「約束」。

訂和頒布的理性的條令。」❷這一定義指人類法而言，而托馬斯認為法有永恆法、自然法、人類法三種。

一、永恆法

世界受上帝理性的制約，上帝不在時間之內，故為永恆法。既然人的終極目的是永福；既然人類法僅可約束可觀察的外在行為而對於內在德行無效；而且人類法不可能懲罰一切的罪（這裏可比較上文所論罪的三層涵義）；故永恆法對人的存在來說絕對必要。❸永恆法分為舊法（即摩西十誡）與新法（即〈馬太福音〉22•37-40 中的「愛上帝」與「愛人如己」），前者用 timor（畏）約束外在行為，後者用 amor（愛，即基督的恩典）引導內在的誠。❹

二、自然法

上帝是萬物的主宰。被統治的涵義之一是參與統治者的法則。因此；萬物參與永恆法，按各自的本性朝一定目的運作。理性動物以其理性（神之光的印迹）參與永恆法。人類理性的第一對象是存在。正如思辨理性的初始原則是矛盾律（即以存在或不存在為基礎），同樣，實踐理性的初始原則是善（即存在的目的）。故自然法的基本律令為「趨善避惡」，一切其他原則皆由此導出。自然法的三個基本原則是:自我保存；性生活和養育後代；過社會生活、求知識、求永福（認識上帝)。❺

---

❷ Ibid. 1.2 ae. 90. 4.

❸ Ibid.

❹ Ibid. 1.2ae. 90.5.

❺ Ibid. 1.2ae. 94. 1-2.

三、人類法

人類法源於自然法，凡違背自然法的法律皆不成其爲法律。自然法通過兩種形式成爲人類法的基礎：1.由自然法原則演繹成人類法條文，此類法律具有自然法的效力；2.將自然法原則應用於社會問題而訂立的法律，此類僅具人類法的效力。人類的自然傾向是過社會生活，不做有害他人的事。一般人可通過一般教育約束有害他人的欲望。有的人則不易理喻，需要通過懲罰和習慣約束自我。❻立法優於人治，因爲㈠找到少數稱職的立法者比找到大批稱職的裁判官要容易；㈡立法者有從容時間研討，而裁判官則需當機立斷故易發生判斷錯誤；㈢立法者概括原則並作長遠考慮，裁判官就事論事故易受眼前利益或情緒影響。❼

由於人類法源於自然法，故公義的法律對良心具約束力。換言之，不公義的法律對人民的良心可不具約束力，人民有權推翻這種法律及強行這種法律的暴君（除非考慮暴力方式弊大於利）❽。不公義的法律指：統治者爲私欲和權力欲而加重人民的負擔；立法者或統治者逾越法律賦予的權力和程序；不公平的賦稅徵斂等。

在西方自然法觀念的演化中，托馬斯的自然法思想是承上啓下的重要環節。古代斯多葛派（芝諾、克里斯普斯）認爲，正義行爲是理性師法自然的結果。宇宙受理性的（可知的）法則支配。動物本能地服從自然法，人類理性可服從也可不服從自然法，正義行爲乃是符合自然法的行爲。這個學說有不少邏輯的困難。自然的有序性與人類的

---

❻ Ibid. 1.2ae. 94.1.

❼ Ibid. 1.2ae. 95. 1Ad.2.

❽ Ibid. 1. 2ae. 96.4.

行爲規範並不屬於同一意義層面。而且，自然中的秩序並不一致，師法羊的和平馴順，抑或師法虎狼的弱肉強食，亦難以一致。

托馬斯則以自然法爲人類理性對永恆法的參與。永恆法使人類具有按終極目的而發展其潛能的天然傾向；理性對這種天然傾向進行自省思辨而頒發的道德律令，即自然法。這乃是說，自然法並非自然法則本身，也不是神啓，而是實踐理性的（具有普遍意義的）律令。這個學說的重要意義，在於確立自然法的新意義結構，排除師法自然規律之說，而以理性頒發的普遍律令爲自然法，即賦予自然法以終極意義、普遍性和一致性。只要承認終極目的和人類現有理性，則須承認每個人有自我生存、養育後代、在公義社會生活中追求知識和幸福（永福）的權利。個人是自主的目的，不是手段。但世界包括人在內是上帝的受造物。

自此以後，近代自然法學說（格羅提烏、馮·蒲芬多夫等）大抵以理性內省爲法的來源，亦即以正常理性經自省而認肯者爲自然法。霍布士與洛克則將外在觀察與理性內省結合起來。康德律令說在結構形式上十分接近托馬斯的理論。時至今日，自然法學說在西方國家（特別是西德和美國）的法律實踐中仍然有重要指導意義。

自然法學說有不少理論難題，諸如法的來源，法的普遍性與各國立法原則多元性的矛盾等，皆未得到妥善解決。托馬斯自然法理論的困難，首先在於無法確知理性自省的必要充足條件，故無法保證自省的結果。托馬斯曾徵引伊西多爾，稱「公有財產和普遍的自由爲自然法則」❾，但又稱理性爲了人類生活的利益而發明了私有制和奴隸制。他也曾指出：「任何一種良知，勿論正確與否，勿論關乎邪惡之事抑

❾ Ibid. 1.2ae. 94. 5 Ad 3.

或無關道義之事，皆令主體感到凡違背良知之行爲必爲罪惡。」❿既然如此，如何保證現有理性的內省必然發出趨善避惡的普遍律令？

再者，基督敎的自然法理論，也需要說明趨善避惡的天然傾向與原罪的關係。這個論題過大，已軼出本書範圍，現在僅稍稍探討「罪以理性爲條件」這個意義結構，因其對理解西方基督敎文化關係不小。爲什麼罪以理性爲條件？因爲原罪在於違抗上帝的誡命。《舊約・創世紀》2•15-17稱：「耶和華上帝將那人安置在伊甸園，使他耕作看守。耶和華上帝吩咐他說，園中各樣樹上的果子，你可以隨意吃，只是分別善惡樹上的果子，你不可吃，因爲你吃的日子必定死。」這是一個命令。但是夏娃受蛇的蠱惑，自動違背上帝的誡命，並使亞當也自動違背誡命。違命的根源在於懷疑上帝的用心。〈創世紀〉：3•4-5「蛇對女人說，你們不一定死，因爲上帝知道，你們吃的日子眼睛就明亮了，你們便如上帝能知道善惡。」這是懷疑上帝命令的動機。對上帝用心的懷疑便是不信仰。不信仰是在理性認識基礎上所作的一種抉擇。故原罪以理性爲條件。原罪的根源有一半在於人類的受造本性：人有理性可以理解上帝的誡命，但同樣可以懷疑，人本身並無保證必守誡命的條件。故罪大於人。再者，罪的根源還有一半在於魔鬼的誘惑，亦表明罪大於人。罪大於人，但上帝大於罪，故在罪的意義結構中，已伏下基督救贖的線索。

由「罪以理性爲條件」這個結構，可作出若干推論，對於理解西方的人性觀念有所助益。諸如：㈠理性強化罪，使其具有故意性、蓄謀性，如托馬斯所言：「因爲人類可以運用理性千方百計地滿足邪惡欲望，這是其他動物辦不到的事。」⓫㈡理性加強道德責任的分量，

---

❿ Quodlibetum 3.27.

⓫ Summa Theologiae 1.2ae. 95.1.

突出了罪有應得。㈢理性是反省、悔罪的必要條件。㈣理性是悔罪之後進行善惡再抉擇的必要條件，也就是信仰的必要條件。㈤作爲已經失去對上帝的原初信仰的理性動物，人人在原罪面前平等，沒有人高居於超越罪及悔罪的特殊地位，這是自然普遍人權的一個條件。㈥罪包攝最殘酷的現實，理性的參與既強化了罪，也提供了直面惡的可能性，使人在向死中求生存、求知識、求幸福。㈦既然罪是理性的抉擇，故在人類本性中沒有自贖的能力（罪大於人），需要基督的救贖。

罪是一個深刻的神學問題，非本書所能詳論。在〈創世紀〉的敍述中已蘊涵着罪的基本構架。自保羅論罪與救贖，奧古斯丁論人的罪性，經院神學家論罪與理性，直至尼布爾稱人類深曉責無旁貸卻又無力自拔，罪觀念不斷演化，但其基本結構則始終如一。

本章主旨在於說明，在中世紀神學中形成的一些觀念結構裏，在近現代西方觀念發展中仍然起着某些原型性作用。

由於本書關注中世紀神學思想的現代意義，故在系統論述中世紀神學觀念發展之前，應對中古神學與現代神學之間的某些明顯連續性有所說明。

三 當代神學與中世紀神學

六十年代後期，美國黑人運動領袖馬丁・路德・金曾講過一段爲人傳誦的話:

> 幾年以來我一直懷有一個信念，就是無辜的苦難具有救贖的意義。如今還有人將十字架視為絆脚石，也大有人視之為蠢事，而我却比以往任何時候更深信那是上帝對社會和個人的救贖。❶

在英美，六十年代熱烈討論的一個問題是世俗化和上帝已死。瓦海尼安 (Gabriel Vahanian 1927—) 出版了《上帝之死》，指出西方已進入「基督教以後的時代」。英國聖公會主教羅賓遜 (John A. T. Robinson 1918—) 的《對神坦誠》(Honest to God) 和《探索上帝》(Exploration into God) 流露出無神論和泛神論思想。梵・標蘭(Paul Van Buran 1924—)、魯賓斯坦(Richard Rubenstein 1924—)、史密斯(Ronald G. Smith 1913-1968)、考克斯(Harvey Cox 1929—)等都是當時有名的世俗化論者。考克斯指出，〈創世紀〉既已將世界設定爲非泛神的自然宇宙，也就是說聖經中已蘊涵着世俗

---

❶ Martin L. King Jr., *Strength to Love*, New York, *Pocket Books*, 1964, p. 172,

化，故基督教的的任務是充分參與世俗世界。

然而值得注意的是，論者到聖經中，至少是在基督教文化思想中，去尋找基督教應該衰退的理由。上帝已死的思想，似乎也是一種基督教思想，卽在新的條件下要求重新認識基督教上帝的一種思想。不久以後，在六十年代末期，便興起各種新的宗教運動，包括新福音派（卡爾・亨利、戈培理）以及黑人神學、解放神學、婦女神學等。同時，對東方神秘主義如禪宗、周易、老莊的興趣亦有所萌發。

上文所引路德・金關於救贖的一段話，是說無辜的苦難將罪惡暴露於光天化日之下，社會才能以非暴力抵抗的方式來對付它；這種受難是對於基督在十字架上受難的一種效法。這是一種新的救贖論，與中世紀最早的救贖理論之一，卽格利高里一世的「戰勝說」，有相通之處。這完全不是什麼「打着宗教旗幟鬧革命」的政治手段，而是努力在傳統基督教思想的構架中去理解某種現代社會行爲的一種嚴肅神學思考，也是努力將今世的不完整意義與宇宙終極意義統一起來的一種思考。

七十年代以後，英美神學理論再度重視超越性的探討。過程神學的代表人物有維廉斯（Daniel Day Williams 1910-1973）、科布（John B. Cobb 1925—）。存在主義神學的作者有黑舍爾（Abraham Joshua Heschel 1907-1972）、吉爾基(Langdon Gilkey 1919—)。神學與社會學的綜合者彼得・伯杰（Peter L. Berger 1929—）也引起人們的注意。伯杰在《天使瑣聞》(*A Rumour of Angels: Modern Society and the Rediscovery of the Supernatural*) 中提出上帝存在的五個新論證，並稱之爲歸納性信仰。照聖經的敍述（〈出埃及記〉3・14），上帝的名「存在者」來自啓示，而非歸納。康德曾指出（《純粹理性批判》三章五節）托馬斯的五個論證實質上以本體論論證爲前提。無論在經驗中歸納出什麼意義，當落實到作爲絕對必然存在的上帝時，這個名中已包涵了本體論論證。伯杰的五個論證是由日常經驗中的不完整意義指向終極性意義。秩序指向公義，遊戲指向永恆，希望指向永生，詛咒指向至善，幽默指向無限。皆以無限永恆的必然存在（即本體論論證）爲前提，在此點上十分接近中世紀的論證。

另一種接近中世紀論證的是人格（位格）主義。鮑恩（Bordon P. Bowne 1847-1910）和布賴特曼（Edgar E. Brlghtman 1884-1953）認爲經驗世界中人格的存在可推導出至高人格，即上帝。布賴特曼認爲上帝既爲人格，故爲有限，此點與傳統神學不同。

在歐洲大陸，繼自由主義神學之後出現的新正統派或上帝的話派，是奧古斯丁傳統在現代的發揚。早期代表人物有巴特（Karl Barth 1886-1968）、布魯納（Eimil Brunner 1889-1966）、奧倫（Gustaf Aulen 1879-1977）、朋懷斐（Dietrich Bonhoeffer 1906-1945）等。當代的莫爾特曼（Jurgen Moltmann 1936-）與上一代不同，不是以啓示，而是以允諾，作爲中心神學觀念，而將末世論與社會問題聯繫起來。這便是希望神學。此外如潘嫩堡（Wolfhart Pannenberg 1928-），也是未來主義者；而埃伯靈（Gerhard Ebling 1912-）與奧特（Heinrich Ott 1929-）則以詮釋學的方式返回「上帝的話」。

大陸存在主義神學在現代早期的著名作者是蒂利希(Paul Tillch 1886-1965)、布爾特曼（Rudolf Bultmann 1884-1976）和布貝爾（Martin Buber 1878-1965）。存在主義神學的基本命題與奧古斯丁關於人處境的理論和托馬斯的存在學說有明顯的繼承關係。

在天主教神哲學中，與中世紀神學關係最稱密切的要算本世紀早期興起的新托馬斯主義。代表人物有法國的馬里坦（Jacque Maritain 1882-1973）、吉爾松（Etienne Gilson 1884-1978）和英國的考普斯通（Frederick C. Copleston 1907-）。他們在科學實證論、邏輯經驗論、存在主義面前闡揚托馬斯實在論對於現代的意義。

先驗托馬斯主義以馬雷沙（Joseph Maréchal 1878-1915）吸取康德的先驗範疇開始。加拿大哲學家婁納根（Bernard Lonergan 1903-）以爲認識活動起於「一種知性欲望，一種心智的愛欲(eros)，捨此則不會發生疑問、探索和好奇。」❷認識是感覺、記憶、想像、洞見、定義、思辨、判斷的交互作用。「『先驗』這個名詞有點嚇人，它卻是提出新問題的基礎。其意思是說，人類知識的發展與人的存在之發展相適應。」❸

這種對於「純求知欲」的重視，與托馬斯十分相近。托馬斯說過：「求知的渴望不會平息，直至知道第一因，知道它的本質而不是旁敲側擊。然而，第一因便是上帝。因此理性動物的終極目的乃是洞見上帝的本質。」❹這與奧古斯丁適成對照，他以爲，不是心智，而是心靈不會平息，直至在上帝中找到安寧。婁納根曾有意識地對兩位傳統大師進行比較。與新正統派不同，他認爲古代基督教汲取希臘哲學的結果，是將基督教眞理從一個民族的象徵中解放出來成爲普世的思想。

除托馬斯主義者外，還有不少天主教神學家努力於傳統神哲學與現代觀念的結合。杜賓根大學的卡爾·亞當（Karl Adam 1876-

---

❷ Bernard Lonergan, *Insight, A Study of Human Understanding*, London, Longmans and Greene, 1958, p. 74.

❸ Ibid, p. 636.

❹ *Compendium theologiae* 104.

1966）從理性與全人格的關係（這也是托馬斯的命題）來重新辯護天主教的教會論。馮・巴爾達撒（Hans Urs Von Balthasar 1905-）則以人的遭遇（也是奧古斯丁以及現代存在神學家布貝爾的命題）作爲一切知識的標準。普里玆瓦拉（Erich Przywara 1889-1972）重新提出奧古斯丁的知識統一論。希因（Fulton John Sheen 1895-1979）用「進化」取代「運動」來重新表述托馬斯關於上帝存在的第一個論證，並用原罪說解釋現代的「焦慮」、「異化」。

德國的卡爾・拉納（Karl Rahner 1904-）是一個重要的天主教思想家。他指出（*Wissenschaft als Konfession*），科學將世界描述爲一個按客觀規律自行運動的結構，其規律也支配人本身。這令人重新思考上帝。上帝不是另一客體，不是世界的一角，不是在一端可觀察到的運動力，不是歸納性的假說。上帝是宇宙的先決條件。科學不能給出宇宙的先決條件，而科學又指出世上的一切皆有先決條件。因此，宇宙整體指向上帝。

這是對中世紀上帝超越性和本體性的認識之一種發展。托馬斯等將上帝設定爲第一因、不動的推動者、存在與本質的同一等，未能在哲學上充分說明基督教上帝與世界的關係。拉納指出上帝是世界總體的存在前提，是爲一種神哲學上的深化。

在第二次梵蒂岡會議以後有幾個引人注意的天主教神學家。比利時的席利貝克斯（Edward Schillebeeckx 1914-）將現象學用於聖事論，提出意義轉化說，以重新解釋聖餐的實在論。此外，他指出古代先知傳統是解釋後世一切基督論的關鍵。德國的海靈（Bernard Häring1912-）在道德論方面強調內在的愛與義務。法國的布耶（Louis Bouyer 1913-）以精密的詮釋方法考證教義在聖經、教父、中世紀神學中的淵源。德國的漢斯・昆（Hans Küng 1928-）被稱作天主教中的新教徒，因爲他的教會論主張對教會進行全面的改革，包括取消教皇無謬誤論、教士獨身、教廷禁書目錄、教廷貴族化、權力外交等。

從以上約略的論述可以看出，縱然隔着宗教改革與近現代神學，當代神學仍與中世紀神學有着種種血緣聯繫，而現代神學則努力在基督教思想的構架中解釋現代經驗。

四　古典神學的內涵與基督教神學不同

「神學」的涵義是什麼？

神學教科書往往徵引奧古斯丁，將 theologia 定義爲 ratio sive sermo de divinitate「關於神的推理或討論」❶。這是《上帝之城》八章一節中的一段話。在同書五章六節，奧古斯丁稱神學爲 ratio quae de diis explicatur「關於諸神的闡釋」。在這兩個地方，奧古斯丁乃是指一世紀作家瓦洛（Varro）關於 theologia 的分類與討論。奧古斯丁舉出的定義是希臘文 θεολογια 的約定用法，也就是「神學」的前基督教古典用法。希臘文「神學」乃取自 θεός（神）和 λόγος（話語、記載），故「神學」意指關於神或諸神的記述。古代的史詩大抵敍述諸神事蹟，故詩人如奧菲烏斯、希斯烏斯、荷馬諸人皆稱作「神學家」。此一用法延續至五世紀。

斯多葛派作家瓦洛將神學分爲三類。

一、神話神學

卽關於諸神事蹟、宇宙起源的敍述，早期教父德爾圖良稱之爲 mythicon genus theologiae ❷。

---

❶ 如 L. Ott, *Grundriss der Katholischen Dogmatic,* Herader, Freiburg, 1965, p. 1.

❷ Ad Nationes 2·1·8.

二、自然神學

即哲學家討論的那類神學，諸如神的本體是火（赫拉克利特）還是數字（畢達哥拉斯）之類，乃是在講堂上而非市井中常聽到的那些討論；而神話神學則是詩人所謳歌而衆人所願聞的大衆文化。德爾圖良和奧古斯丁稱此類神學爲 physicum (physicon) genus theologiae❸。這裏 physicus 指自然界的力量。

三、公民神學

即羅馬國教崇拜諸神（皇帝）的禮儀。在基督教看來，這是偶像崇拜。奧古斯丁稱這種神學爲 quod in urbibus cives. maxime sacerdotes, nosse atque administrare debent（爲城市中的公民，尤其祭司，所需知並執行者）❹。

在上述三類神學中，第二類與基督教神學的發展有較密切的關係。亞里士多德在《形上學》六章一節（1025 a 19）中將哲學分爲數學、自然哲學和神學。在同書十二章中他討論上帝作爲終極動因之本性。在這裏，神學的對象是一個超越性、本體性的神。在斯多葛派哲學中，終極本體是「宇宙理性」，即「邏各斯」(Logos, λόγος)。一世紀的猶太哲學家菲洛的上帝，則是柏拉圖的至善理念與猶太先知的唯一上帝的混合概念，由於其具有絕對超越性，菲洛乃借用斯多葛派的邏各斯來作爲神與有限世界的中介。一世紀的中期柏拉圖主義者阿爾比努斯（Albinus）講到（*Epitome* 9）上帝心智中的理念。在三

---

❸ Ibid.,2•1•14, De civitate Dei 6•5.

❹ De civitate Dei 6•5.

世紀的新柏拉圖主義哲學中，「太一」為終極本體性的神。此類關於絕對超越性唯一神，以及神與有限世界的中介邏各斯，神心智中的理念範型等觀念，遂對於早期基督教思想產生不可磨滅的影響。

五　聖經作爲神學著作

然而，或許是由於「神學」這個詞的涵義本來屬於非基督教的古典用法之故，基督教早期作者卻鮮有應用「神學」一語者。在《舊約》的最早希臘文譯本即世稱「七十子譯本」中，希伯來文 ĕlōah（神）被譯作 θεός，而唯一眞神的名 Yhwh 被譯作 Κύριος（主）。ĕlōah 是有複數 ĕlōhim 的神，而 θεός 原有古典神話諸神的涵義。

在聖經中沒有「神學」這個用語，但是在聖經中 θεός 的涵義常轉爲專指基督敎的唯一上帝，這是 θεός 的一種新用法，舊義自然也保存下來。新用法爲 θεολογία 轉爲基督敎神學的新涵義作出準備。同時，這個語義假借也爲基督敎神學借用古典希臘哲學的概念構架打開方便之門❶。雖然《新約》中並未出現「神學」這個用語，但實際

---

❶ 語義假借與思想輸入同時並行的情形，在歷史上屢見不鮮。中國昔日迻譯印度佛典與晚近借用西方用語，大率如此。其結果往往是產生雜揉兩種文化的新觀念。其方式，大抵是從甲文化的「名」，去表述乙文化的觀念，而無意間又帶入甲文化的名原來意指的部分觀念。比方用中國的「理」、「性」合而表述西方的 ratio (reason, Rationalitāt, La raison 等)，而又帶入中國「理」、「性」原有的某些涵義。曾見中國教授講解「人是理性動物」這一純西方命題時，將「理性」解作「道德本性」。再者，歷史上有些外來詞保留下來，有些則被淘汰。似乎外來觀念能否確立爲本民族語義結構之組成部分，有其必要充足條件。那又是什麼呢？惜乎自張之洞等人以「體用」模式解釋外來觀念引入問題以來，至今爲人沿用。以如此簡單的模式說明現代語義引入問題，可得而行乎？

上《新約》卻可以說是一種神學著作。最佳例證便是四福音書❷。它們記載的耶穌事蹟，並不是歷史事實的簡單記錄，而是在取用前人資料時強化或弱化某些方面以表達作者之神學闡釋。這在四福音書記述耶穌行狀之不同可以明顯看出。因此，四福音書乃是在信仰之內運用理性加以闡釋之結果。《舊約》諸書也對啓示作不同的闡釋。

此外，從〈約翰福音〉借用菲洛的中介 Logos 來指稱上帝的道，即基督，可以看出該福音書作者引入哲學概念的軌迹。援用外來概念，卻保留基督教固有的信仰內容。但也唯其援用了外來的思維構架，故原有的基督教觀念亦不得不有所伸延而形成新的觀念結構。第四福音書中的「上帝的道」既是先在的絕對本體和創世主，又是彌賽亞先知和人子，由此給後世神學家設下如何闡釋上帝位格與基督二性的難題。

❷ 不少學者稱聖經爲神學。亦常有學者按「福音」原義稱之爲 propaganda 如 H. C. Kee, Understanding the New Testament, 4th ed., New Jersey, 1983, P. 9. 按 gospel 源於古英語 godspel，是意譯拉丁文的 bonus nuntius，意即「好消息」。自稱好消息，當然是宣傳。此外，亦有學者在承認福音書有所闡述時，主張區分使徒的信仰儲存庫與神學的闡譯。見 G. L. Prestige, Fathers and Heretics, SPCK, London, 1977, p. 358. 要之，Ritshel, Harnack 一派以爲早期教義的發展是對原始福音的歪曲，天主教歷史家大抵注重傳統的連續性。大家都承認教義有發展，且與希臘哲學有關。筆者則從語義角度解釋這種發展。

六　俄利根開基督教系統神學之先河

早期教父甚少使用「神學」這個詞，而且在不同涵義上應用之。亞歷山大里亞的克萊門（Titus Flavius Clemens c. 150-c. 211）提到「神學家」時是指舊時的神學家卽詩人❶。一般地說，在東部希臘教父中「神學」出現的頻率較高，出現亦較早。

亞歷山大里亞的俄利根（Origenes Admantius c.186-c.253）是古代重要的基督教思想家。他是第一個確立 theologia（θεολογα）基督教涵義的希臘教父。他應用 theologia 這個詞的時候，指的是「理解上帝的話語的神聖性與深刻涵義」❷。於是，theologia 有了一個明確的新用法，其涵義有以下三個方面:

(一)theologia 的對象是唯一上帝的神聖話語。這有二點與古典用法不同。古典神學的對象是神或諸神的事蹟、本體或崇拜禮儀；基督教神學的對象則是唯一上帝的啓示眞理。

(二)theologia 是對上帝啓示眞理的神聖性的認可和接受，也就是信仰。

(三)theologia 是對上帝的信仰的深刻理解，也就是在信仰之內運用理性對信仰的內容加以闡釋。

「神學」的新涵義與古典涵義大不相同，但有一點始終如一，卽

❶ Stromata 5.4
❷ Contra Celsum 6.18

運用理性的方法進行研究。值得注意的是，研究的內容在性質上迥乎不同，這種內容性質的差異最終會影響到研究的方法❸。古典神學研究的是「自然界的力量」。無論神的事蹟抑或神的本體，皆不是唯一上帝的神聖話語，即須靠信仰來接受的啓示眞理。在此意義上，古典神學的內容是自然現象。以此之故，古典神學是哲學、神話、政治的一部分。基督敎神學則大異其趣。其內容是上帝的話語或敎義，乃是靠信仰來認肯的超越性眞理。在這裏，可以看出基督敎文化與古典文化之不同，也可以說是兩種文化間一切歧異之焦點。自然力量是經驗中給定的現象，然而自然是未經解釋的（可以不斷重新研究和解釋的）、具有無限可能性的人類生存條件。啓示眞理也是經驗中已給出的內容，然而卻是經過先知和使徒詮釋而又確定不移的上帝話語即超越性眞理。

這裏，不應忽略，基督敎神學產生的歷史環境與古典神學之不同。在古希臘，神學是整個希臘文化的產物，而基督敎神學則是社會中一個信仰社團即敎會的產物❹。古典神學是現世的希臘文化的一個組成部分，其作用猶如整個有機體中的一個器官，通過神話傳說、哲學探討、禮儀習俗而起着維繫和傳佈希臘文化的作用。基督敎神學則不然。它產生於一個信奉唯一眞神的猶太宗敎社團，爲敎義服務。後來，由於在蠻族入侵後敎會成爲漫長文化荒原上的唯一文化保存者，並成爲唯一普世敎會，逐漸通過修院和敎堂學校以及普遍宗敎生活的

---

❸ 基督敎認爲不是單純的理性，而是恩典「照亮」的理性，才能理解啓示眞理，此亦與古典神學不同。

❹ 論者曾指出過此一不同。如 Otto Bird, *Cultures in Conflict,* Notre Dame, Indiana, 1976, pp. 14-15. 文中引用 Aulus Gellius, Noctes Atticae 13.16. 按 Gellius是生活在 117-180 年的拉丁語法家，其《雅典之夜》至今尙存，其中選錄不少希臘、羅馬原本，爲有價值的文獻原本。

傳播，才形成統一的政教合一的基督教文化。在這個文化中，宏揚教義和終極眞理的神學乃成爲一切學術的冠冕。

俄利根不僅第一個確立基督教神學的涵義，而且他的《論本原》（Περί Âpkov）是第一部系統神學著作。此書原文已佚，僅存 Rufinus 的拉丁文譯本 *De Principiis*。全書共分四章。第一章論上帝、三一、天使；第二章論創世以及原罪、救贖、復活、審判；第三章論自由意志；第四章論啓示。系統神學亦稱教義神學，不同於解經學、聖經神學和教會史，也不同於綜合性的思辨神學。這些皆是後起的名稱。

自俄利根以後，東部（希臘語區）神學家大抵在俄利根所用的意義上應用「神學」這個詞。例如教會史家尤西比烏斯（Euseblus Caesareae c.260-c.340）稱〈約翰福音〉的作者爲「神學家」。卡帕多西亞的三位教父，卽凱撒里亞的巴西爾（Basilius Caesareae c. 330-c.379）、拿玆亞奴的格利高里（Gregorius Nazianzeni c. 330-c. 395）和尼撒的格利高里（Gregorius Nyssae c.335-c.394）則以「神學」專指三一論，以區別於 *oíkovoμiaα*（救贖論、教會論、聖禮論 —— 卽講基督救贖計畫的部分）。這是阿塔納西烏（Athanasius Alexandriae 328-373）的用法❺。至於西部拉丁神學家，則沿用 Sacra doctrina（聖教義），至十二世紀阿貝拉的《是與否》才開始應用 theologia 這個術語。

---

❺ Oratio 1 contra Arianos 18.

七　僞笛奧尼修是中世紀唯理傾向的矯正者

既然接受希臘哲學的理性方法，用以研究信仰的內容，也就存在唯理化的可能性。在中世紀神學思想中，也有種種矯正唯理傾向的力量。五世紀末，出現了五部托名雅典法官笛奧尼修的著作。原著爲希臘文，六世紀時譯爲敍利亞文，九世紀譯成拉丁文。丹尼·笛奧尼修就是《新約·使徒行傳》17•34 中所稱保羅在雅典布道時的那位信徒。五部著作是：《論天界等級》(*De Divina Hierarchia*)、《論教會等級》(*De Ecclesiastica Hierarchia*)、《論神之名》(*De Divinis Nominibus*)、《論神秘神學》(*De Mystica Theologia*)、《書信》(*Epistulae*)，收入《希臘教父全集》第3、4卷。在這些書初出現時，曾被疑爲僞書，因爲早期教父從未提到過這些著作。爾後，在整個中世紀，卻被人深信不疑。直至文藝復興時期，才被確定爲僞書（十二世紀阿貝拉曾提出疑問)。

僞笛奧尼修著作在中世紀影響極大，其思想淵源是新柏拉圖主義。普羅提努斯的新柏拉圖主義，設定梯式等級的存在，居於超越存在地位的是「太一」，相當於柏拉圖的「至善理念」。太一是高於一切存在的太極，具絕對超越性，故不可名。一切本質、類，可名、可分的東西皆屬於太一以下的存在。根據這種哲學，僞笛奧尼修指出，既然我們的一切知識皆關於有限世界，那麼超越有限世界的亦必超越一切知識。❶因此，我們不可能知道上帝的名是什麼，除非聖經中上帝啓示的名。然而卽使是啓示的名，旣然已爲有限的人類智能所理解，也就不可能指稱至高唯一上帝的本質。我們稱上帝爲「公義」，「公義」這個概念是哪裏來的呢？無非是人類經驗中來的，它指稱的乃是合於一時一地人類公正原則的行爲，怎麼能用以指稱至高至善的上帝呢？上帝旣爲永恆無限，必不受條件的限制，怎麼能用條件性的「公義」去限定他呢？同樣，其他的稱上帝的名，包括唯一、主、至善、大能等，皆以人類有限經驗爲基礎。

僞笛奧尼修以爲，人類關於上帝的知識，有兩種認識形式。第一形式爲 kaTaφăστs（「肯定」；源於動詞 kαTáφημτ），卽用正面的名來理解上帝的本質。第二形式稱爲 áπòφăστs（「否定」；源於動詞 áπòφημτ），亦卽否定這些正面的名，因爲按人類有限經驗理解的這些名不可指謂上帝。如果「唯一」指謂或模仿經驗世界中的統一，則上帝不可能是「唯一」，等等。這就是所謂否定神學。第一形式被稱作肯定神學。在否定之後，乃知上帝的本質完全超越人類的理性，吾人僅在無限超越人類經驗的意義上不得不稱上帝爲唯一、至善等等。這便是所謂超神學。上帝超越一切肯定和否定❷。

在不可名的太一之下，有天界等級、法律等級和教會等級。天界分爲三等九級，由一級天使（六翼）、二級天使（司知）、三級天使（御座）、四級天使（統轄）、五級天使（司德）、六級天使（司權）、七級天使（司國）、八級天使（天使長）、九級天使（神差）組成。上帝通過天界統轄下界。每個民族皆有守護天使，執行上帝旨意。

基督降生以前，在地上有法律等級，爲摩西所創立，意在引導人

---

❶ De divinis nominibus 1.1.4.

❷ De mystica theologia 1.2-3.

民歸於上帝。

教會等級分爲二等，每等三級。第一等爲神職，由主教、司鐸、執事組成；第二等爲非神職，由修士、信衆、慕道者（或悔罪者）組成。

等級作爲宇宙的結構，目的在於復歸上帝。過程有三個，即潔淨之路、光照之路、合一之路。靈修與牧靈皆通過聖禮。三一上帝的一位，即道、化爲肉身，故有二性，但人性已被神性吸收。此爲東部亞歷山大里亞學派的觀念。基督既是天界又是教會界的主，是存在與光照之源，也是冥思的對象。

在《論神秘神學》一章三節末，引入神秘的冥思。在《論神之名》中亦論及通過愛的迷狂復歸於上帝。通過名的否定，達到無言和理智的平息，在愛的迷狂中與上帝合一，便是神秘主義。希臘文 μυστηρου（神秘）源出於動詞 μύξω，後者意爲「閉上眼睛或嘴唇而低語」。這個字與挪威文 mysa（眨眼）、拉托維亞文 musinât（默語）以及拉丁文 murus（無言）等爲同根詞。

用否定法來稱謂超越存在，並不自僞笛奧尼修開始。柏拉圖在〈宴飲篇〉中曾應用否定法稱謂美的理念：「非被創造的、不可破滅的、不可增生亦不可朽壞的……」然而僞笛奧尼修系統地論述否定神學並結合到神秘主義神學的方法中去，則是對早期基督教神學觀念與方法的一大發展。其影響極大。在中世紀，凡屬關於上帝本性超越人類理性的論述常以他爲權威。托馬斯在《神學大全》中諄諄告誡讀者：「由於吾人不知上帝是什麼，只知上帝不是什麼，故吾人不可討論上帝如何，只可討論上帝不如何。」❸在托馬斯著作中，徵引僞笛

❸ *Summa theologiae*, I, 3 Prooemium.

奥尼修凡一千七百見。可知至十三世紀其影響仍然巨大。

僞笛奥尼修的神秘主義，不是描述主觀神秘經驗，而是以理性方法系統地論述神秘經驗的必要條件。以有言有名而論證無言無名，此點頗與《莊子》相類。

八　奥古斯丁是中世紀神學的一大淵源

上文提到過拉丁教父德爾圖良和奥古斯丁，並講述了幾個重要的希臘教父。所謂教父，嚴格講乃指教會所認可，具有正統思想及懿德風範的古代及早期中世紀神學家，按照羅馬天主教傳統，教父亦稱教會博士。多數史家認爲，東部希臘教父截止於八世紀的約翰・大馬西安；西方則以格利高里一世或伊西多爾爲最後的拉丁教父。現代教父學，並不按「正統」分野，將史稱的「異端」，諸如阿里烏斯、奈斯托里烏斯，也當作教父文獻作者。十九世紀四十至六十年代，法國學者 J.-P. Migne 將希臘文教父原著收集爲 *Patrologia Graeca* (*Patrologiae cursus completus: series graeca*)，共 161 卷，即《希臘教父全集》；將拉丁文教父原著收集爲 *Patrologia Latina* (*Patrologiae cursus completus: series latina*)，共 221 卷，即《拉丁教父全集》。這三百八十二本書，爲雙欄大開本，等於七、八百本大書，後又出版了補編及勘誤。Migne 書止於十二世紀，涉及中世紀大半。從來沒有一部基督教思想史涉獵過全部教父資料，本書對教父的研究，亦只好淺嘗輒止。教會的八大博士是：希獵教父格利高里・拿玆亞奴、巴西爾、約翰・克利索斯脫、阿塔納西烏；拉丁教父安布羅斯、哲羅姆、奥古斯丁、格利高里一世。玆將史書中常見的三十位教父的簡明資料列於注釋中以供參考❶。

---

❶ 第一代教父被稱作「使徒教父」，如伊格納修。二、三世紀有些教父稱爲「護教者」，如德爾圖良。早期教會，包括羅馬，用希臘語，凡用希臘語著作者

對後世最具權威性的拉丁教父，是奧古斯丁 (Aurelius Augustinus 354-430)。他的著作極豐，收入 PL. 32-47 卷。其中常引用的如：《敬神告白》(*confessiones*)、《反摩尼派論創世》(*De genesi contra Manichaeos*)、《上帝之城》(*De civitate Dei*)、《論信仰與符號》(*De fide et symbolo*)、《論眞宗教》(*De vera religione*)、《論約翰福音》(*In Joannis evangelium*)、《論三一》(*De trinitate*)、《論自由意志》(*De libero arbitrio*) 等。

奧古斯丁的神哲學思想，體系博大，除理念論（範型論）、光照說而外，尙有若干學說，對於中世紀經院神哲學之形成，乃至對於近現代神學之發展，皆有不可磨滅之影響。其中以種子理式說、時間論、符號理論、原罪與自由意志說、預定論、歷史哲學等，最稱昭著。以下擇要予以論述。

(續)皆稱希臘教父。早期希臘教父有：1阿里斯泰德 (Aristides 二世紀)。2科德拉圖斯 (Quadratus, Kodratos 二世紀)。3伊格納修 (Ignatius d. 107)，著作爲給各教會的書信。4查士丁 (Justinus 163-167 殉道)，《護教一書》(*I Apologia*)、《護教二書》(*II Apologig*) PG. 6.。5塔西安 (Tatianus c. 120-?)，《四福音概要》(*Diatessaron*)，PG. 6.。6伊利尼烏斯 (Irenaeus c.126-?)，《反異端論》(*Adversus Haereses*)，PG. 7.。7希波立圖斯(Hippolytus c.170-c.235)，《哲學沉思》(*Philosophumena*)，PG. 16。

亞歷山大里亞派希臘教父：1 克萊門・亞歷山大里亞 (Titus Flavius Clemens c. 150-?)，《導師》(*Paidagogos*)、《雜著》(*Stromata*)、《何人被救》(*Quis dives salvetur?*)，希臘拉丁本見 PL. 8-.9. 2俄利金，《論本原》、《反克爾蘇斯》(*Contra Celsum*)，PG6-7。

卡帕多西亞及其他希臘教父作者：1格利高里・拿玆亞奴，《講辭》(*Orationes*)，PG 36.。2阿里烏斯 (Arius c. 256-c. 326)。3 尤西比烏斯 (Eusebius Caesareae 269-340)。《教會史》(*Historia ecclesia*)，PG. 19-24.。4巴西爾《九篇佈道文論創世》(*In hexaemeron*)，PG. 29-30.。5格利高里・尼撒，《論人類的創造》(*De opificio hominis*)，PG.

一、光照學說

〈約翰福音〉1·1-9 稱:「太初有道，道與上帝同在，道就是上帝。這道太初與上帝同在。萬物是藉着他造的，凡被造的，沒有一樣不是藉着他造的。生命在他裏頭，這生命就是人的光。……那光是眞光，照亮一切生在世上的人。」

奧古斯丁則稱，在《柏拉圖主義哲學家》的著作中讀到同樣的內容❷。柏拉圖認爲，萬物只是理念的影象，人的心智如欲獲得確切知識，須將事物與其範型聯繫起來，範型卽神的理念（Timaeus 30a 4 ff.)。奧古斯丁對經文進行了哲學的詮釋。道（λόγos，卽「聖言」或「上帝的話」）是聖父的自知（按希臘文原義 λόγos 是內在思想表

(續)44-46.。6 阿塔納西烏，《反阿里烏派》(*Contra Arianos*)，PG 26.。7 克里索斯托(Joannes Chrysostomus ?-407)，《論教職》(*De sacerdotio*)，PG. 47.。8 奈斯托里（Nestorius c. 387-451)，Nestoriana ed and tr. F. Loofs, Halle, 1905.。9 西里爾（Cyrilius 370-444)。10僞笛奧尼修（Pseudo-Dionysius)。11 大馬西安卽大馬士革的約翰（loannes Damascus c. 675-c. 749)。

拉丁敎父: 1 德爾圖良（Tertullianus c. 160-c. 240)，《論肉體復活》(*De carnis resurrectione*)、《反普拉克西》(*Adversus Praxean*)、《論基督肉身》(*De carne Christi*)，PL. 1-2.。2 諾瓦替安（Novatianus 三世紀)，(論三一》(*De Trinitate.*,)。3 西普里安（Cyprianus c.200-c.258)，《論教會統一》(*De unitate ecclesiae*)，PL. 4.。4 安布羅斯（Ambrosius c. 340-397)，《論信仰》(*De fide*)、《論道成肉身》(*De incarnatione*)，PL. 14-17.。5 哲羅姆（Gerolamus c. 340-420)，《論先知》(*Opus prophetale*)，PL. 22-30.。6 奥古斯丁。7 波依修斯（Manlius Severius Boethius 480-524)，《論聖三一》(*De sancta Trinitate*)、《論基督位格及二性》(*De persona et duabus naturis in Christo*)、《哲學的安寧》(*De consolatione philosophiae*)，PL. 64.。8 卡西奧多魯斯（Cassiodorus c. 477-c. 570)，《詩篇評注》(*Expositio in Psalterium*)，PL. 69-70.。9 格利高里一世（Gregorius 1 540-604)，PL. 75-79.。10伊西多爾（Isidorus Hispalensis 560-633)，《語源學》(*Etymologiae*)，*PL.* 81-84。

❷ Confessiones 7.9.

述出來的話），因此道是父的完全形象。作爲父的完全形象，道本身也就是完全範型。作爲絕對存在(本體)之範型，道是一切實存之物及可能存在之物的範型，道之中涵有一切可能存在之物的理念或原型，萬物便是藉着神的理念造的❸。在這個詮釋中，有兩個觀念取自希臘哲學。理念取自柏拉圖。理念的居所則取自普羅提努斯。按照普氏的太一及諾斯構架，太一爲絕對超越，創世的理念以諾斯爲居所。奧古斯丁不以聖父自身，而以聖父的道卽基督爲理念的居所。普氏以太一爲絕對超越，奧古斯丁以父爲絕對存在（本體）。普氏以諾斯爲自太一溢出，奧古斯丁則以道爲父的自知。

奧古斯丁以爲，受造物的形式❹乃是神的理念之不完全影象。不僅共相，而且個體（殊相）也有雙相性的存在，一相在自身，一相在道的理念中， 也就是說， 世上任何個體， 皆在上帝的道中有其理念❺。一切受造物皆有一個理性（可知）的形式來決定其本質。時間中的變化可用數學關係來表明，亦卽有不變的規律。個體固然爲多樣，但多樣性可由統一的秩序來把握。統一性是眞實存在，是善美❻。

〈約翰福音〉稱:「恩典和眞理，都是由耶穌基督來的。」(1·17)「耶穌說，我就是道路、眞理、生命。」(14·6) 奧古斯丁則認爲，一切眞理（卽事物的本質及其關係）皆來自上帝的道（基督）中的理性形式（理念）。眞理的特點是必然。當我們說七加三是十，或說智慧給人帶來永福的時候， 我們不僅知道如此， 而且知道不可能不如此（不可能是別樣）。眞理旣爲必然，必不變，因爲不可能不如此者必

---

❸ De diversis quaestionibus 83, qu. 46.
❹ De vera religione 22·42. De Trinitate 4·1·3.
❺ De moribus Manichaeorum 11·68. Confessiones 8·2.
❻ 形式與質料的觀念在經文中已出現。《聖經後典·所羅門智訓》11·17 有 omnia fecisti de materia informi（從不具形式的質料創造萬物）。這里的「質料」相當於「無」。《敬神告白》7·15中講到「不具存在之物」。

不變。既不變，必爲永恆，因爲不變者不可能終止其存在。然而人類不可能在事物本身內發現永恆性和不變性，因爲萬物皆在時空中生滅變化。也不可能在人類心智中發現不變與永恆，因爲人的心智也是在時間中生滅變化之物。所以，唯一的解釋是，每當心智做出一個眞判斷時，心智便與一個永恆不變的本體發生了聯繫，那便是道中的理念。怎麼知道如此呢？因爲一切人的心智對眞理的認識相同（七加三是十），而人卻不能在別人心智中感知這眞理，因此必有一個客觀的因，使一切人的心智發現相同的眞理。上帝是人的「內在的主」，如陽光般照亮一切人的心智❼。「那光是眞光，照亮一切世上的人。」

以上是光照說大略。奧古斯丁將認識學說與上帝存在的證明聯繫在一起，並將眞理與信仰以及永福、靈修、倫理結合起來。他主張，那遠離官能享樂、淨化靈魂的人可以冥思眞理，在心智上與上帝接近。這些學說，本書不及詳述。關於奧古斯丁的光照學說，有幾點値得研究。

(一)「不變與永恆」成爲奧古斯丁學派關於上帝本性學說的主要標誌。諸如聖安瑟倫在〈獨白篇〉〈論眞理〉中的論證，波納文圖拉關於上帝存在的證明，無不如此。這是奧古斯丁接受希臘本體哲學的結果。後世的過程神學等學派，對此作出矯正。

(二)自奧古斯丁以後，上帝藉道中的理念創造世界，也就是柏拉圖主義基督敎化的創世說，成爲整個中世紀神學的共同理論之一。托馬斯學派亦予以承認，唯托馬斯根據上帝單一性給以重新解釋（上帝的心智、理念與上帝同一），並在綜合亞里士多德哲學的基礎上提出

---

❼ De Trinitate 2·15·14; 14·7·9.
De libero arbitrio 2·3-16 表述了奧古斯丁的認識論，但零散而不集中。如 2·2-5 講內外知覺；2·7 講客觀眞理；2·8-11 講眞理與數；2·12 講眞理來自永恆本體…等。

新的認識論和本體論。

(三)奧古斯丁眞理必然說將關於數的邏輯必然與關於永福（價值）的本體必然混爲一談，由此導出一切眞理的絕對必然。這顯示出奧古斯丁關於理性與信仰統一的基本理論之特點。信仰與理性統一的思想來自聖經。奧古斯丁在《論自由意志》2•2 中曾引用七十子譯本《舊約・以賽亞書》7•9 的一句話奉爲典據，他用的拉丁文是：Nisi credideritis, non intelligetis（只有你信仰，你才會理解）。這是對原文的誤譯，《舊約》的希伯來文原義爲：「只有你信仰，你才能立得穩。」然而在聖經中確有不少經文指出理性知識與信仰的統一，如〈哥林多後書〉5•7、〈哥羅西書〉2•3 等。這本是一個信仰的內容，奧古斯丁卻將它發揮爲一種認識論。他以爲，不僅關於永福的價值眞理，而且關於自然事物的一切眞判斷，皆來自上帝的道中的理念，故一切眞知識皆須在上帝之光的啓導下才能獲得。此種認識論不承認理性獨立認識自然的功能。自六世紀首次引入亞里士多德邏輯以後，理性與信仰的關係成爲中世紀神學家討論的主要問題之一。至十三世紀，托馬斯始以充分的論據給理性以獨立認識自然的權利。此點容在下文詳論。

(四)光照說的邏輯難題，在於無法說明，何以偶性心智不能認知必然眞理，卻能認知神的理念。奧古斯丁在《論三一》及別處的原文並未說明上帝之光以何種具體方式「提升」人的心智使其得以認識必然眞理（神的理念）。後世學者對此有不同解說[8]。如果說「光」照

[8] 如 F. Coppleston 將上帝之光解作照亮眞理以致人的心智可以認識它們。見 *A History of Philosophy*, II, westminster, 1957, pp. 62-67。這並未解決照亮後的眞理是否變爲偶性眞理故偶性心智可認識之。J. González 則稱上帝的道將理念知識置於人的心智中。見 *A History of Christian Thought*, II, Abingtos, 1971, p. 35. 這沒有解決理智是否失去認知主體性的問題。

亮了心智，或「內在的主」啓導了心智，是否將偶性的心智變成永恆無限的心智了？奧古斯丁顯然認爲心智仍有生滅，即仍爲偶性心智。既仍爲偶性心智，如何認知永恆理念？如果說上帝將理念置於人的心智之中，即等於說理智對此並無選擇判斷的主體功能，又有何認知可言？此與奧古斯丁關於理性的觀念不合。他認爲理性的功能是判斷。「權威要求我們信仰，爲理性做好準備。理性使人感知，當面臨應該信仰誰的問題時，權威並不排除理性。」❾

(五)信仰與理性，神學與哲學，價值與事實，意向與認知，德性之知與見聞之知，這些始終是人類思維所關注，卻未能圓滿解決的問題。現代認知理論大抵關心諸如意向（如 Von Wright)、利益（如 J. Habermas)、認知結構（如 J. Piaget)、預設條件（如 D. Shapere）、理論背景、價值取向等在認知中的作用。奧古斯丁的用意在於說明神學問題，但他卻是最早研究統一結構型認知理論的思想家之一，其學說至今仍有探討的價值。

---

❾ De Trinitate 9•6•9:「我認可並同意，因爲通過自我意識和內省我知道他說的是眞的。」同書 12•2•2:「較高級理智的用途之一是按照無形的永恆理念來判斷有形萬物，而理念如不超越心智則不可能爲永住不變者。但是，如心智不作用於理念，我們也不可能以它們爲標準來判斷有形萬物。」奧古斯丁認爲知識有三個等級。初級知識是感覺知覺，人與動物共有。最高級的知識稱爲智慧，與知覺無關，是心智對於永恆眞理（如永福）的冥思。在二者之間是較高級的知識，即根據知覺對有形之物作出判斷。當我知道甲物比乙物更美時，必根據一個美的標準來判斷，那便是美的理念，由於美的理念是永恆不變的，處於生滅變化中的心智不可能認識它，故須有上帝（理念）的「光」來照亮事物或心智。但不論如何照亮，心智必保有選擇判斷的認知主體性，才能以理念爲標準來判斷萬物。這個理論的矛盾也就出在這裏，如本文所述。這個理論的前提是：生滅的心智不可能認識永恆眞理（故需光照）。這個理論的結論是：生滅的心智能够認識永恆的理念（才能根據它判斷萬物）。

(六)奧古斯丁關於上帝存在的證明亦由此導出。既然人類心智可以認知永住不變的眞理，則可進而知道，作爲永恆、不變、絕對的眞理之本源者必爲上帝，故上帝必然存在。⑩此論證與托馬斯等人的論證之不同在於兩點。㈠奧古斯丁的論證並非嚴格的哲學論證，而只是對上帝本質的一種神學理解。㈡此論證依存於柏拉圖主義哲學構架，而不直接依存於聖經中上帝的名（安瑟倫）或亞里士多德關於存在的形上學（托馬斯）。

二、種子理式說

此說是奧古斯丁創世論的一部分，曾被現代學者比附於拉馬克、達爾文學說。⑪基督敎敎義認爲三一上帝是萬有的創造主，上帝由無創造世界，而非由上帝的實體或永恆的質料塑造世界。早期的神學創世論，需要排除泛神論、物質永恆說、新柏拉圖主義溢出說等理論。奧古斯丁以範型論來說明，由無創造世界的方式，乃是通過那永恆地存在於上帝心智中的萬物範型（理念），上帝說要有光，便有了光，如此便創造了萬物。然而聖經中講創世，似乎有一個難以自圓其說的疑點。《舊約・創世紀》第一、二章講，上帝乃是在七「天」內陸續創造了世界。而《舊約・德訓書》18•1則稱上帝在一時間創造了整個世界⑫。如何對聖經的啓示眞理做出整體性而又符合理性的詮釋？奧

---

⑩ De libero arbitrio 2•15

⑪ 參閱 J. de Blic, "Le processus de la création d'apres S. Anqustit,"in *Mélange offerts au R.P. Ferdinand Cavallera,* Toulouse: Institut Catholique, 1948, pp. 179-189.

⑫ Ecclesiasticus 收入天主敎《舊約》，稱<德訓書>。此書在新敎則收入《聖經》後典，稱 Sirach<賽拉西智訓>。

古斯丁乃借用斯多葛派的 λoyoί σπερμatιkoί (按 λoyos 意爲「話語; 內在的思想; 理性本身」, 而 σπερμα 意爲「種子」) 來提出 rationes seminales (作爲種子或因的理式) 以說明創世的方式。起初上帝創造了萬物的潛在而不可見的理式, 在時間中發展爲萬物的種類並產生個體。如此便可說明, 上帝旣在一時間創造了萬物整體, 又在七「天」的過程中陸續創造了萬物。種子理式旣在人的經驗之外, 故爲不可見的潛能, 因此不同於物質的種子, 因爲按照聖經的敍述, 上帝是先創造萬物個體, 而後方有物質種子繁衍⑬。由此可知, 奧古斯丁的種子理式說乃是一種聖經詮解, 並非獨立的哲學理論。在中世紀, 這個學說被奧古斯丁學派包括波納文圖拉所公認, 卻爲托馬斯學派所否認。

三、時間論

這個理論亦曾引起現代學者的關注和爭論。⑭在《敬神告白》⑮

⑬ 奧古斯丁關於種子理式的學說見 De Genesi ad litteram 6 及 De Trinitate 3.

⑭ 繼維特根施坦之後 (*The Blue and Brown Books,* Oxford, 1958, pp. 106 ff.), 曾有一些現代哲學家討論奧古斯丁的時間理論, 諸如: R. Suter, Augustine on Time with Some Criticism from Wittgenstein, *Revue Internationale de Philosophie,* Vol. 16, 1962; J. N. Findley, Time: A Treatment of Some Puzzles, in *Logic and Language* (ed. A. Flew), New York: Doubleday, 1965; H.M. Lacey, Empiricism and Augnstine's Problems about Time, *Review of Metaphsics,* Vol. 22, No. 2, Dec. 1968; J. L. Morrison, Augustine's Two Theories of Time, *New Scholasticism,* Vol. 45, Autumn 1971.

⑮ 在中世紀教會用法中, Confessio 的涵義爲: 信仰的宣誓;「我信基督」。故譯爲「敬神告白」。

第十一章（部）第九至三十節（章）中，奧古斯丁提出一大串關於時間的「天問」式質疑，並得出結論稱時間並非實有，而是一種心理現象。

時間是上帝所創造，但不可能在任何時候受造，因爲在創造時間之前不可能有任何時候，也不可能有「之前」。上帝是永恆，不在時間與變化之內。時間是連續的過程，「現在」不斷成爲「過去」，「將來」只是一種期待，故過去和將來都不存在，只有「現時」存在着。但「現在」又是什麼？講到「一年之中」，我們卻只能在一個月裏；講一個月中，我們只能在一天裏；講一天中，我們只能在一小時、一分鐘、一秒鐘之中，等等。只有一個不可分的刹那是「現在」，故現在沒有長度，不可能加以度量。既然過去和將來並不存在，我們又爲什麼談論過去和將來呢？那是由於，已經消失的事實仍然存在於人的記憶中，比如一個人的童年已經逝去，卻仍然存在於他的腦海裏。至於將來的事物，則尚未存在，只是人們期待其存在而已，比如觀日出，人們想像看到太陽升起來，而實際看到的是現存，期待的是尚未發生之事。既然過去和將來並不存在，故吾人只能度量現時，而現時又沒有長度可以度量。況且我們只能用時間的長度來度量時間，比如稱兩小時是一小時的兩倍，或稱某甲做某事需要某乙做該事的三倍時間之類。此種用法，皆係說明時間的長度，而時間並無長度。那麼時間是否可用天體的運動來加以說明？不能，因爲無法解釋，何以單單用天體的運動，卻不用其他物體的運動，來設定時間的長度。比如在一場戰鬥中，太陽停止了運轉，但可以設想戰鬥可以繼續進行一段時間。以此之故，不可能以任何物體的運動來說明時間。若要度量一個物體運動的時間，需要從該物體開始運動之刻計算起，直至該物體停止運動之刻爲止。這就是說，必須先知道該物體起始運動的時間和終止運動的時間，才能計算它的運動時間。既然物體是在時間中運動，而度量物體運動的時間也要用時間來計算，故不可能用物體的運動來說明時間。那麼我們究竟是如何度量的？既然不可能度量過去（因為不復存在）、將來（因為尚未存在）和現在（因為沒有長度），那麼能否度量正在流行的時間？亦不能，因為尚未終止者不可能計算其長度，如同一個尚未終止的聲音，無法知道它的長度。而一旦終止，便不復存在，又何從度量？故無論過去、現在、將來或正在流行的時間，皆無法度量。

奧古斯丁認為，人之度量時間，在於心智本身的印象之延長。我們稱一段無聲的時間與一個聲音同長度，乃是將這段無聲的時間想像為一個聲音。同樣，具有一定長度的聲音也可以在無聲中靠假設的聲音來加以度量。時間的流行，在於心智中關於將來的印象之增加和關於過去的印象之減少。在我朗誦一首聖詩的時候，起始之際，我期待着全詩整體；起誦以後，我的期待逐步化為記憶；誦讀既畢，則期待已經消失，乃由記憶把握全詩矣。將來時間的長度，在於期待的印象之長度。過去時間的長度，則在於記憶的印象之長度而已。

以本書的規模，不可能詳盡地分析奧古斯丁的前提、附加前提、推導步驟和結論的有效性。然而可以指出以下兩點。

(一)奧古斯丁的時間理論純以邏輯立論，特具思辨形上學性質並不依恃啓示眞理或神的光照，甚至不顧與教義或傳統說法的矛盾，既稱時間是上帝的受造物，又稱時間並非實有。在這裏，奧古斯丁以實踐否定了自己的知識論原則。

(二)他的某些前提與現代思想不可調合。他所稱「唯有現時存在着」乃是將時態語言本體化，將事件視為出入於「存在」的實體，而非視為連續過程中彼此發生時間關係的事件。然而，奧古斯丁的某些前提在現代看來仍有理論價值，諸如他指出，在觀察陳述中，現時的觀察與記憶和期待有着不可分割、難以截然分開的連續性。

四、原罪與自由意志

這是奧古斯丁重要的神學理論，對後世影響極深。所謂影響，並不單指接受或繼承，更多地指，在構建不同的理論時，某一先行理論提供了前所未有、自此以後成爲不可或闕的思維視野。

在《論自由意志》(*De libero arbitrio*) 中奧古斯丁對本問題有集中系統的論述。此外，在以下著作中亦有較完備的闡釋:《論基督的恩典與惡罪》(*De Gratia Christi et peccato originali*)、《論恩典與自由意志致瓦倫提努》(*De gratia et libero arbitrio ad Valentinum*)、《論墮落與恩典》(*De correptione et gratia*)、《神學手册》(*Enchiridion*)。奧古斯丁的理論，大抵包括幾個方面: 罪的根源與性質、自由意志、理性、智慧、意志與罪、上帝的預知與罪、預定論。

在講罪之前，奧古斯丁先講惡，因爲一切惡之事皆屬於惡這個種類。在《論自由意志》1•16 中奧古斯丁總括地說:「一切惡皆包涵在這一類之下: 卽背離眞正永恆的神聖之事而轉向變動不居之事。這些事物原本被正確地置於其自身應有的位置，通過其特有之美來完成宇宙的整體; 然而，那墮落失調的人性卻偏偏甘爲奴僕而追逐這些本由神律定爲受人支配的東西。」同時，在同書 1•13–15 中奧古斯丁反覆申明一切人皆自然地追求快樂。這裏有兩點値得注意。一、奧古斯丁認爲惡不是存在、實體，因爲萬有是上帝的受造物，上帝所創造者皆是善，惡不能歸於上帝，故惡只是善的闕如，不是實有。二、在這裏可以看出奧古斯丁倫理思想與古典希臘哲學在基本前提方面的相通之處，卽認爲人生的根本目的在於追求快樂。所不同者，奧古斯丁僅以永恆的幸福爲唯一眞正的快樂，並且將不顧永福而耽溺於現世的快樂爲罪的根源。此種幸福觀來自基督教的基本教義，卽認定上帝爲自有存在和唯一的眞正存在（如《舊約・出埃及記》3•14；《舊約・智慧書（所羅門智訓）》13•1）。與唯一絕對的存在相比，受造的存在可以說是非存在或虛無。「受造之物如不與上帝相比是存在，因其來自上帝；若與上帝相比，它們乃是虛無，因爲眞正的存在永住不變，唯有上帝爲永恆不變的存在。」追逐虛無乃是對上帝卽眞正存在的背離，亦卽對善及其本體的背離，故爲惡。

奧古斯丁所關心的是歷史中具體的人，依據聖經，卽墮落蒙罪之後的亞當及其後代。本來上帝按照自己的形象創造人，令其享有理性、知識、自由、永生。在魔鬼誘惑下，人類背離了永恆神聖，不信上帝的用心和命令，爲了惡的目的而利用園中的善樹。⑯從此人類失去了永生、知識和不犯罪的能力。這便是蒙罪後自然人類的具體處境。原罪由亞當傳給後代的方式，按照早期拉丁教父德爾圖良的學說乃是亞當的靈魂傳給後代，故罪性的遺傳與器質的遺傳相彷彿。這是基於斯多葛派靈魂觀的一種解說。奧古斯丁則主張，在每個人出生時，上帝單獨創造其靈魂。此說更符合肉體復活等教義，卻更難說明罪性的遺傳。

原罪的結果是：有死、無知、邪欲。所謂「邪欲」，奧古斯丁有時用 libido，有時稱 cupiditas⑰，乃指引人背離神聖之事的驅動力，並不特指兩性的情欲。但是奧古斯丁確實以爲性行爲是人類受制

---

⑯ De Genesi ad litteram 11•5。在 De libero arbitrio 3•24 中稱罪在於不接受或不遵守上帝的誡命以及不堅持智慧的冥思。

⑰ 如 De libero arbitrio 1•3-4.

於邪欲的最明顯表現，因爲在性行爲中人最不顧一切地把注視力由造物主轉向受造物⓲。

在蒙罪之前，上帝賦予人類的自由意志包涵犯罪的能力（posse peccare)，也包涵不犯罪的能力（posse non peccare），卻不包涵不可能犯罪（non posse peccare）的完全恩賜⓳。既經墮落之後，人的本性已經蒙罪，人的意志仍然自由，卻只有在罪中抉擇的自由，已經失去智慧即不犯罪的能力。於此可知，奧古斯丁所稱的自由意志，乃是罪前與罪後兩種不同性質的自由意志。並不如論者所言，在反對摩尼派時奧古斯丁主張自由意志，而在反對皮拉鳩派時又否定自由意志⓴。在奧古斯丁看來，自由意志以及其他使人達致正確生活的精神力量，皆爲 media bona（中間等級的善）。德性是較高等級的善。肉體之美是最低級的善。所謂善，乃指神的一切創造物皆爲善而言㉑。

最初上帝創造人，本賦予其以理性、意志與智慧。人有理性，可以理解上帝的誡命。既經理解，方有違命而犯罪的可能，故罪以理性爲條件。然而於此可知，得救亦以理性爲條件。「當人開始能夠理解誡命之時，亦即其開始可能犯罪之時。」㉒在這裏，奧古斯丁著眼於理性與罪及意志、智慧的關係。理解誡命，僅是進行抉擇的必要條件，抉擇本身則由意志或智慧做出。遵守誡命，取決於智慧，智慧不

⓲ De gratia Christi et peccato originali 2•34.

⓳ De correptione et gratia 12.

⓴ 參閱 J. Ball, "Libre arbitre et liberté dans S. Augustin", *L' Année Théologique,* 6 (1945), pp. 368-882; G. Vrankan, Der göttliche Konkuro zum frein Willensakt des Menschen beim bl. Augustinus, Rome: Herder, 1943.

㉑ De libero arbitrio 2•14.

㉒ Ibid 3•24.

是來自受造物，而來自造物主上帝，乃是使人可以不犯罪的恩賜。然而人的本性中有自由意志，故人有可能做出不遵守誡命的抉擇，即犯罪。故罪只可能出於人的意志，亦即來自人自身。罪不可能來自上帝。「要麼意志是罪的第一因，要麼罪便沒有第一因。罪不可能歸於別人，只能歸於犯罪者；也不可能歸於犯罪者，除非他意願之。」㉓當人的意志所意願者符合其本性時，則爲正常意志。一旦所意願者超過本性時，則爲惡的意志。旣然自由意志有犯罪的可能，上帝爲什麼要賜給人自由意志呢？因爲人本身是一種善，當他按其本性如此意願時，他能夠達致正確的生活；故自由意志是人完成其本性之善的條件。因此上帝要賦予人以自由意志。上帝賜給人自由意志，並不是爲著人犯罪。人犯罪必受上帝的懲罰，如果賦予人自由意志是爲了人犯罪，也就不會有懲罰罪，故可知上帝賦予人自由意志絕不是爲了人犯罪㉔。這裏，奧古斯丁提出一個技術性的問題：亞當是由於愚蠢才背離上帝的呢？還是由於背離上帝才變得愚蠢（失去智慧的恩賜）呢？回答實爲兩難。如果說亞當是通過愚蠢而失去智慧，則在犯罪以前已經變成愚蠢，而教義講亞當原有智慧的恩賜；如果說亞當是在背離上帝之後變爲愚蠢，則他是在智慧中犯的罪。兩者皆不通。奧古斯丁的解決方式，是提出，在由智慧轉向愚蠢的過程中，有一個臨界狀態，其時意志旣非智慧又非愚蠢，猶如非睡非醒之際。亞當犯罪，便在此時。然而此事近於神秘，人類在此世不可能充分理解之，因爲人類的理解乃以或是或否爲限度㉕。

奧古斯丁解釋上帝預知與人犯罪的關係，略近於波依修斯。知道

㉓ Ibid 3•17.

㉔ Ibid 2•1.

㉕ Ibid 3•24.

一件事發生，不是該事件發生的因。猶如記憶中知道某事發生，不是該事件的因；同樣，預知某事發生，也不是其因。預知與犯罪不可能相矛盾，因爲無因果關係㉖。

奧古斯丁的預定論，可以說是其自由意志論和恩典論的邏輯後果。既然蒙罪的人只有抉擇犯罪的自由，而人走向得救的第一步卻不是犯罪，這一步如何走法？奧古斯丁認爲人本身無力走這一步（反皮拉鳩主義）。蒙罪的、扭曲的意志不可能傾向上帝。只有上帝的恩典在人心中工作，改變了人心的傾向，使人的自由意志與之合作，才能朝著稱義走出第一步；在既信之後所行的善功，亦是恩典的工作以及人與之合作的結果。㉗既然使人得救的恩典根本不靠人的功勞，故由誰來領受白得的恩寵只能由上帝來決定，即預定。人類的得救純然是上帝仁愛的結果。全人類由於本性的蒙罪而受到懲罰乃是理所當然的公義。上帝從受譴的全體中揀選出固定數目的人令其進入天國，乃是上帝的仁慈和自由。未被揀選者不是出於上帝的旨意，而是由於自身的罪，才永留在受譴的團體中。

奧古斯丁的預定論在當時便引起爭議。哈德魯門圖（Hadrumentum）的僧侶一向宗仰奧氏，然而卻堅持朝向得救的第一步應歸功於人。此種史稱的半皮拉鳩主義者，實爲溫和的奧古斯丁派。在高盧南部，尤以馬賽，反對特烈。代表人物有約翰・卡西安、萊蘭的萬桑等。公元529年的奧蘭治宗教會議結束了半皮拉鳩派的爭論，然而會議本身亦僅採納奧氏學說的溫和形式。會議明確肯定了人的原罪爲本性的蒙垢，既經蒙罪之後，人的自由意志便僅能從事自然事物的正確判斷，而對得救之事無能爲力；故不僅補贖之事，而且信仰的第一步

㉖ Ibid 3・3.

㉗ De gratia et libero arbitrio 17.

亦爲恩典在人心中工作的結果（恩典先行說）。然而會議否定了奧古斯丁的恩典不可抗拒說，亦即否定了預定論。會議對此並無明確的申說。當時的奧古斯丁派神學家，如 Prosperus Aquataniae, Fulgentius de Ruspe, Caesarius Arlsesi 等人則主張，惡不可能來自上帝（此爲奧古斯丁的前提之一），故上帝不可能預定永罰；恩典無所不在，堅忍者固由上帝的恩典而得救，而上帝的子女亦不可能僅由預定而成爲魔鬼的子女。

後來，奧古斯丁的恩典論在中世紀發展成爲一種對恩典進行繁複分類的教條，同時中世紀神學亦逐漸退到半皮拉鳩主義的立場（恩典並非先行而與善工同時；既經蒙罪的人性之中仍有善根）。如此，便引導出宗教改革時期的新教神學。這些神學自稱師承奧古斯丁的預定論，然而奧古斯丁主張恩典在人心中工作的一個不可或闕的過程乃是改變人心的傾向，令人的意志自由地與之合作並在既信之後通過善功自由地與恩典合作。此種對人類自由的肯定，實較宗教改革派神學更爲樂觀亦更注重教會聖禮的功用。

奧古斯丁的原罪與自由意志學說，自亦難免某些邏輯的困難，諸如智慧與理性和意志在性質上的關係、臨界狀態的性質、恩典的工作與意志的關係等，皆需要清晰的說明。恩典與意志的關係，頗有點像神之光與有限心智的關係。如果蒙罪的意志不可能傾向上帝，亦即不可能接受恩典的工作。此處似無抉擇與合作的餘地。奧古斯丁稱恩典的工作爲溫和的暴力，亦難自圓其說。然而在設定基本前提之後（一切善來自上帝；人有理性和自由意志；人的具體處境是既已蒙罪），奧古斯丁確實無畏地將其邏輯推向極端，並不爲教牧的實際需要所動。這裏有一種特殊的邏輯之美。在西方文化關於罪與意志和理性的基本意義結構形成過程中，奧古斯丁有不可磨滅的偉大貢獻。

奧古斯丁關於罪的學說，是在維持上帝本質的教義之下，來闡明人的具體處境。上帝是絕對超越的神，又是臨在的三一上帝，上帝的全知全能不可能與人的自由相調合，救贖是上帝絕對超越性和三一臨在性的一種運作方式。在維持上帝絕對性方面，奧古斯丁既上承舊約的傳統，又受有新柏拉圖主義太一構架的影響。然而奧古斯丁學說的意義遠不止此。西方文化的基本人性觀，既非主性善，又非主性惡，而是說由天賦的善，通過理性和意志的抉擇而蒙罪變惡。復原善則不在人力之內，只有信靠創造主在基督之內的救贖。人的一切努力在此限度內有意義（自由合作），但不可能有絕對獨立的確定性。自從西方基督教化以來，此種人性觀對西方文化的許多方面有或顯或隱但極其深刻的影響。明乎此，則不難理解何以西方文化是一種不安的、求索的文化；一種人權的、個人主義的文化㉘；一種高度理性化而又超越理性的文化；一種罪感、頹廢而又有強烈道德感的文化；一種人本而又超越人的文化；一種人道主義而又強調意志的聖愛的文化；一種進取、擴張而又內省、悔罪的文化。

五、歷史哲學

公元 410 年，羅馬城陷落，異教作者指責基督教爲亡城之根源。

㉘ 人權觀念與人類法、自然法和永恆法的關係，本書第二章中已有論述。權利以抉擇的主體即個人爲基礎。基督教是個人救贖的宗教。上帝猶如牧人喚着每一頭羊的名字；而每個人通過自由的抉擇與上帝的恩典合作。末日的肉體復活及審判乃針對每個人而言。雖然原罪被及整個人類的人性，但信與稱義乃是個人之事。人與上帝的關係，通過舊的與新的律法和定約。契約關係是一種權利與義務、理性判斷與意志抉擇的關係。總之，基督教的信仰與實踐有利於社會人權觀念的確立與普及。基督教信仰以大於人、不可易、經典傳統所確立、不以體認爲轉移的理性秩序爲一切價值的基礎，可能是「理重於情」的重要根源之一。

此一爭論已提出歷史的歸宿與意義問題。奧古斯丁對挑戰的回應，是在基督教世界觀的構架內解決歷史的意義問題。他提出，世上有兩種愛，形成兩種城（國）。愛自我，形成地上之城，至於蔑視上帝；愛上帝，形成上帝之城，至於蔑視自我。地上之城榮耀自我；上帝之城榮耀主耶穌。地上之城的君主受制於統治欲；上帝之城的君主與臣民在聖愛中互相服務。㉙這兩種愛，兩種城，在性質上不可調和，然而自從人類蒙罪起直至世界末日止，這兩個城在現世相混雜而不可分，直到最後的審判將二者分開，地上之城終將受到永罰，上帝之城得到永福㉚。羅馬是地上之城，其一度強盛，是由於上帝給了它統治地上之權，以便宏揚福音，這個歷史使命一旦完成之後，羅馬便因其自身的罪（如崇拜偶像等）而衰亡。地上的帝國率皆如此。現世的有形教會是良莠混雜的團體，中選者也並非全然無罪㉛。公教會之神聖，不在於其全體成員無罪，而在於其終將達到神聖（在末日）。逐步建立起上帝之國，乃是上帝創造世界的眞正目的，唯有上帝的旨意和設計才給歷史以普遍的意義。一切歷史事件只不過是實現這個目的之若干瞬間而已。人類歷史是神的奧秘在時間中的表現，神的仁愛不斷運作，以期救贖那被罪擾亂的理性受造物。

與古典希臘羅馬的實證歷史觀念不同，奧古斯丁提供了一種以終極意義爲基礎的目的論歷史觀，對後世有深遠的影響。

㉙ De civitate Dei 14·28.

㉚ Ibid 1·35.

㉛ Sermo 88·19.

九、六至十世紀是保存而非發展文化的時期

自奧古斯丁卒年即公元 430 年至六世紀初期，西方神學家如利奧一世（Leo I）等人討論的內容大抵限於聖禮、教會、恩典之類的教牧問題，在原理和視野方面甚少開拓。羅馬帝國衰亡以後，西方文化處於相對的封閉狀態；帝國東部在語言、地域以及傳統學院等方面尚屬繼承古典文化，並與西亞等地區的異種文化有所交流。

至六世紀，西方的波依修斯（Manlius Severinus Boethius c. 480-c. 525）將亞里士多德的《範疇篇》、《論詮釋》及波弗利的《引論》譯成拉丁文，並自著兩篇評注，方首次引入亞里士多德邏輯，是為「老邏輯」（Logica vetus）❶。這些著作在當時並未廣為流傳，然而俟後在中世紀造成不可磨滅的影響。至於波依修斯所譯的其他邏輯著作則直至十二世紀方為人所知。

波依修斯精諳希臘哲學，是中世紀早期最重要的思想家。他第一

---

❶ Logica vetus 包括：Categoriae, Perihermeneias, De Isagoge, Commentarium in Categorias, Commentarium in Perihermeneias, Introductio ad syllogismos categoricos, De syllogismo categorico, De syllogismo hypothetico, De divisione, De differentiis topicis, Commentarium in Topicam Ciceroni. Logica nova 還包括：Priora analytica, Posteriora analytica, Topica, Liber elenchorum, Liber sex Principiorum.

個採用「四藝」(quadrivium) 這個術語，並將算學、幾何、天文、音樂稱作「通往智慧的四條路」，與工具性的「三藝」即語法、修辭、邏輯分開來。他又將哲學分爲實踐哲學與理論哲學。實踐哲學更分爲倫理學、政治學、經濟學。理論哲學則再分爲自然哲學、數學和神學。這種亞里士多德式分類法的意義之一在於將自然研究與超自然研究分開。波依修斯認爲神學的對象是做爲本體的上帝，這可說是基督教神學思想與古典自然神學思想的一種結合。在思維上，波依修斯亦富於希臘式的自由精神。在《哲學的安寧》(*De consolatione Philosophiae*) 的第一章中他對上帝的旨意提出大膽的質疑。波依修斯對中世紀神哲學影響極大，主要表現在以下幾個方面。

(一)除引入亞里士多德邏輯著作外，在方法上，他是第一個根據定義以演繹方法討論神學問題的中古思想家。此種方法至經院時期發展成一種公式化的三段式推論法。

(二)他提出 id qod est (相當於「實體」、「存在」) 和 quo est (相當於「本質」) 這一對概念，後來成爲經院中熱烈討論的課題。在波依修斯手中，這個問題的探討仍處於草創階段，尚未發揮爲後世關於本質與存在關係的討論。他的課題大抵是實體與其形式的關係，亦即說明實體何以爲實體的問題。他指出，每一個體皆爲一組不可化約的屬性之集合體。這些屬性，諸如廣延、造形、質地、顏色等之獨特的、獨一無二的集合體，便是實體；而使一實體成其爲一獨特實體之結構性原理，便是這一實體的本質或形式。故本質與實體相一致，在事實上不可分，有什麼本質便有什麼實體。因此，本質不可能有獨立的存在。但實體與形式並非一物，故可分。只有絕對單一的存在體，其本質與存在方爲同一。受造物的形式 (本質) 只是上帝理念 (純形式) 的影象而已。波依修斯的一句話成爲經院神哲學的名言：Diversum est esse et id quod est (存在與實體爲複合可分者)❷。

(三)在一般與個體的關係方面， 波依修斯主張一般概念不是實體。一般（共相）是類或種，乃是一組個體共有的本質；而一組個體所共有者不可能爲一個體。但是一個眞實的概念不可能沒有實在的對象。共相是如何形成的？共相本存在於可感知的個體中，人的心智將其抽象爲一般概念。故共相（類與種）只是脫離個體而被認知者，並非脫離個體而存在之物。這是亞里士多德主義的解釋❸。但是在別的地方波依修斯又指出，人類的認知有四個不同層次，即知覺、想像、理性、悟性。理性抽象出共相，而悟性則直觀形式（理念）。這又是柏拉圖主義的解說。❹在波依修斯身上，已可看出中世紀神哲學在希臘哲學的兩大觀念結構之間進行取捨的歷史處境。

(四)波依修斯的上帝論包涵着雛形的本體論論證。他主張，有三種存在體：自然之物（naturalia），爲知覺的對象；可知之物（intelligibilia)，爲理性的對象；可悟之物（intellectibilia)，爲悟性的對象。至高的可悟之體便是上帝。人類先天地悟知上帝爲至高至善盡美。世上一切不完善之物即受造世界， 那只是至善的闕如狀態。故不完善蘊涵着至善之存在。上帝是人類所能設想之至高至善（ Nihil Deo melius excogitari queat）。故上帝存在❺。四百年以後安瑟倫在〈獨白篇〉和〈論說篇〉中所作的論證，可說是波依修斯的論證

❷ 關於實體的討論見 Opuscula theologica, *De sancta Trinitate* 2. "Opuscula theologica" 意爲「神學論著」，共五篇，一向被認爲僞書。至一八七七年發現六世紀神學家 Cassiodorus 的稿本，其中稱 Opuscula theologica 的前四篇爲波依修斯原著，至此才斷爲波氏著作。

❸ In libre de interpretate 2.

❹ De cosolatione philosophiae 5.

❺ Ibid 3. 10.

之繼承和發展。

(五)波依修斯關於自由意志的理論也對經院神哲學有深刻影響。他認爲人有意志是由於人有理性。理性使人獲致知識並進行抉擇。抉擇是一種自由，與理性的正確運用成正比，越能正確運用理性，則越自由。全知全能的上帝，有絕對無限的自由。至若人類，則越趨向上帝；越自由；越遠離上帝，越趨向物欲，越不自由。肉體的意欲，是最大枷鎖。按照上帝意志去意願，則爲最大自由，即幸福。這個解釋似乎與上帝的全知有所齟齬。因爲，如果上帝的預知無誤，則人類的抉擇必不能與之相違，又有何自由可言？反之，如若人類確有抉擇之自由，上帝又有何預知？波依修斯的解決方式是對「預知」進行再詮釋，而不修訂「自由」的涵義。上帝爲永恆，既爲永恆，則超越時空，故上帝的預知不是預先知道，而是包攝一切的全知即知，既知必然，又知自由，必然者知其爲必然，自由者知其爲自由。因此，人類的自由不可能與上帝的預知相矛盾❻。這就是說，人類的自由與上帝的預知分別屬於兩個意義層面，沒有因果關係，故不可能發生矛盾。自現代邏輯觀點言之，此種分析方法亦頗有啓廸。

波依修斯對中世紀神哲學的形成有重大貢獻，如不知道他的術語和方法，則難以理解十二世紀的經院神哲學。然而這位創造悠久文化價值的大師，方值壯年之時，便被法蘭克國王以一時一地乃至一人的政治理由處以死刑而結束其方興未艾的創造性生命。在這樣的時代裏，不會有文化的全面發展。這時還不存在獨立於國王宮廷或教會修道院之外的學術機構。

在波依修斯之後，伊利金納之前，曾有幾個神學家的著作在整個

---

❻ Ibid 3. 11.

中世紀被人誦讀和研究，然而這些著作的性質恰恰說明此一時期爲拉丁中古文化的知識積累時代，而非創造發展時期。

西班牙塞維爾的伊西多爾（Isidorus Hisplensis 560-633；著作收入 PL. 81-84）的《語源學》（*Etymologiae*）是一部包羅萬象的百科全書，舉凡語法、修辭、幾何、算術、邏輯、地理、天文、音樂、醫藥、營養、社會、動物、礦物、農桑、軍旅、體育、造船等科目，無所不悉，共二十卷。作者主張，事物的本質乃在於其名稱的語源。此書爲知識性辭書，在原理方面，乏善可陳。

卡西奧德魯斯（Cassiodorus c.477-c.570；著作見 PL. 69-70）的《讀本》（*Institutiones*）是一部講授人文學科知識的概論性教科書，爲修道院學校的課本。其第二章單獨成書，在中世紀稱爲 De artibus ac disciplinis liberalium litterarum，意爲「人文學藝大要」。

格利高里一世（Gregorius I 540-604）的《教牧規範》（*Liber regulae pastoralis*）是一本實用的教牧手册。另外，格利高里一世曾嚴厲指責高盧的維埃納城主教廸地埃擅自講授拉丁語法及古典文學。這位教皇主張，人文學術僅可爲理解聖經而用，不得做爲獨立學科而傳授，因爲一個人的嘴，豈可同時頌讚朱比德大神和耶穌基督；拉丁文法乃是爲基督徒而用，故通俗本聖經的拉丁文法優於古典拉丁文法。自此以往，中古拉丁語乃在西方取代了優雅的古典拉丁語。英格蘭的比德（Bede c. 672-735）亦主張人文學術應爲經學研究的手段，是爲中世紀早期對待七藝的標準態度。奧古斯丁在《論基督教教義》(*De dectrina christiana*) 的第二部中已開此種態度之先河。至六世紀末，當時的歷史家圖爾的格利高里在其《高盧史》的序言中曾嘆道，高盧人文藝術已成絕學，舉世學子竟無人善以散體或詩體敷演成文，鋪敍一事之始末，悲夫斯文之零替也。

在七、八世紀，維持較高文化水準的乃是不列顛的修道院。史稱的查理曼文藝復興，實爲不列顛拉丁文化在法蘭克的繼續。查理曼自不列顛及歐洲別地邀來不少學者，其中有不列顛的傑出學人如阿爾庫因 (Alcuin 730-804)，大抵是文化教育家和組織家，而非思想家。

九世紀的思想家，乃是愛爾蘭人伊利金納 (Johannes Scotus Erigena c.810-c.877 著作見 PL. 122) ❼。他的神哲學思想，有以下幾點値得研究。

(一)在理性與信仰的關係方面，他提出一種曾被誤解的觀點。他曾說神學與哲學並無區別，這可以被理解爲神學也是純理性知識，而理性是獨立的自然認知功能。十一世紀的辯證術派貝倫加便有此種理解。伊利金納確乎說過:「因此可以肯定，眞正的宗教便是眞正的哲學，反之眞正的哲學亦卽眞正的宗教。」❽ 然而從其著作的整體言之，伊利金納並不主張神學等於哲學。他將人類認識眞理的過程分爲三個階段。1.自原罪以後至基督出世之前，人的理性由於蒙罪而昏暗不明，故只能理解自然事物以及證明神的存在。2.自基督的工程以

---

❼ 在中世紀，愛爾蘭通稱 Scotia Maior，或 Erin，或 Hibernia。故愛爾蘭人 Johannes 被呼爲 Scotus Erigena。Erigena意爲"Erin 之民"。此一稱呼實爲重複，開始流行於十七世紀，據 Dal Pra, Scotus Eriugena, Milan: Bocca, 1951, P. 10.

❽ De praedestinatione 1.1.

來，人的理性既已受到絕對無誤的眞理之啓導，故信仰必先於理性而運作。此爲人類現狀。3.最後，在得救者在天堂的永福中，人將直觀上帝對人顯示的至高無上眞理。

在《約翰福音評注》中伊利金納引用〈約翰福音〉4.7-30 耶穌向撒馬利亞婦人索水解渴的經文，指出在字面上彷彿是創世主向人類要求象徵生命的水。但實際的涵義卻是：撒馬利亞婦人代表人性，它企圖全靠理性尋求眞理；僅當基督給了它信仰，點燃其理性之光以後，它才有可能求得眞理。這乃是說，一、理性之光本身來自信仰；二、理性知識的對象正是信仰之內容。因此，由神學抑或哲學來行使理性，初無二致，在此意義上，哲學亦即宗教。❾

這種人性論的後承不可能以理性爲最高權威。伊利金納也曾說過，權威出自理性而理性不出自權威。❿他的意思是說上帝是最高權威，上帝的話，不論理解與否，我們必須信仰，而人說的話，即使是對啓示的解釋，也必須由理性認可方爲眞，不論說話者的權威多麼高。這裏確實蘊涵着理性對啓示眞理的解釋權，伏下神學發展的某種趨勢。

(二)伊利金納深受柏拉圖主義及東部神學影響，每常稱引俄利根、尼撒的格利高里、僞笛奧尼修及馬克西姆等人爲權威。其神哲學的特點，是以新柏拉圖主義的哲學構架來詮解基督教教義，形成一個相當完備的思想體系。在此體系中，有幾個突出的觀念，即「神顯」「無與存在」「光（光照）」「復歸上帝」，皆是理解其體系的關鍵。至若通常思想史中據以說明伊利金納思想的「自然區分」，原是其在

---

❾ 關於理性與信仰的討論見 *In evangelium Joannis*（《約翰福音評注》）的<序言>及 De divisione naturae（自然區分論）的 1.64,71 諸節。二者均見 PL. 122。

❿ De divisione naturae 1.69.

著作中為論述之便而作的「存在分類」，與其體系的基本觀念結構並無內在的聯繫。

伊利金納所稱之「存在」(ousia, esse, being)，常指存有者之不可增減變化的本質而言，「無」是「存在」的否定。然而存在有不同的層次，故存在實有相對的涵義，無亦然。1.如以感官可感覺、心智可理解者為存在，則凡超越感知者為無。在此意義上，本質因其僅可通過屬性而感知，故本質為無。上帝為絕對超越，故為無。2.對於較低層的存在而言，較高層的存在為無。3.潛能為無，尚未實現的存在為無。4.凡以時空為限度，變動不居者，相對於永住不變的理念或理式而言，為無。5.那有原罪的人類為無，人類僅在具有上帝的形象和程度上為存在。⓫

既然上帝為絕對超越性的無，故上帝不可知。伊利金納論述否定性神學，有明顯的偽笛奧尼修影響。他還主張，天使也不可能直觀上帝的道乃至道中的理念，天堂永福者也不能直觀上帝或至高眞理。這裡，在研究創世學說時，他離開了上述認識眞理過程中的傳統觀點。伊利金納的上帝猶如柏拉圖主義的超越存在界的太一。僅當由絕對的無「顯現」出來之時(猶如由一而多)，上帝方在世界有其可知的印迹。創世便是「神顯」(θεοφαυος)⓬。創世是上帝「造成」或「表現」道中的理念(ισεαι πρωτõτυπα)。道也就是至高理念，猶如柏拉圖主義的諾斯。理念乃是上帝在永恆中所造，故與道(聖子)同為永恆(Omnino coaeternae)；但理念卻不與父完全同為永恆，因為理念

⓫ Ibid 1•3-7。伊利金納的「無」頗令人聯想老子的「無」。後者被釋為生成太極、陰陽、萬物的「無極」，猶如太一或潛能，但伊利金納的太一為三一上帝。

⓬ 「神顯」的定義見 De divisione naturae 1•7-10。神顯亦稱 divinae apparitiones.

乃是父所造，其永恆的存在依賴於父。⑬這裏再度顯示出柏拉圖主義太一構架的影響。由於上帝絕對超越於存在界，故創世猶如由一而多的「溢出」。上帝創造道中的理念，理念外化爲共相（類），由類而亞類，由亞類而種，由種而殊相（個體）。這個由一而多的創造過程乃由三一上帝的第三位卽聖靈所實現。聖靈是上帝恩賜的施予者。伊利金納引用《新約・雅各書》1•17 的經文:「各様美善的恩賜，各樣完全的賞賜，都是從上頭來的，從衆光之父那裏降下來的。」他稱，一切受造物皆是由父之光而來的衆光，事物的本質是神之光的反映，如若上帝停止光照，世界便不復存在。在此意義上，世界是對上帝的「參與」(participatio）。這是伊利金納被釋爲泛神論者的依據。然而不應忘記，伊利金納是精通希臘文化的人，他所稱的 participatio 乃是在相應的希臘詞 *μετοχή*，*μετουσια* 的涵義上而應用⑭，後者有「共享聖餐」、「依附於」的意義。因此，他所謂的 participatio 實與「泛在」不同。

由於世界是上帝之光的反映，本身缺乏眞實的存在，故世界傾向上帝，欲復歸於上帝。蒙罪的人類有情欲和朽死，死便是復歸的起點。死時靈魂脫離肉體，肉體分解朽化，但在末日又復活，成爲保有物質屬性的「純思想」而爲靈魂所吸收。靈魂乃返歸於原初的人類理念。由於萬物的理念本在人類心智中，故人類靈魂攜帶萬物復歸於上帝之光。此時此刻已不復存在物質的世界，故不可能有肉體的懲罰，「地獄」云云，僅爲良心的懲罰而已。

伊利金納的思想，氣象恢宏，體系嚴然，十分引人注目。然而中世紀作者們在稱引其著作的同時，卻報以種種疑慮，因其思想每與正

⑬ De divisione naturae 2•21, 3•8, 3•21, 3•23。

⑭ Ibid 3•3。

統拉丁教義頗有參差。諸如神在受造物中的顯現、耶穌基督人性的模糊、地獄的隱喻化、對「和子」句的東派觀點等等，⑮皆表現出信仰對理性、教義對哲學的寬假。於公元八五五年及八五九年，他的著作兩度受到宗教會議譴責。後來，《自然區分論》被阿馬爾里克等神學家釋爲泛神論，終於在一二二五年被教廷列爲禁書。伊利金納之學雖稱潤大，卻猶如沙漠中的綠洲，不能構成一個文化發達的時代。其本人的思想精神與治學方法，亦不足以當「經院哲學之父」的名稱。

九世紀末期及十世紀，社會異常動亂，史稱「鉛與鐵般黑暗的時代」（此爲十六世紀教會史家巴羅尼烏（Baronius）語）。查理曼帝國內部的紛爭，加之外族如諾爾曼人、撒拉森人、馬其爾人的入侵，致使地處鄉間的修道院，因不受城堡保護而首當兵燹之災，珍藏之羊皮手卷亦難逃強人之火炬。十世紀中期羅馬教廷之腐敗，亦不利教會之凝聚。此時，作爲文化保存者的教會正處在中古空前的軟弱時期。本世紀的神學家，諸如雷米基烏（Remigius）、阿德索（Adso 即 Hermericus）等人，大抵述而不作，稍稍傳達前人的智慧而已。然而也正是在這個文化衰微的時期，開始了克呂尼修道院的教會改革。而且不知是出於戰亂的刺激，還是出於別的需要，城市座堂學校亦開始興起。一種新型的城市文化，彷彿已在醞釀之中。

---

⑮ 在 Filioque 的問題上，伊利金納接近東派觀點。東部神學家遵循卡帕多西亞三位教父的觀點，強調聖三一的單一本源。上帝本體只能有一個，即聖父。既然聖父是聖靈的本源，故只能說「聖靈自聖父通過聖子出來」。這裏似受有柏拉圖主義太一絕對超越性的影響。西方神學家則宗仰奧古斯丁學說，在聖三一的位格關係上，認聖靈爲聖父與聖子之間的愛，故只能稱「聖靈自聖父和聖子出來」。

十　十一世紀辯證術派的觀念何以失敗

至十一世紀，外族入侵者逐漸在西歐定居，教會的改革已見成效，東部帝國在外族侵略面前大爲衰弱，拉丁教會舉足輕重，自此時直至十四世紀初期爲羅馬教會的鼎盛時期。座堂學校有所發展，與修道院同爲文化津要。研究「辯證術」（邏輯）的風尚相當普遍，此時修道院中已開始流傳最早的《前分析學》和《後分析學》的拉丁文手稿。阿拉伯、北非、西班牙對亞里士多德哲學和科學的較高水準的研究，令西歐感到好奇，形成一種外在的激發。也有西歐學者到上述地區遊學。如奧里亞修道院的格貝爾特（Gerbertus，卒於 1003 年，即後來的教皇西爾威斯特二世）便曾到西班牙遊學三年，帶回阿拉伯科學，著有《天文學》(Liber de Astrolabio）及《論理性之人及理性之用途》(De rationali et ratione uti)（二書具見 PL. 139 卷）。

格貝爾特的學生之一是夏特爾主教富貝爾特（Fulbertus），富貝爾特的大弟子是圖爾的貝倫加（Berengarus Touronensis，卒於 1086 年）。貝倫加是十一世紀中期的兩大神哲學家之一，另一人是貝克修道院的郎弗朗（Lanfrancus 1010-1089，後爲坎特伯雷大主教，著作見 PL. 150. 158 二卷）。貝倫加是史稱的「辯證術派」，而郎弗朗則往往被不切確地稱作「反辯證術派」。後一派的著名作者還有夏特爾的休（Hugo de Chartre）、沃爾弗姆（Wolfelmus）、彼得・達米安（Petrus Damianus）等神學家。

十一世紀熱烈爭論的問題，大抵是聖餐的實體性、共相的實在性等富有哲學性質的課題。此時期的神學辯論，已不是就教義本身而論，而往往涉及理性的用途及限度。在本世紀中期，最爲引人注目的學術活動，便是貝倫加與郎弗朗等人關於聖體問題的論辯。實體轉化說正式定爲教義乃在一二一五年（英諾森三世主持的第四次拉特蘭會議）。但是在十一世紀時，在正統的神學家中間，大抵公認祝聖過的餅酒在本質上就是基督的身體和血，雖然在外貌上仍具餅和酒的屬性。此種解釋，乃是爲符合聖經同觀福音中記述的耶穌的話，他在設立聖餐時曾說餅是他的身體，酒是他的血❶。比如富爾貝特認爲，聖餐與三一、洗禮同爲奧秘，只可信仰，不可當作理性研究的問題；聖餐爲基督的眞實身體，呈現於可見的物質要素（屬性）中，領聖餐者吃基督的身體，所以我們在上帝中，因爲聖父在基督中而基督在我們中❷。這是正統的神學觀點。然而富爾貝特的大弟子卻另有高見。一〇四八年，夏特爾的休致函貝倫加稱，已聞其否認祝聖過的餅酒在本質上已轉化、以及認爲基督僅在精神上呈現於聖餐等高見。❸自此，不少神學家對貝倫加的理論提出批駁。一〇五九年羅馬宗教會議正式譴責其觀點之後，貝倫加仍發表文章堅持己見，郎弗朗乃兩度撰文批評其觀點。

貝倫加崇尙伊利金納的理性原則，而且超出了後者對理性的理解。伊利金納雖然認爲理性是啓示眞理的解釋者，但理性運作的激發者是信仰（參考上文所述《約翰福音評注》中的觀點），也就是說並不以理性爲自然中的獨立力量。貝倫加則將理性當作以感性知識爲材

❶ <馬太福音>26•26-7；<馬可福音>14•22-3；<路加福音>22•19-20。

❷ Epistulae 5. 見 PL. 141, p. 202。

❸ PL. 142, p. 1325-34。

料而以邏輯爲方法的獨立認知功能。他說：Ratione agere in perceptione veritas incomparabiliter superius esse, quia in evidenti res est.❹（以理性來認知眞理〔比依靠權威〕具有無比優越性，因爲事實得到證明。）如此理解，便將基督教神學與哲學，不僅在方法上，而且在認識標準上，相提並論了。貝倫加根據事物的本質與屬性不可分的哲學原則指出，既然祝聖過的餅酒的顏色味道等屬性未發生變化，其本質亦必未變。❺此種解說實際上將邏輯原則置於啓示眞理之上，實爲當時一種新的神學觀念。

然而有興味的是，貝倫加以理性爲知識標準的理由，卻是來自聖經中的啓示眞理。他認爲，人之所以應該訴諸理性，乃是由於人類是按上帝的理性形象受造之故（Secundum rationem sit factum ad imaginem Dei），因此不訴諸理性則不能按上帝的形象日日更新（nec potest renouari de die in diem ad imaginem Dei)❻。這樣，貝倫加既以聖經權威爲訴諸理性之依據，又以理性爲標準來判斷啓示眞理之正僞。

貝倫加否認聖餐爲基督的身體，提出兩個理由，即一物之本質與屬性不可分離；一物不可能同時在兩個地點存在（基督的身體在天上故不可能爲聖餐）❼。這兩個理由，皆出於歸納原則。一物之本質與屬性不可分離，甲事物如此，乙事物如此，已知事物無不如此，故我們沒有理由認爲餅與酒不如此。這是歸納的科學的原則，與信仰的原則不相容。而同時，貝倫加又稱應用理性爲按造物主上帝的形象日日

---

❹ De sacra coena 33, Vischer (ed.), Berlin, 1834.

❺ Ibid. p. 171.

❻ Ibid.

❼ Ibid. p. 170-199.

更新，亦即承認人的本性是預定的上帝形象，不是在經驗中形成。這是一個信仰原則。在同一理論中應用兩種不相容的原則，使得他的理論立說支離。這是貝倫加的新神學觀念在一個信仰的時代中不可能被接受的緣故。故郎弗朗批評貝倫加在信仰的奥秘問題上「放棄聖經權威而求諸辯證術」❽。郎弗朗並不是反對運用理性方法，他也注重辯證術的研究，他是反對以理性原則做爲判斷奥秘正僞的標準。

彼得・達米安則屬於「反辯證術派」，他系統地反對修士學習辯證術。他指出，辯證術應爲聖經服務，一如婢女之爲女主人服務（velut ancilla dominae）❾。此語後來被傳爲 philosophia ancilla theologiae（哲學是神學的婢女）。將理性當作信仰的智慧之婢女，這個比喩來自聖經。《舊約・箴言》9•1-4：「智慧建造房屋，鑿成七根柱子，宰殺牲畜，調和旨酒，擺出筵席，打發使女出去，在城中最高的地方呼叫：誰是愚蒙的人，到這裏來！」下文還說，敬畏主便是智慧的開端，對至聖者的知識便是理解。托馬斯・阿奎那在《神學大全》1•1•5 中稱，「其他科學」（學術）乃是「聖教義」（神學）的「婢女」。旣然辯證術對研究和理解聖經有其用途，達米安一派又何爲反對修道院學習辯證術？這大抵是鑑於當時有人將理性原則奉爲

---

❽ De copore et sanguine Domini 7, PL. 150, p. 407.

❾ De divina omnipotentia, PL. 145, p. 603.
這裏有一個巧合，似値得略加說明。《朱子語類》卷十一有「聖經字若個主人，解者猶若奴僕。」似與達米安語不謀而合。然而此處「解者」指注解，謂注解應忠於經文。朱熹論讀書法，大抵有兩層意思。一是要虛心無己，「如解說聖經，一向都不有自家己身，全然虛心，只把他道理自看其是非。」二是要切己體驗，「許多道理，孔子恁地說一番，孟子恁地說一番，子思又恁地說一番，都恁地懸空掛在那裏。自家須去體認，始得。」不僅朱學，其他中國學派似亦不曾提出諸如將理性知識統一於永福眞理的學說。

知識標準之故。達米安派代表奧古斯丁學派的知識論，即以爲理性本身不可能認識眞理，一切知識皆應統一於永福的眞理。既言統一，便應有統一的知識標準。十一世紀神學家對啓示眞理的解說未能達到統一。比如郎弗朗指出，在聖餐中物質的餅營養人的身體而基督的聖體營養人的靈魂⑩。既然餅的本質已轉化爲聖體，又何來物質的餅來營養人的身體？對於貝倫加一派人來說，如果奧秘作爲簡單的事實來接受，本不成問題；如果解釋之，而解說又自相矛盾，則令人要問，何以會如此？不能有別的更合理的解釋嗎？於是十一世紀中繼承伊利金納傳統而初受阿拉伯亞里士多德學術激發的深思好學的神學家，便運用新的知識工具，提出大膽的新嘗試。

貝倫加受到多次宗教會議的譴責，在面臨死刑時他不得不宣佈放棄錯誤觀點，但過後則故我依然。其受譴，與當時的權力鬥爭有關。然而貝倫加的神學理論與方法，因包涵內在的矛盾並與神學的基本性質相牴牾，故不能不告失敗。聖體問題的辯論並未以貝倫加的沉默而告終，但是純理性方法的失敗，則要求開創一條新的神哲學途徑。這便是十二至十四世紀的經院神哲學。

⑩ De copore et sanguine Domini 20.

十一　經院神哲學始自安瑟倫

十二世紀是經院神哲學興起的時代。九世紀末以來橫掃西歐的社會動盪稍漸平息，然而動盪之後出現的不是一個大帝國，卻是一個自稱高居於世俗君主之上的普世教會。十世紀以來的教會改革已見成效，查理曼時期的神學覺醒得以在新的環境中漸結碩果。這也是一個宗教狂熱的時代。一〇九九年，第一次十字軍攻陷聖地耶路撒冷。此時的風流人物乃是克萊沃的聖貝爾納和獅心理查。藝術方面，湧現早期哥特式建築和騎士傳奇。同時貿易的發展和城市的再度崛起，將神哲學研究的中心由分散在鄉間的修道院移往城市內大教堂的學校，是爲歐洲大學的前身。另一促進神學發展的因素是亞里士多德著作的第二次引入。此與西班牙托里多等地迻譯阿拉伯文獻的事業相關。「老邏輯」的迻譯是在六世紀，但是亞里士多德全部「工具論」拉丁文譯本的傳播則是在十二世紀，稱爲 Logica nova（新邏輯）。

十二世紀神學研究的進展，在形式方面，要之有兩種新特色。一爲辯難方法的出現與普及，學校中將神學研究分爲 lectio（原典宣讀）與 quaestio（問題辯難）兩大部類。另一爲「箴言集」「大全」著作形式的出現，使得神學研究趨於體系化。

然而走在這一切前面，在精神上成爲十二世紀「經院神哲學之父」的大師，卻是十一世紀貝克修道院院長（後來繼郎弗朗任坎特伯雷大主教的）聖安瑟倫（S. Anselmus Cantuariensis 1033/4-

1109)。

安瑟倫所代表的經院神哲學精神，在於理性與信仰的相對統一。經院神哲學的出發點，乃是旣定的信仰內容。其研究的目的，則是加深對信仰的理解，往往要找出何以必然如此的理由。其研究的方法，不滿足於徵引權威，而運用亞里士多德邏輯獨立地論證出符合教義的結論。旣然始於信仰，終於信仰，大抵也就不致發生諸如十一世紀辯證術派與反辯證術派的分裂現象。事實上，自安瑟倫以後，結束了兩派的分野。至十四世紀，再度出現理性與信仰分離的現象時，也就宣告了經院神哲學的終結。安瑟倫原爲〈論說篇〉擬定的書名 *Fides quaerens intellectus*（信仰尋求理解）成爲經院神哲學精神的象徵，流傳至今，被現代新正統派神學家巴特借爲書名。

安瑟倫的論證方法是，首先提出一個神學討論的問題；然後設定對方（或假想中的教義懷疑者）所接受的自明前提，或對方論點中蘊涵的前提；最後以邏輯方式（不靠聖經或教父權威）推導出符合教義的新結論。他甚少應用三段論式，更擅長由此及彼的 aequipollens (等値)論式，如A＝B＝C。這要求對定義和日常語義進行縝密的分析。安瑟倫的哲學貢獻之一，在於他是現代語義哲學的某種先行者。

安瑟倫的主要著作有《獨白篇》(*Monologion*)、《論說篇》(*Proslogion*)、《論語法家》(*De grammaticus*)、《論眞理》(*De veritate*)、《論三一信仰》(*De fide Trinitate*)、《上帝何以成人》(*Cur Dens homo*)、《論自由意志》(*De libero arbitrio*)、《論撒旦的墮落》(*De casa diaboli*) 等，收入 PL 158-159二卷。*Migne* 書因過於龐大，收入若干未校原典，難免魯魚亥豕之譏。但安瑟倫全集乃重刊 *Gerberon* 校勘本，甚精（唯祈禱文部分雜入不少他人著作）。

安瑟倫的神哲學思想，在幾個方面，皆對後世有重大影響。1.他的祈禱文是劃時代的革新。2.他的救贖論開創了神學中一種新時代精神。3.本體論論證在哲學史上有特殊的貢獻。4.《論語法家》中的語義理論被認爲與某些現代數理邏輯體系十分相近。5.眞理論的獨創學說。6.關於自由意志的學說是對奧古斯丁理論的發展。

以下擇要稍加論述。

一、祈禱文

在四十歲以前(1070年左右)，當安瑟倫尚在貝克修道院的時候，他已經成爲一個名氣頗大的祈禱文作者和精神導師，雖然這時他的神學著作大多還沒有寫出來。基督教的祈禱文大抵有二類，一是儀禮性的禱文，在聖餐或其他聖禮以及修道院日課中公開使用；另一類是個人私下禱告時用的禱文或冥思錄。在十一世紀，尤其在諾曼底一帶，修道院的祈禱時間大大增加，這種虔敬生活常被俗人所歆羨，而加以效法。尤其是那些生活優裕而無所事事的貴族婦女，如果碰巧虔誠的話，對禱文作品需求尤甚。安瑟倫的禱文大抵屬於私人祈禱文，往往應修道士或友人之請而作。曾結集署名致送索求者，例如一〇八一年曾贈給維廉一世的女兒阿德萊六篇禱文和一篇冥思錄。

雖然自教父時期以來，禱文有悠久的傳統，而且查理曼的宗教立法特以儀禮爲安定社會的手段，再加之本篤會規的影響，至十一世紀，儀禮和禱文在高盧已經相當豐富而且大致定型；然而在安瑟倫以前大抵僅有簡短的禱文，私人祈禱則多用聖經詩篇。安瑟倫創造了一種篇幅較長，在內容、形式和精神風貌方面皆屬首創的祈禱文。在他之後，仿製者頗多，以致他名下聚集許多同類禱文。《拉丁教父全集》第一五八卷收入十七世紀所錄祈禱文一一一篇。後經本世紀的 Dom

Wilmart 以精密方法加以悉心校勘，確定其中十九篇祈禱文及三篇冥思錄為安瑟倫本人作品。❶這些由 F.S. Schmitt 收入《安瑟倫全集》第三卷❷。現代引用安瑟倫祈禱文均按 Schmitt 校本的編號順序，本書亦從之。

安瑟倫的祈禱文，大抵有以下獨特之點：1.對聖經的新理解；2.個人的敬虔熱情與神學思考融然無間；3.新的韻文風格。

雖然安瑟倫繼承卡西安、本尼廸克、奥古斯丁、格利高里等教父的禱文作品傳統，但卻全然不取對經文的比喻性詮解，而且不取直接的聖經引文。他對經文有一種親切的個人的理解，諳如指掌，凡引用聖經，如出己口，全用自己的語言，而自己的語言又是融化的經文。他並不模仿教父，而儼然以教父的權威在獨闢蹊徑。他一反查理曼時期以來的莊重冷肅傳統，而將熱烈的個人虔敬情感以及神秘經驗注入禱文，使之成為一種新時代的屬靈文學。在他筆下，聖經人物不再是僅僅代表眞理的客觀的歷史角色，而成為活生生的血肉有情之人。而安瑟倫本人，則是作為他們的朋友，與之對談。有時他彷彿便是聖經中事件的參與者。在〈祈禱文 2〉第六節中他嘆道：「要是當初我與約瑟一起將主從十字架上安放下來夠多麼幸福。」在〈祈禱文16〉中他用心理小說般的精神透視法來重現〈約翰福音〉20章中記述的簡單事件。在福音書中，我們只知道抹大拉的瑪利亞是在加利利跟隨侍奉耶穌的人之一，後來耶穌被處死在十字架上，以及約瑟安放耶穌身體的時候，她也在場。七日清晨，她來到墓穴，發現耶穌的身體不見

❶ D. Wilmart, *Auteur spirituel et textes dévots du moyen âge Latin,* Paris, 1932, pp. 162-201.

❷ F. S. Schmitt, *Sancti Anselmi Cantuariensis Archiepiscopi Opera Omnia,* i-vi, Nelson, 1938-61. 第三卷為祈禱文及冥思錄。

了，她站在墓外啼哭。經文所記，不過如此。然而安瑟倫以馳騁的想像和神秘的熱情描寫出耶穌對瑪利亞的溫柔慈悲以及瑪利亞愛主的細微末節。瑪利亞哭得十分悲切。「主出於愛的緣故，再也受不住她的傷心，再也不忍心隱身下去，於是爲了溫柔的愛他現身出來。」「主用家常的名字呼喚着自己的僕人，而她也知道這是主的聲音。」「這聲音充滿喜悅， 如此溫柔， 滿載着慈愛。 他說得如此自然， 如此明白：『瑪利亞，我知道你是誰，你要的是什麼。看着我，不要哭，你看着我。我便是你要找的那個人。』剎那間瑪利亞的眼淚變了，而不是立即止住，卻是從傷心的眼淚變成狂喜的淚水。」

此種對聖經的理解實爲劃時代的革新。其理論基礎乃是十二世紀興起的新救贖論。基督的救贖不再是客觀的眞理體現過程，而是由人參與其中的愛的行爲。這便是後世《效法基督》(*Imitatio christi*)一類文學的濫觴。安瑟倫在《上帝何以成人》中以理論形式初步提出新救贖論，在祈禱文中則給以充分的文學的表現。在這裏，他是十三四世紀神秘主義個人虔信的先驅者。

在祈禱文中虔敬與神學相結合，本來也不是獨創，而屬於悠久的傳統。Te Deum 之類讚美詩一向被稱作 theologia。但是在安瑟倫的祈禱文中有一種新的注重理性的精神。 傳統的禱文偏重意志的自律，而安瑟倫則注目於心智的理解。他將那阻礙人接近上帝的精神狀態稱爲 torpor（昏沉麻木）。祈禱的要義在於喚醒人的清明理智和對主的愛，祈禱不僅是呼喚上帝，而且是對自己的罪的處境以及對人與主關係的一種深刻理解。安瑟倫所強調的理智，與感情，與對主的愛， 融然無間， 形成一種心理上的均衡。 在他的哲學論證如《論說篇》中，理性的論證與祈禱相穿插；而在他的祈禱文中，也有明晰的教義陳辭。在他的人格中，對上帝的呼喚與對信仰的理解確已做到相融無間。以此之故，欲研究安瑟倫的神學思想，亦不得不誦讀他的祈禱文作品。《論說篇》第一章末尾的祈禱嘗爲人所傳誦，用以說明一種立場，然而這段禱文本身的感情力量和詩歌之美卻被人忽視了:

> 主啊，感謝主按主的形象創造了我，使我得以記憶主，思考主，愛慕主。然而這形象被我的墮落所腐蝕，由我的罪愆而蒙垢，除非主洗淨它再造它，便無從按照它的本來面目行事。主啊，我不妄自探測主的深奧，因為我的心智在主面前如此渺小。但我願望多少理解主的真理，因為我的心信奉主愛慕主。不是我的理解使我信仰，而是我的信仰使我理解。因為我也知道：唯有信仰，方能理解❸。

〈祈禱文 3〉按其標題乃是在聖餐中應用的儀禮性禱文，然而事實上是否用過卻不得而知。這篇禱文幾乎最短，卻面面俱到地說明了救贖的教義:

> 主耶穌基督啊，由聖父的旨意和聖靈的合功，主仁慈地從罪和永死中救贖了世界，以主那自願的死。不顧我那微弱的愛和渺小的崇拜，我感謝主的宏大恩賜，我心中渴望領受我主的聖體和寶血，以洗淨我的罪。
>
> 主啊，我知道我的罪孽深重不配領受主的聖體，但我信靠主的慈悲，主獻出自己的生命以使罪人稱義，主甘願當作虔誠的祭品獻給聖父，賜給罪人，我這個罪人竟領受主的聖體並通過主而稱義。恕罪的主啊，我謙卑地祈求主那洗罪的恩賜莫要加深

❸ 根據 Migne, *Patrologia Latina* v. 158 p. 227 譯出。

我的罪孽而要寬恕我的罪愆。

主啊，讓我用口和心領受，用信和愛抱住主的聖體，通過舊我的死和稱義的新生命居住到主的死和復活的形象中去；讓我得以結合到主的身體，也就是教會中去成為主的肢體，主成為我的頭，我居住在主之中主居住在我之中，為的是如使徒所預言在復活中主將我的卑賤身體按照主的光榮身體重新造過，為的是在主之中我將永世喜悅主的榮耀。上帝啊，主與聖父聖靈同在同榮，以至永恆。阿們。

安瑟倫在祈禱文中運用的修辭手段，大抵被研究家歸結爲馳騁的想像、大膽的用喻、對仗與韻律。例如現代英語譯者沃爾德修女曾舉出〈冥思錄 2〉開首一段原文以說明三個-cute 的疊韻：

Anima mea, anima aerumnosa, anima inquam, misera miseri homunculi, excute torporem tuum, et discute peccatum tuum, et concute mentem tuam……❹

（我的靈魂啊，苦難的靈魂啊，你聽着，渺小之人的悲慘靈魂啊，驅散你的昏沉，驅除你的罪愆，驅使你的精神振作起來……）

除了沃爾德舉出的 excutio, discutio, concutio 三個動詞祈使式的疊韻而外，這段禱文還有許多音節上的重疊，諸如 anima 的三

❹ The Prayers and Meditations of st. Anselm, tr. by Sister Benedicta Ward, *Penguin Books,* 1973, p. 279. 本書所作的翻譯與詮解與 Ward 不同。

次重現，misera miseri 的雙聲，tuum 的三次重複（最後一個用 tuam 因爲 mens 是陰性名詞）之屬，聯合起來造成一種抑揚頓挫的鮮明語氣和節律之美。然而不應忽略，這些僅是修辭手段，其效用在於達致理智的高潮與情感高潮的滙合，達到一個同步的雙重的意識高潮，來表現作者的敬虔熱情與神學體悟。這是安瑟倫用讚美詩般的音樂之美來處理祈禱文字的眞諦。在生活平庸的現代人看來，安瑟倫的煉字方式似乎失於矯揉；然而對於深居於十一世紀修道院中自晨至昏誦詩祈禱的本篤會修道士而言，大約別有體會。總之，安瑟倫的祈禱文風格確實開啓了一種新型的宗教詩歌而且流傳甚廣，影響至鉅❺。

二、本體論論證

安瑟倫寫作《獨白篇》和《論說篇》大約是在一〇七七年至一〇七八之間，前者論上帝的三一性，後者論上帝的統一性。當時安瑟倫已繼郎弗朗之後任貝克修道院院長。該院地處諾曼底，尙在郎弗朗時期已有研究邏輯的風氣。郎氏與貝倫加關於聖體問題的論辯，震撼法國北部達半個世紀之久。用亞里士多德邏輯來研究神學問題乃是一種新思潮，而辯論的氣氛使青年人感到興奮和自由。安瑟倫在《獨白篇》前言中宣稱完全不依靠聖經和權威來論證神學問題而得出與教義相符的結論（與貝倫加不同），這是對舊時代的訣別，宣告新時代之啓始。在《論說篇》開首，在《書信》2.41 中，他皆對理性與信仰的關係做出新的闡述。然而也不應忽略，安瑟倫畢竟處在前經院時

❺ 本書所製安瑟倫祈禱文的幾段譯文，不取駢體對偶，亦甚少採用雙聲叠韻等傳統修辭方法，大抵運用漢語特有的平仄節律以達致音樂之美及雙重意識高潮。關於安瑟倫研究羅馬修辭學的情況，可從其書信中得知他十分熟悉羅馬詩人及文章家，如 Horatius Flaccus, Vergilius Maro, Annaeus Lucanus, Persius Flaccus, P. Terrentius, 乃至 Tullius Cicero.

期。對於成熟經院時期的托馬斯而言，大抵凡被證明的也就成爲理性的對象，而不復爲信仰的對象。安瑟倫則力圖以理性方式證明信仰的內容何以必然如此。

《論說篇》本是一篇冥思錄。根據《本篤會規》，冥思乃指學習日課中的《詩篇》，大抵類於祈詩和唱詩。至十一二世紀，冥想錄才成爲一種思辯的形式。《論說篇》提出的關於上帝統一性的論證，自十八世紀以來被稱爲「本體論論證」。上帝是一切存在和知識的本體，故上帝必然存在。故此如要開展這個論證，需要一個確切的來自教義的關於上帝統一性的定義。《舊約・出埃及記》3.4 中上帝啓示的名是「我是存在者（我是自有永有者）」，通俗拉丁本的拉丁譯文作: Ego sum qui sum. 《舊約・詩篇》90.2 中則如此描述上帝的統一性: 「在諸山生成以前，在大地與世界被你造出以前，從亙古到永恆，你是上帝。」在《舊約・智慧書》13.1-5中也有類似的描述。這些經文已經指出基督教上帝的統一性是什麼，在四、五世紀間，奧古斯丁曾這樣闡釋上帝的名:「上帝不可能在這兩個音節 (Deus)中被認知，但是這兩個音節一落入會講拉丁語者的耳中，便令其聯想到無比完美無比永恆的本性……只要念及上帝，人的心思便指向那無可更加完美無可更加崇高的存在。❻」六世紀的波依修斯曾指出上帝是人類所能設想之最高至善(Nihil Deo melius excogitari queat……)。❼這些是安瑟倫在《論說篇》中提出的上帝定義的基礎。他的定義是: aliquid quo nihil maius cogitari possit ❽（上帝是人所能

❻ De Doctrina Christina 1.7. 本書寫作時間爲公元396年—427年。

❼ PL. G3 p.765.

❽ Proslogion 2. 這本書曾三易書名。先定爲 Fides Quaerens Intellectum;; 後改爲 Proslogium;; 最後改爲 Proslogion.。來自希臘文 πρoσ（從……方向），λóγιoν（宣言，神諭）。如譯爲「論道篇」易誤解爲「論上帝的道（聖言）」。故簡單地譯作《論說篇》。

設想之至高至大者）。

有興味的是，在古羅馬異教作家的著作中已有類似的定義。如塞內加嘗言：Quid est Deus? Mens universi—qua nihil maius cogitari potest……❾（神是什麼？是普遍心智，是人所能設想之至大者）。然而這裏所稱的「大」乃指廣延，因爲下文講 opus suum et intra et extra tenet（同時自內自外伸延至其創造之物）。

在拉丁文中，maius 是 magnus 的比較級；按日常語義，magnus 指「數量、體積、價值、程度之大」。安瑟倫在其定義中的用法，則指存在的等級之高。在《獨白篇》中顯示出新柏拉圖主義的存在等級思想。就受造物而言，上帝心智中的原型乃是最高程度的存在；客觀世界中的事物爲次一級的存在；人類觀念中的事物爲更次一級的存在❿。安瑟倫的本體論證便是以此一觀念結構爲基本前提。

《論說篇》中的論證，實爲兩個形式。第二章提出的第一個形式，在於證明如果上帝在人的觀念中存在，則必在現實中存在。上帝是人所能設想的至高至大者，故上帝必存在於人的觀念（心智）中。即使《舊約・詩篇》14中的愚頑人心裏說沒有上帝，他也能聽懂「上帝是人所能設想的至高至大者」這句話；否則他無法否認上帝的存在。要否認一個事物，先得知道要否認的是什麼。既然愚頑人否認上帝，他必然理解上帝的定義，亦即是說，在他的觀念中也有上帝。

---

❾ Naturales Quaestiones, praef. 13.

❿ Monologion 36:"Restat igitur (reatae substantiae) tanto verius sint in seipsie in nostra scientia•••quia omnis creata substantia tanto verius est in Verbo, id est in intelligentia creatoris quam in seipaa•••• (由此可知，它們〔受造實體〕本身比在我們觀念中更眞實……一切受造實體在上帝的道中，即在上帝心智中，比其本身更爲眞實……)。

既然上帝存在於人的心智中，則必存在於現實中。因爲，1.現實中的事物較之觀念中的事物乃是更高的存在。此爲安瑟倫的基本前提，上文已經交代。2.「上帝在人的觀念中存在」的主詞和「上帝在現實中存在」的主詞是同一的。這是中世紀邏輯的基本前提之一。3.假如「人所能設想的至高至大者」僅僅存在於人的觀念中者，也就不成其爲「人所能設想的至高至大者」，這是自相矛盾。因此，上帝必存在於現實中。

以上是安瑟倫本體論論證的第一個形式。在《論說篇》第三、四章中，安瑟倫提出第二個形式，卽證明上帝是必然存在。第一形式證明「上帝在現實中存在」不含矛盾，卽可能存在。第二形式證明上帝必然存在。其論證如下。人可以設想一切事物不存在。世上一切事物，一切受造物，皆可設想其不存在。在一切事物的本質或定義中皆不具備非存在不可的理由。但是人不可能設想「人所能設想的至高至大者」不存在，否則這話便沒有意義了。卽使單單在人的觀念中也不可能設想上帝不存在。凡可存在可不存在的事物，可設想其不存在的事物，爲偶性存在。不可能設想其不存在的事物，爲必然存在。因此，上帝必然存在。⓫以上是安瑟倫論證的第二形式。這個論證形式含有以下前提：1.「定義中不具備非存在不可的理由」與「可設想其不存在」和「偶性存在」在邏輯上等值。2.「定義中具備非存在不可的理由」與「不可設想其不存在」和「必然存在」在邏輯上等值。3.「人所能設想的至高至大者」包含「自在」的意義。4.「自在」等於「必然存在」。

⓫ Proslogion 4.

安瑟倫是在高度興奮心情中寫成的《論說篇》。他曾日夜苦思，輾轉反側，欲得一最簡潔最確切的上帝論論證。一天夜裏忽得靈感，終於找到他心目中完美的論證形式。然而這論證在當時並未引起重視，在他的朋友和學生中，除 Eadmer 而外，沒有人提起過。他的論證特具一種縹緲幽微的思辨性質，向血性方剛的常識挑戰。但是同時代的人，凡篤信上帝者，並不認爲上帝的存在與人的「設想」有何關係。他們尚未有經院時代或理性時代所特具的氣質，要給自己的所信所安尋求理性上確切的依據。

然而安瑟倫的論證究竟能否成立？其意義究竟如何？不妨稍稍回顧一下本體論論證的歷史，或者有助於深入理解安瑟倫的證明，因爲這個論證不僅在歷史上吸引過許多哲學家的討論，而且也是在現代引起激烈爭論的唯一中世紀論證。

最早的批評來自安瑟倫同時代的一個修道士，據後世考證即馬蒙其埃修道院的高尼羅⑫。因安瑟倫將其批評以及自己的答辯收入《論說篇》爲附錄而流傳下來。其批評有兩點。一、愚頑人雖然能夠理解「人所能設想的至高至大者」的字面意義，卻不可能理解其信仰的意義，因爲他不信神。而且，他也不可能根據經驗中的種類去推知上帝。⑬別人對我講張三，我沒見過張三，但我可以根據經驗中「人」的存在推知張三可能存在；對上帝則不可能如此推知，因爲上帝不屬於經驗中的任何種類。二、完美事物的概念不可能導出完美事物在現實中存在。並非有了「完美之島」這個概念，便眞有完美之島。⑭

---

⑫ E. Martère, *Memoires de la societé archeologique de Touraine,* Vol. 1, pp. 363-7.

⑬ Pro insip. 4.

⑭ Ibid. 6.

關於1.安瑟倫的答辯是舉出新柏拉圖主義存在等級的構架。只要承認這種存在等級，便可由低級存在推知至高存在。這說明，安瑟倫的論證依存於一定的前提或意義結構。關於2.安瑟倫只是稍加取笑，不屑答辯，因爲高尼羅違反了中世紀的基本常識，而且自相矛盾。上帝是絕對的、唯一的自有永有，不屬於種類，與島嶼之類有限之物不可方類；此點已被高尼羅用爲評論一的前提，故自相矛盾。

自高尼羅以後，安瑟倫的論證無人問津，直至十三世紀方受到維廉・奧克宰爾、理查・費沙克、亞歷山大・哈里等人的注意。波納文圖拉在《論三一奧秘》中重建這個論證，並反駁高尼羅關於「寶島」的評論。

托馬斯・阿奎那在《論眞理》⓯中提到安瑟倫的名字，在《神學大全》⓰和《反異教大全》⓱中否定了安瑟倫的論證。托馬斯指出，吾人不能先驗地知道上帝的本質，「上帝存在」這個命題僅能由上帝存在的效果，卽吾人經驗中已知的事實，來加以證明。

在托馬斯以後，羅馬的基勒斯、亨利・根特、鄧斯・司各特等人繼續討論或重建安瑟倫的論證。

至十七世紀，笛卡爾在《沉思錄》第五章中，以及萊布尼茲在《單子論》44-45中皆曾對本體論論證加以重建。但是笛卡爾的「至爲完美的存在」在表述上與安瑟倫的論證有本質上的差別。安瑟倫的表述是「人所能設想的至高至大者」（加重號爲筆者所加）。這裏強調人不可能設想任何更高的存在，也就是說在人的知識裏的至高至大者乃是上帝，因爲上帝是一切知識的本源；人所能知能識的至高至大

⓯ *De veritate* 9•10•12.

⓰ *Summa Theologiae* 1a•11•1.

⓱ *Summa contra Gentiles* 1•10•11.

者乃是上帝，亦即人所能崇拜的唯一確切的對象乃是這個唯一上帝。安瑟倫的表述有無比深刻的神學內涵。

十八世紀的康德在《純粹理性批判》最後部分研究了伍爾夫表述的笛卡爾論證，指出「存在」不是眞賓詞，因其不能在主詞的觀念上添加新的觀念。實際存在的一百元比想像中的一百元並不多一分錢。因此，「上帝存在」不是一個眞分析性命題，即不可能通過定義的分析加以證明，只能通過觀察來證明其眞僞。

關於康德的「存在不是賓詞」的口號，已有 A. J. Ayer 等人提出反證。⑱但是康德指出存在性命題不屬分析性命題，已爲邏輯經驗論派所公認。

在十九世紀末葉，羅素曾一度接受本體論論證。「一八九四年的某一天，我正在三一巷內步行，突然在一閃念之間認淸了（或自以爲認淸了）本體論論證的有效性。我本來出去買一盒煙絲。回來的路上，我猛地將煙絲抛到空中，一邊接住一邊興奮地說：『天哪，原來本體論論證是對的。』」⑲但日後羅素否定了同一論證，理由大抵與康德相類。在《邏輯原子論》中他提出例證式，將「X存在着」化約爲「有一個 X，以致X是一個……」亦卽用一個例證來說明X的存在。也就是說，「存在」不是賓詞；凡沒有實際可觀察之例證者，皆不能證明其存在。

本世紀有一派實在論者，⑳認爲安瑟倫的論證是直觀上帝的本

---

⑱ *The Central Questions of Philosophy,* Penguin, 1973, pp. 214-5.

⑲ My Mental Development, in P. A. Schlipp, *The Philosophy of Bertrand Russell,* 1944, p. 10.

⑳ Adolf kopling, *Anselm's Proslogion-Beweis der Existenz Gottes im Zussammenhang seines spekulativen Programms: Fides Quaerens Intellectum,* Bonn: Hamstein, 1939, Michael Schmaus, *Katholische Dogmatik,* Munich, 1933, v.l.

質，即主張觀念不是心智通過感覺印象所形成者而是對實在的直觀。這顯然不是安瑟倫的本意。㉑

梯利希（Paul Tillich）將安瑟倫的論證解釋爲對心智與本體的關係之描述。心智包涵 transcendentalia, esse, verum, bonum㉒之類的先驗原則，這些原則構成絕對觀念，而絕對觀念乃是必然觀念，因其包攝一切觀念，包攝主客以及認識與對象之間的統一。本體論論證便是使心智與絕對觀念建立聯繫的一種理性表述。㉓這是一種黑格爾主義的闡釋。法國的布龍代爾（M. Blondel）提出一種大體相類的詮解。哲學反思被視爲人類心智的觀念對絕對觀念的認肯，本體論論證便是本體眞理與人類意識之間的交滙點。㉔

巴特（Karl Barth）認爲安瑟倫的前提是啓示的信仰條文，卽上帝的名，而整個論證只不過是對信仰的理解，並不是哲學論證。㉕此觀點固然有其深刻的認識，因爲安瑟倫的前提是對啓示文學中上帝的名的重建（但不是直錄），而且本體論論證的結論已蘊涵在前提之中；但是安瑟倫的論證不是信仰的陳述，他確實構造了自己的前提並通過定義的分析來論證上帝的存在。

在六十年代，有兩個知名的哲學家極力爲安瑟倫的論證辯護，一爲哈特蕭恩（Charles Hartshorne），一爲馬爾寇姆（Norman Malcohm）。兩者皆以康德的理由否定安瑟倫的第一論證，但皆認爲

㉑ 見 Proslogion 2, Responsio9 etc.

㉒ 「超越體」、「存在」、「眞」、「善」。

㉓ *Theology of Culture,* New York, 1959, pp. 14-15.

㉔ Maurice Blondel, L. Action, Paris: Alcan, 1893 et 1953, pp. 343-350.

㉕ *Anselm: Fides Quaerens Intellectum,* tr. I. Robertson, London, 1960.

第二論證有效。哈特蕭恩指出，安瑟倫的原則卽「完美不可能偶性地存在」不涵邏輯矛盾。由這個前提可導出：「上帝的存在」不可能偶性地眞而只能必然地眞。因此，上帝的存在要麼是必然的，要麼是不可能的；既然上帝的存在並未被證明爲邏輯上不可能，故上帝的存在爲邏輯的必然。㉖馬爾寇姆的論證則爲：設人所能設想的至高至大者不存在，則他不可能生成，因爲作爲無限存在他不可能由外因生成或偶性地生成；因此，假若他不存在則他不可能存在，假若他存在則爲必然存在；僅當「人所能設想的至高至大者」包涵矛盾時他才不存在；既然不包涵矛盾，故上帝必然存在。㉗

上述思維受到希克（John Hick）、芬德利（J. N. Findley）等人的批評。希克指出，上述推導的失誤在於將本體的必然置換爲邏輯必然。在本體論意義上，「X必然存在」指「X無始無終地自在」。而「命題P爲邏輯必然」則指P的構成條件是如此，以致由定義或分析爲眞。我們稱上帝的存在爲本體的必然，猶如說上帝的定義是如此，以致必然設想上帝爲無始無終地自在；由此可推導出分析性命題「如果上帝存在，則上帝爲永恆自在，」但不可能由其推導出綜合性命題「上帝實際上存在」。反之，如果稱上帝的存在爲邏輯的必然，則無異於說，上帝的定義是如此，以致「上帝存在」是一個分析性或先驗性的眞命題，這等於說上帝實際上存在。然而這絕對不可能，因爲有關存在的命題乃是綜合性命題，必須通過觀察和例證加以證明，例如應用羅素的例證公式或存在量詞式加以證明。㉘

㉖ Charles Hartshorne, Anselm's Discovery: A Reexamination of the Ontological Proof of God's Existeuce, Lasalle, 1965.

㉗ Norman Malcohm, "Anselm's Ontological Arguments," in *Philosophical Review,* 69(1960).

㉘ A Critiqne of the "Second Argument," in *The Many-Faced Argument,* New York, 1967, pp. 341-356.

從以上的簡略回顧來看，對待本體論論證的觀點，歷來有兩大派。自高尼羅、康德至現代邏輯經驗論者，大抵以同樣的理由否定本體論論證。此派認爲，存在的問題乃是一個經驗的問題，而經驗指客觀、普遍、由觀察來驗證的感覺經驗而言。反之，自安瑟倫、笛卡爾至哈特蕭恩這一派人，則大抵認爲上帝存在的問題乃是一個形上學問題；上帝按其本質或定義乃是超越性，不在時空、人類經驗之內，與一般存在的問題以及觀察例證等等可謂風馬牛不相及；對上帝存在的證明僅能爲形上學的證明，即希克所稱由定義分析導出分析性命題。但由於這個命題並非關於人類經驗內的存在問題，故沒有理由用人類經驗內的例證來判斷其眞僞。經驗論者忽略了此點，他們堅持驗證超越性問題，甚至得出上帝必然不存在的結論，則逸出經驗論的立場。

如欲研究安瑟倫的論證，尙有許多技術性問題需要細加分辨，此非本書所能容納，現僅將筆者對安瑟倫論證的基本評價陳述於下，以供讀者參考。1.安瑟倫以波依修斯的命題爲基礎，構建了其論證的前提。但其論證獨具特色，有一種縹緲的精微和邏輯之美。就其幽渺玄妙而言，頗與老子論道有異曲同工之慨，而其邏輯之嚴整則不同。2.安瑟倫論證的神學內涵極其深邃，蘊涵基督教上帝論的基本教義，旣說明上帝的本體必然，又說明上帝爲知識的本源和膜拜的當然對象。3.安瑟倫的本體論論證乃是一切關於上帝存在的論證中最徹底的論證。由受造物推論上帝存在的邏輯困難在於經驗世界中的因果關係無法推延到超越界。即令有效，其結論中的「上帝」也只是「第一因」，而非基督教上帝。如欲落實到基督教上帝，必提出基督教上帝的定義，也就包涵本體論論證了。康德的道德論論證也逃不開本體論論證。4.從安瑟倫對待高尼羅的批評可知，他已認識到由受造物推論上帝存在之不可能。其他論證皆具類比和體驗的性質，只有本體論論爲邏輯證明。證明上帝存在本來不可能。如要證明，只能從來自啓示眞理的定義入手。安瑟倫的論證不僅是理性的偉大創造，也是對理性限度的一種警告。孔子對超越性問題存而不論，是遵守理性限度的禮的態度；安瑟倫則明知理性的限度而爲着信仰將其拉至極限。此種相異不僅是態度的不同，而且是方法及所繼承的觀念結構之不同。

三、新救贖論

安瑟倫的《上帝何以成人》大部分是在任坎特伯雷大主教期間在英國所寫，完成於一〇七八年的流放生活之中。他的目的乃是不靠權威，而以理性方式證明道成肉身的必然性。聖三一本是信仰的奧秘，不可加以邏輯的證明。但當時的洛色林（Roscelinus b. ca. 1050）以邏輯的立場公開批評三一教義，並宣稱曾說服郎弗朗，還打算說服安瑟倫。洛色林屬於世俗教士（不是修道士）中的 magister（學校的教授），易於找到職位及保護人，故教會及輿論的譴責對他不一定有約束力。一〇九二年他進入諾曼底。這一年內安瑟倫寫成了《關於道成肉身的通信》，駁斥洛色林的觀點。後來，爲着系統地解決三一問題，乃撰寫《上帝何以成人》。他的純理性方法，曾爲世詬病。然而他的救贖論代表一種新的時代精神，取代了傳統的贖價說。如欲理解他的救贖論，應結合他的祈禱文及書信加以全面的研究。關於純教義問題，本書不擬多論，現僅取其理論中有關文化意義的一、二點，略加說明。

傳統救贖論將基督在十字架上的救贖，解釋爲基督以無罪、自願的死爲代價，從魔鬼手中贖出有罪被役的人類。此說與早期中世紀的儀禮及宗教經驗相一致，每日的彌撒象徵着基督對魔鬼王國的戰勝。

此種冷肅森嚴的上帝 — 魔鬼 — 人的關係，似已不適應較爲樂觀的新時代要求。安瑟倫乃以上帝 — 人的關係取代之。他引入一個中世紀西方封建觀念：榮譽。對上帝犯罪，是侵犯上帝固有的榮譽。西方中世紀的「榮譽」，非指個人名譽，而是封臣對君主（領主）應盡的服役或役金，乃是社會秩序的核心。一個人的榮譽，指他的地產、頭銜、地位。損害君主（領主）的榮譽，乃是對社會基本秩序的破壞，將犯罪者置於法律保護之外。安瑟倫將這個觀念引入救贖論。對上帝犯罪（違背其旨意），是冒犯上帝的榮譽，即破壞了上帝與受造世界的關係，使犯罪者置於上帝創造的完美宇宙秩序之外，即罪罰。人對上帝犯的罪爲無限大（因爲上帝無限），故需要無限的補償（satisfactio）。Satisfactio 在羅馬及中世紀，原指負債人向債權人提供抵押的法律行爲。安瑟倫亦引入這個觀念以闡明其榮譽說。無限大的補償僅能由上帝位格來提供。而罪是人類犯的罪，故這個上帝位格必須代表人類。因此，必須由人而上帝的基督來提供這個代償，以赦人類的永罪。㉙這便是安瑟倫的所謂必然理由。

安瑟倫的新救贖論擺脫了對魔鬼的恐懼，他的上帝形象給人以赦罪的新希望。然而更富人文精神的十二世紀新救贖論，則有待於阿貝拉的學說。

㉙ 以上安瑟倫的基本論點見 Cur Deus homo 1•11-2•7.

十二　阿貝拉的悲劇性格與理性精神

阿貝拉（Petrus Abaelardi 1079-1142）是一位具悲劇性格的人物，其自傳便題作 *Historia calamitatum*（苦難傳）。據自傳，他生於布里塔尼，自幼天資穎悟。先後師從洛色林（Roselinus c. 1050-1120）及維廉·尚頗（Gillelmus de Campellis c. 1070-c. 1121），但對兩位先生的唯名論及實在論皆不能心折，曾舌戰尚頗，大獲全勝。後至拉翁，從學於拉翁的安瑟倫（Anselmus Laoni, 1117 年起任教職；注意勿與聖安瑟倫相混淆）。旋與先生反目，自立學校授徒。稍後，至巴黎，爲世俗敎士及敎授，其演講才情縱橫，名聲大噪。與其學生少女艾露娃伊（Heloïse）熱戀，秘密結婚，被女方叔舅輩僱佣的暴徒乘夜闖入臥室將其閹割，痛定思痛，乃入聖丹尼修道院出家，其妻亦隨之入女修道院爲尼。阿貝拉因懷疑該修道院並非丹尼·笛奧尼修所創，與主持失合。一一二一年，其三一論在斯瓦松宗敎會議上受譴。至此，身心俱疲，乃退隱。但因從學者日衆，復創立學校，額之聖靈經院，其妻亦從之在毗鄰地方設修女院。孰知名氣益重，樹敵亦益多。一一四一年，有勢力的聖貝爾納親自主持桑斯宗敎會議，譴其神學觀點。阿貝拉不服，向敎皇呼籲，反受敎皇譴責。從此隱居克呂尼修道院，鬱鬱而終。

以上是阿貝拉的生平梗概。在桑斯會議上受譴的還有他的學生布萊西亞的阿諾德，因攻擊敎會腐化並成爲羅馬公社領袖而處死。阿貝拉的罪狀，則爲三一論、原罪說、救贖論等方面的背離權威的觀點。其中三一論錯誤並非阿貝拉本人觀點；其餘各種「謬說」，在阿貝拉之前及以後亦大有人作如是說，實爲正常的神學討論。阿貝拉是一個虔信的基督徒，但其達致信仰的方式，重於理性探索，不同於神秘主義者貝爾納。加之才情橫溢，出言傲桀，也易引人注目。桑斯會議的譴責，大抵反映正統派對當時運用理性方法的疑懼。在思想統治的時代，似乎有兩類信徒從兩個不同方向來維護信仰。一類人力闢異學之非，唯恐教義受其污染。另一類人則以清明理智來探討教義合理性的諸多可能性，以求在新條件下生存及發展。阿貝拉屬於後一類思想家。他被簡單地視爲離經叛道者，頗令人聯想到李卓吾。❶

阿貝拉的主要著作有：《辯證術》(*Dialectica*)、《自知》(*Scito te ipsum*)、《哲學家、猶太人、基督徒三人對話錄》(*Diailogus inter philosophum, Iudaeum et Christianum*)、《羅馬書評注》(*Commentaria in Epistolam Pauli ad Romanos*)、《反貝爾納》(*Apologia contra Bernardum*)、《基督教神學》(*Theologia christiana*)、《是與否》(*Sic et non*) 等。著作收入 PL. 178 另有 V. Cousin, *Ouvrages inédits d'Abélard*, Paris, 1836; *Petri Abaelardi opera*, Paris, 2vols., 1849–1859.。

由於時代及語言的局限，阿貝拉掌握的知識工具不多，大抵不出波依修斯的波弗利譯注，以及柏拉圖少量著作的拉丁譯本。然而他的

---

❶ 萬曆十三年二月，李贄以「敢倡亂道，惑世誣民」被繫。審訊時，大金吾問：「若何以妄著書」？答曰：「罪人著書甚多，俱在，於聖教有益無損！」大金吾笑其倔強，竟無所置辭，大略止回藉耳。（見袁中道《珂雪齋集》卷八）。自發展儒家體系而言，李卓吾的「詆孔難孟」確於聖道有益無損。阿貝拉所爲，大率相類。

分析及洞察力極爲犀利，得出的結論遠遠超越時代，對十三四世紀的新發展有重要影響。現僅就其概念論、倫理學、神學方法，略加論述。

一、十二世紀共相論與阿貝拉的概念論

十二世紀西方學術界熱烈討論的問題之一是一般（共相）與個體（個別、殊相）的關係。這個論題與三一、原罪等教義有密切的聯繫。再者，十一世紀以來辯證術的應用與發展也爲這種辯論提供了理論上的預備。遠在波依修斯的評注中，已提出有關共相的四個基本論題：1.類與種是實體嗎？2.類與種是概念嗎？3.如爲實體，是物質實體還是非物質實體？4.類與種可以脫離可感覺的物體嗎？

波依修斯的解決方式，大抵是循從亞里士多德的溫和實在論立場，主張共相存在於可感覺的個體中，但作爲認知的對象則脫離物體(subsistunt ergo circa sensibilia, intelligunt autem praeter copora) ❷

極端實在論則認爲，共相反映一個外在的、單一的實體，個體的本質來自它，個體與個體之間的不同僅爲屬性的不同，本質則同一。奧古斯丁派的範型論屬於此類理論。九世紀的伊利金納、雷米基烏(Renigius Auxerrei c. 841-908)，十二世紀的奧多(Odo Tournai d. 1113)等皆爲極端實在論者。奧多用這個原理闡述原罪說。亞當的人性爲一實體，蒙罪墮落後，上帝每次創造新生個人的靈魂時僅創造人性實體的一個屬性，故上帝不對人性中的罪性負責。這便是所謂「傳殖說」(traducianism)。由於此說有礙於個人得救的教義，後來受到教會禁止。

---

❷ In Prophyrium 2.1, 見 PL. 64 P. 86

十二世紀的知名溫和實在論者有：阿貝拉、吉爾伯特（Gilbertus Porretanus/Gilbert de la Porrée, 1076-1154)、索玆伯里（John of Salibury c. 1115-1180）等。

阿貝拉既反對唯名論，又反對極端實在論。唯名論的代表人物是洛色林。他認爲，共相只是詞（flatus vocis），只有個體是實在。洛色林的著作已佚，僅存一封致阿貝拉的書信。❸所謂共相只是詞，對此可有不同解釋。照聖安瑟倫的理解，洛色林主張「一般實體只是發聲」❹而無實在基礎。安瑟倫是從神學後承來反對唯名論。洛色林稱，假使種在個體中，則聖三一應爲一位，聖父與聖靈應同與聖子化爲肉身。安瑟倫則反駁，假使一般（共相）沒有實體，則洛色林主張有三個上帝。❺這顯然是爲維護教義才反對洛氏學說。

阿貝拉也反對洛色林的唯名論。在他與巴黎主教的通信中，❻指出洛色林主張「部分」只是詞，雖然實體是由部分組成；而個體是實在，但代表各部分的概念是詞；故類與種（共相）只是詞。阿貝拉則主張，共相僅在人的心智中存在（in intellectu solo et nudo et puro)，但共相眞實地指稱同類的個體。

阿貝拉的觀點可由他與尙頗的辯論中看得更清楚。他稱尙頗主張，同一本質同時存在於一個種的個體之中。所以，一個種的個體僅在屬性上相異，在本質上則相同。❼阿貝拉指出，假使如此，則柏拉

---

❸ 見 Picavet, Roscelin philosophe et theologien d'après la Legende et d' après l' histoire; sa place dans l'histoire generale et comparée des philosophies medievales, Paris, 1911, PP.112-143.

❹ Ibid. PP. 119-20.

❺ De fide Trinitate 2.

❻ 見 PL. 178 P. 358.

❼ 見 *Historia calamitatum*, PL. 178 P. 119.

圖與亞里士多德必有同一實體，這同一實體卻表現爲兩個人在不同時間地點活動，豈不荒謬？而且，假使「動物」這個類實體同時在「人」和「馬」這兩個種之中存在，則「人」既是理性動物又是非理性動物。這不可能。❽ 在阿貝拉的批評下，據說尚頗被迫放棄原來的提法，又改稱：同一種內的個體並不是在本質上（essentiatiler）相同，既然每一個體有其本質；而是並非不同（indifferenter），既然個體的本質彼此並無不相同。對此，阿貝拉又指出其邏輯後承的荒謬：既然柏拉圖與亞里士多德做爲人並無不同，那麼怎能是兩個人呢？以上是阿貝拉在其自傳中的報導。根據尚頗的《殘篇》❾，則他似乎主張個體的本質在數量上並非一個，而是彼此相似。他的意思可能是說，這個相似點便是一般概念的基礎。如果此說無誤，則尚頗已成爲溫和實在論者。然而依據現有資料不足以得出確切的結論，史家意見亦不一致。

阿貝拉的貢獻在於，在當時對亞里士多德著作知之不多的歷史條件下，憑着犀利的分析力，奠定了十三世紀成熟時期溫和實在論的基礎，成爲十四世紀新發展的堅實起點。他的創造在於指出邏輯層面與實在層面的區別，指出作爲共相賓詞的不是事物而是名稱。❿ 他區分

---

❽ 見 B. Geyer, *Peter Abaelards philosophische Schriften*, 4 vols., Münster, 1919-33, P. 10 又，R. Mckeon 有阿貝拉《波弗利評注》的英譯全文，見 *Selections from Medieval Philosophers*, London, 1930, I, PP. 208-258.

❾ G. Lefèvre, *Les variations de Guillaume de Champeau et la question des universaux*, Lille, 1899, P. 24. 在這本書的 PP. 21-29 錄下尚頗的 47 段殘篇。這些殘篇與 Migne PL, 163 PP. 1039-1040 所收殘篇不同。

❿ 見 Logica ingredientibus 和 Logica nostrorum petitioni sociorum, in B. Geyer, ed., Peter Abaelards Philosophische Schriften.

了 vox（詞，發聲）與 sermo（話語，名稱）。vox 是物質的事物（發聲），而 sermo 則指邏輯的內容，事物不可能作賓詞，名稱則可以。那麼什麼是邏輯的內容呢？這關涉共相形成的心理過程。人的心智可以設想許多同類事物的共同但模糊的形象。當我聽到「人」這個詞時，腦海中便出現一個代表所有人卻又不代表任何具體個人的形象。給形象一個名詞或定義，便是概念。這種概念是類還是種，要視程度而定。總之共相是由同類個體事物中所有的但又不是任何具體事物中特有的內容抽象而來，它是模糊的（抽象而非具體的），不同於任何個體，卻可以做任何同類個體的賓詞。這就是說，它是一個名稱（sermo, nomen），而不是一個事物（res），但這名稱在同類個體中有其實在基礎（某種相同的邏輯內容）。

共相問題實爲認識論的重要論題。如果一般概念沒有實在性，則科學亦就沒有實在性，因爲科學定理中的名詞爲一般性名詞，而非僅指某一個體的專有名詞。中世紀的名實辯論，不僅是西方神學發展的一個過程，也是西方近代科學發展的一種準備。阿貝拉對於極端實在論的批判，以及概念論的建樹，皆具有決定性的歷史意義。但是也應該指出，十二世紀的討論，仍局限於簡單的名實問題。深入的詞項指稱研究尚有待於十四世紀的「現代之路」。

二、倫理思想

在《自知》中阿貝拉闡述了一種注重內在良心動機的倫理學。罪（peccatum）不在於外在的惡行（vitium），而在於良心對不道德行爲（不應該做的事）的認肯。這就是說，罪的根源在於動機，而不在於表面的行動。同樣，善德也不在於表面行動的有益效果，而在於主體對應該做的事的認肯，也便是在於善的動機。眞正的善的動機，便是愛上帝，順從上帝的旨意。阿貝拉也區分了 opus 和 operatio。前者指行動、事功。後者指統一於動機的整體行爲。事功本身並不具道德意義，只有統一於善的動機的整體行爲才具有道德價值。同樣，在無知無識或無意之間所做的惡事，也不等於罪。比如某人意在射鳥，卻無意中射死了人，雖然在事功上是惡事，也因觸犯法律而應受懲罰，但不等於道德上的罪。以此推之，未受洗而死亡的嬰兒、未聆福音的人、因無知而處死基督的人，皆不能稱爲有罪的人。人類爲亞當的罪而受罰，乃是無罪受罰。因爲人類雖然繼承了墮落的本性，但這只是一種傾向，而傾向不等於罪，罪是對惡傾向的認肯。這個理論突出了主體的道德責任。

阿貝拉在設定基本前提之後，無畏地將其邏輯推向極端。但是他發現理性不能解釋一切。即使在基督傳福音的時期，他足跡未到的許多城市皆未聆福音。何況基督以前時代的賢人，亦不可能聽到福音。「……被上帝所棄的這種盲目無知，其原因何在，我們不知道。」⓫ 這實爲一種理性的態度。一方面，阿貝拉是虔信的教徒。另方面，他又是富有理性精神的思想家。在他看來，即使教義也應接受理性的思考，而不應盲信。同時他也知道人類理性的有限性。人類不可能充分認識上帝的眞理，只能在一定程度上理解之，因此，人類只能在一定程度上符合信條，終極眞理將在最後審判中（晤見上帝時）得以顯示。

和他的原罪說相應，阿貝拉提出一種道德的救贖理論。他既反對格利高里的贖價說，也不滿安瑟倫的補償說。他提出，基督在十字架上的救贖乃是上帝的愛的體現和榜樣，這個行動感化了人類的天良，

⓫ Commentaria in Epistulam Pauili ad Romanos 14.

使人類愛上帝，上帝乃爲了人類的愛以及基督在復活之後的代禱而赦免人類的罪。這個新救贖論在歷史上有深遠的意義，此點在上一章中已經論及。

三、阿貝拉的神學方法

阿貝拉是第一個在「聖教義科學」意義上使用 theologia 這個術語的拉丁神學家。他酷愛邏輯，將研究命題的方法，系統地應用於信仰陳述及聖經詮解。做爲一個誠篤的基督徒，他主張努力理解信仰的內容。「如果一個教導別人的人，被人問道是否理解所講述的內容時，竟回答說自己並不理解，豈非咄咄怪事？」⑫

阿貝拉將 quaestio（提問辯難）的方式系統地用於神學著作。他將「矛盾」與「問題」加以區別，指出相互予盾的二題其中之一並不一定構成問題。例如否定全稱式「無人是石頭」的反題「某人是石頭」便不通，有時正反二題皆不通，這些皆不能構成 quaestiones。

《是與否》由一五八個問題組成，各有正反二題，皆取自聖經或教父權威著作，並不包涵阿貝拉本人的意見或結論。其中問題，舉例來說，諸如問題一、信仰是否以理性爲基礎。問題九、上帝是否爲實體。問題五十八、亞當是否已得救。問題一百四十七、該隱是否已入地獄。大抵將經典著作中相互矛盾的命題比肩排列，不置可否地交給學生令其獨立思考。這是一種大膽而信賴理性的研究方法。阿貝拉的反題法，先於康德的二律背反六百年。在《是與否》的緒言中阿貝拉寫道：「……吾人願將聖教父諸啓人疑問之陳述，按其所涵歧義滙集成帙，以激勵少年學子矻矻發憤尋求眞理。蓋連連質疑之功，乃

---

⑫ Theologia Scholarium 2.3.

漸臻智慧之啓鑰。」⑬他主張由懷疑而引發研討，由研討而獲致眞理（Dubitando quippe ad inquisitionem venimus, inquirendo veritatem pecipimus）。⑭他並且諄諄告誡讀者，在閱讀時留意於魯魚亥豕之訛、作者收回之命題、轉述他人之見解乃至歷史發展中之思想變化。

自阿貝拉以後，quaestiones 方式乃成爲一種標準的神學著作格式。至十三世紀末，神學著作的格式大抵有以下四種：Quaestiones（對題集）；Sententiae（箴言集）；Summae（大全）；Glossae（釋詞，多爲箴言或聖經釋詞）。其中前三種皆以問題答辯爲基本形式。這也是阿貝拉的一種貢獻。

阿貝拉雖有不少追隨者，卻未嘗形成學派。他的某些學術思想被當時的神學家吸收，逐漸受維克多學派的影響，形成新的發展。

---

⑬ 見 PL. 178 P. 1339.

⑭ Ibid.

十三　聖貝爾納與靈修神學

一、聖貝爾納的神秘主義

十二世紀反對辯證術最力者，當推聖貝爾納（S. Bernardus Abbatis Clarae-Vallensis 1091-1053）。他出身於一一一一年建立的西多修道院，該院以簡化儀禮及勞動苦修著稱。後任克萊沃修道院院長。他以聖者身分號召十字軍東征，又是拉丁語區神秘主義的奠基人，故在當時勢力極大，教皇亦受其影響。他表現出對理性方法不信任，主張一切知識皆統一於人與上帝的神秘結合。他對阿貝拉、吉爾伯特等人，在不甚明了對方觀點的情況下便狂熱而嚴厲地加以譴責，亦顯示出氣質上對理性思維的厭惡。他稱阿貝拉對一切都清楚，乃至對奧秘也清楚。這並非阿貝拉的觀點，已如上一章所述。

貝爾納熟諳東部希臘神學家如奧里金、尼撒的格利高里、僞笛奧尼修等人著作的拉丁文譯本。他是自伊利金納以來再次綜合拉丁神學（奧古斯丁傳統）與希臘神學傳統的重要神學家。拉丁神學注重實踐，着眼於人的自然處境即罪性，以及罪與恩典的關係。在西部，自古代教父以來，思想家的智慧用於苦思人的罪性、恩典、救贖、聖禮、教會、倫理諸問題。東部神學則更富希臘思辨的傳統，着力於本體、上帝的絕對超越性、存在等級、靈魂復歸、神秘結合諸問題。貝爾納的靈修神學在歷史上的價值，表現在對上述二大傳統在思辨神秘主義領域中的綜合。其方式，是通過對罪性的自我認識（這也是一個思辨過程）而達致靈魂與上帝的結合。

貝爾納的影響不僅在於聖者的實踐，而且有豐碩的理論著述，十三世紀的靈修神學與他的學說有重要關係。貝爾納的主要著作有：《論事奉上帝》(*De diligendo Deo*)、《論謙卑與驕傲之階》(*De gradibus humilitatis et superbiae*)、《雅歌布道文》(*Sermones in Cantica Canticorum*)、《論恩典與自由意志》(*De gratia et Libero arbitrio*) 等，收入 PL. 182-185 卷。

在《雅歌布道文》中，貝爾納宣稱他對於靈魂的狂迷、人與上帝的結合有直接而親切的體驗，並稱這是一種絕對個人的體驗，可意會而不可言傳，一個人的體驗與他人不同。此點頗近於中國道家內丹的某些體驗。但是貝爾納認爲可以對神秘經驗的條件進行思辨。❶

在《雅歌布道文》及《論恩典與自由意志》中，貝爾納論述了人的原初本性乃是上帝的形象。上帝是純粹的愛，出於純愛的緣故，上帝按自己的形象創造了人。這個形象便是人的自由意志，它的本性原是愛上帝。人的自愛本不構成罪；如果人如上帝愛人那樣愛自己，則人的意志與上帝的旨意原本和諧一致，這便是與上帝合一。這裏顯示出貝爾納的希臘神學立場：人與上帝的合一乃是意志的合一，不是本質的合一，更不是同一，上帝與人有本體上的隔絕。❷

罪在於人的意志不再傾向上帝，而轉向自己或其他受造物。這裏顯示出貝爾納思想中的拉丁神學、奧古斯丁傳統的立場。罪使人失去上帝的形象；恩典的救贖在於使人恢復上帝的形象。因此，基督徒的信仰生活與神秘神學的靈魂復歸原本一致。人對上帝的全愛與上帝的

---

❶ 見 PL. 183 pp. 789-794.

❷ Sermones in Cantica Canticorum 82. 5-7.
De Gratia et libero arbitrio 3.

純愛相結合，便是靈魂的狂迷。❸

罪使人進入不像上帝的領域（regio dissimilitudinis）。靈修的目的在於復原上帝的形象。基督便是眞理的道路。基督的教導是謙卑。謙卑是按人的本來面目認識自己，在自己心目中成爲卑渺者。達致眞理要經過三個階段。第一階段是謙卑，認識自己的悲慘處境。第二階段是博愛，即由認識自己的悲慘處境進而悲憫他人的相同境遇。第三階段是冥思上界之事，由痛悔及憎惡自己的罪而嚮往公義，使心靈純化，引向上界。人類知識的頂點是狂迷，靈魂彷彿脫離身體，虛己自失，入於神聖。❹

有時貝爾納應用《舊約・雅歌》中的象徵語言，稱上帝爲新郎、教會爲新娘，或稱聖靈爲新郎、個人的靈魂爲新娘；將靈的結合的三個階段描寫作由吻基督的腳、吻他的手、到吻他的唇。❺

由此看來，貝爾納不僅描述主觀的神秘經驗，而且相當系統地論述了靈修神學。❻

二、梯爾里的維廉

維廉也是西多修道院的隱修士（原爲梯爾里修道院院長）。他的靈修神學與貝爾納十分相似，亦以復原上帝形象爲核心。但是維廉對靈與智的關係提出一種新的解釋。

上帝以純愛按自己的形象創造了人類。上帝的愛已注入人的心靈，故人類本應自然地愛上帝。但罪使人背離對上帝的愛。復原愛的

---

❸ De diligendo Deo 7.
❹ Ibid 1.4-7.
❺ Sermones in Cantica Canticorum 71, 83.
❻ 對此史家有不同見解。參看 E. Gilson, *The Mystical Theology of st Bernard*, New York, 1955.

方式是靈魂自知。靈魂是一種 mens（心智），在其深處本已留下上帝的印象，因此人永遠記憶上帝。這個印象產生理性。意志來自上帝的印象和理性。三者代表聖三一：上帝印象 —— 聖父、理性 —— 聖言、意志 —— 聖靈。上帝的恩典使靈魂由罪性通過自知而返回對上帝的愛。最終，人對上帝的愛與上帝的自愛及上帝通過愛人類的自愛合而爲一。對上帝的愛使愛者與被愛者之間交互發生一種超越推理的經驗知識，便是神秘冥思。Amor ipse intellectus est. ❼（愛本身便是理解）。

維廉彷彿要在理性根本點即先驗原則上取得靈與智的統一。此論應令哲學家感到興趣。

維廉的學說當時爲聖貝爾納的名聲所掩而未得聞達。現代學者漸漸認識他在歷史上應有的價值，對其著作有所發掘。❽

三、聖維克學校的神秘主義

自維廉·梯爾里以後，西多修道院的靈修神學日漸衰微，其後的神學家如伊撒克·斯泰拉等人偏於思辨，不復注重神秘思想。自此，十二世紀神秘主義的中心轉移到維廉·尚頗創立的、位於巴黎郊區的聖維克多修道院學校。

聖維克多的休（Hugo S. Victoris 1096-1141）原出身哈美斯雷本修道院，後入聖維克多學校學習，此後終生在該校任教職。主要著作有《論教育》（*Didascalion*）、《論基督教信仰的奧秘》（*De sacramentis Christiannae fidei*）、《論語法》（*De grammatica*）

❼ Expositio alter super Cantica Canticorum PL. 180 p. 504.
❽ 維廉的主要著作爲：Epistula aurea（黃金書信）；De contemplando Deo（論冥思上帝）；De natura et dignitate amoris（論愛的本性與尊嚴）；收入 PL. 184 卷。

等，收入 PL. 175-177 卷。

休既是思辨的神學家，又是神秘主義者。在他身上，理性方法與神秘靈修融然無間，其實踐給十三世紀神學以極大啓廸。他主張，修道士的生活應包括信仰與智能的各個方面，如日課、祈禱、勞作、善事、閱讀、講課、冥思。一切神聖與世俗的知識皆爲愛上帝與冥思上帝的準備。「無所不學，學必有益。」❾ 在《論教育》第三章中，他將知識（學術）分爲四大部門：1. 理論科學，以發現眞理；2. 實踐科學，以探討倫理；3. 技術科學；4. 邏輯。理論科學又分爲：神學、數學、物理學。數學更分爲：算術、音樂、幾何、天文。實踐科學分爲：個人倫理、家庭倫理、政治倫理。技術科學分爲：紡織、武器制造、航海、農桑、狩獵、醫藥、戲劇。邏輯分爲：語法、修辭、辯證術。

《論教育》第六至十章論神學。最後一章論冥思。一切知識最終引向冥思上帝。休與貝爾納不同，他並不宣稱有什麼特殊的體驗或啓示，而是對自然事物進行研究和象徵性詮釋，尋求心靈內在的平安和冥思上帝。他甚至以理性方法論證上帝的存在。在《論奧秘》中，他以對存在的自我意識、對事物變化和生長的觀察爲基礎而提出上帝論論證。

聖維克多的理查（Richardus S. Victoris c. 1123-1173）是休的學術繼承者，主要著作有《論三一》(*De Trinitate*)、《論冥思的恩典》（*De Gratia contemplationis*）等。理查也是既重理性方法又重冥思靈修的神學家。他以聖安瑟倫的方式尋求聖三一的必然理由。他認爲，必然地存在之物，必有必然的理由。此外，他以模式推

---

❾ Didascalion 6.3.

論法來論證上帝的存在。但是他主張，論證只是理智的操練。知識有三個層面。最低一層爲感覺印象（oculus imaginationis），可直接感知有形世界。中級層面爲推理（oculus rationis），其功能是以因果推理方式認識不能直接感知的事物。最高層面爲冥思（oculus intelligentiae），在這裏，心智可直接感知上帝的存在。理查的靈修神學對十三世紀的波納文圖拉有相當的影響。

十四　辯證術在十二世紀神學中的應用

與十一世紀不同，在十二世紀的神學家中已不復存在辯證術派與反辯證術派的明顯分裂現象。除巴黎之外，當時西方的兩大學校爲聖維克多學校和夏特爾學校。維克多的神學家將理性方法服務於傳統的神學觀念。夏特爾是九九〇年由富爾貝特創立的主教座堂學校，不是修道院學校，更具城市文化色彩。在這裏，有一種研究古典語言文化的人文精神。一一二四年至一一三〇年任校長的夏特爾的貝爾納是一位語法家和柏拉圖主義者。繼任的校長梯爾里和夏特爾主教約翰·索兹伯里都講究古典文章，嘗稱反對人文研究的人爲 Cornificius（長角的野蠻人）。當時夏特爾的聞人還有吉爾伯特、孔徹的維廉（Gillelmus Conchesis）、貝爾納·西爾威斯特（Bernardus Sylvestris）等。除人文主義而外，夏特爾學派的另一特點是將亞里士多德的形式質料學說與柏拉圖主義的理念論相結合，對十三世紀，尤其是斯各特學派，有重要影響。

在維克多和夏特爾以外，還有一些應用邏輯方法研究神學的十二世紀重要學者，如里爾的阿蘭、格拉西安、彼得·倫巴，也將在本章略加評論。

一、吉爾伯特(Gilbertus Porretanus/Gilbert de la Porrée c. 1076-1154)

是貝爾納·夏特爾的學生，在當時爲有聲望的辯證術家，受人推崇，但也受人攻擊。他的主要著作爲《波依修斯三一論解說》（*In Boethium de Trinitate*）及聖經釋詞，收入 PL. 64 卷及 188 卷。

吉爾伯特是最早應用 facultas (學科) 這個術語的作者。他主張在神學中信仰先於理性，在其他學科中理性才先於信仰（In ceteris facultatibus……fides sequitur rationem …… In theologicis non ratio fidem sed fides prevenit rationem.）❶ 但是在研究波依修斯的 id quod est 和 quo est 時，超出了自己設定的限度。

他對實體（substantia）和存在體（subsistentia）作出區分。實體是實有的個別存在者，具有一定的屬性，實體是屬性的因和支持者。存在體則不具屬性，不是屬性的支持者。根據這個界定，類和種是存在體，而不是實體。

實體的源頭，便是希臘人所稱的「理念」，拉丁名稱爲「形式」。理念是純實體，在質料之外存在。基本的純實體是火、氣、水、土這四種原型（不是物質）。形式有兩類：一爲上帝心智中的範型，乃是永恆的純實體；二爲純形式的複本或印跡，即具體事物中的形式。理念不進入物質。這是柏拉圖主義二元論：造物主與世界有本體上的絕對區別。

具體形式被人抽象爲共相。當具體形式與質料相結合時，便形成個別事物。事物既是實體，又是存在體。形式不是實體，而是產生實體的存在體。每一個體，由類的存在體、種的存在體及個體本身的實體屬性所規定。人的心智將一個體的具體形式抽象出來，與同類個體的具體形式相比較，形成一個類（存在體）。再進而抽象出種。最後，心智可超越一切具體形式而達致它們的永恆範型即理念。

---

❶ In Boethium de Trinitate 2. 1. 7.

吉爾伯特用以上學說來闡釋波依修斯的 id quod est 和 quo est。上帝是一切存在的本體。一切受造物皆可分爲本質 (quo est) 和實體 (id quod est) 。本質是使一物成爲一物者。比如,「物體性」是使一物體成爲物體的原理, 是一種存在體而非實體。同樣,「人性」是使人成爲人的原理或本質。在創世過程中, 首先有模仿上帝理念的類形式, 它規定具體形式與質料的結合而形成實體。上帝的本質便通過具體形式或本質而給受造物以存在。本質不是存在, 它不直接參與屬性, 由它產生的實體才具有屬性。「物質性」不具廣延、硬度、顏色等, 但物質具有這些屬性。上帝是絕對本質 (Essentia), 而且只是本質 (simplex atque sola essentia)。使上帝成爲上帝者 (id quod est Deus) 是上帝的 quo est, 這就是神性 (divinitas)。❷

吉爾伯特的這個闡釋違反上帝單一性的教義。他還主張在基督人性形成中, 不是神性 (id quo) , 而是神的位格 (id qnod) 與人性結合。這也違反教義。此類神學失誤是由於將哲學邏輯用於神學問題並將邏輯推向極端的緣故。在蘭斯 (Reims) 宗教會議上, 吉爾伯特收回了錯誤的神學觀點。但在他之後走上同樣道路者不乏其人。

吉爾伯特的學說爲十三世紀的存在與本質理論作出準備。在下個世紀, 阿維森哲學的輸入將引發新的綜合。

二、約翰・索玆伯里(Joannes Saresberiensis/John of Salisbury c. 1120-1180)

是英國人, 遊學巴黎及夏特爾, 於一一七六年任夏特爾主教。主要著作爲: 《政治家》 (*Policraticus*)、《哲學邏輯論》 (*Metalog-*

---

❷ 見 PL. 64 P. 1273.

ion)。

約翰沒有深刻的思想或理論建樹，但卻是十二世紀夏特爾學派的重要人物。他的歷史價值主要在於：一者，他對當時思想界一些重要人物作出犀利的評論，其冷靜而近於懷疑主義的批評風格實爲現代批評的先聲；二者，他是早期力倡人文主義的大師，其關於人格在思想、方法、道德、教養、語言、風格諸方面全面發展的理想，體現在其著作及文風中，令現代讀者感到切近。

《政治家》的副標題是 De nugis curialium et vestigiis philosophorum（論宮庭人物的無聊行爲及哲學家的事跡）。這是一本內容蕪雜、行文枝蔓的著作，稍類中國的筆記。書中有不少軼事，夾敍夾評，談論宮廷人物的狩獵、賭博、占卜等無聊行爲。六至十章有一部分論君主的職責，此論被視爲十二世紀政治哲學的權威。然而約翰的政治思想相當抽象，大抵是對古典文獻和羅馬法的整理，述而不作，似不具備應用於當時歷史條件的理論性。約翰並未如較早時期作者（Manegoldus Lautenbachi）那樣提出契約理論，但主張君主的權力不得超越法律。他以爲，一切成文法皆以自然法爲來源。君主不得違反自然法的平等權利原則。對於自然權利和正義的態度，乃是判斷君主或暴君的標準。凡實施自然權利和正義者爲君主；凡侵害自然權利和正義者爲暴君，因爲後者沒有盡到君主的職責。殺掉暴君是合法行爲，人民有權除掉不盡責的國王。在非常時期，人民甚且有義務清除暴君，但不得用毒藥。❸

另方面，約翰認爲教會權威高於君主。這個理論源出於教皇格利高里七世，他宣稱，世俗國家的設立只是爲着控制人類的罪性；教會

---

❸ Policraticus 8. 10.

則具永恆性，以救贖人類為目的，故教會的權威高於君主，教皇不僅有權任命主教，而且有權廢黜國君。自十一世紀以來，不少神學家涉及教權與君權相爭的社會現實問題。如康斯坦斯的貝爾納、奧格斯堡的霍諾里烏等人，力主教皇權力高於皇帝。費拉拉的古伊等神學家主張教皇無權廢黜國君。卡廷納的格利高里則力倡皇帝為國家與教會之元首。十二世紀的聖貝爾納和休・維克多提出兩把劍理論，稱世俗之劍屬於君主，屬靈之劍歸於教會，是教會將世俗之劍交給君主，賦予君主世俗統治權，故教權終歸高於君權。約翰・索兹伯里的觀點屬於這一派。

在《哲學邏輯論》中，論到古代哲人的謙遜闕疑態度。凡感官、理性、信仰不能使人確知的事物，對之皆應取謙遜虛懷的立場。共相便是許多此類事物中的一種。在第二章十七至二十節中評論了十二世紀各家的共相理論。洛色林認為共相只不過是「詞」(voces) 而已。阿貝拉亦不過用「名」(sermones) 代替詞。二者皆屬唯名論者。夏特爾的貝爾納認為共相是柏拉圖的理念。吉爾伯特則稱共相為原初形式 (nativae formae)。還有人稱共相為集合體(collectio)。約翰本人則主張，共相不是實體，而是心智的產物 (figmenta rationis)，即類與種。

三、里爾的阿蘭(Alanus ab Insulis c. 1128-1202)

阿蘭雖屬西多修道院，卻深受夏特爾學派影響。在《神學之法則》(*Regulae de sacra theologia*) 中，他根據斯多葛派關於先天觀念、自明命題的定義，提出一些神學箴言。最根本的箴言是：Monas est qua quaelibet res est una ❹（單子是所以使每一事物成為單

❹ PL. 210 P. 621.

一事物者）。單子是純粹的統一，亦即上帝。存在的三大等級按照由一而多的原則而確立：最高存在爲「超越界」，爲絕對的統一；次之，爲「天界」，即天使等級，由上帝所創造，有變化，即是由一而多的啓始；第三爲「天界下」等級，即有形多樣的經驗世界。凡有存在，即有某種統一。一切統一皆來自單子，即上帝。單子產生另一自我，聖子；由父與子出來又一自我，爲聖靈。單子做爲原理和終極目的，無始無終，故爲一圓；無所不包，故爲球形：上帝是一個心智的球形，其球心無所不在，其球面無所在。❺這句箴言多次被後世的思想家如沙隆（Pierre Charron）、巴斯卡（Blaise Pascal）等人引用。

在《論公教信仰》（*De fide catholica contra haereticos sui temporis*）中，阿蘭用幾何學的公理方法向異教徒來論證基督教教義的合理性。這本書似是十二世紀演繹神學的極端實例。它也反映一個時代問題：統一的基督教歐洲在與阿拉伯異教社會接觸後再度處於護教的境地。阿蘭將書分爲簡短的五章，首先提出有關因、實體、質料、形式、運動等概念的定義。進而提出三個公設、七個公理。然後根據幾何學的原理推導出定理。如此以純理性方式向異教徒說明教義的可信性，無異承認教義僅僅是理性知識。這是阿蘭神學方法的最根本弱點。

在《自然之哀嘆》（*De plantu naturae*）❻中，阿蘭表現了典型的中世紀自然觀：自然是一切生命的無窮沃源，是萬物的法則、秩序、美；讚美自然乃是讚美上帝的創造；自然在創世主面前如此卑渺；人的生命源於自然，但人的救贖與復活全在上帝；自然與神學不同，但不矛盾，自然從理性到信仰，神學從信仰到理性（這裏自我否

---

❺ Renglae de sacra theologia 7.

❻ 書名所謂自然的哀嘆，是哀嘆違反自然的男子同性戀行爲。

定了其神學方法)。

四、格拉西安(Gratianus d. 1159?)

他應用阿貝拉的邏輯方法（對題法）來研究教會法，所編撰的《教令集》（*Decretum*）成爲十二世紀教會法的權威教科書。這本書的基本內容已在本書第二章中有所評介，此處不更贅述。

五、彼得・倫巴(Petrus Lombardus d. 1160)

在神學教科書的形式方面集大成者，他的《四箴言集》（*Sententiarum Libri quatuor*）蒐集了大量教父原典（往往並非第一手資料），按題目分編，時亦附加評論。他採納阿貝拉的對題方式，但神學觀點大抵不出正統教義，甚少新解。這本教科書分爲四部，第一部論三一上帝；第二部論創世、天使、恩典、原罪；第三部論基督及救贖；第四部爲聖禮論及末世論。此書在當時並未立卽流行，少數觀點還受到教廷指責。但由於這種對題排比權威觀點的系統神學方法適宜中世紀的神學教學，不久便成爲各地學校的標準神學教科書，評注者頗多，一直延續至十六世紀方漸歇息。

自安瑟倫至十二世紀，經院神學已經確立，然而進一步的開拓發展則有待於種種新條件的出現以及人們對之的理解。

十五　中世紀經院方法的封閉性與開放性

十三世紀是經院神學的黃金時代。城市內新興的大學取代鄉間的修道院而成爲神學和文化的中心。universitus 原指社團或行會的全體成員，在十三世紀大學興起時它指住在一個城鎮中的全體教師和學生而言（最初敎師和學生的行會分別設立）。巴黎大學創立於一一五〇年，是由巴黎聖母院座堂學校和巴黎其他敎堂學校聯合而成，至一二一五年始取得敎皇特使的許可證。巴黎大學有四個學科，即神學、法律（敎會法，因一二一九年以後在巴黎禁止講授民法）、醫學、人文。人文科又根據民族地域分爲四個學院式組織，類如次級行會。成立大學本爲保護權利和維持秩序，須取得敎皇或皇帝（國王）的特許證，享有一定特權，諸如內部立法權、頒發學位權、豁免賦稅權、免徵兵役權等。故大學實爲相對獨立的行會式社團。中世紀的大學是多元政治社會中的一種社團，對近代西方多元社會的確立曾經有過貢獻。

最早的大學，如巴黎大學、波隆納大學、牛津大學，都成立於十二世紀。劍橋大學成立於一二〇九年，帕都阿大學成立於一二二二年，那普勒斯大學一二二四年，吐魯斯大學一二二九年，布拉格大學一三四七年，維也納大學一三六五年，科隆大學一三八八年。入學年齡在十三四歲至十六七歲不等。先在人文科讀四年半至六年，然後進入神學科讀四年聖經又兩年箴言課，始可取得學士學位（baccalarius)，即聖經學士和箴言學士。學士相當於行會的學徒。經過兩年講授聖經，再進而講授箴言集，然後更經數年的答辯訓練，方可取得講授神學的資格，即博士或碩士學位（二者在中世紀不分）。博士相當於行會的師傅。此學位的最低法定年齡爲三十四歲（後延至四十歲）。至於大學的神學教席，則有固定數目，如巴黎大學在一二五四年僅有十二席。取得教席方爲正式教授（magister regens）。

人文科的課程，雖號稱講授七藝，但實際上除拉丁文古典原本及語法外，大抵以亞里士多德的邏輯與哲學爲主，兼授自然科學初階。神學科則以聖經和彼得·倫巴的《四箴言集》爲主修。演講大抵是講讀原典，此爲 lectio 的原義。演講而外，有兩種主要的答辯訓練，一爲常規答辯（disputatio ordinaria），在教室內進行；一爲公開答辯（disputatio de quolibet），大抵在莊嚴重大的節日即降臨節期或大齋節的第三周舉行，公衆可以自由參加，會上任何人可提出任何質疑。辯論的問題往往是原本中的難點或長期以來引人興趣的問題，由年輕教師即學士來作答辯者（respondus），其他人作問難者（opponentes），雙方就兩個相對立的命題反覆詰難，辯論往往持續幾天，最後由主講教師進行總結。在公開答辯會上，總結也可以受到其他教授干預詰難。最後，辯論的成果由主講教師發表爲一種特殊形式的神學著作，即 Quodlibet（即席答辯）。至於常規答辯的成果則由主講教師發表爲 Quaestio disputata（問題答辯）。除辯難和演講之外，大學中還有布道節目。❶

值得注意的是，中世紀大學的研究方法，乃是對一套既有的知識體系給以反覆深入的研討辯論，以求充分理解和掌握。這是一種傳授

❶ 參閱 H. Rashdall, *The Universities of Europe in the Middle Ages,* 3 Vols. Oxford, 1936.

固有知識的方法，而不是拓展視野、提出假說、進行驗證、解決新問題的科學方法。此種方法與中世紀文化的特色有關，那是一種統一的基督教文化，科學尚未發達，人們普遍關心的不是認識和控制自然，而是力求理解公認的、傳統的信仰和世界觀。同時，此種方法也與中世紀神學的特點有關。那是一種本義的演繹神學，而技術上的工具又大抵限於亞里士多德的邏輯。學院中通用的論證方法是三段論。往往由一個理性前提加一個信仰前提，推導出一個新的結論。例如：

〔前提一〕凡人皆有理智及意志。

〔前提二〕基督有人性，是真的人。

〔結論〕故基督有人類的理智及意志。

又如：

〔前提一〕凡君王皆有權柄判斷及懲罰臣民。

〔前提二〕基督是王。

〔結論〕故基督有權柄判斷及懲罰其臣民。

有時也運用其他推理方法，如聖安瑟倫善用的假言三段式及等值式之類。有時也應用類比方法由一個啓示眞理來印證另一啓示眞理，諸如以救主的復活來證明人類的可能復活。然而無論如何，這些方法得出的新結論皆屬於本義性質。從這裏可以看出：一、經院方法與實證、歸納、假說、演繹的科學方法不同；二、與歷史、批判的方法不同；三、與現代神學廣義的演繹方法（如現象學分析）不同。就其方法的狹義演繹性質以及對知識權威的信仰態度而言，中世紀經院方法有其封閉性。

然而另方面也不應忽略，在信仰範圍之內經院的研究非常注重理性求證的精神與方法。嚴格的邏輯訓練，對亞里士多德演繹科學、公理系統的研究與應用，是其特點。理性方法有其獨立的、批評的性質。儘管在主觀上神學家力求在信仰之內進行探索，但在實踐上往往超出正統的教義，得出意想不到的結論，或在自然知識領域內有所開拓。中世紀的形式邏輯也包涵演繹與歸納相結合的因素，比如三段論式的兩個前提中有一個歸納性的全稱命題。此外，中世紀的共相等理論也包涵着認識論的因素。就此而言，中世紀經院知識體系及方法與近代科學有着繼承關係。理性求證精神和嚴格的邏輯訓練有一種潛在的科學傾向。一旦人們的注意力由固有的信仰傳統轉向新的經驗知識時，在經院知識系統之內可以順理成章地建立起近代的科學方法。事實上，近代實驗科學也萌起於十三世紀的經院，最早提倡實驗科學方法的乃是經院中的神學家。就此而言，中世紀經院方法又有其開放性。此與中國中世紀書院注重倫理和直觀體悟的授徒方式大相逕庭。

除大學而外，哥特式教堂建築之普及、教權之加強、托鉢修會之建樹、宗教法庭之設立、亞里士多德著作之第三次引入、阿拉伯及猶太學術之影響，皆是十三世紀西歐具有重要意義的歷史新發展。

與古典建築以石的質感牢牢立足於大地的風格不同，哥特式尖塔彷彿脫卸石的重量而引向縹緲的天界。大學是知識階層研討中世紀學問的場所，那以通俗易懂和薰陶漸染的方式傳播中世紀觀念的卻是具有神秘美感的哥特式教堂，連同那彩色玻璃窗，以及以聖經故事爲主要內容的雕塑與壁畫。

中世紀教會力圖將批評求證的理性活動限制在闡釋教義的藩籬之內。自古以來，主教便負有力闢邪說的責任。然而那時以及中世紀早期，教會只能依靠神學辯論來統一信仰。自中世紀確立教權以後，異端每受到監禁或鞭刑。十一世紀以後，尤其在今德國和法國地區，不少異端分子在世俗法庭上被暴衆處以火刑或絞刑。十三世紀初期是教皇權力登峰造極的時代。以前的教皇僅自稱「彼得的代表」，英諾森三世則自稱「基督的代表」，並自以爲不僅有權任命主教，而且有權廢立國君， 雖然教皇的實際權力取決於當時的權力鬥爭 。一二三一年，格利高里九世設立宗教裁判法庭，賦予審判長以特別權力，可將異端分子交付世俗法庭處死。宗教裁判法庭的成員當時多由多明我修會的成員充當。這個機構成爲一種威懾創造性思想言論的力量。

十六　亞里士多德著作第三次引入

上文講過兩次引入亞里士多德的著作，一次在六世紀，另一次在十二世紀，大抵限於邏輯著作。自十二至十三世紀，亞里士多德的其他著作斷斷續續譯成拉丁文。一一二八年左右，維尼斯的詹姆士自希臘原文譯出〈分析學〉等三篇。至十二世紀中葉，亞里士多德的《工具論》全部已譯成拉丁文。在一一六二年以前，阿里斯梯普斯（Henricus Aristippus）已從原文譯出《流星學》的第四部。他是西西里的卡他尼亞的執事長。當時西西里是一個翻譯希臘文獻的中心。另一中心在西班牙，尤以托里多爲著名。

一般而言，西班牙的譯事大抵是由阿拉伯文轉譯成拉丁文。其實阿拉伯文的希臘著作最初是由敍利亞的奈斯托里派基督教徒由希臘原文譯成敍利亞文或阿拉伯文。在四、五世紀時，美索不達米亞的埃德撒學院裏有一批基督教學者將一些希臘文獻譯爲敍利亞文。九世紀，敍利亞學者被聘到巴格達學院，將希臘醫學、哲學的一些著作譯成阿拉伯文。十二世紀，西班牙的學者又從阿拉伯文的希臘文獻譯本轉譯成拉丁文，同時也迻譯了阿拉伯學者如阿維森納、阿爾加澤爾、阿爾法拉比、阿維羅伊的評論和著作。

十二至十三世紀引入的亞里士多德著作，除邏輯外，包括其形上學、倫理學、政治學、美學、科學等各類譯本。同時也引入阿拉伯學者對亞里士多德的詮釋性著作。例如，十二世紀的托里多學者迻譯了阿維森納的《邏輯》和《形上學》；阿爾加澤爾的《形上學》；阿爾法拉比的《論科學》。十二世紀中後期，托里多的格拉德(Gerardus Cremonus)從阿拉伯文翻譯了亞里士多德的《後分析學》、《物理學》、《論天與世界》、《論發生與朽壞》、《流星學》的前三部、僞書《論因》，以及阿爾金地的著作。十三世紀，托里多學者逐譯了亞里士多德的《論靈魂》等著作以及阿維羅伊對亞氏倫理學、修辭學、詩學的評注。亞里士多德的兩部倫理學著作大部分由希臘文譯出。

教會對於邏輯和倫理以外的亞里士多德著作的反應，起初是查禁。一二一〇年，巴黎宗教會議宣佈禁止公開或私下講授亞里士多德自然哲學或有關的評注。禁令適用於巴黎大學，違者處以絕罰。禁止的理由主要有兩個方面。一者，亞士哲學中關於宇宙永恆等學說有違於上帝自無創造世界等教義。再者，會議首先譴責的乃是持異端觀點的神學家阿馬爾里克(Amalricius de Bene)和大衞・丁南(David de Dinant)，他們的著作與亞里士多德著作被混爲一談。一二一五年由教皇特使主持修訂的巴黎大學立法稱:

"Non legantur libri Aristotelis de metaphisica et de naturali philosophia nec summe de eisdem, aut de doctrina magistri David de Dinant, aut Amalrici heretici, aut Mauricii hyspani." [1]（亞里士多德關於形上學及自然哲學的著作以及這些著作的評注，連同大衞・丁南教授的學説及異端阿馬爾里克以及西班牙的毛里克之學説，一律禁止閱讀。）

---

[1] 見 Fernand Van Steenberghen, *Aristotle in the West,* Louvain, 1970, p. 68.

巴黎的禁令屬於地方性，並不適用於其他地區。一二二九年吐魯斯大學的一張廣告傳單宣稱，在巴黎被禁止的亞里士多德著作可在吐魯斯講授，以此招徠師生。在巴黎大學，亞里士多德新哲學已經深入人心，尤以人文科的年輕人爲之傾倒。一二二九年巴黎大學學生與市民發生衝突，引起暴力事件，繼之發生長期罷課及騷亂，教授支持學生，而不安情緒大抵發自對一二一五年的禁令之反對。一二三一年，教皇格利高里九世詔令巴黎神學家維廉·奧克宰爾等人修訂亞里士多德著作中之謬誤觀點。教皇似受了教會內有識之士如法國樞機主教羅曼諾的影響，他們認爲亞氏著作可重新闡釋而爲教義服務。教皇的詔令無異承認亞氏著作在總體上尚屬可讀。自此以往，亞里士多德著作之傳播，遂一發而不可收。至十三世紀中葉，全部已知的亞里士多德著作已在巴黎大學公開講授❷。

在討論十三世紀神學觀念的發展之前，需要略述主要阿拉伯和猶太思想家對基督教思想的某些影響。這裏僅舉出最爲人知的四個思想家，略加評述。這四個人是：阿爾法拉比、阿維森納、阿維羅伊、麥摩尼笛。

---

❷ 關於亞里士多德著作的引入，參閱 L. Mino-Paluello, Opuscuia: The Latin Aristotle, Amsterdam, 1972. 另，F. Van Steenberghen 上引書。

十七　阿拉伯與猶太思想的影響

亞里士多德著作的全面引入，爲西方知識界展現了一個前所未有的新視野。亞里士多德哲學不依啓示眞理，不靠思想權威，全憑人類理性，以嚴整的系統和縝密的邏輯，建樹起如此巍峩的知識體系，令中世紀學者爲之震懾。同時，這一非基督教的偉大思想體系也引起敎會中保守派的憂慮。自此以後，無論哪一派神學家，皆不得不在新哲學思想背景下來調整自家的體系，由此而產生十三世紀的神學綜合。

在十三世紀初期，一些新柏拉圖主義和阿拉伯著作被誤當作亞里士多德原作，如普羅克魯斯 (Proclus) 的《論因》(*Liber de causis*)、普羅提努斯的所謂《亞里士多德神學》(*Theologia Aristotelis*，實爲《九章》的一部分)。加之阿拉伯學者的新柏拉圖主義的評注也被誤認爲唯一正確的亞氏詮解。神學綜合的第一步便是理解和評判阿拉伯哲學。

一、阿爾法拉比(Alfarabi d. 950)

屬於巴格達學院，是蘇非派的神秘主義者。他是亞里士多德邏輯的迻譯者之一，並著有《論知性與可知》(De intellectu et intellecto) 等論文。他對十三世紀基督敎思想的關係大要有三個方面。

(一)較有系統地將神學與哲學區別開來。阿爾法拉比大抵依據亞里士多德分類法將哲學分爲物理學(包括靈魂論)、形上學、倫理學，前二者爲理論哲學，後者爲實踐哲學。又將神學分爲幾個部門：第一部論上帝的全能與公義；第二部論上帝的屬性；第三部論來世；第四部論伊斯蘭的社會倫理。他將哲學與邏輯服務於伊斯蘭神學，但這種分類使哲學成爲相對獨立的研究自然知識的認識手段。

(二)以亞里士多德的方式論證眞主（上帝）的存在，對十三世紀經院神學亦有影響。阿爾法拉比論證，萬物作爲偶性存在，皆有變化和生滅，其本質不包涵存在，故其存在是自外而受的，因此必有一個其本質與存在同一的因，或第一推動者，即上帝。此種論證方式與安瑟倫的本體論論證的不同，在於不從上帝的名，而從經驗中萬物的變化，去推斷第一因的存在；另外，這種論證中包涵結構性的原理。

(三)神秘主義。阿爾法拉比用柏拉圖主義的構架解釋創世過程和神秘的復歸。創世被認爲自太一溢出知界和世界靈魂，其中的理念按照自上而下的等級產生宇宙萬物。物體由形式和質料構成（這裏揉入亞里士多德形上學）。理念旣是人類觀念的源泉，又是萬物的形式的源泉。人類心智受知界光照而後乃得認識世界。正如宇宙出於上帝而復歸於上帝，人的終極目的也是晤見上帝和復歸於上帝。

二、阿維森納(Avicenna/Ibn Sinā 980-1037)

是伊斯蘭經院神學的奠基人，自幼早慧，博覽而無不通。主要著作爲《醫治》(*al Shifa*)，分爲邏輯、物理學、數學、形上學四大部類。

阿維森納對必然與可能做出理論的區分。萬物本身不具必然性，因其本質並不必然導致存在，因爲萬物皆有生滅。僅在一種意義上萬物是必然的，即其存在由一外因的必然作用而規定。因此，偶性存在的涵義是：一物的存在不依其本身的本質，而依一外因的必然作用。

偶性存在物固然由外因產生，但外因是必然的。以此之故，外因之外因之外因這條因果之鍊不可能永無止境，因爲那等於說世上的存在皆沒有理由。因此，必有一初始因，以自身爲因，無所外櫟。這便是必然存在。它不可能自外受有本質。它的本質也不可能由它的存在來分擔，因爲本質與存在的組成等於說它有外因。所以，它的本質與存在必爲同一。這個存在以本身爲必然，而其他一切存在（即偶性存在）則以外因爲必然。只有必然存在才是眞正的存在；其他一切存在皆是可能存在，對它們來說，「存在」只是比擬性的謂詞（不是眞正的謂詞）。阿維森納關於本質與存在的學說，對十三世紀基督敎思想有重要影響。

阿維森納另一重要思想，是提出，在萬物形成過程中，形成個體性的因不是形式而是質料。萬物變化的原理是潛能與實現。這一原理有不同層次，從最低層的原初質料（純粹潛能）到最高層次的純粹實現（必然存在），即上帝。上帝永恆地處於實現中，不具潛能或缺陷，必爲絕對的善。做爲絕對的善，上帝必分散其善，即自無創造世界。但上帝不可能直接創造物質世界，因他與世界有本體上的區別。最先從上帝出來的是第一知界，其存在受自外來，故爲可分（有本質與存在）。同時它在知識上亦爲可分，知界知道上帝（太一）爲必然，而自己爲可能。由第一層知界遞階下降，共有十層知界。第十知界是形式產生者。形式由原初質料（純粹潛能）接受乃產生萬物。形式只具種的區別，不具個體的區別；由於質料是區分個體的原理，故同一種的形式與質料結合可產生衆多個體，各有不同之處。此一學說對斯各特、托馬斯等人皆有影響。

阿維森納關於主動心智的學說受到十三四世紀許多西方神學家的批判。阿維森納主張，第十層知界起着人類共有的主動心智的作用。

人類心智本身並不能從個體抽象出種與類（即共相）：因爲那樣便等於說，心智可不受外因而從潛能轉化爲實現。因此，必由主動心智（知界）照明人類的心智（即被動心智）使其抽象出個體的本質（共相）。這個學說受到維廉·奧維涅、亞歷山大·哈里、羅吉·培根等許多神學家的批評。阿維森納的溢出說有泛神論的傾向，與伊斯蘭及基督教教旨皆有所違。

三、阿維羅伊(Averroes/Ion Rušd 1128-1198)

是西班牙摩爾人，並不是阿拉伯人。他是西派阿拉伯哲學的大師。他以亞里士多德爲哲學的頂峯，做了大量評注，分爲小評注、中評注、大評注三類。小評注只提供亞氏基本結論，不作論證考據。中評注給出亞氏著作基本內容；大評注錄出一部分原典；再加以個人評注論述。

阿維羅伊主張原初質料爲永恆存在，與上帝同在。原初質料是純粹潛能，不具任何規定性，相當於「無」，故不能成爲創造性實現的一個因素（如阿維森納的學說所宣稱）。創造是由上帝從原初質料的純粹潛能中引發出萬物的形式，並創造出十層知界，大致與外界的九重天相連。這樣，阿維羅伊便避免了阿維森納的溢出說及其泛神論後承。

但是阿維羅伊否定靈魂的不朽，有違於教義。他認爲主動心智與被動心智是同一實體，又認爲個人的被動心智被主動心智吸收，僅僅做爲人類普遍同一心智在人死後存在，故無個人靈魂不朽。此一學說受到托馬斯及其他經院神學家的攻擊。

阿維羅伊的物質不滅、統一靈魂等學說有違於伊斯蘭教旨，他乃提出所謂雙重眞理說以調和哲學與神學的衝突。他的用意並不是說，同一命題在哲學中為眞而在神學中為僞，或反之；他是說，同一眞理在哲學中可淸晰地陳述，而在神學中僅可以類比方式表述。眞理僅能在哲學中給以邏輯的陳述，但同一眞理也可在神學中以不同方式表達，以使普通人理解接受。這蘊涵着，哲學是神學眞理的檢驗者，哲學家可決定哪些神學敎義應以寓言方式表述。此點成為西方阿維羅伊主義者的論據。

四、阿維瑟布朗(Avicebron Solomon Ibn Gabirol c. 1021-1058)
摩西・麥摩尼笛(Moses Maimoides/Moses ben Maimon 1135-1204)

在猶太神學家中，阿維瑟布朗的精神質料學說對波納文圖拉學說之形成有所啓廸。摩西・麥摩尼笛的影響則及於托馬斯及「唯理派」。摩麥尼笛的名著是《惑者指南》(*Dux neutrorum*)。他奉亞里士多德為古聖先知以外的最偉大思想家，並主張凡《舊約》中明顯與理性原則相左的內容，僅可給以類比性解說。他論證上帝為第一推動者、初始因，其論證方式近似於並領先於托馬斯的五個論證。

阿拉伯哲學的引入，在十三世紀大學的人文科內形成了所謂阿維羅伊主義，同時也引起許多神學家的批判。後者也常在種種不同方面接受外來的影響。阿拉伯與猶太哲學對十三世紀西歐神哲學的啓廸與挑戰，大抵在兩個方面。一者，基督敎思想需要自敎義角度對亞里士多德學說的理性認知方式做出反應，對啓示眞理與自然知識的關係等問題做出更深刻的闡釋。二者，需要在柏拉圖主義傳統與新引入的亞里士多德體系之間做出抉擇與綜合。一般而言，十三世紀的思想流派大抵以對亞里士多德體系，（首先是阿拉伯評注）的反應爲分野。以下大體參照方濟會、多明我會、唯理派、折衷派等四類神學家來略論十三世紀神哲學觀念發展嬗變的情形。

凡講流派，每易泯滅個性。實際上，思想家宜作獨立自足的人格看待，所謂流派，或指他們之間相對近似的理論背景而言。成立於十三世紀初季的多明我修會和方濟各修會，不久以後便在巴黎大學內設置其專有講座職位，後來又在大學內設立專供其會員進修用的學院（Studia）。修會與世俗神學家之間，以及兩個修會之間，時常發生意見齟齬。修會在學術上多有貢獻，如方濟會的格羅斯泰斯特、亞歷山大·哈里、羅吉·培根、波納文圖拉，多明我會的大阿爾伯特、托馬斯·阿奎那等，皆爲當時學界的重要人物。方濟會大抵偏於奧古斯丁傳統，而多明我會則更多吸收亞里士多德新哲學。此乃就一般而言，尤指前期，越往後則此種分野越趨模糊。

十八　維廉·奧維涅引入本質與存在觀念

奧維涅的維廉（Guillelmus Alvernus c. 1180-1249）是在家教士（不是修道士），不屬修會，但思想背景近於方濟會。一二二八年至一二四九年，他任巴黎主教。他是十三世紀早期最重要的神哲學家，在許多神學和哲學問題上他都研究了；阿拉伯亞里士多德體系的第一手資料，接受其中有益於闡釋教義的新學說，同時在理論上批判其妨害闡揚教義的內容並提出自己的系統論證。他爲十三世紀三大學派即波納文圖拉、阿奎那、斯各特學派的發展舖設道路，顯示出他在綜合奧古斯丁傳統與亞里士多德體系方面做出的先行性工作。維廉·奧維涅的重要著作有：《三一論》(*De Trinitate*)、《論受造世界》(*De universo*)、《論靈魂》(*De anima*) 等。

十三世紀神學與以前的重要不同點之一，在於吸收亞里士多德形上學，在討論神學問題時更多着眼於內在結構性研究。這個時期往往系統地運用四因論、潛能與實現、質料與形式、存在與本質等理論構架來闡釋神學中的問題。比如在十一世紀的聖安瑟倫的本體論論證中，上帝的名中已蘊涵着上帝的存在，只要設想上帝是什麼，在上帝的觀念中已包涵「上帝是存在的」。然而安瑟倫的時代還提不出一種關於上帝存在的結構性觀點。

維廉是最早以明確而系統的方式引入本質與存在結構性理論的神學家。他的目的在於說明受造物與上帝在本體上的區別，說明受造物的有限性、對本體的依存性。他提出，吾人研究任何一個受造物的本質，便可發現，其中並不包涵該物的存在，因爲它有生滅，會消亡（失去存在）。受造物的本質或本性中，並不包涵其必然存在的理由，就是說，它並不本質地存在。換言之，它的本質與存在爲可分，是兩回事。而上帝或必然存在，則在本質或本性中包涵存在，包涵必然存在的理由，其本質就是存在，二者爲同一。既然受造物的存在不在其本質中，此存在必受自外來，即來自必然存在或上帝。有限之物與上帝的關係只能是受造物與創世主的關係。這乃是說，萬物爲上帝所創造，在上帝創世以前，萬物並不存在於上帝之中。這個學說可以防止溢出說的泛神論後承。因爲溢出之物必事先作爲部分而存在於上帝之中，如同水從泉中溢出之前已存在於泉中[11]。因此，上帝必自無創造世界。這樣，維廉既吸取了阿維森納的本質與存在學說，又通過自己的論證，批判其有違於教義的泛神論後承。如果上帝的本質與存在爲同一，則上帝的本性爲單一不可分。如果上帝的本質不可分，則不可能由上帝溢出十層知界來創造並泛在於世界。

維廉也從認識論的角度來否定溢出說和主動心智。他指出，阿拉伯—亞里士多德哲學所謂的主動心智與被動心智之分，缺乏充足的理由來支持這個學說，反之倒有良好的理由來反駁它，例如靈魂的單一性（不可分）。維廉按照奧古斯丁傳統強調心智的自我意識而貶低感覺的功能。物體可以刺激人的感官而產生印象，但是共相不可能來自物體或印象，因爲二者皆是殊相（個體）而共相是一般概念。那麼共相是哪裏來的呢？共相來自知性（理解力）本身。同一心智旣是主動的又是被動的，對物體呈主動，對上帝則呈被動。心智中不僅有來自

---

[11] 見 De Trinitate 1-2; 及 De universo 1, 2, 3, 8, 17, 24 諸節。

上帝的自明原則和道德律，而且有可感知事物的形式。上帝本身便是範型或鏡子。維廉以上帝本身取代主動心智，便取消了溢出知界的理由，如此可以防止泛神論。這是維廉將奧古斯丁光照學說與亞里士多德形上學的形式、質料學說綜合起來的結果。❷

在上帝論論證方面，也可以看出維廉綜合兩大傳統的努力。首先，他運用亞里士多德體系中的潛能與實現學說來說明偶性存在即非自存性存在（esse indigentiae）與必然存在即自存性存在（esse sufficientiae）的關係。潛能需要處於實現中的存在來引發，才能轉入實現。同樣，偶性存在依存於必然存在。因此，從偶性存在本質的分析中，可證明必然存在之存在。其次，偶性存在的名便是依他因的存在（esse causatum）或參與性存在（esse participatum）。他因存在作爲概念便包涵自因存在（esse non causatum）這個概念；參與性存在則包涵本質性存在（esse per essentiam）。因此，知道有他因存在，必知道有自因存在。自因存在便是自在永在，便是上帝。❸這種通過定義分析來證明上帝存在的論證，與聖安瑟倫的本體論論證十分相近，屬於安瑟倫傳統；然而維廉又把這個方法與亞里士多德形上學的潛能與實現學說綜合起來，這是維廉的獨到之處，也反映其時代的特點。

維廉還討論了許多其他神哲學問題，大抵皆有獨創的見解。他對阿拉伯體系的批判集中於世界永恆、溢出說、主動心智等學說。同時，他汲取其體系中的結構性原理，將神學的闡釋置於一種具有普遍意義的形上學基礎之上。他對奧古斯丁傳統與亞里士多德體系的綜合，在基督教思想史上具有深刻的影響。

---

❷ De anima 5.8 ff.
❸ De Trinitate 7.

十三世紀早期還有不少知名的神哲學家，如維廉·奧克宰爾、亞歷山大·哈里、大阿爾伯特等。在下一章中，舉出兩個英國神學家，略論十三世紀經院神哲學的一個側面，即實驗科學方法的興起。

十九　近代科學方法萌起於經院

在十二世紀末至十三世紀初，英國牛津大學有一些學者傳播阿拉伯學術。當時的知名學者有阿德拉(Adelardns/Adelard of Bath)、奈卡姆 (Nequam/Alexander of Neckam)、阿爾弗萊德 (Alfredus Anglicus/Alfred of Oareshel)、丹尼爾 (Daniel/Daniel of Morley) 等。方濟會於一二二四年抵牛津，其第一任神學教授爲亞當・馬什 (Adam de Marisco/Adam of Marsh)。這個時期牛津大學的學術，除結合阿拉伯哲學與奧古斯丁傳統而外，特注重自然科及數學的研究，領先於歐洲大陸。

一、格羅斯泰斯特(Robertus Grossetestus/Robert Grossetest 1170-1253)

是牛津大學的方濟會修士，晚年任林肯郡主教。在瀏覽阿拉伯著作之後，他寫了一些科學著作，如《論彗星》(*De cometis*)、《論線、角、形》(*De lineis, angulis et figuris*) 等。主要哲學著作爲《論光》(*De luce*)、《論物體運動與光》(*De motu corporali et luce*)。神學方面有《論眞理》(*De Veritate*) 及僞笛奧尼修《神秘神學》的評注等。

格羅斯泰斯特在歷史上的主要貢獻是提出早期的科學方法。他的方法注重分析與綜合相結合。㈠將研究的問題分解爲最簡單的成分；

㈡提出一種假說來解釋這些成分如何結合起來得出預期的結果；㈢控制觀察，排除其他因果關係，通過實驗說明在一定條件下某因恆產生某果，以此來檢驗假說。

格羅斯泰斯特不僅提出以實驗協助假說的形成，並以實驗來檢驗假說；他並且主張將數學應用於物理學。其理由是，光是一切物體運動的因，而光按幾何規律運動，故一切物體運動皆可用數學方式加以描述。❶格氏關於科學方法的學說具有劃時代的意義，對近代科學方法的發展有重大貢獻。

在神哲學方面，格羅斯泰斯特提出一種光的形上學。原初的有形物是光。光的球形擴展，形成宇宙的九重天和火、氣、水、土四種元素。光是哪裏來的？最初上帝創造一個質料的點，其形式爲光。質料與形式爲不可分。光點呈球形擴散，質料隨之擴散，便形成物質世界。光球擴展之中，光越來越弱，淡而消失，便是宇宙的極限。上帝通過光作用於世界。靈魂通過光作用於感官。萬物的形式是上帝理念的影象，認識世界需要上帝之光的照耀。由於靈魂愛自己的身體，變得昏沉痲木，故只有淨化靈魂，才能借着神的光照而認識事物的眞象。❷這裏，格羅斯泰斯特顯然是在奧古斯丁傳統的構架內提出一種缺乏系統性的認識論。

二、羅吉・格根(Rogerus Baconus/Roger Bacon c. 1212- c. 1292)

---

❶ De motu corporali, in L. Baur, Die philosophischen Werke des Robert Grosseteste, Bischopf von Lincoln, Münster i. w., 1912 (Beiträge, 9), p. 92.
關於格羅斯泰斯特的科學方法，參閱 A.C. Crombie, *Robert Grosseteste and the Origins of Experimental Scieuces,* Oxford, 1953.

❷ In Aristotelis Posteriorum Analyticorum Libros, Venice, 1537, 1•14

也是英國人和方濟會修士，一說爲格羅斯泰斯特在牛津的學生，約於一二四二年至巴黎。羅吉・培根對實驗科學頗有偏愛，曾因巴黎大學的彼得成功地製造了太陽能反射鏡而倍加讚譽，而他對於同時代的神學家卻往往嗤之以鼻，不屑一顧。培根著作等身，如《語法大全》(*Summa grammatica*)、《辯證術總論》(*Summulae dialectices*)、《數學常談》(*Commuria mathematica*)、《哲學通論》(*Compendium studii philosophiae*)、《神學通論》(*Compendium Studii theologiae*)，以及大量亞里士多德著作評注，包括僞書《秘中秘》(*Secretum secretorum cum gloosis et notulis*)。但其代表作是《主著作》(*Opus maius*)。他曾計劃寫一部科學百科全書，未嘗動筆，而頗事張揚。教皇克萊門四世聞之，來函索求。培根乃在十八個月短期內草成一部手稿，名爲 *Opus maius*，續以 *Opus minus* 及 *Opus tertium*，上呈教庭，其時克萊門已不及等待，與世長辭了。

《主著作》共分七部分：㈠論失誤之源；㈡論哲學；㈢論語言；㈣論數學；㈤論光學；㈥論實驗科學；㈦論道德哲學。第一部論人類在探求眞理方面的失誤有四大根源，卽：盲從權威、攝於風俗、社會偏見、掩飾無知。在第六部，培根將 Scientia experimentalis 解釋爲與演繹知識相對待的一切經驗知識。而經驗知識有兩類，一類爲來自感官的知識，稱爲人類經驗；一類爲來自上帝心智光照的知識，稱爲內經驗。感覺知覺對於知識雖屬必要，然而確切的知識則來自上帝的光照。上帝對科學知識的光照，由於人的罪而晦暗不明，因此需要以實驗的方法來驗證古聖先賢的名言。

培根不僅重視歸納方法（現代學術界認爲羅吉・培根在這方面的成就超過十六七世紀的弗朗西斯・培根），而且將演繹、數學方法應用於天文學。按照格羅斯泰斯特的方式，他主張光的運動呈直線波動，一切宇宙之力皆以直線方式運動，故可以用幾何學方法加以描述。

雖然在科學方法上他並未超越格羅斯泰斯特，但在科學實驗方面培根做出更大的貢獻。他在光學、人眼構造、製造凸透鏡和拋物反射鏡等領域的研究，成爲十七世紀近代研究的起點。培根非常重視技術應用，曾經設想過諸如用望遠鏡觀察敵人的陣地，並預言輪船、汽車、飛機的製造。在此方面，他頗富於現代精神。

在神學領域，羅吉·培根屬於保守的傳統。他毫不遲疑地主張，神學是一切科學的冠冕，終極眞理蘊涵於聖經之中，科學乃是通往上帝之路。上帝是主動心智，照亮人類的心智而使人認識眞理。由於培根忠於傳統神學，他忽略了同時代神學家在綜合兩大傳統以及建立公理體系等方面的成就。

十三世紀中期以後，方濟會派對待亞里士多德體系的立場，變得更爲保守，更具批判性，而擷取更少。這大概是由於托馬斯主義的大綜合逐漸成爲一種明顯的勢力，而方濟會派神學家日益感覺到亞氏體系中與傳統相牴牾的命題趨於明朗化的緣故。在調整自家體系的過程中，他們越發致力於系統地批評亞氏哲學。此點下文還要提到。

十三世紀中期，實際上整個十三世紀，方濟會派的強有力代表人物，乃是波納文圖拉。

二十　波納文圖拉以神學為智慧而非科學

波納文圖拉(Bonaventura, Giovanni di Fidanza c. 1221-1274)是亞歷山大・哈里的學生，後爲方濟會總裁及巴黎大學神學講座教授。主要著作有《朝向上帝的心智歷程》(*Itinerarium mentis in Deum*)、《短論》(*Breviloquium*)、《創世紀校釋》(*Collationes in Hexaemeron*)、《問題答辯》(*Quaestiones dispntautis*)、《箴言評注》(*Commentarium in Sententiam*)等。

波納文圖拉主張，神學不是一種科學而是智慧。神學的主題是人們信仰的內容；而信仰並不是理性認知的產物，信仰取決於上帝的恩典和罪人對上帝的愛；故此神學不可能是一種發現或解釋上帝奧秘的 scientia (科學)，而應爲一種 sapientia (智慧)。

此種神學觀念與一般經院神學的側重點不同。經院神學是「信仰尋求理解」，既然尋求理性的認識，也就可以運用理性的方法，而成爲一種「聖教義科學」。波納文圖拉則強調信仰內容的神秘性、超越性的一面。

波納文圖拉認爲理性不能獨立地認知眞理。他以爲，哲學可以從經驗事實中推導出上帝爲萬物的本體，卻無從認識上帝的道。只有超越哲學，才能知道上帝的道是萬物的範型性因。作爲從父出來的形象(similitudo expressa)，道代表聖父所能表出的一切，因此，intelligis Verbum, intelligis omnia scibilia. ❶（識知上帝的道便是認知萬物）。奧古斯丁知道理念存在於上帝的道中。天下萬物一切實現的與可能的理念皆存在於道中，道的理念既涵概一切共相，又包羅一切殊相。雖然理念在上帝中是一，因爲上帝除三位格外是一而非多，但由於人的心智爲可分，故理念對於人呈多樣相。上帝從無創造世界，就是上帝自知其本質而其本質如鏡子般向外投射爲萬物。因此上帝知道一切時間中的一切實現的和可能的事物。善的事物在上帝中有其理念，惡的理念只是受造物中本應在上帝中有其理念的闕如狀態。總之，上帝爲一，爲自在，爲自知，無所外求，因上帝自知而從無創造了世界及時間。按照這個理論，不存在諸如世界永恆、物質不滅、天體動因、獨立自然規律等亞里士多德體系的命題。❷

由於萬物爲上帝自知的產物，故萬物具有某些與上帝相像之點。但這種相似不是參與性的相似（similitudo particitionis)，因爲受造物並不分享造物主的本體（泛神論），而只是一種比擬性相似（similitudo imitationis）。每一受造物皆爲上帝的痕跡（vestigum Dei)，只有理性動物爲上帝的形象（imago Dei）。受造世界朝向上帝，這是因爲在受造物中留有上帝印迹之故。在一切受造物中皆有存在、眞、善；在理性動物中有記憶、智能、意志；在某些理性動物中有信、望、愛。如此遞階上升，最終靈魂臻至狂迷之境，一切理性活動率皆安息，而冥思上帝於圓滿的平安之中。❸

---

❶ Collationes in Hexaemeron 3.4.
❷ II Sententiae 1.1.1.2. Conclusio.
❸ Itinerarium mentis in Deum 1-6.

二十一　波氏主張純理性方式不能認識世界本質

波納文圖拉的範型論蘊涵着，純理性方式不可能認識世界的本質。哲學家將自然僅僅當作自然，而波納文圖拉則將宇宙設定爲來自道之理念的印有上帝印迹的殊相之總合。

認識世界的過程分爲三個步驟。

一、首先波納文圖拉批評阿維羅伊關於人類心智是一個實體的學說，指出每個人既有獨特的觀念，必有個人獨自的靈魂。靈魂或心智有雙重的功能，即被動知能與主動知能。被動知能又分爲外知覺與內知覺。外界事物作用於感官，而產生感覺（外知覺）。此時人的心智感到一物爲白色或黑色，方或圓，軟或硬之類。這是認知的第一步。

二、繼之，內知覺將片斷的感覺綜合成印象，也就是事物的種，知道這是蘋果或幹枝，並判斷該印象爲快感或不快，美或不美之類。這是第二步。第一步與第二步合起來，稱爲被動知能。

三、再次，由主動知能來判斷，剛才抽象出的種（例如好看的紅蘋果）何以是美的。波氏認爲，此一判斷蘊涵着，心智必知道一個常住不變、超越時空的美的理念。而理念不可能來自變動不居的感覺。這就是說，雖然萬物的感覺印象是通過知覺器官抽象而來，但萬物的本質則來自上帝的理念。「如果獲致眞知識即知道一物不可能不如此，則唯有上帝使吾人獲致此知識，因唯有上帝知道此眞理並具有此眞理在他之中。」[1]上帝道中的永恆理念，通過光照而作用於人的心智，使其認識事物的本質。

這個理論是波納文圖拉吸取主動知能等觀念並對奧古斯丁學說加以發展的結果。這個理論有一些無法克服的邏輯難題。

一、波氏認爲神學之所以不是科學，在於理性不可能認識信仰的內容。信仰來自上帝的恩典以及人的自由合作（對上帝的愛）。愛的主體是意志，不是知能。

二、但波氏描述的認知眞理過程，是以知能（intellectus）爲主體，知能或知性本身並沒有信望愛的功能。

三、因此，認知眞理的過程中，知能不可能通過信來接受眞理。認知純粹是理性過程。但波氏認爲理性本身並不能認知眞理。

四、所以，唯一的解釋是道的理念通過光照使知能認識眞理。但有限的、生滅的知能怎樣認知並記憶絕對永恆的理念呢？除非光改變了知能的性質(不再生滅變化)，但波氏並不承認人的知能變成永恆。這是無法解決的矛盾。

---

[1] Collationes in Hexaemeron 12.15.

二十二　波納文圖拉與托馬斯的辯論

以上僅僅略論波納文圖拉的神學觀念及相關的學說。波氏體系完備，諸多神學問題，此處不及細論。波氏雖然固守奧古斯丁傳統，但他在批評亞里士多德體系的同時，卻也從中擷取若干成分。從上述範型理論可以看出波氏如何重視知覺在認識中的作用，以及他對知性所作的結構性分析，凡此皆富有時代的色彩。波氏在與托馬斯關於世界永恆性的辯論中，特重亞里士多德邏輯之運用。

作爲神學家，波納文圖拉與托馬斯皆認爲上帝從無創造世界是不可否認的事實。但是對於世界永恆性的形上學可能性，二人持相反觀點。托馬斯認爲從無創造世界與世界永恆性在邏輯上並不矛盾，波氏則反之。托馬斯認爲上帝的大能可以創造永恆的世界。波納文圖拉則認爲，創造必有時間的開始，否定時間的開始亦即否定創造，因此，上帝從無創造世界和世界永恆性在邏輯上彼此矛盾，二者必居其一。這個論點的有趣之處，在於它是一個純哲學論證，用的是典型的亞里士多德三段式，大前提是一個歸納性命題。被創造之物必有時間開始，乃是一個經驗中歸納的事實。甲事物如此，乙事物如此，一切已知事物無不如此，故知被創造之物必有時間之開始。小前提中上帝的「創造」與大前提中之「創造」爲中項，也就是承認二者屬於一個類。波納文圖拉正是以亞里士多德邏輯，也就是以純理性的立場，來反駁托馬斯並理解「創世」這個信仰的內容。

另一例證是波氏用歸謬法來反駁托馬斯。其論證如下。假設世界爲永恆，必蘊涵着可在無限系列上增加次數。在永恆世界中太陽公轉（按托羅密體系太陽圍繞地球公轉）的次數已爲無限；但太陽每天又增加一次公轉；這是荒謬的；故世界不可能爲永恆。❶托馬斯指出，無限的時間僅在前端爲無限，其後端恆終止於現在，故可不斷增加或延續。❷波氏則認爲，既然太陽與月球的公轉次數不同，則必有兩個無限系列，其一比另一大十二倍，這是荒謬的，故世界不可能爲永恆。❸

從以上例證可以看出波納文圖拉如何主張理性不可能認知眞理，但又如何以純理性方式來證明其信仰內容之無誤。研究波氏體系的意義之一也就在於此。諸如：「意向」與「推理」的關係究屬如何，仍爲現代思想界矚目的問題，深入探索波氏體系未必沒有啓廸作用。

---

❶ II Sententiae 1.1.1.2.

❷ Contra gentiles 2.38.

❸ 同注❶

二十三　大阿爾伯特的先行精神

在十三世紀中期，以波納文圖拉代表的方濟會派力圖批評亞里士多德體系並強調信仰先於理解以及知識統一於信仰的智慧。多明我派則多注重理性的獨立認知作用。在這方面的先行者，則是中世紀日耳曼地區最受尊重的大阿爾伯特（Albertus Magnus. 1193/1206-1280）。他是托馬斯·阿奎那的老師，但比學生多活了六年，在托馬斯的觀點受遣後還爲他辯護。阿爾伯特的著作極豐，一八九〇～九九年巴黎重刊他的全集有三十八卷（*Alberti Magni Opera Omnia*, ed. Borghol. Paris, Vivès, 1890-1899）。其中常提到的論著如：《波依修斯「區分論」評注》（*Commentarii in librum Boethii de divisione*），《論靈魂》（*De anima*）、《論知能統一反阿維羅伊》（*De unitate intellectus contra Averroeim*）、《自然大全》（*Summa de creaturis*）《神學大全》（*Summa theologiae*）等。

阿爾伯特的主要著作爲《自然大全》，在這裏，他對作爲受造物的自然界，作出系統的論述。

首先令人感到興味的，是阿爾伯特在質料、時間問題上對神學與哲學做出具體的區分。上帝最初的創造物是：質料、時間、最高天、天使本性。❶質料是自然中的初始原素，而初始原素與抽象存在

---

❶ Summa dè creaturis, Borgnet (Vivès) vol. 34, pp. 319-323.

(ens) 爲同一。在知識序列中，存在是初始原則，因爲人對一切存在物的認識最終可歸結爲存在。在發生序列中，存在是一切將發生的存在物的形式之主詞。而一切實存之物的初始原則便是原初質料。它對於一切形式皆是潛能，是形式的主詞，不能脫離形式而認知。它的最初形式便是實體形式。在質料是單一的抑或是多樣的這個問題上，阿爾伯特從神學與哲學兩個角度，得出不同的答案。自神學而言，質料是具體的受造物，即上帝在六天內創造的萬物的原初質料，故爲單一。自哲學而言，質料是變化的主詞，有不同的變化，故有不同的（多樣的）質料和不同的形式，故質料爲多樣。諸如精神實體與物質實體有不同的質料，永恆天體與生滅之物有不同的質料。❷

關於時間與永恆，阿爾伯特指出，永恆不是無限的時間，因爲永恆不是時間長度的度量尺度。永恆是 actus essentiae divinae ❸（上帝本質的實現）。上帝就是永恆。有些受造物，在時間上有初始，卻可以無限地存在下去，天體便是這樣，這不是永恆。時間是變化或運動的度量。在事物中客觀地存在着時間，因爲事物的變化乃是由潛能到實現的過程，有一個可度量的流逝的前後序列。這裏，神學與哲學對時間的理解不同。自神學而言，時間是一切變化（包括物質與精神實體即一切受造物的變化）的尺度，故天體的運動雖無先後之分也屬於時間變化。自哲學而言，時間則是具體事物連續性變化的尺度，每一種實體有其質料，故有不同時間，諸如：天體有天體的時間，地上物體有其運動和時間，人的智能也有其運動和時間，等等。❹

阿爾伯特主張，神學與哲學對同一問題的不同解釋並不矛盾。然

---

❷ Ibid. pp. 332-336.

❸ Ibid. p. 344.

❹ Ibid. pp. 369-384.

而他對神學與哲學所作的具體區分，有利於自然研究的獨立發展。

在《自然大全》中，阿爾伯特依次討論四種最初的受造物，第三是最高天。在天文學的天之上，是上天，卽三一之天，與上帝同一。其下是最高天，其本性爲光，是天體的居所，是永恆不變的天。最高天以下是水晶天，其質料略近於水，這層天處在一種均匀的運動中，故不是永恆不變之天。水晶天以下爲蒼天或太空，其中有許多發光星體，這些星體的運動是世界上各種物質物體生滅變化的動因。

從水晶天至月球，共爲九重天，各有其推動者。首先，在天以外的上帝，是原初動因。其次，各重天的形式，是其推動者。哲學家如阿維森納主張這些形式是天的靈魂，但教父作者反對天有靈魂之說。折衷的說法是，這些形式是知界和意志，參與上帝卽原初推動者的實現(推動)。第三動因是天的物質形式，它是每重天作球形運動的直接動因。天體的運動影響萬物的生滅，但人的靈魂不取決於這種運動，否則便沒有自由意志。❺

第四種最初受造物是天使本性。天使不是單一，是合成，卽由其 quod est 和 quo est 合成，但天使沒有形式與質料之分，而只有形式。天使是一種知界，雖不能直觀上帝，但具有關於現實的先天知識，不需要推理，但天使有自由意志。❻

在《自然大全》中也討論了受造物人類。阿爾伯特認爲可以證明人有靈魂以及靈魂不滅。教父與亞里士多德關於人類靈魂的定義不同。靈魂是與身體相結合的無形實體；做爲其初級實現，靈魂給身體以存在；做爲其次級實現，靈魂是身體運動的動因。阿爾伯特批評了阿維羅伊、大衞・丁南、馬克羅比烏斯等哲學家，他主張每個人有一

❺ Ibid. pp. 402-450.

❻ Ibid. pp. 451-501.

個靈魂，由上帝直接創造。靈魂有三種功能：植物性、感覺性、理性功能。在認知理論上，阿爾伯特大抵從阿維森學說，主張認知是靈魂接受可感覺的種而排除其質料。❼阿爾伯特還用了一些篇幅討論睡眠與夢的現象。關於主動知能與被動知能，阿爾伯特也從阿維森納之說，並主張知能的生命在於思辨，知能與科學爲一，猶如實體與屬性爲一。

在自由意志學說上，阿爾伯特則遵從教父的傳統。意志是靈魂朝着知性所理解的善而運動的一種傾向，包括總的傾向和具體的運動。❽自由選擇是按照理性所判斷的善惡而進行抉擇。欲望的自由在於可遵從也可背離理性的判斷。自由選擇，作爲仲裁者，屬於理性；作爲自由，屬於意志；故自由抉擇或由理性作出，或由意志作出，或由二者聯合作出。阿爾伯特遵從奧古斯丁──安瑟倫傳統，對自由選擇與自由作出區分。自由選擇是根據一個人的意願而進行抉擇，沒有更高的指導。自由則與目的相統一，故自由乃是保持正確意志的能力。良知則是使人知善惡的先天普遍原則。這些原則是普遍公義的法則或自然法。成文法是它們的應用。良知的運作在於理性根據兩個前提得出結論：大前提即先天原則，小前提爲實踐理性對具體問題的判斷。❾

雖然阿爾伯特的科學著作遵從亞里士多德的分類，個他並不像注釋家那樣逐章逐節乃至逐字詮解亞氏原典，而是自由複述其內容，並寫下許多個人的觀察、實驗與論述。阿氏的實驗，不是現代科學意義上的嚴格實驗室操作，而是一種細心觀察、描述和分類。有時也確實做過一些原始的實驗，如切掉蟬的頭觀察其翼的振動、用鐵餵鴕鳥來

❼ Ibid. p. 303.
❽ Ibid. p. 559.
❾ Ibid. p. 599.

檢驗當時流行的一種說法之類。他時常將「經驗」作爲眞理的標準，不時應用「我檢驗了……」之類的用語。總之，在天文學、動物學、植物學方面，阿爾伯特的許多觀察和假說具有開拓視野的先行精神。

阿爾伯特的神學思想相當保守，他的《神學大全》猶如在未嘗讀過托馬斯著作的歷史條件下寫作，旣不吸收也不理會同時代的先進成果。然而有一點値得一提，便是他的神秘主義思想對十四世紀神秘主義者如埃克哈特、陶勒、呂斯布魯克等人有相當的影響。

二十四　托馬斯改造亞里士多德形上學

十三世紀的神學大綜合，完成於托馬斯·阿奎那（S. Thoma Aquinatis 1225-1274）之手。托馬斯的著述卷帙浩繁，巴黎 Vivès 版 Opera omnia 共 34 卷。在五六十種原著中，十來種已有英譯，此比例極高，因爲絕大部分中古文獻並無現代譯本。常引用的托馬斯著作如:《論存在與本質》(*De ente et essentia*)，此爲早年著作;《論眞理答辯》(*Quaestiones disputantis de veritate*)，這是一部成熟的重要作品;《笛奥尼修「神之名」解析》(*In Lbrum Diouysii de divinis nominitus*);《論潛能答辯》(*Quaestiones aispntantis de potontia*);《神學大全》(*Summa theologine*);《反異教大全》(*Summa contra gentiles*);《神學綱要》(*Cempendiúm theolegiae*) 等。

托馬斯甚少應用 theologia 這個詞。在《神學大全》第一部中，有十條論 Sacra doctrina（聖教義）是否一門科學。「聖教義」包括启示眞理、聖經詮釋、教義問答、佈道等。然而他爲什麼稱其大著爲「神學大全」? 因爲他認爲神學是聖教義的一部分，亦卽成其爲演繹科學的那一部分。其前提爲聖經中的启示眞理，其導出結論的方式爲演繹推理，其與哲學的區別在於哲學的前提爲理性知識。因此，他說:

Unde theologia quae ad sacram doctrinarm pertinet differt ab illa theologia quae pars philosophiae ponitur,❶（因此屬於聖教義的神學與稱為哲學之一部分的神學在性質上有別。）

所謂哲學之一部分的神學，便是亞里士多德式的自然神學。

托馬斯的神學科學既包涵聖教義科學，又涵蓋自然神學。因此，《神學大全》第一部用相當篇幅以純理性方式論證上帝的存在。

托馬斯進而援引亞里士多德的元級和次級科學的概念，以說明神學與啓示眞理的關係。數學是元級科學，光學和音樂理論是次級科學。光學和音樂理論以數學的原理爲前提。同樣，聖教義科學亦以上帝或有福者的啓示眞理爲前提。此種神學觀念，是托馬斯對於基督敎神學觀念的一種發展和廓淸。他也界定了教義神學與自然神學各自的領域。

托馬斯最大的貢獻是對基督敎神學兩大傳統進行大綜合。這要從他改造亞里士多德形上學論起。

亞里士多德形上學的基本點是實體（*ουσια*），而不是抽象存在或本體（*ὢυ*）。雖然兩個詞都來自動詞 *ειυαι*，但前者的拉丁譯名爲 substantia，而後者爲 ens 和 esse。在《形上學》(Z, 1028 b2 et al) 和《範疇論》(2b5 et al) 中亞里士多德指出 *ειυαι* 的歧義用法以及「存在，本體」的模糊性。實體是個別實體，存在是做爲存在的存在本身。兩個實體並不因存在使彼此相似而屬於同一個類，故存在既不能作爲屬性亦不能作爲類或種。因此亞里士多德將「實體」做爲主要範疇，而摒棄巴門尼德以來的本體觀念。他將「什麼是存在」的

---

❶ Summa theologiae 1.1.1 ad 2.

問題歸結爲「什麼是實體」。此種哲學研究的對象是處於潛能與實現的轉化中之實體，雖適於探索自然知識，卻不適宜探討唯一上帝的本性。托馬斯採納了亞里士多德的潛能與實現、質料與形式、四因論等原理，卻獨立地發展出一套存在與本質的學說。

托馬斯並非獨創一套術語，而是賦予「存在」以新的涵義。他將抽象存在 esse 設定爲具體存在 ens 的實現:「存在是一切所作之實現，因此是一切完成之完成。」❷也就是說，存在或本體乃是實存或存有的實現。esse 是系動詞 sum（是，在）的不定式或動名詞; ens 是 sum 的分詞。猶如 Currens（Curro「跑」的分詞）指稱一個具體的跑者，同樣 ens 指稱一個具體存在的實體。也猶如 currere 指稱「跑」的動作本身（「跑」的實現），esse 指稱「存在」的實現（actus essendi)。❸正是「存在」(esse) 給了一個「存在者」(ens) 以實現的存在 (ens dicitur quasi esse habens)❹；如同「跑」的動作本身給了一個「跑者」以實現的「跑」，使其成爲眞實的「跑者」。托馬斯對存在的分析蘊涵兩層意義。1.任何實體的存在與本質皆爲可分，其本質中不包涵存在，我們可以知道一個人或一頭鳳凰的本質（其所以爲此而非彼的特質），卻不知道其是否存在。2.esse 是一種實現(actus)而不是一種狀態，是一切所作(acti)的實現。就是說，esse 是一切現實性事物按其本性充分地實現了它的潛能，故不是靜止的狀態而是一切能量和動力和可能性的實現。

---

❷ De Potentia 7.2 ad 9.

❸ De Veritate 1.1.

❹ In Xll metaphysica, lect. 1.

二十五　存在何以先於本質

托馬斯關於存在的新定義，含有「存在先於本質」的後承，故現代論者亦稱他爲存在主義者。❶與奧古斯丁體系不同，托馬斯形上學並不蘊涵「本質先於存在」的命題。❷新柏拉圖主義範型論認爲，世上萬物皆以上帝心智中的範型爲本源，故在存在之先，萬物已有本質。❸對於托馬斯而言，上帝自無創造世界，萬物的形式與質料乃是同時受造，世上沒有無質料的形式，亦沒有無形式的質料。原初質料是潛能；實體形式給潛能以種類，決定其本質；此即個別實體的初始實現 (actus primus)。但萬物是整個受造的，構成實體結構的形式與質料乃是形上學的「原理」，並無時間上的先後可言。這是亞里士多德用內在的實體形式取代柏拉圖的外在理念而構建的形上學，被托馬斯按照基督教教義而改造成的理論。

---

❶ 參閱 G. B. Phelan, The Existentialism of st. Thomas, in Seleeted Papers (Toronto, 1967).

❷ 托馬斯並未完全排除傳統理論，他也承認上帝按其理念創造萬物，萬物不完全地表現上帝的理念。但他認爲，如將上帝心智設定爲從屬於上帝本體之物，將理念設定爲上帝心智的變化，則違反上帝單一不變的教義。他主張上帝的理念與上帝本體同一，上帝永恆地知曉作爲萬物本質的範型。這是托馬斯不徹底地接受亞里士多德體系的表現。托氏體系中的這類緊張因素，至十四世紀，在唯名派的批評中顯露無遺。

❸ 然而奧古斯丁的人性論則強調人的具體存在。只有蒙罪的人性，而無抽象的本質。在此意義上，亦有現代學者稱奧古斯丁爲存在主義的先行者。

構成實體的另一對形上學「原理」是潛能與現實。質料是潛能，形式是實現。萬物不能自存，亦不能自行變化。變化是潛能的實現。變化來自外力。一個實體，受到正在實現中的其他實體之作用，本身潛能才實現爲新的實體，卽變化。比如水受熱才轉化爲蒸氣。

本質與存在的關係，猶如潛能與實現。但就受造物而言，本質與存在可分，只有上帝的本質與存在爲同一（上帝的本質就是存在，是絕對存在）。存在並不是本質的一種狀態，我們可以分析一物的本質而不知其是否存在。人可以構建本質(如噴火獸)，但不能構建存在。存在是本質的實現。在此意義上，存在（在邏輯上）先於本質。

然而托馬斯的存在學說是一種終極性的神學理論，不同於無神論的存在主義。托馬斯認爲 esse 僅可作上帝的謂詞，對於受造物僅能做類比性謂詞。❹就是說，有限、偶性的萬物並沒有眞正的存在或實現。另方面，托馬斯並不以爲萬物具有「無」（消滅）的內在傾向。此與奥古斯丁及波納文圖拉等人不同，他們認爲萬物本質中具有化爲無的傾向。托馬斯則以爲雖然上帝臨在於一切受造物的最內最深處做爲其存在的因，但萬物一旦受造之後也就有其自然的因以及規律。這裏雖然有亞里士多德的影響，也可以說是對於自然世界的一種較爲樂觀的態度。此點也是托馬斯存在學說的一個後承。

---

❹ 阿維森納與阿爾加澤主張存在是屬性。托馬斯認爲存在不是屬性，而是一切屬性的基礎，卽實體的實現。在這點上他先行於康德五百餘年。

二十六　深化聖經中上帝的名

托馬斯的本體學說之基礎，可能是語言的誤用，卽將系動詞的語法功能本體化，以及將本質與存在的概念上的可分性絕對化。但托馬斯的貢獻主要不在於哲學上的深化，而在於以一種新的形上學之普遍性理論來深化基督教信仰的理解。

聖經中上帝的名是「存在者」。《舊約・出埃及記》3.14 中摩西問上帝用什麼稱謂來告知以色列人時，上帝說：

> Ego sum qui sum; Ait: sic dices filiis Israel: qui est misit me ad vos.（我是存在者：他說：你要對以色列子弟這樣說：那存在者打發我到你們這裏來。）

合和本《新舊約全書》將 Ego sum qui sum 譯作「我是自有永有的」。這是對原文的一種神學詮釋，在理論上頗符合於托馬斯的本體學說。托馬斯正是由「萬物的本質與存在爲可分」推導出「上帝是絕對存在」，卽本質與存在爲同一。

在托馬斯以前，維廉・奧維涅已作過此論證。❶每一存在物，要就與其存在爲同一，要就爲可分。設 a 與其存在爲可分，要則其存在必來自另一物，稱之爲 b。如此則有二可能。1. a 與 b 的存在互來自對方，卽 a 來自 b，b 來自 a。這是矛盾的，因爲要成爲對方的存在

❶ De Trinitate 2.

之因，必先在成爲對方的存在之果之前存在。2. a的存在來自b，b的存在來自c，以至於無窮。但我們不可能設想或陳述這樣的無窮實體（不是數字）系列。結論：必有一個其本質與存在爲同一的絕對存在，即聖經中的上帝。

托馬斯在早年著作《論存在與本質》中作了同樣的論證。這個論證的前提是同一律。設a＝a，則a不可能先於a而成爲自身存在的因，必有外鑠之因b，b又有外鑠之因c，以至於無窮。倘不將此系列視爲數字系列而視爲實體動因系列，則在邏輯上應有一自在的本體發生並支持世界。與奧維涅不同，托馬斯不是將這一論證做爲上帝存在之論證，而是在論證上帝存在之後，❷以這個論證來說明上帝的本質與存在爲同一。

自認識論而言，這個論證的弱點十分明顯。1.線性因果難以說明經驗中事物或事件的複雜因果關係。2.「本質」是歸納而來的類概念，就觀察的對象而言，本質與存在統一而不可分。然而，托馬斯講的不是認識論，而是形上學，即存在的邏輯前提。就邏輯而論，可能有世界的本體，而他認爲這就是聖經中的上帝。托馬斯改造亞里士多德形上學而構建的神學本體論，在十三世紀是最新穎最全面的神學本體論。據此，托馬斯深化了對於聖經中上帝之名的理解。

一、上帝是純粹存在、純粹實現，故不具潛能與質料的可分性和可限定性，故上帝爲唯一、單一、永恒、無限，並從無（不需質料）創造世界。❸這是對基督教上帝的本性的一種系統和深化的理解。對

❷ De ente et essentia 6.6-7.
Summa Stheologia 9.3.4.

❸ Contra gentiles 1.22.6.
《反異教大全》並不是與異教徒論爭性的著作。第一部第二章稱「自然理性連伊斯蘭和異教徒也不得不認可，」可能因此而提名「反異教大全」。

於〈出埃及記〉中上帝的名，托馬斯闡釋道：「首先，它不指稱任何形式，而指稱存在本身……其次，它指稱無限的實體海洋……第三，它指稱全在的存在（本體）。這是對上帝的最適的稱謂，其存在不知有過去或將來。」❹

二、上帝是創造並內在地支持萬物的本體，故上帝愛萬物，而亞里士多德的神則僅激發天體對其傾慕而已。這也深化了對啓示的理解。〈所羅門智訓〉11.24 謂:「你愛所有的一切，不恨你所造的。」❺〈約翰一書〉4 .10:「不是我們愛上帝，而是上帝愛我們。」

三、上帝是純粹存在，不可限定，故人類只能知曉上帝存在，卻不可知曉上帝的本質。一切關於上帝本性的知識皆爲否定性、類比性知識。這也深化了對經文的理解，同時顯示出托馬斯受僞笛奧尼修否定神學的影響。

要之，托馬斯改造亞里士多德形上學的意義之一，在於深化對基督教上帝的理解，並將基督教上帝觀念與古典哲學中「不動的推動因」「造物神」的觀念加以系統深入的區分，以使基督教神學體系更加完備化並能適應當時最新知識體系。是爲神學大綜合的一個重要組成部分。❻另一組成部分，則是將傳統奧古斯丁思想之精華吸收到新的體系中去。這突出地體現在托馬斯對於神學與哲學、信仰與理性關係的論述。

---

❹ Summa theologiae 1a.13.11.

❺ < 所羅門智訓 >在天主教聖經中或稱「智慧書」。新教聖經正典中不涵此書，屬於後典或次經。

❻ 學者曾對托馬斯與朱熹進行初步比較研究。二人皆吸取當時引入的外來思想，與傳統體系進行大綜合，而創造新的體系。參閱 J. Percy Bruce, Chu Hsi and His Masters, London, 1923.

二十七　哲學成爲獨立的自然求知方法

托馬斯對神學與哲學進行系統的區分，並給予哲學以自然求知手段的獨立地位。他往往在亞里士多德「科學」意義上使用「哲學」這個詞。❶哲學指從「自明原則」出發而演繹出的知識體系，以不可否認的直觀命題及邏輯原則爲前提，故完全獨立於啓示或權威。哲學不僅研究自然事物和本體問題，而且可以從自然事物去論證上帝的存在，此卽自然神學。故托馬斯說：「沒有理由認爲別的科學不能研究由神啓之光而得知的內容，因爲哲學可以根據理性之光而得知同一內容。因此屬於聖教義的神學與做爲哲學之一部分的神學在性質上有別。」❷這裏所稱內容，指上帝之存在；所稱哲學之一部分的神學，卽自然神學。可知托馬斯主張，理性的認識方式，在自然事物層面上，具有獨立性，不依賴啓示之光。在此方面，他與奧古斯丁及波納文圖拉有別。

另方面，托馬斯也指出，理性求知方法僅對自然事物有用，對超自然的知識則無效。啓示眞理是超自然知識。諸如從無創造世界、三一上帝的位格、道成肉身、基督二性、十字架上的救贖、肉體復活等教義，皆爲啓示的奧秘，雖然不悖於理性，卻絕非理性方法所能證明或認知者。所謂不悖於理性，托馬斯指超自然信仰與自然理性皆來自

---

❶ 例如 Summa theologiae 1.1.1 ad2.

❷ 同上。

創世主上帝，故啓示眞理與自然知識不可能呈一眞一僞之矛盾狀態。❸然而，托馬斯指出，諸如道成肉身這類結論不可能由經驗中的前提推導出來。信仰的奧秘只能通過啓示而獲得，信便知道，不信便不知。

這樣，托馬斯便明確地將理性與信仰、自然知識與超自然自知識區分開來。此與波納文圖拉不同。

---

❸ 見 In Boethiam de Trinitate 9.2. a. 3.

二十八　理性與信仰在終極意義上統一

然而托馬斯並沒有停留在認知的層面上。他進而指出，雖然理性與信仰、哲學與神學在性質與方法上迥乎有別，但理性與信仰在終極意義上卻統一起來。一、理性雖可獨立地取得自然知識，卻不能認識第一因的本質即宇宙的終極意義，對於人生終極目的來說這是至關重要的眞理。二、而且理性知識也是不完備的充滿謬誤的知識，因爲自然知識來自經驗，而人的經驗不可能完全。

因此托馬斯說道：「求知的渴望不會平息，直至知道第一因，知道它的本質而不是旁敲側擊。然而，第一因便是上帝。因此理性動物的終極目的乃是洞見上帝的本質。」❶

這裏，托馬斯汲取了奧古斯丁傳統的基本思想。上帝是眞理，萬物的本質來自上帝。完全認識眞理，只有在天界直視神的本質。在此之前，無論理性抑或信仰，皆不能臻至完全的眞理。通過信仰，神的恩典使人直接愛神，卻不能直接知道神。故此，無論通過理性抑或信仰，在此世皆不能達到完全的眞理。但理性與信仰的終極目的則爲同一，即知道神的本質。

托馬斯似乎淸醒地認識到：一、在認識層面，理性與信仰不可能統一，必須給哲學（科學）在自然知識領域的獨立自主權。二、在終極意義層面，理性與信仰可以統一。在附加終極宇宙意義的前提後，

---

❶ Compendium theologiae 104.

理性知識得到新的解釋。三、價值取向不是單純的認知過程，理性與信仰之統一對於完整人格有其必要性。

此乃托馬斯綜合兩大傳統進行創造之結果。如果將他的思想與前此的中世紀思想加以對比，可以看出劃時代的進化。他不僅深化了對基督教信仰的理解，而且徹底放棄理性與信仰在性質與方法上的混淆之說，將二者之統一置於完整人格的基礎之上，同時給科學以探索自然知識的自主權。

然而托馬斯的思想在歷史上還有別的影響，亦不容忽略。哲學（科學）從神學中獨立出來，有利於日後實驗科學之發展。但科學脫離人生目的，似為西方科學與價值分離之濫觴。在經院後期，哲學也往往流於繁瑣的文字論辯。此外，托馬斯的本體哲學直至今日仍有相當影響。

在聖禮論和教會論方面，托馬斯表現出維護中世紀教會權威的思想傾向。在十二世紀，教徒向神甫單獨告解的方式已漸普及。阿貝拉與倫巴皆主張眞誠的痛悔即可獲得上帝的恕罪，不一定經過告解（告解是加強教會對教徒控制的一種形式）。托馬斯則主張告解與赦免為必須的聖禮，理由是只有通過聖禮才可能發生聖靈之降臨，使本來不確切的痛悔成為眞正的痛悔。他並論證基督與聖徒的功德庫可由教皇權威轉用來赦免罪人；如此他便為使用赦罪卷提供了理論基礎。托馬斯的教會論，主張在天得勝的教會、在地爭戰的教會與在煉獄受苦的教會為一個不可分的整體。有形教會需要有形的首腦即教皇，服從教皇為得救的必要條件，教皇對一切人具有管轄權，可在任何領土內行使其牧首權，有權決定正確教義的涵義並頒布新信條。❷此種關於教

❷ Karl Mirbt, Quellen Zur Geschichte des Papstums, 4th ed. 1924, pp. 199 ff.

皇高於教會及國家的教義，於一二七四年在第二次里昂宗教會議上被公開採納。凡此種種，皆爲托馬斯神學中保守的一面。

二十九　十三世紀後期各派學說

自從一二三一年以來，亞里士多德著作便在巴黎大學公開講授。一二五五年，巴黎大學人文科將亞氏哲學列爲必修課程。亞里士多德被稱作 praecursor christi in naturalibus（在自然事物方面爲基督的先輩），猶如稱施洗約翰爲 Praecursor Christi in gratuitis（在恩典方面爲基督的先輩）。

亞氏著作的全面引入，令中世紀西歐學者耳目爲之一新。與阿拉伯世界科學活動的交流，新的敬虔生活與神秘主義，新興城市及大學生活，教庭的權力鬥爭及腐化，多元社會的進一步形成，這些條件皆是新思想（包括懷疑主義）形成過程中的一些背景。

較早綜合柏拉圖—奧古斯丁傳統與亞里士多德哲學者，有方濟會的亞歷山大・哈里與多明我會的大阿爾伯特。而集其大成者，自然是托馬斯・阿奎那。其大綜合的着力點，如上文所論，乃是在亞里士多德觀念結構內重新闡釋上帝的本體爲純粹實現；以及闡明理性眞理與啓示眞理在人的活動領域方面爲可分，在終極目的下爲統一。此外，托馬斯的理論綜合，還表現在許多方面。諸如，運用亞里士多德形式學說闡釋恩典；論述上帝預定不可抗拒，而恩典可抗拒；繼哈里之後論述義理功德（meritum de condigno，指有權利要報償的功德）與情誼功德（meritum de congruo，指無權要求報償的功德）的區分；將亞里士多德目的論用於論證上帝創世的目的爲榮耀上帝及顯示上帝的完美（通過受造物的完成），故榮耀上帝與世界之美爲一致；將形式質料學說用於靈魂論，說明肉體復活爲靈魂本性的要求；以存在與本質的可分性來說明受造物對上帝大能的依存；以及發揮亞里士多德認識論摒除光照說，等等。

托馬斯吸收亞里士多德新哲學而開創的理論貢獻，終於被天主教會認可，於一三二三年將托馬斯列爲聖品（那時還有不少方濟會神學會攻擊他），於一五六七年宣布爲教會博士（doctor ecclesiae)，於一八七九年更宣布其體系爲教會的官方學說。

然而這是一個緩慢的認識過程。在十三世紀晚期，托馬斯主義被許多正統神學家，包括多明我修會內部的一些神學家，視爲危險的新學說。由於托馬斯力圖在亞里士多德觀念結構內說明神學問題，而亞氏體系是一種自身完備而不待外求的理性哲學，故在托馬斯主義中蘊涵着理性眞理與啓示眞理分道揚鑣的內在緊張因素。

十三世紀後期，巴黎大學人文科內的所謂極端亞里士多德主義或阿維羅伊主義相當活躍，此種情況更引起正統神學家對亞里士多德哲學的歧視，亦難免波及托馬斯主義。原本對亞士體系持批判立場的方濟會神學家，如約翰・佩卡姆(John Peckam)、拉馬爾的維廉(Guillaume de la Mare)、馬修・阿夸斯巴達(Matteo Aquasparta)等人，以及英國多明我會的基爾沃比(Robert Kilwardby)，乃對托馬斯發起攻擊。焦點是托馬斯運用亞里士多德的實體形式及質料被動性的構架來闡釋人類實體爲單一的實體形式。他們認爲托氏理論的神學後承爲否定基督死後的身體與生前身體同一，因爲唯一的實體形式（卽靈魂）在死時已脫離身體。

一二七七年三月七日，巴黎主教湯庇埃在教皇約翰二十一世的支持下，公布二一九條受譴責的神學命題。這便是歷史上有名的一二七七年譴責。其主要對象爲阿維羅伊主義者西格爾・布拉班及瑞典的波依修斯，但也涉及托馬斯本人與上述二人共有的一些觀點，諸如世界的統一性、質料爲個體的實現原則、天使的個體性，等等，卻未包涵上述實體形式統一性的論點。一二八四年及一二八六年，兩任坎特伯雷大主教基爾沃比及佩卡姆皆重申這一譴責並涉及托馬斯的實體形式統一學說。而托馬斯已於一二七四年謝世。

除托馬斯主義而外，十三世紀後期還有阿維羅伊主義、奥古斯丁主義、折衷主義三大流派。

阿維羅伊主義者主要指布拉班的西格爾(Sigerus de Brabantia Siger of Brabant, 1266 年始任巴黎大學教授）及瑞典的波依修斯（Boetius de Dacia，生卒未詳），二人皆爲巴黎大學人文科教授。

在對待阿維羅伊主義者明顯違背教義的論點方面，托馬斯派如大阿爾伯特及托馬斯本人、奥古斯丁派如雷蒙・魯爾，乃至折衷派的神學家如吉爾斯，大抵皆採取一致的批判立場。

阿維羅伊派最引起爭議的論點主要有兩個。其一是阿維羅伊關於人類共有一個理性靈魂的學說。他們稱，哲學證明了人類不僅共有單一的主動知能，而且共有單一的被動知能。其神學後承是否定個人靈魂不滅及救贖。其二是亞里士多德關於宇宙永恆的學說，這裏，神學後承是否定上帝自無創造世界。根據教義，上帝是自有永有的絕對存在，有創世及救贖的計畫，故世界爲上帝自無創造，宇宙本身不可能有決定性規律，個人必有不滅的靈魂。阿維羅伊派認爲理性可證明他們學說的結論；神學家則認爲理性可證明相反的結論；或至少理性不可能證明阿維羅伊派的結論。

西格爾的主要著作爲《論理性靈魂》(*De anima intellectiva*)、《論宇宙永恆》(*De aeternitate mundi*)。他按照亞里士多德學說，以上帝爲第一因。但不同於亞氏的終極因，而根據阿維羅伊方式，設定上帝爲動力因，創世只是從永恆的原初質料中誘發出形式。既以上帝爲永恆的因，必設定永恆的果，故宇宙爲永恆。西格爾宣稱，其結論只不過是哲學的證明，吾人僅僅報告其內容而已。❶據云波納文圖拉在巴黎大學的一次布道中曾指責這種雙重眞理說。西格爾的立場是純任哲學與教義各行其是，相互矛盾亦在所不惜。他與托馬斯的分歧主要有兩點。一爲人類是否有單一靈魂，一爲本質與存在是否可分。西格爾主張，本質本身具最大程度的實現，故人的本質與存在不可分。Ad esse essentiale hominis pertinet actualitas essendi（存在的實現屬於人類的本質）。❷也就是說，實現了的存在原在本質之中，並非可分。在中世紀神哲學語言中，這無異於說，人類自在。

十三世紀後期的著名方濟會神學家，有阿夸斯巴達和雷蒙魯爾。

馬修・阿夸斯巴達（Matteo Aquasparta c. 1240-1302）於一二八七年任方濟會總裁，次年選爲樞機主教。主要著作有：《箴言評論》（*Commentaria Sententiae*）、《問題答辯：論信仰與認識》（*Quaestiones disputatae de fide et de cognitione*）。馬修根據奧古斯丁的方式，主張外界事物僅能作用於感官，不能產生觀念。觀念是上帝的光照通過主動知能在被動知能中產生。有了上帝的光照，人類才得以將具體事物與其永恆理念聯繫起來。馬修批評了托馬斯的認識學說和靈魂論。

---

❶ W.J. Dwyer, *L'opuscule de siger de Brabant De acternitate mundi*, Louvain, 1937, pp. 28-32.

❷ A. Maurer, Esse and Essentia in the Metaphysics of Siger of Brabant, *Medieval Studies* (Toronto), 8., 1946, p. 84, n. 58.

雷蒙・魯爾（Raymundus Lullus, Ramon Lull, c. 1232-1315）是一個狂熱的反阿維羅伊主義者。他放棄宮廷生活，到亞洲並多次到非洲傳教，終於殉道。在他名下有二百來部著作，多爲護教性質，主要爲《大技術》（*Ars magna*）。這是一部奇書，可謂集經院理性證明與神秘象徵主義於一身。

魯爾認爲，可以通過理性方法向異教證明基督教信條的必然性。無須嚴格區分哲學與神學，哲學只是神學的順從的婢女。證明的方法，首先是提出一套自明的基本原則，這些原則乃是哲學及一切科學的基礎。基本原則首先是九大絕對謂詞（表示上帝的屬性）：善、大、永恆、權能、智慧、意志、德行、眞理、榮耀。其次爲九大關係詞（表示受造物的關係）：區分、一致、矛盾、開始、中間、終點、多數、相等、少數。此外還有疑問詞，如：什麼、爲何、如何、哪一個、何時、何地，之類。

通過上述基本原則的聯合，可以發現具體科學的原理，乃至新的眞理。聯合的方法是通過字母（比如用A代表上帝，B代表善）、數字、同心圓圖表等，配搭得出一二〇種模式。

有興味的是，在古代教父的護教論之後約一千年，魯爾以一種奇怪的邏輯代數模式寫出新的護教論，既富有經院式的「必然理性證明」，又充滿神秘象徵色彩。

除方濟會派之外，十三世紀後期還有兩個獨立的神學家，引人注目。

羅馬的吉爾斯（Aegidiu Romanus, Giles of Rome, c. 1247-1316）是奧斯定隱修會會士，於一二九二年任總裁，一二九五年爲布爾芝大主教，但在一二七七年因主張單一實體形式被巴黎大學除名。

吉爾斯是托馬斯的學生，對老師的學說，既有所師承，又有所揚棄。在存在學說方面，吉爾斯持新柏拉圖主義立場。存在出於上帝，是上帝絕對存在的參與。在受造物中，由本質受有存在，故二者爲可分。此種可分是眞實的可分，本質與存在爲二個不同的事物。此論與托馬斯不同。吉爾斯的理由是，假使受造物的本質與存在不在實體意義上爲可分，則萬物不會終止其存在。

吉爾斯將形式質料學說用於教會論，得出極端保守的結論。世上有兩把劍，即精神權力與世俗權力，分屬教會與國家。但是如同人的身體（質料）從屬於靈魂（形式），世俗權力也應從屬於精神權力。

亨利·根特（Henricus Gandavensis, Henry of Ghent, d. 1293）曾與吉爾斯辯論本質與存在的可分性。他主張，假使本質與存在爲可分的二物；則存在作爲一物必爲一本質，必要求另一存在，如此以至於無窮。再者，作爲一物的存在究爲何物？是實體抑是屬性？皆難自圓其說。

按照亨利的形上學說，本質與存在的區分雖非眞實性的區分，但也不僅是邏輯上的區別。實現了的（存在的）本質，比可能的本質有更多的內容。這多出的內容是怎麼來的呢？是從與上帝的關係而來。可能的本質依存於上帝的知識，而實現的本質則依存於上帝的創造大能。

亨利是十三四世紀之間的過渡性神學家，但是他與十四世紀神學之間並非有正面的繼承關係。他既非唯名論者，又反對存在單義論。然而他的形上學所提出的許多命題，與十四世紀神學相通，斯各特正是在研究和批評托馬斯與亨利思想的基礎上發展其新學說。

中世紀末期的社會環境，是在十三世紀的基礎上朝着商品生產、民族國家、君主專制方向發展。教會的精神權威呈低落之勢，自一三七八年至一四一七年之間有兩三個教皇同時並存，令人無所適從。以唯名派爲主的宗教代表大會運動，一面着手改革教會，一面嚴酷鎮壓胡斯派異端。此外，亦有神學家轉向內心的神秘主義。三者自不同角度尋求時代的出路。末期經院神學家便是在這樣的社會環境中進行理論思維。上述三派，包括起義的異端，其領袖人物皆爲經院中的神學家。

三十　斯各特學說導出與托馬斯主義不同的結論

約翰・鄧斯・斯各特（Joannes Duns Scotus c. 1266–1303）是蘇格蘭人和方濟會士，主要著作有《論初始原則》(*De primo principio*)、《牛津評注》(*Opus Oxoniense*)、《即席答辯》(*Quaestiones quodlibetales*) 等。一八九一～一八九五年 Vivés 版的 *Opera omnia* 中有不少僞書，如常被引用的 *De rerum Principio* 已被學者證明不是斯各特著作。

斯各特的神哲學思想，脫胎於奧古斯丁 — 方濟會傳統，但創造了中世紀中晚期一個重要的新學派。他在許多方面批評了托馬斯學說，提出大膽的新結論。其主要理論，有三個方面：認識理論；存在單義論；意志論。

一、認識理論

斯各特在批評托馬斯的基礎上提出自己的學說。托馬斯認爲知能不可能直接認識物質的個別事物，只能將個體的一般形式從質料中抽象出來（因爲質料是實現個體的因素），通過概念來認識可感覺的事物。這就是說，人的知能，就其蒙罪後的具體處境而言，只能以可感知的事物的形式或本質爲對象，而不是以存在本身或個體爲對象。實際上，托馬斯有時也承認知能以存在本身爲對象，否則便不可能有形上學，因爲形上學研究的對象便是存在本身（esse qua esse）。但是斯各特只根據托馬斯認識學說的主要方面來提出批評，並據此提出，

知能的基本對象是存在本身。❶

斯各特的論點在不同著作中的表述並非完全一致，而他的著作至今尚無完整確定的校勘本。在《論靈魂》中，他主張，現有人類的知能可以認識個體事物，否則便不會有歸納，也不可能愛個體；但是人類現有知能不可能完全清楚地認知個體，因爲，如果兩個個別事物的屬性如顏色、形狀等完全被取消，則知能無從區分這兩個個體。所以，知能對個體有直觀認識，但不完全。假如知能對個體沒有直觀認識，則抽象而來的概念不知何自而來，科學知識也就沒有了客觀基礎。

這乃是說，人類知識的基礎是客觀的感覺經驗，抽象概念來自感覺。以此之故，斯各特否認人類心智中有先天的觀念或初始原則，「因爲我們的全部知識來自感覺。」❷那麼初始原則又何自而來？斯各特認爲，初始原則也來自經驗。這裏，人的心智的運作分爲兩個步驟。第一步，感覺受到一種簡單對象的刺激，知能（理智）也就認識到這種簡單對象。第二步，知能將簡單對象聯合起來；然後知能對這個複合的對象加以認肯。所謂初始原則，便是知能對這種複合概念的眞實性所做出的立即認肯。但是其中每個概念或詞項皆來自可感覺的對象。吾人關於「全體」和「部分」的概念來自感覺經驗。當理智將「全體」和「部分」這兩個詞項聯合到一起時，它（理智）立即認識到「全體大於部分」這個命題的眞實性。這便是初始原則。矛盾律之類的原則便是這樣來的，心智猶如一塊 tab ula nuda（空白板），並無先天觀念。初始原則的特點是：1.初始原則是心智立即認肯的歸納性眞理；2.初始原則是確切的眞理。有時，我們從經驗的因果關係中不能得出立即確切的結果，這些便是自然的（概然的）因果關係，

❶ Opus Oxoniense, prol. q. 1; 1.3.3. no. 24.

❷ Ibid. 2.1. no. 2.

而不是初始原則。❸

既然人類知識來自感覺經驗，全靠心智的自然功能，也就不需外來的光照來提升心智使其認識眞理。斯各特批評了亨利・根特所闡述的光照學說，❹指出這種學說所蘊涵的懷疑論和不可知論。無論提出什麼理由來說明人類心智的有限性及光照的必要性，皆不能改變心智的有限性，反而導致確切知識不可能的後承。

斯各特認識論的後果之一是否定神學的科學性。既然科學所研究的是自然知識，那麼亞里士多德在《後分析學》中意指的科學，即由證據和確切性所建立的知識體系，便不適用於神學。因爲神學的基本原則不是自明的原則，而是靠信仰接受的啓示眞理。神學是一種智慧，即啓示眞理指導下的智慧，而不是科學，即以確切證據爲基礎的知識體系。這裏，斯各特再度得出與托馬斯不同的結論。

二、存在單義論

斯各特的存在學說與托馬斯及亨利・根特大不相同。托馬斯將「存在」設定爲「實現」，故存在與本質可分並先於本質。斯各特回到巴門尼德第一義的存在觀念。存在（esse）具最抽象、普遍、不限定的詞義，可作一切存在物的謂詞。存在物是個別的事物，存在並不提供統一的本體，故不可能有「存在的實現」。因此，在受造物中，存在與本質並無眞實的區別。Simplicitur falsum est, quod esse sit aliud ab essentia.❺（稱存在不同於本質，純屬枉言）。

❸ Ibid. 1.3. 4. no. 9. 阿維羅伊認爲，並非所有人皆認肯相同的初始原則，比如基督徒便不承認「無不能生有」這一原則。斯各特指出，初始原則乃指嚴格意義上的第一原則，如矛盾律。

❹ Ibid. 1.3.4.no. 2-5.

❺ Ibid. 4.1 1. no. 38.

斯各特對根特的存在雙義說提出批評。根特在其《神學大全》中指出,「存在」具雙義,一爲「是存在」,一爲「有存在」。是存在者,便是存在本身,卽非受造的存在,是全部的存在。其本質與存在爲同一,是盡美至善,是上帝。有存在者,是受造的存在,可有存在也可沒有存在,故其本質與存在爲可分。

斯各特則主張,存在是單義的,單義指對同一主詞不可能同時肯定和否定,否則必致矛盾。當我們說「上帝是存在的」和「受造物是存在的」時,「存在」指「非存在」的對立概念,故必爲單義。如果我們同時說「受造物是存在的」和「受造物是不存在的」,則必導致矛盾。雖然受造物的存在與上帝的存在在本體論意義上根本不同,然而在邏輯上,作爲最抽象、最普遍、超越種的劃分、超越「有限」與「無限」的劃分的概念,「存在」對於受造物與上帝乃是單義概念。

斯各特爲存在單義提出另一理由。假如存在不是單義詞,則在三段論中不可能作爲中項。那麼人的知能便不可能談論上帝,任何比擬皆不可能,因爲比擬必以單義概念爲基礎。人類對上帝的比擬性理解,必以人類經驗爲基礎。如果人的「善」與上帝的「善」不是單義詞,則人不可能知道上帝爲善。由受造物至上帝的認識是 mensurata ad mensuram 卽由比擬的標準至眞實的標準,故二者之間必有單義的概念。假使沒有單義概念,則不可能有比擬,人類只能有關於上帝的否定性理解,如上帝不是石頭之類,而不可能知道上帝是至高存在、至善等等。❻

斯各特存在單義論的歷史意義在於,他以純熟犀利的邏輯分析力解剖了形上學存在概念的某些方面。他雖然未脫離形上學,卻已走出

---

❻ 關於存在單義的集中論述見 Ibid. 1.3.2 no 5.

脫離形上學的第一步，指向新時代的經驗論。

三、意志論

斯各特最引人注目的學說大概是其意志論。然而這不是唯意志論。其要點是說意志高於理智，意志可以指導理智；但在認知與行爲抉擇方面，理智的功能亦不可或缺。按照托馬斯學說，理智高於意志，因爲意志的一切意願和抉擇必以已知的事物爲對象，人不可能抉擇一種不知道的東西；只要至善由理智淸楚地呈現出來，意志便必然地抉擇之。對於托馬斯，理智在抉擇中也是決定性因素。教父們的學說則不如此。罪以理性爲條件，但犯罪本身則由意志抉擇了惡。這裏不包涵理智高於意志的涵義。

斯各特指出，理智是一種 potentia naturalis（自然的能力），其功能是獲得理性知識，即理解和認定命題的眞僞。然而理智是不自由的，它沒有不認肯已知眞命題的能力，它一旦認識到某命題爲眞則不能不認肯之。而意志則是一種 potentia Libera（自由的能力），其本性便是自由；發自意志的行動乃是一種自由的、自發的、不受內在外在限制的主體抉擇：Ninil aliud a voluntate est causa tolalis volitionis in voluntate.[7]（意志中唯一的因便是意志本身）。這種自由既不受理智的限制也不受天然傾向的影響。人的天然傾向是求永福，但人可以自由地抉擇與永福相反的東西。所以上帝不可能創造一種既有理智和意志而又不可能犯罪的動物。

理智與意志的關係如下。1.在時間上，理智的活動先於意志，因爲意志的抉擇不可能以不知的東西爲對象。2.意志的抉擇獨立於理智。雖然意志有一種傾向去遵從理智所理解及實踐理性所命令的東西，

[7] Ibid. 2.24. no. 22

但不是不可能擺脫這種傾向，因爲意志的本性便是自由。3.在能力上，意志高於理智。雖然意志不能命令理智去認肯它已認定爲僞的命題，但意志作爲動力因可以引導理智更留意於某些可知的對象或論題，以此影響理智的理解和認定。4.在人性中，意志的地位重於理智。意志的墮落比理智的損壞有更嚴重的後果，恨上帝比不知道上帝罪更大。罪的條件是理性，但犯罪的主體是意志；知道惡並不就是犯罪，只有認肯惡、抉擇惡、樂於惡才是犯罪。雖然理智和意志皆是達致永福不可或缺的手段，但意志是與上帝結合的更直接的因。[8]

這樣，斯各特得出與托馬斯大有參差的結論。斯各特甚至主張，在天上的永福者，按其意志的本性而言仍有犯罪的能力，雖然實際上不會犯罪。用斯各特的意志論闡釋上帝的大能也得出驚人的結論。雖然在邏輯上，上帝的理智先於其意志，但上帝的意志不需要指導，不可能發生失誤，故上帝的意志本身便是法。上帝如此意願，便是如此，別無理由。不僅終極原則不可加以證明，偶性事物也不可證明，因爲偶性不出自必然。比如上帝心智中人性的理念是必然如此的（爲了達到上帝意願的終極目的而必然如此），但何以人性在某人身上爲某人，則不可證明。上帝創造世界，純出自上帝的自由意志，而上帝的終極目的又是必然，二者並不矛盾。道成肉身之類的奧秘之所以超越理性，是因其純出自上帝的意志，就終極目的而言是必然，但終極目的也是上帝的意志；就其具體方式而言則是偶然，更無理由可言，故不可能被人類知能所理解和證明。斯各特此種解釋也可以說是對經文的直解。《舊約・以賽亞》53・10有云：「主的意志是將他壓傷，使他受苦；當他自獻爲贖罪祭之日，他必看到自己的後裔，並有長久

[8] 見 Ibid. 2.4.2. no 11 至 4.49.10.

的歲月。」這就是說，道之所以化成肉身，並且以此方式化成肉身，僅僅因爲上帝如此意願而已，並無其他理由。旣無理由，何必推究論證？這是一種新的神學觀念，不僅與早期經院神學如安瑟倫在《上帝何以成人》中提出的「必然理由」不同，卽與十三世紀神學的詮解亦大相逕庭。托馬斯曾這樣討論道成肉身的合理性：「初始與終點相交方能達到完成……旣然上帝是初始而人類是受造物的終點，那麼卽使人類沒有原罪，道成肉身也符合宇宙的完成。」❾這乃是說，奧秘雖不能給以邏輯證明，卻不悖於理性，自宇宙終極意義觀之，可以得到合理之解釋，終歸與理性知識統一起來。斯各特則不然。對於他，理性與信仰可以成爲南轅北轍。

斯各特的意志論與西格爾的唯理主義十分不同，但指向一個方向：理性與信仰之分離。這也正是經院神學解體的開始。

斯各特學說內容豐富，其中有許多饒富興味的論題，例如他的上帝論論證十分接近安瑟倫的論證。限於本書的規模，不及一一討論。這裏僅將筆者對其學說的基本評價簡述於下。㈠斯各特的基督論和救贖論直截了當地建立信徒與上帝的關係，對後來的「個人上帝」的重新發現，有重要影響。㈡他的存在學說爲後世神學關於上帝計劃中的可能性與概然性的探討，作出理論準備。㈢其意志論是十四世紀奧卡姆學派意志論的先行者。㈣其邏輯分析與對形上學問題的解剖，指向十四世紀的精微邏輯與經驗論。

總之，斯各特的學說與風格正在開啓一個新的時代。斯各特的強有力的邏輯分析力，也令人感到中世紀邏輯的應用卽將進入一個新的

---

❾ Scriptum super libros Sententiae 3d.1.1.3.

階段。亞里士多德嘗言，只有那缺乏教養的人才步步推理。然而大家風範不僅表現在深刻的直觀洞見，而且在洞見背後有強大的邏輯分析力作支柱。斯各特的論述時常顯示出此種風度。傳統方式已不敷應用，一種更直觀、更精微的邏輯方法彷彿已在醞釀之中。

由斯各特的學生和追隨者形成的斯各特學派，繼續闡揚「存在單義」的思想，不時引出更爲極端的結論。此派較爲著名的思想家有梅倫尼斯的弗朗西（Franciscus de Mayronis d. 1325?）、安維克的維廉（Guillelmus Anwick d. 1333）、里巴的約翰（Joannes Ripa）、坎地亞的彼得（Petrus Candiae d. 1410）。這時，托馬斯主義不僅受到外在的奥古斯丁主義、阿維羅伊主義、斯各特主義的冲擊，而且也受到多明我派內部的批評，此類代表人物便是聖蒲桑的杜朗（Durandus Je S. porciano, 1317 年任里姆主教）和奥雷歐的彼得（Petrus Aureoli）。杜朗主張，凡屬信條以外之問題皆應以理性爲準繩，而不應依靠任何權威。

三十一　奧卡姆的現代之路

奧卡姆的維廉（Guillelmus de Ockam 1300–c. 1350）是英國經驗論者和方濟會修士，主要著作有《邏輯大全》（*Summa totius logicae*）、《箴言評注》（*In Sententiae*）、《即席答辯》（*Quaestiones quodlibet*）、《簡論教皇權力》（*Breviloquium de potestate papae*）等。

奧卡姆常以經驗論的立場及犀利的邏輯分析，對經院神哲學中的許多論題提出新的、近於懷疑主義的結論，而他本人則是堅信教義的神學家。無論在理論及實踐方面，奧卡姆及其學派皆在中世紀後期起着分離理性與信仰以及削弱教權的作用，這實際上是促進經院神哲學解體的過程。

現僅就奧卡姆體系中有代表性的一些學說，如詞項邏輯、唯名論、意志論、人權政治理論等，略加論述及分析。

一、詞項指稱理論與唯名論

奧卡姆的詞項邏輯是對十三世紀已經出現的詞項邏輯的繼承和發展。十三世紀最有影響的新邏輯著作，首推西班牙的彼得（即後來的教皇約翰二十一世）所寫的《邏輯短論》（*Summulae logicales*）。在這本書的幾篇論述中，已經提出詞項的指稱意義。奧卡姆繼承了其基本術語及概念，但做出獨到的創造，提出系統的詞項指稱理論。

首先，奧卡姆將符號分爲約定符號與自然符號。他指出，對任何事物的直接認識皆在心智中產生一個概念。一個英國人和一個法國人看見一頭母牛，心智中產生同樣的自然符號，卽母牛的概念；但英國人用約定符號 Cow，法國人用約定符號 Vache，來表示同一概念。奧卡姆將自然符號稱爲概念詞項（terminus conceptus），用以區別約定符號，包括說的詞（terminus prolatus）和寫的詞（terminus scriptus）。❶這裏，奧卡姆理論的要點是，不同的詞項可以有相同的邏輯值。

其次，奧卡姆提出，詞項是命題的組成元素，只有在命題中，詞項才有表示或指稱（suppositio）的功能。例如在「那人正在跑」這個陳述中，「人」代表一個具體的個人，這便是「個體指稱」(suppositio personalis)。在「人是一個種」中，「人」表示所有的人，這便是「單類指稱」(suppositio simplex)。在「『人』是一個名詞」中，「人」是一個詞，這便是「材料指稱」(suppositio materialis)。「人」這個詞項的種種不同指稱，只是在命題中才得以實現。❷

指稱事物的詞項，稱爲初級意念詞項（terminus primus intentionis）。不直接指稱事物而指稱種類名稱（如「人」、「馬」）的詞項，稱爲次級意念詞項（terminus secundae intentionis）。換句話說，次級意念詞項指稱初級意念詞項。「類」「種」「區別」等皆爲次級意念詞項。而「人」「馬」等則爲初級意念詞項。❸

運用以上理論，可以直截了當地說明共相，而排除形上學的理論構架。以托馬斯爲代表的溫和實在論認爲，一個種（共相）內的個體

---

❶ *Summa totius logicae, pars prima, ed.* by Ph. Boehner, New York and Louvain, 1951, 1. 14; pp. 44–45.

❷ Ibid. 1.63

❸ Ibid. 4.19

之彼此相似，並非有一個外在的實體（共相），由個體參與之；而是由於上帝按自己心智中的理念創造一個種的事物，故彼此相似。這就是說，同種事物的相似，不僅是事實上相似，而且有一個形上學的相似基礎，即參與上帝的理念，由上帝的創造和臨在來維持一切受造物的存在；由於上帝的理念是創造一個種的形式，故同種個體彼此相似。奧卡姆則完全摒棄這種形上學基礎，用其簡單化原則（不設定不必要的實體），通過詞項指稱理論，來說明共相僅僅是同種事物在事實上相似而已。共相概念只是知性的一種運作，因爲初級意念詞項是知性用以指稱事物的一種運作；而次級意念詞項是知性用以指稱初級意念詞項的一種運作。而所謂共相，便是次級意念詞項。共相是做爲詞項的概念 (terminus concepti)，在命題中代表一類事物。只有個別事物是存在的，別無他物。同類事物的相似，僅爲事實上的相似，乃是上帝創造世界的結果，無須設定上帝心智的理念。奧卡姆提出有趣的理由來說明共相不是客觀上存在的本質。「一個人可被上帝消滅而不危及另一個人。故二人之間並無共有的本質。否則，該本質被消滅，另一人不可能保有其本質。」因此，凡能以認知行爲解釋者，無須設定該行爲以外之任何實體。

奧卡姆的上述學說在當時神學及實踐方面的可能後果，亦不難想見。首先，自然科學的結論取決於命題之眞僞，而陳述性命題之眞僞最終須以實驗方法來檢驗單類指稱所包涵之個別事物或事件，因爲捨此而外沒有其他實在。就此而言，詞項指稱理論有利於實驗科學之發展。其次，奧卡姆將邏輯（稱爲 scientia rationis）與自然科學（稱爲 scientia realis）區別開來，清晰地指出邏輯是一種形式科學，即以詞項爲對項，以檢驗概念關係來判斷命題之眞僞的科學。此種區分有利於邏輯的發展。另外，自淺處而言，如僅以個體爲實在，則教會的實在是信徒，而超乎信衆之上的敎會、敎權之實體性及可信性，便可以懷疑。總之，奧卡姆的詞項指稱理論及唯名論使一些形上學的論題，諸如本質與存在的關係，失去意義，因此他的理論對經院神哲學的基礎起着一種批判破壞的作用。

二、意志論

奧卡姆將人的意志視爲自由抉擇的主體。不論理智發出什麼命令，意志可以自由地抉擇符合理智命令的東西或相反的東西。我們不是先驗地證明人有這種自由，而是通過經驗知道人有這種自由。自由是人所接受的一個事實。人並不必然地意願任何東西。即使人靠信仰知道可能得到永福，人的意志也可以不意願永福。反之，即使理智的判斷是錯誤的，意志也可以意願之。

但是，奧卡姆又指出，只有上帝方能滿足人的意志，因爲不論人意願上帝以外的何等事物，也不能免除焦慮與痛苦；不論人佔有了何等的受造之物，人的意志仍可以焦慮而痛苦地要求其他東西。❹這是說，人的意志雖然自由，不受理智的限制，但人是受造物，依存於上帝，朝向上帝，故只有上帝才能使人得到安寧，不復他求，這是信仰的立場。

奧卡姆認爲，上帝的意志具有絕對的自由。這可以從上帝全能的敎義引伸出來。奧卡姆將上帝的大能分爲絕對大能（potentia absoluta）與規律大能（potentia ordinata）兩個方面去理解。凡屬於上帝規律大能卽受造世界的一切，皆不具必然性，而完全從屬於上帝的絕對大能卽上帝的意志。此種理論與一般中世紀學說相左。托馬斯

❹ I Sententiae 1.4.S.

等人認爲，上帝的意志乃是通過次級因而呈現爲有規律的自然世界；不僅自然法常住不變，而且做爲恩典之媒介的教會以及救贖的過程皆有一定的必然性。奧卡姆則否定這種必然性。雖然世界的秩序在事實上未變，但這只是偶然的事實，不具必然性，上帝的自由意志可以任意改變既有的秩序。上帝可以赦免不悔罪的人，上帝可以不化成肉身而化成驢或石頭。❺這樣，救贖等問題便不再是理性可以探討的內容，而僅爲啓示的事實。聖教義科學不復存在，神學以啓示事實爲內容。這便是「實證神學」。

奧卡姆的意志論甚至成爲他反對實在論的一種理由。一方面，根據其簡單性原則（即所謂奧卡姆剃刀），不設定任何不必要的實體，故只承認個別事物爲實在。另方面，倘若設定上帝心智中的理念爲上帝創世的唯一方式，則是對上帝自由意志的一種限制，不符合上帝全能的基本教義。

奧卡姆由意志論導出一種權威主義的倫理學。既然人的意志有不意願永福的自由，便難以依據終極目的來判斷人類行爲的善；既然上帝意志不以次級因呈現爲不變的法則，便難以依據理性對自然法的認肯來提出道德的律令。因此，人類的道德律令只能來自上帝的啓示。人類依存於上帝的意志，這種依存在人的自由選擇中表現爲道德義務，人有義務意願上帝命令他意願的東西。惡便是去作與道德義務相反的事。上帝不受道德義的約束，因爲只有當受造物的自由意志與外在的律令相遇時，才產生義務。❻

這是一種權威主義的倫理觀。然而，另方面，奧卡姆又以中世紀

---

❺ 見僞奧卡姆著作 *Centiloquium,* Concl. 7. 這個提法可代表奧卡姆派的典型觀點。

❻ II Sententiae 5. H.

通常的方式提出，正確理性 (recta ratio) 是道德準則，只有符合正確理性的意志方爲正確意志。❼這包涵兩層涵義：㈠人類理性可以發現並發出道德律令；㈡善的行爲是理性判斷爲正確的行爲，故道德本身便是目的而不是達到其他目的的手段。

以上兩點與權威主義相矛盾。既然上帝的意志絕對自由，不以次級因呈現爲不變的規律，人的理性又如何去發現道德律，並判斷行爲的正確呢？

或者可以做出如下的解釋以調和矛盾：㈠正確理性的功能是理解上帝啓示的律令，而不是獨立地發現道德律令；㈡人的意志之應該符合正確理性，是由於上帝的意志如此意願。

然而如此以權威主義的涵義來解釋正確理性，不符合中世紀關於正確理性的約定用法。這是奧卡姆倫理學說中難以自圓其說的一個癥結。

三、人權與自然法

雖然在倫理領域中奧卡姆不承認自然法，但在政治哲學領域中，他以自然法爲自然權利的基礎。他認爲，在亞當犯罪以前，人類本有自然權利。在墮落以後，這種原始的自然權利不復存在。但人類仍有生命的權利、自由的權利；此外，正確理性的律令指出，人有天然的私有財產權，個人享有財產乃是必然的法則。❽只要現有的世界秩序不變，人便有生命的權利，天生平等，有自由選擇政府的權利，以及私有財產權。這些權利先於人類的立法。生命的權利屬於不可放棄的權利。但財產權屬於另一類權利，在自願原則下，人可以放棄財產

❼ I Sententiae 41. H.

❽ Opus nonaginta dierum C. 14.

權。故托鉢修會實行赤貧主義而放棄的財產權，乃是他們的天然權利，不是教皇賦予他們的權利，所以教皇無權干涉。同時，人人生來平等，有選擇政府的權利。當政府不稱職時，人民有權推翻政府。人民甚至可以選擇世襲的君主制，但一切政府的合法性來自人民的選擇。教皇既沒有權利也沒有義務替人民選擇統治者，在教會內，教皇的專權毫無理性的依據，必須加以制約。有效的手段是設立教會代表大會，由教區、修道院選舉代表組成省的宗教會議，再由省的宗教會議選舉代表組成教會代表會議，包括世俗代表。該會議是頒布教義的最高機關。

認肯自然法、崇尚法制、反對集權原是許多中世紀思想家共有的政治哲學理想，在此方面奧卡姆並無獨具的創見。然而他對自然權利的分析有其精微的特色。他的理論與歷史條件及其本人的實踐相契合，曾起過推動教會代表會議運動的作用。

在牛津大學任教時，奧卡姆已受到當局的指責。一三二四年，被教皇約翰二十二世召赴阿維儂聽候處理。一三二八年，聞其觀點將受譴，遂與修會總裁西森納相攜逃往慕尼黑以求巴伐利亞皇帝之庇護。他的這次行程被當作中世紀結束的象徵，猶如六世紀時卡西奧德魯斯自宮廷退居隱修地同一（方向相反的）行程被當作中世紀開始的表徵。❾

奧卡姆的學說在中世紀末期流傳甚廣，影響至鉅，在各修會中皆有其從衆。牛津大學的伍德海姆（Adam Woodham d. 1349）、霍爾科特（Robert Holcot d. 1349），以及巴黎大學的密爾庫赫（Jean

❾ 見 J. Pieper, *Scholasticism: Personalities and Problems of Medieval Philosophy,* McGraw-Hill, New York, 1964, p. 143.

de Mirecourt)、尼古拉·奧特庫赫 (Nicolas d' Autrecourt) 等皆是代表人物。巴黎大學校長比里當 (Jean Buridan) 運用奧卡姆的理論進行物理學實驗。在神學方面，奧卡姆的追隨者還有皮埃·戴依 (Pierre d' Ailly 1350-1420)、耶爾松(Jean de Gerson 1363-1429) 和比爾 (Gabriel Biel d. 1495) 等。戴依和耶爾松皆爲教會代表會議運動的領袖。該運動的參與者多爲唯名派，似亦非出偶然。

三十二　中世紀末期的神秘主義與異端

唯名派雖參與鎮壓異端並反對神秘主義運動，但有些唯名論者本身也有神秘主義傾向，如耶爾松的《論神秘神學》便具此類思想。十四世紀最負盛名的神秘主義者是埃克哈特（Johannes Eckhart c.1260–c. 1328），以及他的學生陶勒（Johannes Tawler c. 1300–c. 1361）和蘇索（Hejnrioh Suso c. 1295–1360）。三人皆爲德國多明我會的修士。埃克哈特的學說被稱作「轉化的神秘主義」。他認爲靈魂中有一種「光」（scintilla），乃是上帝臨在的居所。這就是說，人的靈魂之本質爲非受造的，與上帝爲一。排除感官、思慮、意志，進入靈魂之光，便可與上帝結合。❶此說有礙於人神在實體上不同的教義，故受到教皇約翰二十二世的譴責。在實體上轉化爲與上帝同一，與貝爾納的通過意志順從而與上帝結合之說相左。埃克哈特派還留下一部未署名的《德意志神學》，影響及於馬丁·路德。

中世紀末期的著名神秘主義者還有荷蘭的呂斯布魯克（Jan van Ruysbroeck 1293–1381）；英國的羅爾（Richard Rolle c. 1300–1349）和希爾頓（Walter Hilton d. 1396）；義大利的聖凱瑟琳（St Caterina 1347–1380）；荷蘭的正統派格魯特（Gerard Groote 1340–1384）。異端的女神秘主義者波列特（Margnerite Porete）被焚；

---

❶ De docta ignorantja 1·1.

「自由心靈派」受到鎭壓。教會當局對於不通過教會聖禮而直接在精神上與上帝相通的虔信之士，往往有戒心或敵意。而中世紀末期的神秘主義與靈修運動也往往具有信仰上的個性解放意義。

至十四世紀中葉，兩大異端（清潔派和瓦爾多派）已漸平息，卻湧起英國和波希米亞兩大新的異端運動，其精神領袖皆爲經院神學家。威克利夫（John Wycliff 1325?-1384）是牛津大學的神學教授，他的拉丁文著作一八八二～一九二四年由威克利夫學會出版，共三十五卷，其中大著如《存在大全》(*Summa de ente*)、《三一論》(*De Trinitate*) 等。威克利夫是實在論者並篤信奧古斯丁傳統，但反對教權，主張君主有權沒收腐化教會的財產，此說與唯名派新神學家所見略同。威克利夫主張聖經爲信徒之最高權威和人類完善之準繩，並以哲學理由否定實體轉化之教義（與十一世紀辯證術派貝倫加的理由相同）。他倡導聖經的英譯，是打破教會壟斷聖經文字的創擧。他爲貧苦下層教士組編大量佈道文，這批人不久後成爲「羅拉派」異端分子。

威克利夫死後被教皇下令焚屍。二十年後，他的波希米亞門徒胡斯（Jan Hus 1372?-1415;；布拉格大學神學教授）則被活焚。他們那置聖經權威於教皇和教會之上的獨立良知精神，連同奧卡姆派對於理性與信仰統一的毁棄，似乎宣告了中世紀神學的終結。

三十三　尼古拉·庫撒與中世紀神哲學的終結

庫撒的尼古拉（Nicolaus Cusanus/Nicolaus Von Cues 1401-1464）是十五世紀最重要的神哲學家。他曾積極參與巴塞爾宗教代表大會，後來轉向教廷，任布利克森主教。主要著作有《論有知識的無知》（*De docta ignorantia*）、《論猜測》（*De Conjecturis*）、《為有知識的無知辯護》（*Apologla doctafeignorantiae*）、《直觀上帝》（*De visione Dei*）、《論智慧》（*De sapientia*）等。

尼古拉的主要思想，可以從三個方面來討論，即：上帝論、宇宙論、方法論。

一、上帝論

在尼古拉關於上帝的論述中，有一部分屬於傳統奧古斯丁主義和典型中世紀的正統思想，諸如稱上帝為無限、統一、至大，基督為一位二性，基督是人類達致永福的道路，教會是他的身體，故為人與他結合的必要手段，等等。另方面，他的神秘神學、否定神學具有明顯的偽笛奧尼修影響；而他的神顯論則源出於九世紀的伊利金納。然而，尼古拉關於上帝的無限與統一的論述，有其獨到的角度與見地，導致宇宙和諧、萬物相涵的世界觀，與文藝復興時期的自然哲學相通，這是一種超越中世紀而指向新時代的思想。

尼古拉的核心思想，是上帝的無限性。這個「無限」，並非指有限世界的無限擴大，而是指「無限的存在」，卽不同於有限存在，另一層面上的存在，它與一切有限存在不具相似點或比例關係。這是基督教概念，與希臘觀念不同。這個概念來自聖經。〈詩篇〉114·3稱：「上帝爲大，其大無限。」〈詩篇〉145·3 稱：「上主至大，該受大頌讚，其大無法測度。」此外如〈出埃及記〉3·14〈詩篇〉90·2、奧古斯丁《論基督敎敎義》1·7、安瑟倫《論說篇》2 中所闡述的上帝至大觀念，皆屬於基督敎特有的「無限」概念。尼古拉的「無限」，便是指絕對完滿的存在，與托馬斯的絕對實現意義上的存在，有異曲同工之妙。

既然無限與有限世界之間不具任何相似與比例關係；而人類知識之獲得全靠異同之比較與概念的聯繫；故無限不可知，人的理性不可能認識無限。無限是至大，既爲至大，必爲一，爲統一，爲全；既爲全，必包攝一切，沒有對立；既無對立，故至大亦必爲至小。上帝是 coincidentia oppositorum（對立面的同一）。❶尼古拉喜用數學語言來比擬，無限如何消解差別。如果三角形的一邊無限延長，則其他二邊必與之合一。如果圓的直徑無限延長，則圓周必與之合一。結果，無限長的直線便是三角形，便是圓。❷

因此，上帝超越受造界的一切對待、區分。所以上帝的本質與存在爲同一。正因爲上帝超越一切對待、區分、比例、異同，故人的推理能力不可能認識上帝的本質，人只知道上帝不是什麼，而不可能知道上帝是什麼。以此之故，吾人不可能有關於上帝的正面知識，而只有無知。然而這種無知不是出於不關懷或不努力去求知，而是出於知道上帝的無限與超越。因此這是有知識的無知。越深入這種無知，便

---

❶ Ibid. 1·2.
❷ Ibid. 1·12.

越接近眞理。❸

二、宇宙論

無限的上帝，如何與有限的世界發生關係？尼古拉指出，創世是上帝成爲世界，受造是如鏡中影像般反映上帝。❹這裏，尼古拉用了 complico（卷起來）和 explico（展開來）兩個動詞。Deus ergo est omnia complicans, in hoc quod omnia in eo, est omnia explicans, in hoc quia ipse in omnibus. ❺（上帝卷起萬物故萬物在上帝之中，上帝展開萬物故上帝在萬物之中）。在這個世界裏，Quodlibet esse in quolibet.❻（一切在一切之中）。宇宙和諧，萬物相涵。每一物皆爲宇宙的縮型（contracta)。這似乎有泛神論的意味。然而尼古拉認爲無限與有限之間並無相似點或比例關係，受造物只是影像般依存於上帝而已。

世界雖爲有限，然而在可能創造無限多個世界的意義上，世界又爲無限大。世界沒有中心，地球不是中心。任何點皆可爲世界的中心。每一個體皆爲獨特的上帝影像，故世上沒有兩個完全相同的東西。人是小宇宙。宇宙在人的頭腦中得到更完全的反映。在此意義上，人是一個完全的世界。❼基督有人性也有神性，聯合成一個位格，但二性並不相混。這是奧秘，超越人的理性。基督是「絕對的中介」，使人達致永福。❽

---

❸ Ibid. 1•3.

❹ Ibid. 2•2.

❺ Ibid. 2•3.

❻ Ibid. 2•5.

❼ De ludo globi 1.

❽ De visione Dei 21.

在尼古拉的宇宙觀中，有一些與近代哲學的重要聯繫點，諸如對立面的合一爲達致眞理的途徑（黑格爾），自然爲和諧整體（布魯諾），個體是小宇宙（萊布尼玆）。尼古拉的哲學，在十九世紀引起廣泛的興趣。

三、方法論

在《爲有知識的無知辯護》中，尼古拉有意識地從方法論的立場批判了亞里士多德邏輯。「當前亞里士多德學派的統治，以對立面的同一爲異端邪說，而此同一實爲導向靈修神學的起點。」❾

尼古拉的方法論，是其分析上帝無限性的一種後承。他據此向經院神哲學所共同遵守的基本原理卽形式邏輯的矛盾律、排中律、同一律提出大膽的挑戰。在經院神哲學中，無論什麼學派、什麼神學家，在進行闡述與論辯的時候，皆遵守共同的基本邏輯原則。比如奧古斯丁派的波納文圖拉與托馬斯辯論世界永恆性的問題，便完全依據邏輯原則。尼古拉則主張，只有摒棄亞里士多德邏輯，才能探討神學的眞諦。他的方法，便是以神秘的直觀知識，來消解一切概念的差別。在這裏，語言的作用不復是概念的區分和聯繫，而只是象徵與暗示。這並非尼古拉的獨創。一切神秘神學最終皆達致此種直觀。然而首次提出，此種神秘直觀蘊涵着摒棄矛盾律，亦卽蘊涵着一種新的方法論者，則是尼古拉。這是他的大膽挑戰與創造。

實際上，尼古拉論證這種直觀知識的可能性時，也全靠邏輯的語言，以矛盾律爲前提，方能推導下去。所謂一落言詮，便非勝義。然而尼古拉有意識地以矛盾的合一爲方法向經院神哲學的根柢進行公開

---

❾ Apologia doctae jgnorantiae, Meiner, Leipzig, 1932, 9•6.

的挑戰，不僅是史無前例的創舉，而且富有歷史的意義。此時，經院神學無論在基本精神（理性與信仰的統一）、傳統權威（普世教會）、抑或基本方法（亞里士多德邏輯）方面，皆已受到理論與實踐上的嚴峻挑戰，在人們意識中發生動搖。於是給新時期的文藝復興哲學及宗教改革神學，設下發展的內在條件。至此，中世紀神哲學便告終結。

中世紀神哲學思想文獻選讀

(一)中世紀神哲學原典及譯本合集或叢書

Migne, J.-P. (ed.), *Patrologia graeca, i. e. Patrologiae cursus completus: series graca,* 161 vols., Paris, 1857-66. 止於十五世紀中期。

——, *Patrotogia latina,* i. e., *Patrotogiae cursus completus: series latina,* 221 vols., Paris, 1844-64. 止於十三世紀初期。

Hamman, A.(ed.), *Patrologia latina: Supplementum,* 4 vols., Paris, 1958-71.

Corpus scriptorum ecclesiasticorum latinorum, Vienna, 1866-

Corpus christianorum, series latina, rnhout, Belgium, 1953-

Oxford Early Christian Texts, Oxford University.

The Loeb Classical Library, New York-London. (此爲希臘、拉丁原典與英譯對照本古典叢書，其中包括一些教父著作。)

Sources chrétiennes, Paris, 1941-. (此爲原典及法譯文對照本叢書，多卷。)

Roberts, A. (ed.), *The Ante-Nicene Christian Library: Translations of the Writings of the Fathers down to A.D.* 325, 24 vols., Edinburgh, 1866-72. Supplementary volume, ed. A. Menzies, Edinburgh, 1897.

Keble, J. (ed.), *The Library of the Fathers,* 45 vols., Oxford, 1838-88.

Schaff, Ph. (ed.) *A Select Library of Nicene and Post-Nicene Fathers of the Christian Church,* 28 vol., Buffalo-New York, 1886-1900.

Bettenson, H. (ed.), *The Early Christian Fathers,* London-Toronto, 1956.

——, *The Later Christian Fathers,* London-Toronto, 1970.

(二)中世紀文化及神哲學歷史

Cayré, F., *Patrologie et histoire de la theologie,* 2 vols., Paris-Tournai-Rome, 1953-55.

Adam, Alfred, *Lehrbuch der Dogmengeschichte,* Gütersloh, 1965.

Ackroyd, P. R., *The Cambridge History of the Bible,* vol. 1; From the Beginning to Jerome, Cambridge, 1975.

Lampe, G.W.H., *The Cambridge History of the Bible,* vol. 2: The West from the Fathers to the Reformation, Cambridge, 1975.

Bourke, V. J. *History of Ethics: A Comprehensive Survey of the History of Ethics from the Early Greeks to the Present Time.* Garden City, N. Y.: Doubleday, 1963.

Gilson, E., *La philosophie au moyen âge,* Paris, 1944.

——, *History of Christian Philosophy in the Middle Ages,* London, 1978.

——, *L'esprit de la philosophie médiévale,* Strasbourg, 1921.

De Wulf, M., *Histoire de la philosophie médiévale,* 3 vols., Louvain, 1934-47.

Grabmann, M., *Die Philosophie des Mittelalters,* Berlin, 1921.

Heick, Otto, *A History of Christian Thought,* Philadephia, 1965.

Copleston, F., *A History of Philosophy,* vols., 1, 2, Garden City, N. Y., 1962.

Bouyer, L., *History of Christian Spirituality,* tr. M.P. Ryan, New York, 1963.

Raitt, J. (ed.), *Christian Spirituality: High Middle Ages and Re-*

formation, Crossroad, N. Y., 1989.

Armstrong, A. H. (ed.), *The Cambridge History of Later Greek and Early Medieval Philosophy,* Cambridge, 1967.

Rogier, L. J. (ed.), *The Christian Centuries: A New History of the Catholic Church,* 5 vols., London-N. Y., 1964-.

Pelikan, J., *The Christian Tradition: A History of the Development of Doctrine.* 5 vols. Chicago, 1971-.

McGiffert, A. C., *A History of Christian Thought.* 2 vols. N. Y.: Charles Scribner's Sons, 1923-33.

González, J. L., *A History of Christian Thought.* 3 vols. Nashville: Abingdon Press, 1970-75.

Urban, L., *A Short History of Christian Thought.* New York-Oxford, 1986.

(三)俄利根

他的原典見 PG. (希臘教父全集) vols. 6-7. 為希臘原文及拉丁譯文。

Die griechischen Christlichen Schriftsteller der ersten drei Jahrhunderte. Leipzig, 1899-1941, 涵俄利根原典（希臘文或拉丁文）。

英譯本見 *The Ante-Nicen Fathers of the Church,* X, XXXIII: De Principis; Contra Celsum 1, II-VIII.

Tollinton, R. R. *Selection from the Commentaries and Homilies of Origin,* SPCK, N. Y. 1927.

Cadion, J., *La Jeunesse d'Origène, Histoire de L'Ecole d'Alexandrie au début du lile siècle,* Paris, 1933.

Daniélou, J., *Origène,* Paris, 1948.

Fairweather, W., *Origen and the Greek Patristic Philosophy,* London, 1901.

(四)僞笛奧尼修

原典見 PG. 3,4，爲希臘文及拉丁譯文。

Chevallier, Ph., *Dionysiaca,* 2 vols., Paris, 1937.

De Gandillac (tr.), *Oeuvres complètes du pseudo-Denys l'Aréopagite,* Paris, 1943.

Rolt, C.E. (tr.), *On the Divine Names and the Mystical Theology,* SPCK, 1920.

Semmelroth, O., *Gottes geeinte Vielheit. Zur Gotteslchre des Ps. Dionysius Areopagita,* Scholastik, 25 (1950) 389-403.

Dondaine, H. F. *Le Corpus Dionysien de l'Université de Paris au XIIIe siècle,* Rome, 1952.

Roques, R., *l'univers dionysien: Structure hierarchique du monde selon le Pseudo-Denys,* Paris: Aubier, 1954.

Völker, W., *Kountemplation und Ekstase bei Pseudo-Dionysiu Areopagita,* Wiesbaden: Steiner, 1958.

Rutledge, D., *Cosmic Theology: The Ecclesiastical Hierarchy of Pseudo-Denys: An Introduction,* London: Routledge and Kegan Danl, 1964.

(五)奧古斯丁

原典見 PL.（拉丁教父全集）32-47 卷。

Ghellinck, J. de, *Une édition patristique célèbre,* in Patristique et moyen âge, vol. III.（將 Migne 版本與 Corpus scriptorum ecclesiasticorum latinorum 版本進行對勘。）

Dodds, M. (ed.), *The Works of Aurelius Augustinus,* 16 vols., Edinburg, 1871-1876.

The Fathers of the Church, New York, 1947-.

Oates, W. J., *Basic Writings of Saint Augustine*, 2 vols. Random House, N. Y., 1948.

Pine-Coffin, R. S. (tr.) *Confessions*, Penguin, 1901.

Bettenson, H. (tr.), *The City of God*, Penguin, 1972.

Benjamin, A. S. and Hackstaff, L. H. (tr.), *On Free Choice of the Will*, Bobbs-Merrill, Indianapolis, 1964.

Robertson, D. W. (tr.), *On Christian Doctrine*, Bobbs-Merrill, Indianapolis, 1980.

Portalié, E., *A Guide to the Thought of Saint Augustine*, Chicago: Regnery, 1960.

Bonner, Gerald, *St. Augustine of Hippo: Life and Controversies*, SCM, London, 1963.

Boyer, Charles, *Christianisme et Néo-platonisme dans la formation de Saint Augustin*, Rome, 1953.

Chêne, J., *Theologie de Saint Augustin: Grace et predestination*, Le Puy: Mappus, 1962.

Vranken, G., *Der göttliche Konkurs zum freien Willensakt des Menschen beim hl. Augustinus*, Rome: Herder, 1943.

Battenhouse. R. W., *A Companion to the Study of St. Augustine*, New York, 1955.

Van der Meer, F., *Augustine the Bishop: Church and Society at the Dawn of the Middle Ages*, New York: Hoper Torchbooks; 1965.

Chaix-Ruy, J., *Saint Augustin: Temps et histoire*, Paris, 1956.

Suter, R., Augustine on Time, with some criticism from Wittgenstein, *Revue Internationale de philosophie*, vol. 16, 1962.

Findhey, J. N., Time, A Treatment of Some Puzzles, in *Logic and Language* (ed. A. Flew), New York, 1965.

Lacey, H. M., Empiricism and Augustine's Problems about Time, *Review of Metaphysics,* vol. 22, No. 2 1968.

Morrison, J. L., *Augustine's Two Theories of Time,* New Scholasticism, vol. 45, Autumn 1971.

Zarb, M., *Chronologia operum Sancti Augustini,* Angelicum, 10 (1933), 11 (1934).

Jolivet, R., Le probleme du mal chez saint Augustin, *Archives philosophie,* 7 (1930).

Grabmann, M., *Die Grundgedanken des heiligen Augustinus über Seele und Gott,* Cologne, 1929.

(六)波依修斯至伊利金納

波依修斯的未校勘原典收入 PL. 63-64 卷，其中 Analytica priora, Analytica posterior, Topica, Sophistici elenchi 錯誤較多。

英譯本:

James, H. R., *The Consolation of Philosophy,* London-New York, 1906.

Stewart, H. F., *Theological Tractates,* London-New York, (Loeb) 1918, 1926. 此為拉丁、英文對照本。

McKeon, R., The Second Edition of the Commentaries on The Isagoge of Porphyry, in Selections from *Medieval Philosophers* I, London, 1930.

論著等:

Patch, H. R., The Tradition of Boethius, *a Study of His Importance in Medieval Culture,* New York, 1935.

Cooper, L., *A Concordance of Boethius.* Cambridge (Mass.) 1928.

Barret, H. M., *Boethius: Some Aspects of his Times and Work,* Cambridge, 1940.

Courcelle, P., Études critiques sur les Commentaires de Boèce, *Archives d'histoire doctrinale et littéraire du moyen âge,* vol. 13 (1939).

Bruder, K., *Die philosophischen elemente in den Opuscula sacra des Boethius,* Leipzig, 1928.

Magee, J. C., The Bethian Wheels of Fortune and Fate, *Mediaeval Studies,* 49, 1987.

Wippel, J. F. (ed.), *Studies in Medieval Philosophy,* Washington Cath U. Am P, 1987.

Kurz, L., *Gregors des Grossen Lehre von den Engeln,* Rottenburg, 1938.

Cassiodorns 的原典見 PL. 67-70 卷。

Courcelle, P., *Les lettres grecques en Occident de Macrobe à Cassiodore,* Paris, 1943.

Van de Vyver, *Cassiodore et son oeuvre,* Speculum, 6 (1931).

Isidorus 原典見 PL. 81-84 卷。

Lindsay, W. M. (ed.), *Etymologiae,* 2 vols., Oxford, 1911.

Gregorius 原典見 PL. 75-79 卷。

英譯有: Davis, H., *The Pastoral Care,* Westminster, 1950.

Batiffol, P., *S. Grégoire le Grand,* Paris, 1928.

Erigena 的原典見 PL. 122 卷。

Rand, E. K., *Johannes Scotus,* Munich, 1906. 考證了 Commentariae 的眞僞。

McKeon, R., *Selections from Medieval Philosophers,* I. 中有 De divisione naturae 4. 7-9 的英譯。

Cappuyns, M., *Jean Scot Erigène, sa vie, son oeuvre, Sa pensée,* Paris, 1933; Brussells, 1964.

Seul, W., *Die Gotteserkenntnis bei Johannes Skotus Erigena unter Berücksichtigung ihrer neo-platonischen und augustinishen Elemente,* Bonn, 1932.

(七)十一世紀與辯證術

Gerbertus 的著作見 PL. 139 卷。

Fliche, A., *Un précurseur de L'humanisme au Xe siècle, le moine Gerbert(pape Silvestre II),* Quelques aspects de l'humanisme médiéval, Paris, 1943.

Berengarius 原著見 PL. 150 卷。

Damianus 原著見 PL. 144-145 卷。

McDonald, A. J., *Berengar and the Reform of Sacramental Doctrine,* London, 1930.

Betzendörfer, W., *Glauben und wissen bei den grossen Denhern des Mittelaltters. Ein Beitrag zur Geschichte des Zentralproblems der Scholastik,* Gotha, 1931.

Vische, A. F. and F. Th., *Berengaric Turonensis De Sacra Coena adversus Lanfrancum,* Berlin, 1834. 爲郎弗朗與貝倫加論爭文獻。

(八)安瑟倫其他理論

原典見 PL. 158-159 卷，爲重刊 1675 年 G. Gerberon 勘本。現代標準校勘本爲:

Schmitt, F. S., *Sancti Anselmus Opera omnia:* I, Seckau, 1938; 又

Edinburgh, 1946; II, Rome, 1940; III, IV, Edinburgh, 1946, 1949; V. London, 1951. 此外有 Schmitt 版單行本。

英譯本無全集，有數種單行本，如:

Deane, S. N., *Proslogium, Monologium et Libellus ab Gaunilo,* Chicago, 1903; 1979 (8th ed.).

Fairweather, E. R., *A Scholastic Miscellany: Anselm to Ockham,* London: SCM; Westminster, 1956.

Charlesworth, M. J., *St. Anselm's, Proslogion with a Reply by Gaunilo,* Oxford: Clarendon, 1965.

McKeon 的 Selections 中有 De Veritate.

Ward, B., *The Prayers and Meditations of St. Anselm,* Penguin, 1973, 1979.

現代優秀譯本有 Jasper Hopkins and Herbert Richardson 合譯有導論的版本，由 Harper Torchbooks, N. Y. 出版，據說要陸續出全集。

Henry, D., *The De Grammatico of St. Anselm,* South Bend, 1964.

為拉丁英譯對照本。

法譯本有:

Rousseau, A., Saint Anselme, *oeuvres philosophiques,* Paris, 1945.

關於安瑟倫的研究論著極豐，擇要如下:

Barth, K., *Fides quaevens intellectum,* Munich, 1931.

Koyré, A., *L'idée de Dieu dans la philosophie de saint Anselme,* Paris, 1923.

Filliâtre, Ch., *La philosophie de saint Anselme, ses principes, sa nature son influence,* Paris, 1920.

Forest, A. et al., *Histoire de l'eglise: le mouvement doctrinal du*

XIe au XIVe siècle, Paris, 1956.

Kneale, W. & M., *The Development of Logic,* Oxford, 1962. 此書對於理解六至十一世紀辯證術的特點有助益。

Geyer, B., *Die patristische und Scholastishe Philosophie,* Berlin, 1928. 為 Überweg 的 Grundriss 第二部，資料豐富。

Spicilegium Beccense I. Paris, 1959.（其中論文討論了安瑟倫思想各個方面。）

Schmitt, F., Zur Chronologie der Werke des hl. Anselm von Canterbury, *Revue Benedictine,* 44 (1932), 322-350.

Southern, R. W., *The Life of St. Anselm, London,* 1962.（此為安瑟倫的學生 Eadmer 所著 Vita Anselmi 的拉丁原文及 Southern 的英譯文對照本，有校勘及注釋，甚精。）

Palliard, J., Priere et dialectique, *Dieu Vivant,* 5 (1946).

McIntyre, J., Premises and Conclusions in the System of St. Anselm's Theology, *Spicilegium Beccense* I, Paris, 1939.

——, *St. Anselm and His Critics.* A Reinterpretation of the Cur Deus Homo, Edinburgh-London, 1954.

Foreville, R., L'ecole du Bec et le Studium de Cantorbéry aux XIe et XIIe siècles, *Bulletin philoslogique et historique de Comité des traveaux historiques et scientifiques,* Paris, 1957.

Williams, G. H., *Anselm: Communion and Atonement,* St. Louis, 1960.

Rondet, H., Grace et péché: l'augustinisme de Saint Anselme, *Spicilegium Beccense* I, Paris, 1959.

Merton, L., Reflections on Some Recent Studies of St. Anselm, *Monastic Studies,* 3 (1965).

Phelan, G. B., *The Wisdom of Saint Anselm,* Latrobe; Archabbey Press, 1960.

Hick, J. and McGill, A., *The Many-faced Argument,* New York, 1967.

Angelet, B., Idem Dicere In Corde, Et Cogitare-or: what we Still can learn from an Existential Anselm, *Aquinas* 30, Ja-Ap 1987.

Leftow, Brian, Anselmian Polytheism, *International Journal for the Philosophy of Religion,* 23, March 1988.

(九)阿貝拉:

阿貝拉的原著見 PL. 178 卷，有闕誤。校刊本有:

Cousin, V., *Ouvrages inédits d'Abélard,* Paris, 1836.

——, *Petri Abelardi Opera,* Paris, 2 vols., 1849-59.

Buytaert, E. M., Petri Abelardi opera theologica 1. Commentaria in Epistolam Pauli ad Romanos, Apologia contra Benardum, *Corpus Christianorum, Continuatio Mediaevalis II, Turnbot,* 1969.

——, Petri Abelardi opera theologica II. Theologia christiana, Theologia Scholarium, Capitula haeresum, *Corpus Christianorum Continuatio Mediaevalis* 12, Turnbot, 1969.

Geyer, B., *Peter Abelards philosophische Schriften,* in Beiträge vol. XXXI, Münster, 1919-33. 其中有: Logica ingredientibus 和 Logica nostrorum Petitioni Sociorum.

De Rifk, L. M., *Dialectica Petri Abelardi,* Assen, 1956.

譯本:

De Gandillac, M., *Oeuvres Choisies d'Abelard,* Paris, 1945.

McCallum, J. K., *Abailard's Christian Theology,* London, 1948.

——, *Scito teipsum: Abailard's Ethics,* Oxford. 1935.

在 McKeon 的 Selections 中有 The Glosses of Peter Abailard on Porphyry.

Payer, P. J., *A Dialogue of philosopher with a Jew and a Christian,* Toronto, 1979.

Muckle, J. T., *The Story of Abelard's Adversaries,* Toronto, 1954. 爲阿貝拉自傳的英譯。

評傳及評論:

Gilson, E., *Héloise et Abelard,* Paris, 1938.

Schmeidler, B., *Der Briefwechsel Zwischen Abelard und Heloise dennoch eine Literarische Fiction Abelards,* Revue Bénédictione (Belgiun), 52 (1940).

Sikes, J. K., *Peter Abailard,* Cambridge, 1932.

Lottin, O. *Psychologie et morale aux XIIe et XIIIe Siècles,* 2 vols, Louvain, 1942-48.

Reiners, J., *Der aristotelische Realismus in der Fruscholastik,* Bonn, 1907.

Chenn, M. D., *Nature, Man, and Society in the Twelfth Century,* Chicago, 1968.

Luscombe, D. E., *Peter Abelard's "Ethics",* Oxford, 1971.

——, The Ethics of Abelard: Some Further Considerations, in *Peter Abelard,* ed. by E. Buytaert, Louvain, 1974.

Luddy, A. L., *The Case of Peter Abelard,* Westminster, Mary land, 1947.

(十)關於實在論的討論

Rocelinus 僅存著作爲致阿貝拉的一封信，見 PL. 178, 並見 Picavet, Roscelin philosophe et théologien d'aprês la legende et d'aprês l'histoire; Sa place dans l'histoire generale et comparée des philosophies médiévales, Paris, 1911, pp. 129-139, 爲附注。

Gerbertus 著作見 PL. 139 卷。

Damiarus 著作見 PL. 144-145 卷。

Odo 著作見 PL. 160 卷。

Gillelmus de Campellis (William of Champeaux) 的著作見 PL. 163 卷。

Gilbertus 的著作見 PL. 188 卷。

John of Salisbury 的著作見 PL. 199 卷。

De Wulf, M., Le problème des universaux dans son évolution historique du IXe au XIIIe siècle, *Archiv für Geschichte der Philosophie,* 1896.

Lefèvre, G., *Les variations de Guillaume de Champeaux et la question des universaux,* Lille, 1898.

Reiners, J., *Der Nominalismus in der Frühscholastik,* Münster, 1910.

Carré, M. H., *Realists and Nominalists,* Oxford, 1946.

(十一)貝爾納與靈修神學

S. Bernardus 的原著見 PL. 182-185 卷。

Gillelmus Theodoris 的原著見 PL. 184 卷。

Hugo 的原著見 PL. 175-177 卷。

Richardus 的原著見 PL. 196 卷。

譯本:

Works of S. Bernard, 6 vols., Dublin, 1920-25.

On *Consideration,* Oxford, 1908.

The Steps of Humility, Cambridge, Mass., 1940.

On the Love of God, London, 1915. 此爲拉丁英譯對照本

Concerning Grace and Free Will, London, 1920.

The Wisdom of Catholicism, New York, 1949.

Epistola aurea, tr. by J. McCann, London, 1930.

Hugh of Victor, On the Sacraments of the Christian Faith, tr. by R. Deferrari, Cambridge, Mass., 1951.

評傳及評論:

Vacandard, E., *Vie de S. Bernard,* 2 vols., Paris, 1927.

Butler, C., Western Mysticism. The Teaching of SS. Augustine, *Gregory and Bernard on Contemplation and the Contemplative Life,* London, 1951.

Wilmart, A., Auteurs spirituels et textes dévots du moyen âge, *Etudes d'histoire littéraire,* Paris, 1932.

Gilson, E. *The Mystical Theology of S. Bernard,* London, 1940.

Weingartner, J., Abälard und Bernhard. *Zwei Gestalten des Mittelalters,* Innsbruck, 1937.

Leclercq, J., Saint Bernard et Origène d'après un manuscript de Madrid, *Revue Benedictine* (Belgium), 59, 1949.

——, Textes sur S. Bernard et Gilbert de la Porrée, *Medieval Studies* (Toronto), 14, 1952.

Mayaud, P.-N., That in View of Which, *Epistemologia,* July D, 1986.

Adam, A., *Guillaume de Saint-Thierry, sa vie et ses oeuvres,* Bourg-en-Bresse, 1923.

Schneider, W. A., *Geschichte und Geschichts philosophie bei Hugo von St. Victor,* Münster i W., 1933.

Chenu, M-D., Théologie symbolique et exégèse scolastique, aux XIIe-XIIIe siècles, *Melanges de Ghellinck,* II, 1951.

Dumeige, G., *Richard de Saint Victor et L'idée chretienne de L'amour,* Paris, 1952.

De Lage, R., Alain de Lille, *poète du XIIe siècle,* Paris, 1951.

(十二) 十二世紀與辯證術的其他方面

吉爾伯特 (Gilbertus) 的原著見 PL. 64 及 188 卷。

孔徹的維廉 (Gillelmus) 的原著見 PL. 90 卷。

貝爾納 (Bernardus Sylvestris) 的原著見 Barach, C.S. (ed.), De mundi universitate Libriduo, Innsbräch, 1876.

約翰・孛玆伯里 (Joannes) 的原著見 PL. 199 卷。

阿蘭 (Alanus) 的原著見 PL. 210 卷。

彼得・倫巴 (Petrus Lombardus) 原著見 PL. 192 卷。

Grabmann, M., *Die Geschichte der Scholastischen Methode.* 2 vols., 1909-1911.

Haskins, C. H., *The Renaissance of the Twelfth Century,* Oxford U Pr, 1927.

Clerval, A., *Les écoles de Chartres au moyen âge du Ve au XVIe Siècle,* Paris, 1895.

Scharschmidt, C., Joannes Saresberiensis nach Leben und Studien, *Schriften und Philosophie,* Leipzig, 1862.

Flatten, H., *Die Philosophie des Wilhem von Conches,* Coblenz, 1929.

（十三）經院方法與亞里士多德哲學的引入

Steenberghen, F.V., Aristote en Occident. *Les origines de L'aristotélisme Parisien. Louvain,* 1946. English translation, Louvain, 1970.

Callus, D. A., *Introduction of Aristotelian Learning to Oxford,* London, 1943.

Rashdall, H. et al., *The Universities of Europe in the Middle Ages,* 3 vols., Oxford, 1936.

Sharp, D. E., *Franciscan Philosophy at Oxford in the Thirteenth Century,* Oxford, 1936.

Glorienx, P., *Repertoire des maitres en théologie de Paris au XIIIe siècle,* 2 vols., Paris, 1933-34.

（十四）阿拉伯與猶太思想的影響

Alfarabi 的原著見 Alfarabius de Platonis Philosophia, ed. F. Rosenthal, in *Plato Arabus,* vol. 2., London, 1943. Alpharabius de intelligentics, *philosophia prima,* Venice, 1508.

Avicenna 的原著見 *Avicennae opera,* Venice, 1495-1546.

Averroes 的原著見 *Compendium Librorum Aristotelis qui parva naturalia vocantur,* Cambridge, Mass., 1949.

Maimonides 的原著見 *Rabbi Mossei Aegyptii Dux seu director dubitantium aut perplexorum,* Paris, 1520.

（以上大抵爲中世紀的拉丁譯本。）

評論:

Carra de Vaux, *B., Les penseurs d'Islam,* 5 vols., Paris, 1921-26.

Munk, S., *Melanges de philosophie juive et arabe,* Paris, 1927.

Arnold, T. and Gnillaume, A. (ed.), *The Legacy of Islam,* Oxford, 1931.

Sweetman, J. W., *Islam and Christian Theology,* vol. 1, London, 1945.

Quadri, G., *La philosophie arabe dans L'Europe médiévale,* Paris, 1947.

Walzer, R., *Greek into Arabic,* Oxford, 1962.

Wickens, G. M., (ed.), *Avicenna Scientist and Philosopher: A Millenary Symposium,* London, 1952.

McCullough, W. S., ed., *The Seed of Wisdom,* Toronto, 1964.

Renan, E., *Averroës et L'averroisme,* Paris, 1852, 1949.

Roth, Leon, The Guide for the Perplexes, *Moses Maimonides,* London, 1948.

Baron, Salo, ed., *Essays on Maimonides: an Octocennial* Volume, New York, 1941.

（十五）早期十三世紀

維廉・奧維涅的原著見 *Guillelmi Alverni Opera Omnia,* 2 vols., Paris, 1674.

維廉・奧克宰爾的原著見 *Summa super quatuor libros sententiarum,* Paris, 1500, 1518.

亞里山大・哈里的原著見 *Summa theologia,* 4 vols., Quarachi, 1924-1948.

Gilson, E., La notion d'existence chez Guillaume d'auvergne, in *archives d'histoire doctrine et litéraraie du moyen âge,* vol. 15, 1949.

Baumgartner, M., *Die Erkennislehre des Wilhelm von Anvergne,* Münster, 1895 (Beiträge, 2.1).

Martineau, R. M., *Le Plan de la Summa aurea de Guillaume*

d'Auxerre, Ottawa, 1937.

Lio, E., Determinatio "Superflui" in *Doctrina Alexanderi Halensis,* Rome, 1953.

(十六) 格羅斯泰斯特與羅吉・培根

格羅斯泰斯特的原著見:

Bauer, L., Die Philosophischen Werke des Grosseteste, *Bischoffs von Lincoln,* Münster, 1912.

關於格氏著作(包括已出版及手稿)的文獻目錄有:

Thomson, S. H., The Writings of Robert Grosseteste, Bishop of Lincon, 1235-1253, Cambridge, 1940.

英譯本:

McKeon, R., Selections from Medieval Philosophers, I, pp. 263-287 爲格氏三篇著作: De veritate, De veritate propositionis, De scientia Dei.

Riedl, C. C., Robert Grosseteste on Light, Marquette U. Pr., Milwaukee, 1942. 有格氏 De Luce 的譯文。

標準的評傳為:

Stevenson, F. S., Robert Grosseteste, *Bishop of Lincoln,* London, 1899.

現代研究:

Sharp, D. E., *Franciscan Philosophy at Oxford in the Thirteenth Century,* Oxford, 1930.

Dales, R. C., Robert Gossetestés Commentarius in VIII Libros Physicorum Aristotelis, in *Medievalia et Humanistica,* vol.

11, 1957.

Crombie, A. C., *Robert Grosseteste and the Origins of Experimental Science,* Oxford, 1953. 包涵文獻目錄。

Southern, R. W., *Robert Grosseteste: The Growth of an English Mind in Medieval Europe,* N. Y. Clarendon, 1986.

羅吉・培根的原著見:

Fr. Rogeri Bacon Opera Quaedam Hactenus lnedita, J. S. Brewer (ed.), London, 1859.

Opus Maius, ed. by J. H. Bridges, 3 vols., Oxford, 1897-1900.

Delorme, F. and Massa, E., ed., *Rogeri Baconis Moralis Philosophia,* Zurich, 1953.

Rashdall, H., ed., *Fr. Rogeri Bacon Compendium Studii Theologiae,* Aberdeen, 1911.

英譯:

Burke, R. B., *The Opus Majus of Roger Bacon,* 2 vols., New York, 1962.

評論:

Little, A. G., *Roger Bacon Essays Contributed by Various Authors on the Occasion of the Commemoration of the Seventh Centeuary of His Birth,* Oxford, 1914.

Easton, C. S., *Roger Bacon and His Search for a Universal Science,* Oxford and New York, 1952. 包括文獻目錄。

Heck, E., *Roger Bacon. Ein mittelalterlicher Versuch einer historischen und systematischen Religionwissenschaft,* Bonn, 1957.

另參閱 Crombie 上引書。

（十七）波納文圖拉

原著：

Opera omnia S. Bonaventurae, 10 vols., Quarachi, 1882-1902.

Questions disputées "De caritate" "De novissimus," ed. by P. Glorieux, Paris, 1950.

Collationes in Hexameron, ed. by F. Delorme, Quarachi, 1934.

英譯：

R. Mckeon 的 *Selections from Medieval Philosophers,* II 中有《箴言評論》中的四題。

Breviloquium by St. Bonaventure, tr. E. E. Nembers, St. Louis and London, 1946.

St. Bonaventure's De Reductione Artium ad Theologiam, tr. by E. T. Healy, St. Bonaventure, N. Y., 1955. 此爲拉丁、英文對照本。

St. Bonaventure's Itinarium Mentis in Deum, tr. ph. Boehner, St. Bonaventure, N. Y., 1956. 爲拉丁、英文對照本。

文獻目錄：

Geyer, B., *Grundriss der Geschichte der philosophie,* 12 th. ed., Basel, 1951, vol. II, pp. 735-738.

Bibliographia Franciscana, Rome, 1962, vol. XI.

評論：

Bissen, J.M., *L'exemplarisme divin selon saint Bonaventure,* Paris, 1929.

Grunewald, S., Franzishanische Mystik. Versuch zu einer Darstellung mit besonderer Berücksichtigung des heiligen Bonaventura, Munich, 1931.

Gilson, E., *La philosophie de saint Bonaventure,* 2d. ed., Paris, 1953.

Prentice, R. P., *The Psychology of Love according to Saint Bonaventure,* 2d ed., St. Bonaventure, N. Y., 1957.

Bugerol, J. G., *Introduction à l'étude de S. Bonaventure,* Paris, 1961.

De Benedictis, M. M., *The Social Thought of Saint Bonaventure,* Washington, 1946.

Alszeghy, Z., *Grundformen der Liebe. Die theorie der Gottesliebe bei dem hl. Bonaventura,* Roma, 1946.

（十八）大阿爾伯特

傳記：

De Loe, Paulus, De vita et scriptis Alberti Magni, *Analecta Bollandiana,* 19, 1900.

Pelster, Franz, *Kritishe Studien zum Leben und zu den schriften Alberts des Grossen,* Freiburg, 1920.

Scheeben, C. H., *Albertus Magnus,* Köln, 1955.

原著：

Borgnet Angust, *Opera Omnia Alberti Magni,* Paris, Vivès, 38 vols., 1890-1899.

Geyer, B., *Opera Omnia,* Westphalia, 1951-.

De vegetalibus, Berlin, 1867.

Stradler, H., *De animalibus,* Münster, 1916.

評論：

Liertz, R., *Der selige Alber der Grosse als Naturforscher und Lehrer*, Munich, 1931.

Sheeben, H. C., *Albertus Magnus*, Bonn, 1932.

Reilly, G. C., *Psychology of St. Albert the Great Compared with That of St.Thomas*, Washington, 1934.

(十九) 托馬斯・阿奎那

原著:

Opera omnia, 25 vols., Parma, 1852-73. Reprint, New York, 1948-50. 不是校勘精本，但包涵托馬斯絕大部分著作。

Opera omnia, 34 vols., Paris, Vivès, 1872-80. 此書性質大抵與上書相同。稱爲 Vivès 版。

Opera omnia, Rome, 1882- 爲校勘本，尚未出齊，稱爲 Leonine 版。

Scriptum in IV libros Sententiarum (原著時間爲 1252-1257)，現單行原文版本 *Pierre Mandonnet and M. F. Moos*, eds., 4 vols., Paris, 1929-1947.

De ente et essentia (1253), L. Baur, ed., Münter, 1933. 英譯: On Being and Essence, tr. by A. Maurer, Toronto, 1949.

De principiis Naturae (1253), J. J. Pauson, ed., Fribourg, 1950. 英譯: The Principle of Nature, tr. by V. J. Bourke, in *The Pocket Aquinas*, New York, 1960.

Contra impugnantes Dei cultum et regligionem (1256), R. M. Spiazzi, ed., in *Opuscnla theologica*, I, Turin, 1954. 英譯: Apology for the Religious Orders, tr. by J. Proctor, Westminster, 1950.

Quaestiones disputatae de veritate (1256-59)，編者同上，1949. *Truth*, tr. by R. W. Mulligan et al., 3 vols., Chicago, 1952-54.

Quaestiones quodlibetales (1256-1272), 編者同上，1949.

In librum Boethii de Trinitate expositio (1257-58), B. Decker, ed., Leiden, 1959. 英譯 (節譯): Division and Methods of the Sciences, tr. by A. Maurer, Toronto, 1953.

In Librum Diosysii de Divinis Nominibus (1258-1265), C. Pera, ed., Turin, 1950. 在 The Pocket Aquimas 中有節譯。

Summa de veritate Catholicae fidei contra gentiles (1259-1564), 見 Leonine 版 vols. VIII-XV, Rome, 1918-1930. 英譯: *On the Truth of the Catholic Faith,* tr. by A. C. Pegis et al., 5 vols., New York, 1955-57.

Quaestiones disputatae de potentia Dei (1265), R. M. Spiazzi, ed., Turin, 1949. 英譯: On the Power of God, tr. by L. Shapcote, Westminster, 1952.

De regno (1265-1266), J. Perrier, ed., Paris, 1949. 英譯: *On Kingship,* tr. by G. B. Phelan and I. T. Eschmann, Toronto, 1949.

Compendium theologiae (1265-1269), R. A. Verardo, ed., Turin, 1954. 英譯: Compendium of Theology, St. Louis, 1957.

Summa theologiae (1265-1273), 爲 Leonine 版 vols. IV-XII 卷, 1918-1930 Reprint, Turin, 1934. 英譯: The Summa Theologica, tr. by the English Dominican Fathers, 22 vols., London.

Quaestiones disputatae de spiritualibus creaturis (1267), L. W. Keeler, ed., Rome, 1938. 英譯: On Spiritual Creatures, tr. by J. Wellmuth and M. Fitzpatrick, Milwaukee, 1949.

Quaestio disputata de anima (1269), R. M. Spiazzi, ed., Turin, 1949. 英譯: The Soul, tr. by J. P. Rowan, St. Louis, 1949.

Quaestiones disputatae de Malo (1269-1272), R. M. Spiazzi, ed., Turin, 1949. 節譯: On Free Choice, tr. by A. C. Pegis, New York, 1945.

Quaestiones disputatae de virtutibus (1269-1272), R. M. Spiazzi, ed., Turin, 1949. 節譯: The Virtues in General., tr. by J. P.

Reid, Providence, R. I., 1951.

De unitato intellectus (1270), L. W. Keeler, ed., Rome, 1936. 英譯: The Unicity of the Intellect, tr. by Sister R. E. Brennan, St. Louis, 1946.

De substantiis separatis (1271), F. J. Lescoe, ed., West Hartford, Conn., 1962. 英譯: Treatise on Separate Substances, tr. by F. J. Lescoe, West Hartford, Conn., 1960.

De aeternitate mundi (1271), R. M. Spiazzi, ed., Turin, 1954. 英譯: On the Eternity of the World, tr. by C. Vollert, Milwaukee, 1965.

（以上是托馬斯著作的大部分，但不是全部，此外還有一些論著及聖經評注、亞里士多德著作評注。）

英譯選本:

Basic Writings of Saint Thomas Aquinas, ed. by A. C. Pegis, 2 vols., New York, 1944.

Introduction to St. Thomas Aquinas, New York (The Modern Library), 1948.

文獻目錄及工具書:

Mandonnet, P. and Destrez, J. *Bibliographie thomiste,* Kain (Paris), 1921.

Bourke, V. J., *Thomistic Bibliography,* St. Lonis University Press, 1945.

Deferrari, R. J., *A Lexicon of St. Thomas Aquinas based on The Summa Theologica and Selected Passages of His Other Works,* Washington D. C., 1948.

評傳:

De Bruyne, E., *St. Thomas d'Aquin, le milieu, l'homme, la* vision *du monde, Brussels,* 1928.

Chesterton, G. K., *St. Thomas Aquinas,* London, 1933.

評論・研究:

Gilson, E., *Le Thomisine,* Paris, 1944.

Coplesston, F. C., *Aquinas,* London 1955. 以上二書是當代天主教哲學史家的著作，將托馬斯的哲學當作天主教哲學，有些論斷是針對其他學派的批評而發。

Rahner, Karl, *Geist im Welt. Zur Metaphysik der endliche Erkenntnis bei Thomas von Aquin.* Innsbruck und Leipzig, 1939. 也是天主教學者的論著，分析托馬斯的認識論。

Reith, H. *The Metaphysics of Thomas Aquinas,* Milwaukee, 1958.

Habbel, J. *Die Analogie zwischen Gott und Welt nach Thomas von Aquin und Suarez.* Fribourg, Switzerland, 1929.

Van Riet, G., *L'épistémologie thomiste,* Louvain, 1946.

Chenu, M. D., *Towards Understanding Saint Thomas,* Chicago, 1964. 爲公認的概論。

Anderson, J. F., *An Introduction to the Metaphysics of St. Thomas Aquinas,* Chicago, 1953.

Klubertanz, G.P., *St. Thomas Aquinas on Analogy,* Chicago, 1960. 指出托氏類比理論的綜合性淵源。

Henle, R. J., *Saint Thomas and Platonism,* The Hague, 1956.

Kluxen, W., *Philosophische Ethik bei Thomas von Aquin,* Mainz, 1964.

Oesterle, J.A., *Ethics: Introduction to Moral Science, Englewood Cliffs,* N. J., 1957. 托馬斯主義倫理。

Lottin, O., *Le droit naturel chez S. Thomas et ses prédécesseurs,* Bruges, 1926.

Wittmann, M., *Die Ethik des hl. Thomas von Aquin,* Munich, 1933.

Patterson, R.L., *The Concept of God in the Philosophy of Aquinas,* London, 1933.

Marling, J. M., *The Order of Nature in the Philosophy of St. Thomas Aquinas,* Washington, 1934.

Smith, G., *Natural Theology: Metaphysics* II, New York, 1951.

Grabmann, M., *Die Kulturphilosophie des hl. Thomas von Aquin,* Augsburg, 1925.

Gilby, Th., *The Political thought of St. Thomas Aquinas,* Chicago, 1958.

Maritain, J., *Art and Scholasticism,* New York, 1930.

（二十）十三世紀後期

西格爾著作:

Mandonnet, P., *Siger de Brabant et l'averroisme Latin,* vol. II 包涵 Quaestiones logicales; Quaestio utrum haec sit vera: homo est animal nullo homine existente? Quaestiones naturales; De arternitate mundi; Impossibilia; Quaestiones de anima intellectiva. Louvain, 1908.

Van Steenberghen, F., Siger de Brabant d'après ses oeuvres inédites, I, *Les oeuvres inédites,* Louvain, 1931.

Graiff, C.A., *Siger de Brabant. Questions sur La Métaphysique,* Louvain, 1948.

Delhaye, Ph., *Siger de Brabant. Questions sur La Physique d'Aristote,* Louvain, 1941.

評論:

Sassen, F., Siger de Brabant et la double Vérité, *Revue heoscolastique,* 1931.

Van Steenberghen, F., *Les oeuvres et la doctrine de Siger de*

Brabant. Brussels, 1938.

——, *Aristote en Occident. Les origines de L'Aristotélisme parisien,* Louvain, 1946. 此書有英譯本，見前。

Gilson, E., *Dante the Philosopher,* New York, 1949.

瑞典的波依修斯:

Grabmann, M., *Die Sophismataliteratur des 12 und 13 Jahrhunderts, mit Textansgabe eines Sophisma des Boetius von Dacien,* Münster (Beiträge 36.1), 1940.

Doncoeur, P., Notes sur les averroistes Latins. Boëce le Dace, *Revue de sciences philosophiques et théologiques,* Le Saulchoir (France), 4, 1910.

拉馬爾的維廉及1277的辯論:

Lottin, O., Les fondements de la Liberté humaine; I. De 1250 à la condamnation de 1270; II, De la condamnation de 1270 à celle de 1277; III, Après la condamnation de 1277, in *Psychologie et morale aux XIIe et XIIIe siècles,* 7 vols., I, pp. 225-389 (Louvain, 1942-54).

阿令斯巴達的原著:

Daniels, A., *Quellenbeiträge und Untersuchungen,* (Beiträge 8, 1-2), Münster, 1909.

M. ab Aquasparta, *Quaestiones disputatae selectae,* 3 vols., Quaracchi, 1903-35. 第一卷包涵 Quaestiones de fide et de cognitione, Tractatus de excellentia sacra scripturae, Sermo de studio sacre scripturae, De aeterna processione Spiritus Sancti. 第二、三卷有 Quaestiones disputatae de Gratia.

Quaestiones de christo, Quaracchi, 1914.

英譯: *On Knowledge*, 見 Mckeon, Selections from Medieval Philosophers, II, pp. 240-302.

評論:

Grabmann, M., *Die philosophische und theologische Erkenntnislehre des kardinals Matthaeus ab Aquasparta,* wien, 1906.

Longpré, E., Matthieu d' Aquasparta, *Dictionnaire de theologie catholique,* vol. 10, 1928.

Beha, H. M., Matthew of Acquasparta's Theory of Coguition, *Franciscan Studies,* vol. 20, 1960; vol. 21. 1961.

雷蒙・魯爾的拉丁文原著:

B. Raymundi *Lulli opera omnia,* ed. by y. Salzinger, 8 vols., Mainz, 1721-1742.

Keicher, O., *Raymundus Lullus und seine Stellung zur arabischen Philosophie,* Münster, 1909 (Beiträge, 7, 4-5). 包涵 Liber contra errores Boethii et Sigerii, 亦稱 Declaratio Raymundi.

評論及評傳:

Peers, E. A., *Fool of Love; the Life of Ramon Lull,* London, 1946.

LLinarès, A., *Raymond Lull, philosophe de l'action,* Grenoble, 1963.

Platzek, E. W., *Raimund Lull,* 2 vols., Düsseldorf, 1962-64.

Carreras Y Artau, T. YJ., *Historia de la Filosofia Española Filosofia christiana de los Siglos XIII al XIV*. vols. I, II. Madrid, 1939-43. (爲西班牙文的西班牙哲學史。卷 I 有豐富的文獻, 卷 II 有詳細的歷史敍述。)

Probst, J. H. *Caractère et origine des idées du bienheureux Raymond Lulle,* Tonluse, 1912.

——, *La mystique de Raymond Lulle et L'Art de contemplation,*

Münster, 1914 (Beiträge, 13, 2-3).

吉爾斯原著：沒有全集，僅有單行本。吉爾斯在其亞里士多德評注中有些科學觀念受到現代學者注意，如「雙重量論」(duplex quantitas)。評注古版本：

Physica, Venice, 1492.

Posterior analytica, Venice, 1488.

De anima, Venice, 1496.

Prior analytica, Venice, 1499.

Expositio in artem veterem, Venice, 1504.

其他：

Quodlibeta, Venice, 1496.

De intellectu possibili, De gradibus formarum 見 *De anima,* Venice, 1550 版。

De potestate ecclesiastica, Weimar, 1929.

Aegidii Romani Theoremata de esse et essentia, Louvain, 1930.

英譯：

Murray, M. V., *Theorems on Existence and Essence,* Milwaukee, 1952.

評論：

Maier, A., *Die Vorläufer Galileis,* 2 vols, Rome, 1949.

——, Zwischen philosophie und Mechanik, Rome, 1958.

Egenter, R., *Die Erkenntnis psychologie des Aegidius Romanus,* Regensburg, 1926.

Hocedez, E., *Gille de Rome et saint Thomas,* in P. Mandonnet, ed, Melanges Mandonnet, 2 vols., Paris, 1930, vol. 1.

Makaay, S., *Der Traktat des Aegidius Romanus über die Einzigkeit der substantiellen Form,* Würzburg, 1924.

Gwynn, A., *The English Austin Friars in the Time of Wyclif*, Oxford, 1940.

亨利·根特的原著:

Summa quaestionum ordinariorum Henrici a Gandavo, Paris, 1520. Reprint, Bonaventure, N. Y., 1953.

Quodlibet magistri Henri Goethals a Gandavo, Paris, 1518.

評論:

Paulus, J., *Henri de Gand: Essai sur les tendences de sa métaphysique,* Paris, 1938.

Bayerschmidt. P., *Die Seins-und Formmetaphysik des Heinrich von Ghent in ihrer Anwendung auf die christologie. Eine philosophie-und dogmenge-schichtliche Studie,* Münster, 1941 (Beiträge, 36, 3-4).

(二十一)斯各特

原著:

Joannis Duns scoti opera omnia, vivès, paris, 189-1895. 26 vols. 這是重刊 1639 年 Lyon 的 Wadding 版，原 12 卷，其中包涵僞書(非斯各特著作)。吉爾松特別強調 De rerum principio 非斯各特著作，因過去評論家多被其所誤。

Opera omnia, ed. by C. Balić, Vatican city, 1950- 爲校勘本，至今只出版一小部分。

Tractatus de primo principio, ed. by E. Roche, St. Bonaventure, N. Y., 1949. 爲拉丁英譯對照本。

Duns Scotus: A Treatise on God as the First Principle, ed. by A. Wolter, Chicago, 1965. 爲對照本。

文獻目錄:

Shäfer, O., *Bibliographia de vita, operibus et doctrina I. D. Scoti Saecula XlX-XX,* Rome, 1955.

Emden, A. B., *A Biographical Register of the University of Oxford to A. D. 1500,* vol. I, Oxford, 1957. 其中 pp. 607-610 爲斯各特文獻。

評論

Gilson, E., Les seize premiers Theoremata et la pensée de Duns Scotus, *Archives d'histoire doctrinale et littéraire du moyen âge,* 1937-38.

Grajewski, M. J., The Formal Distinction of Duns Scotus, Washington, 1944.

Heidegger, M., *Die kategorien-und Bedentungslehre des Duns Scotus,* Tübingen, 1916.

Wolter, A., *Transcendentals and Their Function in the Metaphysics of Duns Scotus,* St, Bonaventure, N. Y., 1946.

Vier, P., *Evidence and Its Function According to Duns Scotus,* 出版商同上，1947.

Day, S., *Intuitive cognition,* 出版商同上，1947. 論述斯各特認識理論。

Effler, R., J.D. *Scotus and the Principle "Omne Quod Movetur ab Alio movetar",* 出版商同上，1962. 論斯各特運動學說：運動者恆由他動。

Ryan, J. K. and Bonansea, B. eds., *Studies in Philosophy and the History of philosophy,* vol. III, Washington, 1965. 此爲紀念斯各特誕辰七百周年論文集。

關於梅倫尼斯、安維克、里巴等斯各特派的學說，可參 Gilson, *History of Christian Philosophy in the Middle* Ages, London, 1978, pp. 465-471. 以及：

Claessens, F., *Liste alphabétique des manuscrits de Francois de Mayronnes,* La France Fransiscaine, 22, 1939.

Praeclarissima…scripta…Francisci de Mayronis, Venice, 1520.

Franz von Mayronis OFM, sein Leben, Seine Lehre vom Formaluniterschied in *Gott,* Werl I. W., 1936.

Ledoux, A., *Guilelmi Anwick Quaestiones disputatae de esse intelligibili et de Quolibet,* Quarrachi, 1937.

杜朗等:

Koch, J., *Durandi de S. Porciano O. P. Quaestio de natura cognitionis et Disputatio cum anonymo quodam necnon Determinatio Hervaei Natalis O. P.,* Münster I. W., 2ed., 1935.

——, Durandus de Sancto Porciano Jractatus de habitibus, q. 4: *De subjectis habituum, addita quaestione critica anonymi cujusdam,* Münster I. W., 1930.

Buytaert, M., Peter Auroli Scriptum super primum Sententiarum, St. Bonaventure, N. Y., 1953.

(二十二)奧卡姆

原著:

Summa totius logicae, Oxford, 1675. Ph. Boehner 所輯現代版, st. Bonaventure. N.Y., 1951-54. 包涵 Pars I. Pars II a, Tertia Prima.

Ordinatio, quaestio prima principalis prologi, ed. ph. Bohner, Paderborn, 1939.

Tractatus de successivis, st. Bonaventure, N. Y., 1944.

Tractatus de praedestinatione et de praescientia Dei et de futuris contingentibus of william Ockham, st. Bonaventure, N. Y., 1945

Summulae in libros physicorum, Rome, 1637.

Expositio aurea…super artem veterem, Bologna, 1496.

Guillelmi de Ockham opera politica, Manchaster, 1940-

英譯:

Ockham: philosophical writings, Ph. Boehner, ed., Edinburgh, 1957. 原文選讀附英譯。

The Seven Quodlibeta, 見 Mckeon, Selections from Medieval Philosophers, II, pp. 360-421.

De sacramento altaris, Latin and English, by T.B. Birch, 1930.

評論:

Boehner, Ph., *Medieval Logic,* Manchester, 1952.

——, *Collected Articles on Ockham,* St. Bonaventure, N. Y., 1956.

Carlyle, R. W. & A. J., *A History of Medieval Political Theory in the West,* 6 vols., London, 1903-1936.

Crombie, A. C., *Augustine to Galileo. The History of Science, A. D. 400-1650.* London, 1952.

Baudry, L., *Guillaume d'Occam,* Paris, 1950. 屬於 L'Homme et les Oeuvres, vol. I. 有詳細文獻。

——, *Lexiqne philosophique de Guillaume d'Ockham,* Paris, 1958.

Moody, E. A., *The Logic of William of Ockham,* New York and London, 1935.

——, *Truth and Consequence in Medieval Logic,* Amsterdam, 1953.

Vignaux, P., *Le nominalisme an XlVe siecle,* Montreal, 1948.

Webering, D., *The Theory of Demonstration According to William Ockham,* St. Bonaventure, N. Y., 1953.

Federhofer, F., *Die Erkenntnislehre des Wilhelm von Ockham,*

Munich, 1924.

Martin, G., *Wilhelm von Ockham. Untersuchungen zur Ontologie der Ordnungen,* Berlin, 1949.

Moser, S., *Grundbegriffe der Naturphilosophie bei Wilhelm von Ockham,* Innsbruck, 1932.

Shapiro, H., *Motion, Time and Place according to William Ockham,* St. Bonaventure, N. Y., 1957.

Scholz, R., *Wilhem von Ockham als politischer Denker und sein Breviloquium de Principatu Tyrannico,* Leipzig, 1944.

Hamann, A., *La doctrine de L'église et de L'état chez Occam,* Paris, 1942.

De Lagarde, G., Naissance de L'esprit laïque au declin du moyen âge, Cahier Vl, Ockham. La morale et le droit, 1946.

奧卡姆主義

Adam Woodham 原著見 B. Geyer, *Grundriss der Geschichte der Philosophie II,* 587, Berlin, 1928.

Robert Holkot 見上引書 588.

Jean de Mirecourt (Joannes de Mirecuria) 見 Birkenmaier, A., *Ein Rechtfertigungsschreiben Johanns von Mirecourt,* Münster, 1922 (Beiträge, 20, 5).

Stegmüller, F., Die zwei Apologien des Jean de Mirecourt, Recherches de théologie anciene et médiévale, 1933.

Nicolas d'Antrecourt (Nicolaus de Ultricuria) 見 Lappe, J., *Nikolaus von Autrecourt,* Münster, 1908 (Beiträge, 6, 1).

O'Donnell, J. R., Nicholas of Antrecourt, *Medieval Studies,* 1, 1939.

Weinberg, J. R., *Nicholas of Autrecourt. A Study in 14th century*

Thought, Princeton, 1948.

Buridan 見:

Johannis Buridani Quaestiones super libros quattuor de caelo et mundo, ed. by A. E. Moody, Cambridge, Mass. 1942.

Quaestiones super octo Libros physicorum Aristotelis, Paris, 1509.

Summulae Logicae, Lyons, 1487.

Quaestiones et decisiones physicales insignium virorum Alberti de Saxonia, Thimonis, Buridani, Paris, 1516.

(二十三)十四世紀神秘主義與異端

Eckhart 原著:

Magistri Eckhardi opera latina auspiciis Instituti Sanctae Sabinae ad codicum fidem edita, Leipzig.

I. *Super oratione dominica*, R. klibansky ed., 1934.

II. *Opus tripartitum: Prologi*, H. Bascour, ed., 1935.

III. *Quaestiones Parisienses*, A. Dondaine, ed., 1936.

Meister Eckhart. *Die deutschen und lateinischen Werke herausgeben im Auftrage der Deutschen Forschungsgemeinschaft*, Stuttgart, 1936-.

英譯:

c. d. B. Evaus, *Meister Eckhart*, London, 1924.

Tauler 原著:

Opera omnia, Paris, 1623.

Die Predigten Taulers, Berlin, 1910.

法譯:

Les sermons de Tauler, traduction sur les plus anciens manuscrits alemands, by Hugneny, Théry, Corin, 3 vols., Paris, 1927-35.

Suso 原著:

Hienrich Seuse. Deutsche shriften, ed. by K. Bihlmeyer, 2 vols., stuttgart, 1907.

法譯:

L'oeuvres mystique de Henri Suso. Introduction et traduction, 4 vols., by B. Lavand, Fribourg, Switzerland, 1946-7.

英譯:

Clark, J. M., *Little Book of Eternal wisdom and Little Book of Truth,* London, 1953.

The Life of the Servant, London, 1952.

Ruysbroeck 原著:

Ruusbroec Werken, ed. by B. Ponkens et al., 4 vols, Cologne, 1950 (zd ed.).

英譯:

Wynschenk, Dom, *The Adornment of the Spiritual Marriage, The Sparkling Stone. The Book of Supreme Truth.* London, 1951.

Colledge, E., *The Spiritual Espousals,* London, 1952.

評論:

Petry, R. C., *Late Medieval Mysticism,* Philadelphia, 1957.

Clark J. M., *The Great German Mystics,* Oxford, 1949.

Bizet, J. A., *Henri Suso et le déclin de La Scolastique,* Paris, 1946.

BuhLmann, J., *Christuslehre und Christusmystik des Heinrich Seuse,* Lucerne, 1942.

Wantier D'aygalliers, A., *Ruysbroeck L'Admirable,* Paris, 1923.

Tobin, F., *Meister Eckhart: Thought and Language,* Philadelphia, 1986.

Wyclif 原著:

Lechler, *Trialogus,* Oxford, 1869.

Beer, R., *De compositione hominis,* London, 1884.

——, *De ente predicamentali,* London, 1891.

Dziewicki, M. H., *De ente,* London, 1909.

Thomson, S. H., *Summa de ente,* Oxford, 1930.

The Wyclif Society 於 1883-1922 出版的文集共 33 卷，其中不含一些重要的哲學著作。

評傳及評論:

Workman, H. B., *John Wyclif,* 2 vols., Oxford, 1926. 爲公認的標準評傳。

Hughes, P. E., *Theology of the English Reformers,* London, 1965.

Clebsch, W. A., *England's Earliest Protestants:* 1520-1535, New Haven: Yale U Pr, 1964.

McFarlane, K. O., *John Wyclif and the Beginnings of English Nonconformisty,* London, 1952.

Robson, J. A., *John Wyclif and the Oxford Schools,* Cambridge, 1961.

Lerner, R. E., *The Heresy of the Free Spirit in the Later Middle Ages,* University of California Pr, 1972.

(二十四)尼古拉・庫撒

原著:

Opera omnia, 14 vols., Leipzig und Hamburg, 1932-59.

哲學著作的現代版本:

Nicolaus von cues, Texte seiner philosophischen Schriften, ed. by A. Petzelt, Stuttgart, 1949-.

神哲學著作古版本:

De docta ignorantia. De coniecturis, 1440.

De Deo abscondito, 1444.

De quaerendo Deum, 1445.

De Genesi, 1447.

Apologia doctae ignorantiae, 1449.

Idiotae libri, 1450.

De visione Dei, 1453.

De beryllo, 1458.

De possest, 1460.

Tetralogus de non aliud, 1462.

De venatione sapientiae, 1463.

De ludo globi, 1463.

De apice theoriae, 1463.

政治性著作:

De concordantia catholica, 1433-34

De pace fidei, 1453.

科學著作:

De statis experimentis, 1450

De transmutationibus geometricis, 1450.

De mathematicis complementis, 1453.

De mathematica perfectione, 1458.

法英譯本:

Oeuvres choisies, M. de Gandillac, Paris, 1942.

The vision of God, E. G. Salter, New York, 1928.

The Idiot, W. R. Dennes, San Francisco, 1940.

Of Learned Ignorance, G. Heron, 1954.

Unity and Reform: Selected Writings of Nicholas de cusa, J. P. Dolan, Notre Dame, Indian. 1962.

評論:

E. Vaosteenberghe, *Le cardinal Nicolas de Cues,* Paris, 1921.

Koch, J., *Nikolaus von cues und seine Umwelt,* Heidelberg, 1948.

De Gandillac, M., *La philosophie de Necolas de cues,* Paris, 1941.

Volkmann-Schluck, K. H., *Nicolaus Cusanus,* Frankfurt am Main, 1957.

Cassirer, E., *The Individual and the cosmos in Renaissance Philosophy,* Oxford, 1963.

Heinz-Mohr, G., *Unitas Christiana,* Trier, 1958.

Zellinger, E., *Cusanus-Konkordanz,* Munieh, 1960.

Sigmund, P. E., *Nicola of cusa and Medieval Political Thought,* Cambridge, Mass., 1963.

Hopkins, J., *Nicbolas of Cusa's Debate with John wenck: A Translation and Appraisal of De Ignota Litteratura and Apologia Doctae Ignorantiae,* Minneapolis, MN, 1981.

〔附錄一〕
安瑟倫的眞理論

所謂眞理論，是傳統本體論的一部分。形上學分為一般形上學與特殊（應用）形上學。一般形上學又稱本體論，研究本體、眞理、善、因以及實體、屬性、關係、質、量等範疇。特殊形上學包括宇宙論，靈魂論和神正論。中世紀神哲學家大抵皆有關於眞理和認識的論述，但不一定應用「眞理論」這個名稱*只有安瑟倫、格羅斯泰斯特、托馬斯等少數神哲學家著有《論眞理》(*De Veritate*) 的專書。

安瑟倫的認識理論，集中在《關於眞理的對話錄》中，在《獨白篇》及同期一些對話錄中，間亦有所涉及，但系統的論述則集中在《關於眞理的對話錄》中，故本文將研究的重點放在這本專著上面。

本文分為兩部分。第一部分逐章複述並詮釋《關於眞理的對話錄》的拉丁原文。第二部分則集中注意力於原著的基本命題，予以邏輯的、語義的分析；並對安瑟倫的理論與相關的重要神哲學理論進行初步的比較研究；最後指出安瑟倫的眞理論在歷史上及現代的意義。

安瑟倫被稱為「經院神哲學之父」，其歷史地位，在本書第一部中已經論及。然而迄今為止，西方學者關於安瑟倫的研究，大抵限於其本體論論證及神學救贖論，近幾年來亦有人探討其邏輯著作和祈禱文。對於他關於眞理和認識的論述，其思辨的方式和特點，其中蘊涵的科學方法，則尚未聞有人進行深入的研討。本文應用分析詮釋法，旨在揭示出經院神哲學發展史中一個關鍵性的問題，卽：基督敎傳統在吸收希臘哲學來闡揚其神聖價值的同時，如何開啓了近代科學方法的端倪。

---

*中世紀神哲學家往往在各種 Summa, Qnestiones 中論及眞理問題。關於認識問題，間亦有相應的書名，如 *De Humanae Cognitionis Ratione, De Intellectu, De Gradu Formarum, De Cognitione Primi Principii, De Intellectu et Intelligibili* 等。中世紀的書名常有雷同。

第一部分

一、安瑟倫論眞理永恆性的前提

在《關於眞理的對話錄》中，開宗明義第一章，援引了《獨白篇》第十八章的一大段文章，論證了眞理的永恆性。安瑟倫提出兩個自明的前提：1.過去有某物卽將存在 (futurum erat aliquid)；2.有某物曾經存在 (Praeteritum erit aliquid)。❶安瑟倫繼而問道：有誰能夠設想，命題1在時間上有一個開端，或在過去什麼時候不眞？又有誰能夠設想，命題2在什麼時候會停止爲眞？安瑟倫認爲這種設想不可能成立。

---

❶ Dialogus de Veritate I. 筆者所據版本爲 Migne, Patrologiae Cursus Completus, Series Secunda (Latina), 1853, Paris. 安瑟倫全集佔 158、159 兩卷，其中 De Veritate 始於 158 卷 467 頁。此書共 221 卷，爲舊版，卻是世界宗教研究所圖書館所藏安瑟倫著作的唯一版本，無英譯本。De Veritate 有 J. Hopkins & H. Richardson 的英譯本，叫做 *Trnth, Freedom, and Evil: Three Philosophical Dialogues by Anselm of Canterbury*, Harper & Row, New York, 1967。1983 年筆者在多倫多大學演講時，Herbert Richardson 教授來聽講，會後曾以此書見贈。筆者翻閱其 On Trnth 譯文之一部分，覺其譯筆暢達，但在語義上與原著出入亦復不少，此乃譯事所難免。讀者如欲確切地知道安瑟倫論證的涵義，應讀原典。本書所錄筆者之各種譯文僅供參閱，皆不能代表原文。

由上述兩個命題可推導出：從過去到現在直至將來世界上永遠有眞理（眞陳述）。既然眞陳述沒有始終，故眞理爲永恆。

安瑟倫的論證方式，是以矛盾律亦即形式邏輯的不可否定性，來推論眞理的永恆性。維特根施坦嘗說，世界是邏輯空間中事實的總和。❷我們不可能認識一個沒有邏輯的世界。關於存在的設想本身便是一個邏輯陳述。按照維特根施坦的觀點，我們只有通過語言邏輯的結構去認識世界，捨此而外別無認識世界的途徑，因此我們的世界，便是在邏輯空間中按照語言結構的特有方式結合起來的事實之總和。這是現代哲學的觀點。按照安瑟倫的論證方式，「眞陳述有開端和終結」自相矛盾，故眞理爲永恆。這是中世紀哲學的觀點。以上是《關於眞理的對話錄》第一章需要說明的第一點。

第二點，需要說明安瑟倫與奥古斯丁的異同。安瑟倫自稱其思想以奥古斯丁爲權威。在《獨白篇》的前言中，他聲言沒有做過任何與奥古斯丁著作不一致的論述。❸在他關於眞理永恆性的論證中，也確實可以看到奥古斯丁論證的影響。在後者的早期對話錄中，也曾以矛盾律來證明眞理之不滅。「我確知，要就有一個世界，要就有一個以上的世界；假使有一個以上的世界，世界的數目要就是有限的，要就是無限的。」❹「就我身體官能所及，不論是地、天，還是別的，我皆不能知道它們會持續多久。然而七加三等於十，卻永遠如此。七加三不曾得出，也永遠不會得出十以外的結果。因此，我剛才說了，數的眞理是不滅的，對於一切思維的人來說無不如此。」❺這裏實際上

❷ *Tractus Logico-philosophicus* I.3 1.

❸ *De Divinitatis Essentia Monologium,* Praefatio.

❹ *Contra Academicos* 3. 10.

❺ *De Libero Arbitrio* 2. 8.

是以既定的邏輯規律來論證眞理之不滅。安瑟倫則以關於世界存在的命題，即經驗中不可否定的自明前提，爲出發點，以更爲縝密的邏輯推導，來證明眞理之不滅。❻安瑟倫的邏輯工具來自六世紀波依修斯所譯亞里士多德的《範疇篇》和波弗利的《引論》以及波依修斯本人寫的評注。❼此爲安瑟倫在時代上不同於奧古斯丁之處。

第三點需要指出的，是安瑟倫在論證「眞理無始終」的時候，已將「無始終」作爲「超越的永恆」之同義語來使用。關於此點，在下文還要予以深入的分析。

二、命題眞値具有兩重性

《關於眞理的對話錄》第二章討論命題眞値的兩重性。安瑟倫按照波依修斯的方式，提出命題眞的一般定義。設命題所肯定的對象存在，或命題所否定的對象不存在，則該命題爲眞。亦即是說，陳述符合客觀實在爲眞。這是亞里士多德傳統的認識論的對應論。

---

❻ E. Gilson 也曾指出安瑟倫將奧古斯丁關於眞理的命題置於堅實的邏輯基礎上，參見 *L'esprit de la philosophie mediévale,* Paris, 1944, Ch. XII。但未說明具體論證方式。

❼ 在安瑟倫同時代晚輩僧侶 Eadmer 所著安瑟倫傳記 *Vita Sancti Anselmi* 第一部中，曾述及安瑟倫如何撰寫《論眞理的對話錄》《論魔鬼墮落的對話錄》《論自由意志的對話錄》《論語法家的對話錄》等著作。他指出安瑟倫「多方闡釋講解了 qualitas 和 qualias 的不同約定用法」（tum qualitates et qualia quomodo sint discrete accipienda exponit et instruit.）。見 *Patrologia Latina* Vol. 158 p. 62。按 qualitas 指性質，如「白顏色」；qualis 指屬性，如「白」。這正是貝克修道院（即安瑟倫寫作上述著作的地點）收藏的波依修斯譯著中所討論的典型問題。

但是安瑟倫於此發展出一種獨特的理論。他問道，命題指稱的對象是否就是命題的眞本身呢？指稱的對象只是造成命題眞或不眞的因，而不是眞本身。那麼命題表述的意義是不是命題的眞呢？亦不是，因爲假如命題的意義便是命題的眞，則命題將永遠爲眞；而事實上只有當陳述符合客觀情況時命題爲眞。那麼，命題進行肯定或否定的目的是什麼呢？那是爲着表明，一個被稱謂的對象，或一個被陳述的情況，確是如此。如此說來，當一個命題所肯定的對象確實存在時，該命題便是按應該那樣去陳述了。這裏，安瑟倫用的是「應該」這個動詞。原文如下:

> Mag. Ad quid facta est affirmato? Disc. Ad significandum esse, quod est. Mag. Hoc ergo debet? Disc. Certum est. Mag. Cum ergo significat esse, quod est, significat quod debet.❽
>
> (先生；那麼肯定是為着什麼呢？學生：那是為着表述所稱謂的對象確實存在。先生：所以這就是肯定所應該做的？學生：自然是的。先生：因此，當肯定性命題稱謂的對象確實存在時，該命題便表述了它應該表述的。)

當安瑟倫初給命題的眞下定義時，他僅用了 affirmo（肯定）、nego（否定）這些客觀描述性的詞。但是當他進一步說明命題的眞時，便引入了具有倫理價値意味的動詞 debeo（應該）。照他的說

---

❽ *De Veritate* 2.

法，陳述符合客觀情況爲眞。按客觀那樣陳述，便是按應該那樣陳述。按應該那樣陳述便是正確的陳述。因此，命題的眞意指命題的正確。這裏論證的形式是簡單的假言三段式：$(p\supset q)\cdot(q\supset r)\supset(p\supset r)$。在這裏，具有價值意味的詞「應該」，是論證的中項。

繼而，安瑟倫問道，當命題肯定的對象不存在，或命題否定的對象卻事實上存在時，這樣的命題是否是按應該那樣陳述呢？由於命題有能力陳述事實上不存在的東西，因此有人會主張這類命題也是按應該那樣陳述，也即是眞命題。

安瑟倫則以爲，將這類命題稱爲眞，不合乎常規，但是這類命題也確實具有一種眞，因爲在一個方面它確是按應該那樣陳述。常規的眞命題（其陳述符合客觀情況）是在兩個方面皆按應該那樣去陳述：1.按其指稱的能力；2.按其具有指稱能力的目的。

這裏安瑟倫對命題的能力和目的加以區分，並據此提出命題眞值的兩重性。他稱命題「受有」指稱的能力。一個命題稱爲眞或正確，乃是因其受有指稱的能力，而不是因其未受有指稱的能力（propter quod accepit significationem, quam propter quod non accepit）。命題的指稱能力表現在：它可以陳述不存在的東西，一如它可以陳述存在的東西。命題之所以能夠陳述不存在的東西，僅僅由於它不可能只能夠陳述存在的東西。此乃就其能力而言。若就命題的能力之目的而言，則命題的目的是爲陳述符合客觀的情況。

因此，命題的眞有兩種。1.當命題按其具有指稱能力之目的去陳述時，爲眞。2.當命題僅僅按其指稱的能力去陳述時，爲眞。

第一種眞，偶性地屬於一個命題，隨用法而改變。第二種眞，則本性地屬於一個命題，永不改變。當我用「現在是白天」來陳述客觀上存在的情況時（即現在確實是白天），我乃是按這個命題所以構成的目的來正確地陳述，故稱之爲眞。當我用「現在是白天」來陳述事實上並不存在的情況時（即現在是夜晚），則我是按這個命題所以構成的指稱能力來陳述，僅在這個意義上可稱之爲眞，而就其常規意義（即按其目的而言）則不能稱這個命題爲眞或正確。

安瑟倫繼而指出，在某一類命題中，上述的兩類眞，則爲同一。比方在「人是動物」或「人不是石頭」這類命題中，便是如此。因爲人確實永遠是動物，而人永遠不是石頭。

第二章的結束語大致是說，以上討論了正確使用一命題時其所具有的眞，乃是常規的眞，即通常判斷一個命題時的眞值。至於命題的另外一種眞，留待下文再研究。現在則需要弄清楚眞（正確性）在其他具有指稱性的符號中的情況。

關於第二章，需要做三點簡單的說明。

(一)安瑟倫論證命題的眞即是正確性，依據「應該」這個詞作中項。debeo（應該）是拉丁動詞，溯源於 de-habeo。habeo 意爲「有，佔有，具有，享有。」de-habeo 的原義爲：「從別人那裏取得（財物等）。」debeo 的約定涵義爲：「欠債」，「有義務償還」，「負有（倫理的）義務」，「應該」等。總之，debeo 是一個具有倫理價值意味的詞。安瑟倫用 debeo 作中項來定義命題的正確性，這裏可能掩蔽了一個價值性的附加前提。

(二)安瑟倫稱命題「受有」指稱的能力。按「受有」爲拉丁動詞 accipio，其約定涵義爲：「接受」，引伸義爲「接納」，「記入貸方」，「自居對某人爲某事而欠情（應予報答）」等。當安瑟倫稱命題「受有」指稱能力時，他將 accipio 的涵義引伸到大大超過其約定涵義的程度。他事實上是說，萬物的能力皆受自上帝，故命題的指稱能力亦受自上帝。此義可從《關於眞理的對話錄》整體意義上得到證明，下文還要論及。總之，在安瑟倫的 accipio 用法中，有一個潛在的、信仰性的前提。

(三)安瑟倫所稱兩種眞同一的那類命題，實即後世康德闡明的分析性命題，其眞值取決於先驗的判斷。在「人是動物」這類命題中，主項蘊涵於謂項之中，二者爲種與類的關係，命題可據詞項的定義而判斷爲眞。可以說，安瑟倫對於分析性命題，已有初步的、獨特的理論判別，並非如論者所言毫無辨別。❾此點對於研究他的本體論論證十分重要。

三、思想、意志、行爲、知覺中的眞

以下，自第三章至第七章，安瑟倫論述在思想、意志、行爲、知覺以及一切事物本質中的眞。

當思想符合客觀情況時，我們稱這個思想爲眞。當思想不符合客觀情況時，我們稱這個思想爲僞。正如命題的眞在於其正確性，同樣，思想的眞也就是其正確性。我們被賦予能力(nobis datum est)❿去設想事物存在或不存在。凡思想符合客觀情況的人，便是按應該那樣思維，其思想爲正確。

意志的眞，也是其正確性。在〈約翰福音〉8•44 中，上帝稱魔鬼撒旦是「不守眞理的」。撒旦守或不守眞理，取決於其意志，因爲他是由犯罪才背離眞理的。假使他一直按應該那樣去意願，根本不會

❾ 參見 J. Hick, *A Critique of the Second Argument*, in The Many-faced Argument, New York, 1967, p. 350.

❿ 這裏用 datum est，與上文 accipio 用意相同，皆隱涵潛在的神學前提。

犯罪，也不會背離眞理。按應該那樣去意願，乃是按他被賦予意志的本來目的那樣去意願。不按應該那樣去意願，即是不正確的意願，亦即是背離眞理的意願。因此，意志中的眞，乃是意志的正確。

行爲中的眞也是如此。〈約翰福音〉3•20-21 的經文稱：「凡行惡的便恨光，不來皈依光。」「但行眞理的必皈依光」。按照日常語言的用法，「行惡」與「行善」是反義詞。既然「行眞理」與「行善」有着同一個對立項「行惡」，那麼「行眞理」與「行善」是同義詞。按習慣用法，凡一個人做他應該做的事，便是做正確的、正當的、善的事。而「行眞理」與「行善」是同義詞；因此，行眞理便是做正確的事。行爲的眞便是其正確性。

世界上有理性的行爲，諸如行善、施捨；也有不屬理性的行爲，諸如火發出熱。能否說火發出熱也是行眞理呢？既然火的存在是受自上帝，它發熱的能力是受自上帝，那麼火發熱是做它應做的事。做應該做的事便是做正確的事，也便是行眞理。因此沒有理由說火發熱不是在行眞理。耶穌所稱「行眞理」的「行」是 faceo 乃是日常用法中廣義的「做一切事」，涵蓋一切動詞。所以，行眞理有兩種：一種是自然的、本性的；另一種是理性的、意志的。第二章中所論命題本性的眞，便屬於自然的一類。正如火發熱是出於本性地行眞理，同樣，命題「現在是白天」陳述現在是白天（不管事實上現在是否是白天）乃是出自本性地行眞理，因爲這個命題的本性便是陳述這個情況。

安瑟倫繼而討論知覺的眞。學生說，人的知覺中也有眞，但是有時知覺會欺騙我們。比方我通過玻璃看一個物體，我以爲物體具有某種顏色，而實際上那並不是物體的顏色，卻是玻璃的顏色；同樣，有時我以爲玻璃有某種顏色，事實上卻是物體的顏色。

先生的解答如下。這種眞僞並不存在於我們的知覺之中，而是屬於我們的判斷。外知覺 (Sensus exterior) 從來不把僞的報告傳達給內知覺 (Sensus interior), 而是內知覺有時自己欺騙了自己。有的時候我們能夠察覺並糾正自己的錯誤, 有時則不能。比方一個小孩子看到一個雕塑的龍, 可以嚇哭, 因爲他害怕龍吞掉自己。而一個成年人看到同一雕塑卻不感到害怕。小孩子與成年人對於同一雕塑的感覺並沒有什麼兩樣, 所不同者是他們的內知覺對自己的外知覺所作的判斷不同; 小孩子把雕龍當作眞龍了。同樣, 成年人有時也會認錯人的面孔或聲音, 都是內知覺作出錯誤的判斷。外知覺不會作出僞的報告, 錯誤歸諸我們靈魂的判斷 (Sed judicio animae imputandum est)。

關於第三章至第七章, 有兩點值得注意。

(一)安瑟倫時常採用日常語義的分析方法, 來詮釋經文的意義。他有時甚至指出經文不合約定用法的錯誤。日常語義乃是經驗約定的用法, 具有本體論的意義。安瑟倫是現代語義學的先行者之一。

(二)安瑟倫的認識理論具有經驗論的傾向。他稱外知覺的報告無誤, 亦卽認爲作爲指稱基礎的感覺經驗無誤。奧古斯丁則不同。奧氏將外知覺、 內知覺、 理性按等級加以排列, 稱外知覺爲內知覺的奴僕, 內知覺又爲理性的奴僕。視、聽、觸、味、嗅等外知覺僅可感知外來的刺激, 自身的感知則要靠內知覺加以控制。內知覺乃人與動物所共有, 唯理性爲最高判斷者, 乃人類所持有。知識來自理性。[11]

安瑟倫雖然採用了內外知覺的分類, 卻放棄了等級的排列。他堅信直覺無誤, 將印象的錯誤歸諸內知覺的判斷。以安瑟倫的例子而言, 小孩子害怕雕龍不僅由於內知覺對於視覺的控制, 而且通過以習

[11] *De Libero Arbitrio Voluntatis* 2. 3.

得語言爲基礎的認知結構的調節：小孩子還沒有「雕龍」這個詞，而用「眞龍」誤解了感覺。如果這個推論成立，則可認爲在安瑟倫的認識理論中已有初步的認知結構設想。在對待經驗的態度方面，他也不屬於奧古斯丁、柏拉圖、巴門尼德、芝諾傳統，而近於伊壁鳩魯、盧克萊修古代實在論傳統。理念論和古代本體論認爲現象世界不可靠，知識的來源是理念或理性。安瑟倫則以無誤的直覺爲知識的來源。這是安瑟倫思想的一個方面，此種思想傾向與他信仰的奧古斯丁傳統形成難以調合的矛盾。

四、至高眞理中的眞

在第七章中，先生問道，你能否設想在世界上，在任何時間、任何地點，有任何東西是在最高眞理以外，不是受自最高眞理的嗎？學生回答說：Non est putandum.（不可那樣設想。那樣設想是不行的。）然後，先生做出結論說，因此，凡存在者，就其在至高眞理中的存在而言，皆是眞實的存在。在一切存在着的事物中皆有眞。而且，在事物的本質中只有眞，沒有僞，因爲僞的存在就是不存在。既然一切事物在最高眞理中皆是眞的存在，那麼它們是按應該那樣存在着。按應該那樣就是正確。所以，事物的眞即是其正確性。

關於第七章，需作兩點詮釋。

(一)安瑟倫稱不可設想世界上有任何東西存在於至高眞理以外。在〈論說〉中他也是從設想出發，論證上帝的存在。這有兩層理由。1.他乃是在論證的前提中使用「設想」這個詞，也就是說，乃是作爲形上學的可能性而提出，以區別於經驗中的實存。在安瑟倫，形上學與物理學的界線並不模糊，然而他的論證方法中也伏下被誤認爲由概念推向實存的危機。2.一個虔信者所不可設想者，實卽違背其基本信條的東西。因此，當安瑟倫提出不可設想的前提時，應留意其中可能隱伏的信仰性前提。

(二)安瑟倫有時將「本質」作歧義詞使用。按 essentia 爲拉丁名詞，來源於系動詞 sum，其第一義爲「存在」；第二義爲「本質」。通常安瑟倫在「具體的存在」意義上使用 essentia。⑫在《關於眞理的對話錄》中他用 essentia 則指「本質、本性」，但有時又搖擺到「存在」的涵義上去，如說僞的存在不可能，故本質中只有眞。此種詞義的伸延方式，非翻譯所能傳達。而此種歧義詞的應用，也使他的推導無法確切。

五、「應該」的歧義

第八章分析「應該」的歧義。有時同一行爲，比如耶穌受難，既應該又不應該。耶穌不應該受難，因爲他是世上唯一無罪無辜的人，不應該被處死。然而耶穌又應該受難，因爲他那大悲大智的心甘願通過受難替人類贖罪。如此看來，意義相反的詞項，可以因不同的理由作同一主詞的謂項。

有時一個表示行動的詞，既涉及動作者，又涉及被動者。例如 percussio（打人）既意指一個 actio（行動），又意指一個 passio

⑫ 參見 J. Hopkins & H. Richardson, *Truth, Freedom, and Evil: Three Philosophical Dialogues,* New York, 1967, p. 102.

（被動)。以行動者而言，percussio 是主動式，指「打人」; 以被動者而言，percussio 又是被動式，指「被打」。在語法上，percussio 乃由過去分詞被動式構成，因此其涵義應爲「被打」。但在日常用法上，percussio 則既指「被打」又指「打人」。照理說，我們應該有兩個相應的詞: percutientia（打人）和 percussio（被打）。然而在實際用法中拉丁文卻只有一個 percussio，用來既指行動又指被動。

有時，「應該」的歧義與主動和被動混淆不清有關。這是「應該」被用錯的一個原因。比方，當我說「我應該被你愛」的時候，我便用錯了這個詞。因爲，如果我應該被你愛，那我便應該盡一種義務。而實際上，我的意思卻是說「你應該盡一種務義(愛我)。所以，當我說「我應該被你愛」的時候，我的意思乃是「你應該愛我」。同樣，「能夠」這個詞也具有類似的用法。當我說「赫克特能夠被阿基利斯打敗」的時候，我的意思乃是說「阿基利斯能夠打敗赫克特」。

以上第八章，安瑟倫從兩個方面分析「應該」之所以具有歧義的緣故。

(一)語法中主動與被動的混淆不清，使「應該」所表示的義務中的主詞與謂詞倒置。這從一個角度說明「應該」是表示義務的詞。

(二)不同的描述項，可以因不同的理由，來通過「應該」作主詞的謂項。這卽是說，「應該」作爲一個表示價値的詞項，其涵義取決於「不同的理由」，也就是取決於價値性的前提。這提示，當安瑟倫用「應該」作爲中項給「眞」界定涵義時，可能隱涵某種價値性、信仰性的前提。只有彰顯出他論證中的潛前提，才能夠判斷他的論證在邏輯上是否有效，以及他闡釋的涵義究竟是什麼。

六、對「行眞理」的補充詮釋

第九章討論行爲的指稱性眞值。誰都知道命題有眞僞之別，卻鮮有人知道本質之中也有眞的問題。不僅在通常稱作符號的事物中有指稱的眞僞之別，即在行動中也有指稱的問題。既然一件事之應該被一個人做僅僅由於他應該做這件事，那麼他做這件事本身便稱謂着他應該做這件事 (eo ipso quod aliquis aliquid facit, dicit et significat hoc se debere facere)。如果他確實是在做一件他應該做的事，那麼他便是在說眞話（verum dicit）；如果他不是在做一件他應該做的事，他便是在說假話（mentitur）。舉例來說，比方在某個地方，生長着可食的植物，間亦生長着劇毒植物，而你無從分辨。你有一個同伴，你相信他能夠辨別有毒植物。當你問他什麼植物可食時，他指給你一些植物，而他本人卻去吃另外一些植物。此時你是相信他的話呢，還是相信他的行動？自然相信他的行動，因爲他的行動更眞切地告訴你什麼植物可食。

同樣，一個人的思想和意願也有稱謂。只要你能夠觀察到一個人思想或意願的外在表現，其行動便是一種指稱，以此告訴你該人是否眞實地在思想或意願着什麼。

以同樣理由，可知事物的存在之中也有指稱的眞僞，因爲事物的存在本身便表明它們應該存在。

以上第九章是對第三至七章中關於行動等的眞做出的補充說明。第三至七章是根據日常語義對經文中的「行眞理」做出某些詮釋。本章則根據觀察指出，行動本身也具指稱性的眞僞。安瑟倫將行動當作具指稱的符號，卻忽略一個事實，即觀察者須先將對象的行動翻譯成語言陳述，才能夠將其當作指稱來理解，而這翻譯之成立又依主體設定的前提而決定其意義。故行動的眞仍爲命題的眞值。

七、至高眞理的永恆性

第十章論至高眞理的永恆性。一切事物的眞，在於按應該那樣存在或活動。然而至高眞理的正確性卻不是按應該如何 (summa vertas non ideo est rectitudo, quia debet aliquid)。一切事物對至高眞理負有義務 (omnia enim illi debent)，而至高眞理卻不負有任何義務，其存在的唯一理由即是其存在 (nec ulla ratione est quod est, nisi quia est)。至高眞理是一切眞理和正確性的因，而至高眞理本身則不具有因，以自身爲因，故自在。一般眞理，或爲因、或爲果，或既爲因又爲果。比方，事物的存在中的眞，乃是至高眞理的果，同時又爲思想、命題之眞的因。而思想、命題之眞，則只爲果，不爲因。

明乎此，則不難理解，我何以在《獨白篇》中用命題之眞來證明至高眞理之無始終。我提出「過去有某物即將存在」無時不眞，目的並不是要證明該命題本身無始終，也不是要說命題本身的眞就是上帝。我只是說，設定這個命題，則我們無法設想有一段無眞理在其中的時間；從這個事實可以看出，作爲命題第一因的那個眞理之無始終。命題的眞不可能永在，除非其因永在。命題「有某物即將存在」不可能爲眞，除非確實有某物即將存在；而某物不可能存在，除非它在最高眞理之中。既然沒有人能否認這個命題永遠爲眞，那麼結論必然是，無法設想作爲命題眞理之因的那個眞理有始終。如果「過去有某物即將存在」和「有某物曾經存在」沒有不眞的時候，則至高眞理不可能有始終。

關於第十章，有兩點值得注意。

(一)安瑟倫將「時間的無始終」與「超越的永恆」等同起來。非如此則不能證明至高眞理之永恆。然而這種詞項邏輯値之等同，在安瑟倫則未經證明。

(二)在「某物不可能存在，除非它在最高眞理之中」裏面包涵一個未經證明的信仰性前提。非如此亦不可能得出其結論；但加入這個附加前提，也就使第一章中原本提出的，以自明前提爲基礎的這個論證改變了性質，而造成論證的循環性。

以上兩點提示，將在本文第二部分中加以充分討論。

第十章的目的是收束一番關於眞理永恆性的論證，以爲下一步的論證做好準備。

八、眞理與正義皆需用「正確」來定義

第十一章給眞理下定界說。先生問道，除命題、思想、意志、行動以及事物本質中的正確性之外，你還能設想別的正確性麼？學生回答說，倒也講不出別的，只是感到物質東西的正確性，比如一根棍子是否筆直，與其他正確性十分不同。因爲物質東西的正確性可以用眼睛看出來，而前面討論過的那些正確性則只能以心智來判斷。先生反問道，難道物質東西的正確性不能以心智來判斷，比方有一件東西不在眼前，我們豈不是也可以判斷其表面平滑而不彎曲麼？學生說，不

錯，固然可由心智證明其平面，但是這平面也可以由肉眼感覺到，而上述其他正確性則只有由心智來判斷。

於是先生下結論道，如果我沒有弄錯的話，現在我們可以將眞理定義爲：僅由心智所能認識的正確性（veritas est rectitudo sola mente perceptibilis)。

最後學生說，這個定義恰好界定了眞理的必要條件，旣非過廣，亦非過狹。「正確性」區分了眞理與一切不稱爲正確性的東西；「僅由心智所認識」則區分了眞理與一切可由知覺感到的正確性。

這裏安瑟倫並未順勢去總結眞理的涵義，而是分出筆來給正義定界說。照安瑟倫的觀點，眞理與正義皆須用「正確性」來定義，故界定「正義」亦即是區分「正義」與「眞理」，可藉此淸晰地說明「眞理」的涵義。再者，討論正義又引出關於自由意志的研究，轉入《關於自由意志的對話錄》和《關於魔鬼墮落的對話錄》。三個對話原在一起發表，有總序，其中說：「三個對話錄之一是《論眞理》，提出什麼是眞理，什麼爲眞，以及什麼是正義。」⓭由於其他兩個對話錄所論屬於神學敎義問題，故本文不予詳論。

第十二章討論正義。眞理由「正確性」來定義，而「正確性」又可和「正義」互爲界說，知其一可推論另一。那麼能否稱凡做應該做的事皆爲「正義」呢？比如一塊石頭的落地運動，能否稱爲「正義」呢？不能，因爲石頭不同於人，人乃是通過其自由意志做應該做的事。但是一匹馬意願吃草，也是通過其意志做應該做的事，卻不得稱爲正義。不意願做其應該做的事，不是正義，並不等於說，意願做其

⓭ *Patrologia Latina* Vol. 158 p. 467.

應該做的事便是正義。這裏安瑟倫的邏輯十分嚴密。用符號來表示，其論證相當於：

$$\sim[(\sim p\supset\sim q)\supset(p\supset q)]$$

那麼什麼才是正義呢？不知道正確性，則不可能意願正確性；不意願正確性，即使客觀上具正確性（比如石頭落地），亦不得許之爲正義。故正義之正確性，僅屬於理性動物。正義在於人的意志正確，因爲卽使一個人思維和行動正確，卻沒有意志的正確，亦不得許之爲正義。但是，僅僅正確地（按應該那樣）意願，卻不知道應該如此意願，也不得稱之爲正義。因爲人的意志不僅有目的（意願什麼），而且有理由（爲什麼如此意願）。只有當人的意志既有正確的目的又有正確的理由時，才是按應該那樣去意願。凡出於正確意志的行爲，即使做不到意願中的事，也是正義。因此，正義乃是爲保持意志之正確的意志之正確性（Justitia igitur est rectitudo voluntatis propter se servada）。

九、眞理的自在性與統一性

在區分了「正義」與「眞理」的涵義之後，在第十三章卽最後一章中，安瑟倫又回到第二章討論的命題兩重眞的問題。第二章曾對命題的兩類眞加以區別。一類是指稱性的眞，靠經驗來判斷陳述與指稱的情況相符爲眞。一類是本質性（安瑟倫稱爲「指稱的能力」）的眞，靠命題「本質」的正確判斷爲眞。指稱性的眞，偶性地屬於命題；本質性的眞，則必然地屬於命題。

現在安瑟倫將上述問題引向一個更深的層次。指稱性的眞，依賴指稱的對象而存在。當一個符號稱謂某物或情況，而該物或情況確實存在時，則指稱爲眞。當一個符號稱謂某物，而某物並不存在；或當符號否定某物，而某物卻存在時，則指稱爲僞。那麼能否說，眞理是隨指稱而有無，如同顏色（屬性）隨物體而有無呢？不能。因爲當物體不存在時，顏色亦不復存在；而一個給定的符號，即使沒有人用它指謂對象時，仍然存在而且正確，因爲它仍然能夠指稱它所應該指稱的對象。這與顏色不同。即使沒有指稱的對象，符號仍存在，其指稱的能力仍存在，其按本性那樣指稱的正確性（眞）仍然存在，此正確性對符號的要求仍存在（Non minus hoc exiget rectitudo），否則此符號亦不成其爲此符號了。所以，當一個符號或命題的指稱對象不存在時，該符號或命題因之而正確的那個正確性並不消亡。

這就是說，使命題指稱所以正確者，是這個不消亡的正確性，而非別的正確性。因爲，假使命題是依據別的正確性而正確，那麼當這個並不消亡的正確性不存在時，命題仍應正確（依據別的正確性）。此與事實不符。如果那個並不消亡的、本質的、必然的正確性不復存在，則符號或命題連自身的意義（稱謂的能力）也沒有了，根本沒有指稱之可言。

由此可知，一切指稱皆非按偶性的正確性而正確，而是按必然的正確性而正確。這個必然的正確性即必然的眞理，不依指稱對象而存在，亦不隨指稱對象而變化。不論具體的指稱存在與否，其必然的眞理則永存。

以同樣理由可知，意志的眞，行動的眞，一切事物本質的眞，皆不依存於意志、行動、事物，而是永不消亡、自在、永在的眞理。

同樣可以知道，這個眞理是統一的，是一而不是多。因爲，只有當個別事物和命題中的眞依具體事物而變化和消亡時，才有個別的、不統一的眞理。然而上文已經證明，一切事物及命題的眞，乃是不依賴具體事物而自存的眞理，故可能是統一的眞理。再者，一切事物皆按應該那樣時爲眞，既然皆按應該那樣，具有同一形式，因此一切事物的眞必然爲統一的眞理。

但是，既然一切事物的眞理爲統一，又爲什麼還要說這個事物的眞，那個事物的眞呢？比方意志的眞並不同於思想的眞，否則又何必將正義界定爲意志的正確？不錯，這個眞那個眞的區別確實存在，但這是由於我們誤用語言的緣故。眞理是一切事物的本體，不依存於事物，亦不在事物之中。相反，個別事物按應該那樣存在時，倒是存在於眞理之中。此時我們才說這個眞，那個眞，諸如此類。正如我們說這個時間，那個時間，其實時間是統一的，一切事皆在時間之中，而非時間在某個事物之中。卽使這個那個事物不存在，時間仍然存在，仍然爲統一。同樣，至高眞理乃爲自在、統一，當某個事物符合至高眞理時，我們才說這個事物的眞或正確性。所謂意志的眞不同於行動的眞，不過是說，現在是意志按應該那樣而已。

關於第十三章，需要注意安瑟倫的傳統實在論思想。他不將正確性視爲概念的關係，而視爲實體。但僅僅指出此點，並無助於判斷他的論證是否有效。需要研究其推導的具體步驟中究竟存在什麼問題。

第二部分

綜觀《關於眞理的對話錄》以及安瑟倫的其他有關著作，可將安瑟倫關於眞理的結論性觀點扼要地表述如下：

> 眞理是永恆、自在、統一的本體，即至高眞理。一切事物的正確以及人的意志、行動、思想、陳述的正確皆在於符合受自至高眞理的本質。

然而安瑟倫不是以直觀斷言的方式，卻是從自明前提出發通過周密的邏輯推導一步一步地得出這個判斷。因此我們需要研究，他的邏輯推導是否有效，以及他的基本前提的涵義所在。

一、安瑟倫如何使用一個歧義詞來界定「眞理」

首先，需要研究安瑟倫在什麼意義上使用 veritas（眞、眞理）這個詞。第一章開始便提出：上帝是眞理。同時指出：上帝是至高眞理。第十章指出：至高眞理是正確性。第十一章給眞理定的界說是：僅由心智認識的正確性。此點結合第一章，則是說：眞理乃是眞陳述。第二章又將命題的眞釋爲指稱的正確與陳述的邏輯正確。至此，安瑟倫已在幾種不同的意義上應用 Veritas 這個詞。

(一)指稱的正確　即約定符號的組合符合稱謂對象的描述。

(二)陳述的邏輯正確　即陳述不含矛盾，安瑟倫特指事實性陳述的邏輯正確。

(三)本體論的正確　自安瑟倫的奧古斯丁神學思想而言，指萬物受自上帝的本質與上帝心智中的範型相一致。

安瑟倫在應用 Veritas 這個詞的時候，搖擺於上述幾個不同層面的涵義之間，有時候間亦應用一種混合詞義。這是由於他應用一個歧義的定義詞 rectitudo（正確，正確性）來定義 Veritas 的緣故。

開始，安瑟倫採用日常語義來解釋 rectitudo 的涵義。這個詞來源於形容詞 rectus（直的）。故 rectitudo 的約定涵義爲：「正確，正直，嚴格遵守法律和行爲規範的品質。」這個定義本身並不包涵價值性的前提。

繼而，安瑟倫又用釋義法來重新定義 rectitudo：正確便是按應該那樣。於是引入 debeo 這個詞，它既有「應該」，又有「對某人負有義務」的涵義。「義務」是安瑟倫神學思想中一個獨特的重要概念。他認爲人與其他受造物對上帝負有義務，而上帝不負有任何義務。❶ 在其神學著作《上帝何以成人》中他用義務、榮譽的觀念來說明原罪問題。在《論眞理的對話錄》中他也反覆在教義意義上應用 debeo 這個詞。比如：

第四章：Nam si quandiu voluit quod debit, ad quod se

---

❶ *De Veritate* 10.

licet voluntatem acceperat, in rectitudine et veritate fuit.（因為在他按應該那樣意願時，卽按受自上帝的意志之本來目的那樣意願時，他便是在正確和真理之中。）

第七章：si ergo omnia hoc sunt quod ibi〔in summa veritate〕sunt, sine dubio hoc sunt quod debunt（因此如果萬物是如在至高真理中那樣，則必是按應該那樣。）

這裏，安瑟倫明確地指出，按應該那樣便是按受自上帝的本質那樣。而安瑟倫又是用「按應該那樣」來定義「正確」，用「正確」來定義「眞理」，以此形成其神學本體論涵義上的「眞理」概念。但是安瑟倫又用「眞理」指「指稱的正確」和「陳述的正確」。如何將這兩類正確與本體的正確調合起來呢？便是通過意義的引伸。經過安瑟倫重新解釋的「命題的眞」已大大超過邏輯學的涵義，不僅指命題的詞項符合約定的意義以及指稱符合描述的情況，而且指符合受自上帝的本質。按應該那樣陳述是命題的能力。指稱符合客觀情況則是命題受造的目的。命題的「能力」和「目的」是其本質的兩個方面。

此種調合，反映安瑟倫力圖綜合他所繼承的亞里士多德邏輯和傳統的實在論、理念論以及聖經神學觀念。但是指稱理論與神學觀念有不可調合的一面，此點將在本文第五節中討論。安瑟倫的神學思想淵源則在第六節中予以論述。

二、安瑟倫的論證中有一個潛在的信仰性前提

上文指出安瑟倫應用「眞理」這個詞的幾層涵義，乃是根據其著

作的總體意義，進行詮釋之結果。安瑟倫論證眞理的永恆性，其方法則是不靠聖經的權威而只靠獨立的研究、普通的證明和理性的說服力。❷

他提出一個經驗中不可否定的前提：關於存在的陳述沒有始終。他的目的是由此推導出本體眞理之永恆。關鍵性的論證見於《關於眞理的對話錄》第十章。關於事物存在的眞陳述之所以無始終，取決於事物存在；而事物存在則取決於其終極因即至高眞理，按照安瑟倫的奧古斯丁主義表述法，即「萬物存在於至高眞理之中」。❸這樣，便可由「關於事物存在之眞陳述無始終」推導出「作爲萬物終極因的至高眞理無始終」。

但是，這個推導不可能成功，除非在原有的自明前提（即「過去有某物即將存在」和「有某物曾經存在」）之外，增添一個附加前提（即「萬物存在於至高眞理之中」）。然而這個附加前提既非自明的前提，又非可證明的命題，而是一個信仰的條文，全靠聖經權威。有不少經文支持這個命題。如《舊約·以賽亞書》26·12：「耶和華啊，你必派定我們的平安，因爲我們所做的事，都是你替我們成就的。」《新約·使徒行傳》17·28：「我們生活、行動、存在都在他之內。」〈希伯來書〉11·8：「我們因着信，便知道世界萬物是藉着上帝的話造成的。」〈約翰福音〉1·1-3：「太初有道，道與上帝同在，道就是上帝。這道太初與上帝同在。萬物是藉着他造的。凡被造的，沒有一樣不是藉着他造的。」14·6：「耶穌說，我就是道路、眞理、生命。」

當安瑟倫在《獨白篇》第一章和《論眞理的對話錄》第一章中提出關於眞理永恆性的論證時，他並未提出這個附加前提。只是在《對

---

❷ *Contra Academicos* 3. 10
❸ 同註❶

話錄》的第十章，他才不經意地談到這個命題。然而，在他給「眞理」重新下的定義中已經蘊涵着這個潛前提。「眞理」是「僅由心智認識的正確性」。而「正確」是「按應該那樣」。「按應該那樣」又是「如在至高眞理中那樣」或「按受自上帝的本質那樣」。於是，在「眞理」這個詞項的定義中，已涵有「至高眞理是萬物和一切眞理的因」這個潛前提。

三、安瑟倫關於眞理永恆性的論證何以無效

經過以上的詮釋，已將安瑟倫這個論證中一個詞項所蘊涵的潛前提分離出來。現在可以將這個潛前提作爲附加前提，重建命題。經過重建的論證形式如下：

(一)如果「過去有某物卽將存在」和「有某物曾經存在」是不可否認的，則眞陳述或眞理必無始終（從過去到現在直至將來永遠有眞陳述）。

(二)今「過去有某物卽將存在」和「有某物曾經存在」是經驗中和邏輯上不可否認的自明前提。

(三)因此，眞理是無始終的。

(四)而至高眞理是萬物和一切眞理的因。

(五)結論：至高眞理是無始無終的永恆眞理。

現在對這個論證可以從不同角度進行評判，比如：判斷其從前提至結論的推導是否有效；評價其前提是否爲眞；探究其前提的涵義，

皆是。

首先應判斷其從前提至結論的邏輯推導是否有效。在前提和結論中，有兩個共同的詞項，卽「眞理」和「無始終」。只有這兩個詞項的邏輯值在從前提到結論的推導中保持不變，本論證的推導方式可能有效。

首先，（一）中的「眞理」這個詞項指「某些眞陳述」，是個稱；而（三）中的「眞理」則指所有眞陳述，是全稱。由個稱不能推導出全稱。

其次，「眞理」這個詞項在前提（一）中的定義爲「邏輯上的眞陳述」。這個定義從〈論眞理〉的第一章至第三章未變。從第四章開始，引入神學本體論的涵義：「上帝是眞理」、「撒旦是不守眞理的」。因此，當在第十章中得出本論證的初步結論（三）「眞理是無始終的」時，詞項「眞理」已由前提（一）定義中的「邏輯眞理」變成一個岐義詞，它已將「邏輯眞理」與「神學本體論的眞理」混爲一談。由於「眞理」這同一詞項在前提與結論中的定義已經改變，故本論證推導的第一步爲無效。

「無始終」這個詞項在前提中的涵義是：「關於事物存在的眞陳述在時間中不知其有始終」。同一詞項在結論中的涵義則爲：「超越時空和一切經驗的絕對永恆」。前提中的「無始終」是經驗中的「不知有始終」，故爲相對的、偶性的「永久」。結論中的「無始終」爲至高眞理卽上帝的屬性，故應爲神學本體論意義上的絕對永恆。由於前提中與結論中同一詞項「無始終」的邏輯值不同，故本論證的推導無效。

對於本論證前提涵義的評價，可將本論證分爲兩步來看。第一步的前提（一）本身是關於經驗中不可否認的事實的陳述，可以推導出眞陳述無始終，卻不可能推導出至高眞理無始終，除非增添附加前提(四)。但在提出前提（四）以後，前提（一）得到新的解釋，可視爲自前提（四）引伸出的一個命題。既然至高眞理爲萬物的因，而萬物存在於至高眞理之中，故「某物卽將存在」等自然不可否認。因此，本論證的眞前提爲前提(四)，而本論證的結論實已包涵在這個前提之中。至高眞理爲一切存在之終極因，故至高眞理本身爲無限、永恆之絕對本體。這就是說，至高眞理之所以爲無限永恆，乃是由於其定義中已包涵「永恆」這個屬性。這乃是來自聖經的一個信條，如《舊約·詩篇》90•2 所稱:「在諸山未曾出生，大地與世界未曾造成以前，自亙古直到永遠，你是上帝。」這乃是超越於時空和一切存在變化之外的絕對永恆，與關於萬物存在的眞陳述之無始終不同。因此，本論證的眞前提爲一個信仰性的前提，信便眞，不信便僞，不可能以經驗知識和邏輯規則證明其眞僞。自形式而言，本論證是一個哲學的論證。但自其眞前提的性質而論，本論證也可以說是一種神學的詮釋。

關於安瑟倫〈論眞理〉的論證之意義與價値，將在本文第六節以下給以系統的論述與評估。

四、安瑟倫關於眞理自在性的論證何以無效

安瑟倫關於眞理自在性的論證，分爲兩步。在〈論眞理〉第二章中，首先提出命題的眞有兩種，一種爲指謂的正確，卽命題按其「受有的目的」爲眞。一個命題之所以爲命題，其目的便在於肯定客觀上存在的情況或否定不存在的情況。這種眞卽日常語義上的命題之眞。另一種眞爲意義的眞，卽命題按其「受有目的之能力」爲眞。卽使客

觀上被指謂的情況不存在，命題仍具有指謂它的能力。這也是一種眞，但不是通常語義上的眞。

進而，在第十三章，安瑟倫提出，使一個命題的指稱爲眞的，不是第一種眞（指謂的眞），而是第二種眞（意義的眞）。理由是，如果使指稱爲眞或正確的是第一種眞，則當第一種眞消失後（卽被指謂的客觀情況不存在時），命題便不可能正確。然而事實上，此時命題仍是按應該那樣稱謂着它應該稱謂的情況。按應該那樣便是正確。故此時命題的指稱爲正確或眞。

結論是，眞理（命題的眞）不依具體事物而存在，故爲自在；一切事物皆按其本性應該那樣而正確，故眞理爲統一。這個自在、統一的眞理便是至高眞理。

以上論證，在推導步驟上有三個問題。

(一)使命題指稱爲眞的，有兩個條件，卽：1意義的正確；2指謂的正確。

對於一個關於事實的陳述而言，單獨的1或2，僅爲該陳述之眞的必要條件，合1與2方爲充足條件。缺一不可。

比如，「張三比他生父的年紀大」這個命題不可能有指稱的眞，因爲缺少1，卽其陳述不符合約定用法（此處不合矛盾律）。又比如，命題「張三比他父親小二十歲」，如果事實上他父親今年七十歲而張三今年二十歲，則這個命題亦不可能有指稱的眞，因爲缺少2。

但安瑟倫認爲，只要有1，便有了命題指稱的眞。他說：「因此一切指稱之正確，皆不是根據別的正確性，而是根據在偶性指稱消失後仍然存在的這個正確性。」④他將命題指稱之眞的必要條件之一當

④ *De Veritate* 13.

作其充足條件，實爲邏輯失誤。因此，這個論證的推導無效。

(二)本命題的一個詞項「眞理」的定義前後不一致。在論證的第一部分，veritas 本指「日常語義上的指稱之眞」。在第二部分，veritas 的涵義轉爲「本質的眞」卽神學本體意義上的眞。在最後結論中，veritas 又指至高眞理卽上帝。由於同一詞項在推導中的邏輯值前後不同，故本論證的推導無效。

(三)本論證中的「眞理」這個詞項，由「應該」來定義。而「應該」的定義在本論證中亦前後不一致，在第一部分爲「如日常語義那樣」，在以下又爲「如受自上帝的本質那樣」。此點有助於說明同一詞項「眞理」的定義何以在本論證中前後不同，以致使推導無效。

總之，在「應該」的概念中包涵一個信仰性的潛前提，卽「一切事物中的眞皆在於至高眞理」。至高眞理爲自在，爲統一，因其定義中包涵此等屬性之故。本論證的結論，實由這個前提引伸而來。

五、安瑟倫論證中包涵的科學方法

既然安瑟倫的結論導自信仰性的前提，能否逕自地稱其哲學論證爲神學詮釋呢？❺簡單地稱其哲學論證爲神學詮釋，則無法說明，何以安瑟倫以自明前提爲論證的出發點並通過邏輯的步驟得出其結論。失誤的哲學論證並不等於非哲學論證。本文有時稱安瑟倫的結論爲一種神學詮解，乃專就其與前提的蘊涵關係而言；若自其論證形式而言，則應視爲正常的哲學論證。在經院神哲學家看來，哲學與神學的

---

❺ 例如 K. Barth 在 Anselm, *Fides quaerens Intellectum*(Richmond, 1960) 中便稱安瑟倫的論證爲神學詮解。

關係乃是 Philosophia ancilla theologiae。❻

安瑟倫的論證，在推導方面雖有邏輯失誤，但其論證涉及不少重要哲學問題。關於其論證的哲學意義，將在下文討論。此處僅就其論證中包涵的科學方法，略加分析說明。

在安瑟倫關於眞理的一般定義及論證中，包涵三點與科學認識有關的思想。

(一)他所稱命題有兩種眞，其第二種卽本質的眞，實以第一種卽指謂的眞爲前提。只有當指謂的眞不復存在時，才顯示出「本質的眞」。因此，自事實性陳述而言，指謂的眞在先，而本質的眞乃由此推論出。卽使現在是夜晚，也可以說「現在是白天」，這乃是由於世上本有「現在是白天」之事。這個事實性陳述的符號與表達式乃是通過指謂性經驗而習得的約定符號與規則。這乃是說，自事實性或綜合性陳述而言，指謂的眞乃是意義組合的眞之前提。安瑟倫稱「如果沒有人用一個給定的符號去指稱它本應指稱的東西，它還有指稱麼？❼其中便包涵上述的判斷。

(二)安瑟倫指出，指謂的眞乃是日常語義上命題的眞值。「如是一個命題僅僅根據那肯定不存在的對象的正確性來指稱，則通常不稱這個命題爲眞或正確。因爲一個命題應該被稱爲正確和眞，是根據它具有指稱能力的目的，而不是根據它沒有這種目的。」❽這乃是說，

---

❻ 「哲學爲神學的婢女」是中世紀經院中一句普通的口號。托馬斯在《神學大全》1.1.5 中稱「其他科學」爲「聖教義」的「婢女」。一般認爲這句口號源自十一世紀的彼得・達米安（Petrns Damiani）的《論神之全能》(*De Divina Omnipotentia*) 中的 Velut ancilla dominae（作爲女主人的婢女），見 *Patrologia Latina* Vol. 145 p. 603，因全句頗長，不俱引。「婢女」的比喩則來自《舊約・箴言》9・1-4。

❼ 同註❹。

❽ *De Veritate* 2.

在約定意義上，判斷一個事實性陳述的眞值，乃根據指稱是否正確。

(三)安瑟倫指出，指謂的眞與思想判斷的眞相一致：「當我們的思維，由於一個論證或其他理由，符合客觀情況時，我們稱這個思想爲眞；當我們的思維不符客觀情況時，我們稱這個思想爲僞。」❾

自以上分析來看，安瑟倫乃將「事實性陳述以指謂的眞僞爲眞僞」作爲其論證的基本前提。當他提出自明前提「有某物曾存在」時；當他推論「命題本質的眞」時；當他論證事物中的眞時；當他按照日常語義硏究「應該」的歧義時；當他討論眞理的定義時，皆以指謂的眞爲基本前提。

安瑟倫關於事實性陳述的眞即指謂性的眞這一思想，與現代科學實在論大體一致。事實性陳述最終取決於觀察與實驗。儘管科學方法具有複雜的理論體系性，事實上並不存在中立的觀察語言及決定性的簡單實驗，但在原則上事實性陳述最終取決於觀察與實驗，則無可否認。遠在十一世紀，安瑟倫在哲學論證中便着重討論並運用這種判斷方法，尤其在觀察實例與分析日常語言用法時有突出的成果，凡此皆是他論證中包涵的初步科學方法。此種原則在經院哲學中的貫徹，最終導致近代實驗科學方法的出現。

有興味的是，在安瑟倫論證中包涵的關於指稱眞値的前提，如果貫徹到底，則本論證根本不可能得出神學性的結論。因爲，安瑟倫從事物的存在以及符號的指稱能力出發進行論證，皆屬於事實性的陳述。如果以可觀察的客觀情況爲判斷之標準，則由於「至高眞理」「永恆」「自在」皆不在觀察範圍之內，故永遠得不出關於它們的正確指稱和判斷。這是由於本論證的形式與《獨白篇》關於上帝存在的論證不同之故，後者的前提不屬於經驗中可觀察的自明陳述，故其論

❾ 同註❽。

證爲分析性命題。

六、安瑟倫的基本前提之思想淵源

上一節所述，是安瑟倫論證中一個基本前提，源自亞里士多德傳統。其論證的另一個基本前提，則爲信仰性的前提，安瑟倫關於眞理永恆性、自在性的結論皆由此引伸出來。安瑟倫堅信：上帝是萬物的創造主和本體，他通過心智的思維和表達從無創造了世界，因此萬物中的眞（眞理）乃是按受自上帝的本質那樣，而萬物的本質則是對至高眞理（上帝）的不完善的模仿。

這個前提有兩個思想淵源，一爲聖經神學，一爲柏拉圖主義哲學。

在聖經的教義中，已包涵一種神學的實在論。人被解釋爲按上帝形象創造的萬物之主。❿上帝創造人的本來目的是使其得永生，榮耀上帝，晤見上帝。⓫當着人還在此世的時候，人不可能充分知道上帝

---

❿ 《舊約・詩篇》8•4:「人算什麼，你竟顧念他。個人算什麼，你竟眷顧他。你叫他比上帝稍微小一點，並賜他榮耀尊貴。你派他管理你親手造的萬物，你使一切牛羊、田間的獸、空中的鳥、海裏的魚，凡是經過海道的一切都拜在他的脚下。」《舊約。創世紀》1•26:「上帝說，我們要照着我們的形象，按着我們的式樣創造人，使他們管理海裏的魚、空中的鳥、地上的牲畜和整個大地以及地上一切的昆蟲。」

⓫ 《新約・約翰福音》3•16:「上帝愛世人，甚至將他的獨生子賜給他們，叫一切信他的不至滅亡，反得永生。」《新約・羅馬書》8•30:「預定下來的又召他們來。召來的人，又稱他們爲義。稱爲義的人，又叫他們得榮耀。」《新約・哥林多前書》13•12:「我們如今彷彿對着鏡子觀看，模糊不淸，到那時，就要和主面對面了。我們如今所知道的有限，到那時就全知道了，如同主知道我們一樣。」

的本性，只是彷彿「對着鏡子看」。但是不可見的上帝卻可以通過可感知可認識的受造物即客觀實在世界而得知。如《聖經後典，所羅門智訓》13.5 所言：「由受造之物的宏偉美好，得以相應感知主的榮耀。」又如《新約・羅馬書》1.20 所稱：「自從創造世界以來，上帝的不可見本性，即上帝的大能和神性，是明明藉着受造之物得知的。」在中世紀哲學家看來，客觀世界是可認識的實在，乃是不待言的事實。

在解釋上帝與受造世界關係方面，安瑟倫屬於奧古斯丁的柏拉圖主義傳統。他認爲，本質是理念性的超驗存在。正義之事所以爲正義，是因爲有一個絕對的正義，人世間的正義是其不完全的體現。⓬上帝是至高本質，他通過 locutio（說話）創造萬物。「這個表達只能是至高之靈的智能，他以此孕想萬物。」⓭「在萬物所由創造的道之中，並非有萬物的影像，而有其至眞唯一的本質。在受造的萬物中沒有單一絕對的本質，而僅有對至高本質的不完善模仿。」⓮

將經驗世界中的萬物視爲超驗理式的體現或模仿，顯然是柏拉圖主義的命題。早期基督敎思想受柏拉圖主義影響最著者，要有兩派。一爲東部希臘語區的亞歷山大里亞學派。其代表者爲克萊門（Clemens Alexandrinus c.150-c.211）及奧里金（一作俄利根 Origenes c. 185-c. 254）。另一爲奧古斯丁學派，其思想源自普羅提努斯（Plotinus c. 205-270）。在《敬神告白》中，奧古斯丁稱柏拉圖主義者的思想與〈約翰福音〉大率相合。⓯以上兩個學派在神學問題上有重大

⓬ *Monologium* 1.

⓭ *Monologium* 29.

⓮ *Monologium* 31.

⓯ 例如 *Confessiones* 7.9. 托馬斯曾指出，奧古斯丁如此諳於柏拉圖主義著作，凡其符合敎義者皆吸取之，有違敎義者則修正之。見《神學大全》1・84.5.

分歧。

遠在二世紀時，阿爾比努斯（Albinus）曾將柏拉圖的理念（理式、形式）闡釋爲至高神心智中的思想。⑯至三世紀，普羅提努斯則作出系統的創世論。他設定三個 hypostaseis（實體）⑰：太一、知界、靈界。太一是存在的理或因，而超越存在，故爲無質量、無定性，超越理性設定的一切可能性及主客性。⑱知界略近於柏拉圖的理念界，包涵萬物的個別理念及人獸的靈魂，彼此相涵如數學定理之相涵而構成一個總體。⑲知界對於太一的關係是「相隨」。靈界則爲由宇宙靈魂及各種靈魂構成的統一體。靈魂由知界落入靈界的過程似乎是：一些靈魂不能保有原來的形式而落入物體（肉體）；物體分爲天性物體和地性物體二類，前者安於靈魂居住其中，而後者對靈魂有所抗衡，因而自外於知界，向下墜落。⑳太一、知界、靈界有自上而下的等級關係。世界的生成方式是「溢出」。太一溢出知界而本身不變。知界溢出靈界。凡此皆在時間之外「發生」。當靈界生成物質世界時，才有了時間。㉑物質世界的理念（理式）乃在知界中。人對太一的認識則是通過 ekstasis（狂迷狀態）而返回太一與之合一。㉒

在上述理論中，有一些觀點，對於理解安瑟倫的眞理論可能具有意義，諸如：1.將存在分爲梯式等級，有靈物高下之分；2.在經驗世

---

⑯ Epitome 6.

⑰ 這個希臘字的詞義後來演化爲基督教教義中的「位格」。

⑱ *Enneads* 5.4.1;6.9.3-6.

⑲ 同上 4.8.3;5.9.6-9.

⑳ 同上 4.8.2. 這裏稱知界有物體，自相矛盾。

㉑ 同上 3.9.3;3.4.1。

㉒ 同上 6.9.3-11。對於由一生多、由本體性轉爲泛在性的過程，普邏提努斯並未能給以自圓其說的闡釋，《九章》原文多所齟齬。版本有 Émile Bréhier 所輯希臘文法文對照本 *Enneads*, Paris, 1924-38.。

界之外，設定超驗的自在世界（太一，神）； 3.認知眞理在於掌握知界（上帝心智）中的原型。

至奧古斯丁，則將理念論應用於基督教神學。他將認知功能分成三個等級。感官可以感應外界的刺激，但不能形成作爲心理現象的知覺。內知覺通過「關注」而覺察感官的變化，是爲知覺。理性則直接認知抽象的眞理。眞理是道，即上帝心智中的 forma 或原型。㉓眞理永恆不變，故不能爲人類那有限、可變的智能所認識。人要靠上帝之光的照耀才能掌握眞理，一如日光使視覺感知事物（此點頗類柏拉圖在《共和國》第七章中的比喻）。人之所以知道甲比乙更美或更善，乃是由於心中存有完美或至善的標準之故，後者來自上帝心智中的原型。至若上帝之光究竟通過何許步驟來協助人類理智認識眞理，奧古斯丁則並未將其個別斷言給以系統明晰的說明。現代研究者提出種種理論加以解說，諸如本體主義、概念生成論等等，亦未能圓通。㉔理念論的內在矛盾，在於難以闡明，何以有限的心智不能認知無限絕對的眞理卻可以認知無限絕對的理式或原型。此點在本書第一部分已有所分析。

要之，安瑟倫關於眞理是永恆、自在的至高眞理的思想，大抵源自聖經及奧古斯丁的柏拉圖主義。這是一個信仰性的前提，不可能作爲事實性判斷給以證明。

㉓ *De Diversis Quaestionibus* 83, qu. 46.

㉔ 參閱 R. Jolivet, *Dieu soleil des esprits,* Paris, 1934. E. Gilson, *The Christian Philosophy of Saint Augustine,* London, 1961. C. Boyer, *L' idée de vérité dans la philosophyie de Saint Augustin,* Paris, 1941. J. Hessen, *Augustins Metaphysik der Erkenntnis,* Berlin, 1960.

七、安瑟倫論證的歷史意義

雖然安瑟倫的《論眞理》完成於經院哲學興起之前的十一世紀，但他的理論較之成熟時期的類似理論亦不失其淸新的特色。本節將對安瑟倫的理論與經院哲學黃金時代的主要認識理論略加比較研究，以彰顯安瑟倫理論在歷史上的獨特地位。

當十三世紀及十四世紀初期，經院哲學的三個主要學派爲波納文圖拉派、托馬斯派與斯各特派。

波納文圖拉屬於方濟各修會的奧古斯丁傳統，在認識論方面具有明顯的柏拉圖主義色彩。他主張，人類認識必然眞理，必通過上帝的理念直接作用於人的心智。但神的理念不可能成爲人感知的對象。它們通過一種調節性的作用，使人類心智在受造物的限度之內作出正確的判斷。[25]這是對奧古斯丁光照學說的修訂。但波納文圖拉未能解決理念論的基本困難。不僅神的理念如何調節人類心智難以說明其具體步驟，而且既然人類僅在偶性限度內作出判斷，亦不具備認知必然眞理的必要條件。

安瑟倫則不採修訂之途，而另闢蹊徑。他指出，判斷的正確在於命題的正確，包括指稱的正確和本質的正確。指稱的正確在於稱謂及其組合符合可觀察的客觀情況之描述。僅當涉及世界的本原等問題時，方引入理念論。於此可見，安瑟倫的眞理論中蘊涵着原始的科學方法。

---

[25] *Itinerarium Mentis in Deum* 2; *De Scientia Christi* 4-5. 波納文圖拉的靈魂論包括認知的三個層次，此處不遑詳論，但不妨礙本文對其理論所作之基本評價。參閱《西方文化與中世紀神哲學》二十一。

波納文圖拉的學生，阿夸斯巴達的馬修（Matteo ab Aquasparta c. 1240-1302）則進而否定感性材料爲認知眞理之基礎，他認爲人的理智從事物抽象出本質。本質不受時空的限制，亦不受事物存在與否之限制。事物存在固可知其理性的本質，事物不存在亦可知其本質。如果說理智的對象爲不存在的事物之本質，亦不矛盾。因爲人是從理智可認知的東西，而非從理智不能認知的東西，抽象出種的本質。而理智可認知的只是概念。故人只是從相應的概念中抽象出本質，而非從個別事物中抽象。因此，心智的對象是本質，而非事物；事物存在與否，與認知不相干。㉖

此種得魚忘筌的論證似可追溯到巴門尼德等古代本體論；但馬修將抽象分爲兩個層次，則庶幾近於安瑟倫的命題兩重眞的理論。他們遇到的困難亦頗近似。在確定了獨立於指稱的本質的眞（安瑟倫）和獨立於事物的本質（馬修）之後，則需說明它們的來源。兩個哲學家皆轉向神學求答案。所不同者，馬修對概念的形成不感興趣，而安瑟倫則切實地研究了感覺、知覺、符號、指稱、命題眞値等問題，從而提供一種原始科學方法的輪廓。

至馬修，中世紀的理念論已走上極端。多明我修會的托馬斯・阿奎那則提出一種眞理在於心智與客觀事物「相等」(adequatio rei et intellectus) 的學說。這個理論以亞里士多德關於形式與質料的形上學爲基礎。亞氏在《論靈魂》IV. 4 (430a 3) 中稱：「就不具質料之物而言，知能與被認知之物爲同一。」托馬斯則指出，在知覺層面上，實現的知覺與實現的被知覺之物爲同一，因爲被知覺之物的表象便是實現的知覺之形式。同樣，在概念層面上，實現的知能（知性、

㉖ *Quaestiones de Fide et de Cognitione*, Quarach, 1903, pp. 391-426.

心智）與實現的被認知之物爲同一，因爲被認知之物的表象便是實現的知能之形式。㉗

這裏關鍵的概念是「實現」（actus)。托馬斯認爲，知覺與知能對於被感知之物而言，乃是潛能。認知的過程便是潛能的實現。認知個體事物，是知覺實現其形式。認知共相，是心智實現一類事物的種（本質）。心智或知能分爲主動知能和被動知能兩個層次。主動知能將事物的共相抽象出來，使被動知能感應，而在心智中實現其形式。是爲與事物「相等」的概念（共相）的生成過程。托馬斯肯定並繼承了安瑟倫關於眞理是僅由心智認識的正確性的定義，但發展出一套形上學的眞理學說。其學說在《神學大全》第一部第 84 至 87 諸題中有較系統的闡釋；此外在《反異教大全》2.4；《論眞理》3；及《論存在與本質》中皆有論述。

雖然托馬斯在《神學大全》的許多地方反覆批評柏拉圖關於心智直接參與理念的認識學說，然而他對奧古斯丁的範型論作出折衷性的讓步。他指出，人類的理智之光（知能）乃是神之光的形象，在此意義上認知是對神之光中的範型之一種參與。如同說，因爲我們借着日光看見事物，故我們參與日光；同樣可以說，我們是在神之光的範型中認知世界。㉘

斯各特則主張，一切自然知識，包括初始原則如矛盾律，率皆來自感覺經驗。直覺知識是關於眼前存在的對象的知識；抽象知識則是關於自對象之存在抽離出的本質的知識。後者頗具原始現象學的特色。再者，斯各特關於歸納因果的學說也具初步的概率論思想。總的來說，他主張眞理是關於對象的眞陳述，而反對先驗原則和光照學

㉗ *Summa Theologiae* 1.87.1. ad 3.

㉘ Ibid 1.84.5.

說。㉙晚期斯各特派則發展出更爲精緻的詞項指稱理論。

如將安瑟倫的眞理論與經院哲學主要流派的相應理論加以比較，則不難理解其在歷史上的意義。柏拉圖主義的理念論和奧古斯丁派的光照學說以一種客觀的但是超越性的原則作爲眞理的依據，而光照學說所關注的主要是神學問題。托馬斯派運用亞里士多德形上學研究認識問題，富於思辨性而缺乏驗證手段。安瑟倫的眞理論有神學和哲學兩個方面。其理念論屬於奧古斯丁傳統，甚少新意。然而在論證眞理永恆性和自在性的過程中，安瑟倫以其獨創的方式切實地研究了命題眞值與詞項指稱的問題。他指出，通過感官獲得的感覺印象爲認知的可靠基礎。經驗以習得的語言爲基本存在形式。對感覺材料作出正確的判斷，便可以正確地認識客觀世界。認知的過程是對語言符號所構成的、具有眞值的表達式進行判斷。當約定符號的陳述符合約定符號所指稱的客觀情況之描述時，便構成眞陳述，而眞陳述便是日常語義中的眞理或正確認識。命題除了指稱的眞而外，還有本質的眞，需要就其意義進行研究。至此，安瑟倫已提供一種初步的科學認知方法，而沒有介入恩典和理念。他不僅說明眞理便是眞陳述，而且提出以觀察方式檢驗指稱以及以分析方式修正語義誤用的研究方法。單就認知而言，其理論並無引入理念論的必要。而且，如果將其指稱理論貫徹到底，其論證亦引不出神學的結論。雖然就現有文獻難以證實安瑟倫爲十四世紀詞項指稱理論的先行者，但在邏輯上其眞理論可以說是早期中世紀對應論與晚期經院哲學詞項指稱理論之間的重要發展環節。這是安瑟倫眞理論的歷史意義之一。另方面，也應看到，將其理論的哲學和神學兩個方面加以分離，恰恰不是安瑟倫的本意。他的理想是

㉙ 斯各特的認識理論主要見《牛津評注》(Opus Oxoniense) 三至四章諸節。

在信仰與理性之間得其圓滿的統一。在人格上他確乎已經臻至內心的平安寧泰。然而以證明自然知識的方式來論證信仰的條文，卻終屬徒然。這似乎成爲後世的一種借鑑。哲學終於脫離神學的轄域，而將啓示眞理付諸神學詮釋了。

八、安瑟倫論證的現代意義

安瑟倫眞理論的現代意義，要在兩個方面。首先，安瑟倫在論證中所運用的方法以及論涉到的一些哲學問題，具有一定的「現代性」。在論證過程中，他十分注意語言在認識中的作用，並且一貫運用語義分析的方法，尤其注重日常語言用法與眞理和意義的關係。比如他指出，指稱性的眞便是日常用法意義上的眞理。他給眞理定下的一般界說，與此相涵。他以公理、定義以及分析詞項的方式來研究命題，這固然屬於亞里士多德邏輯的傳統方法，但是他同時注重經驗與觀察，堅信感覺經驗無誤，切實地研究符號與指稱的問題。他初步認識到分析性命題與綜合性命題的分野，以及意義與指稱的區分。他關於指稱正確的基本原則如果在邏輯上推導到底則排除形上學結論。凡此種種，皆令讀者感到在哲學觀念與方法上安瑟倫是多少具有「現代性」的一個思想家。

另方面，安瑟倫在論證中顯示出嚴重的矛盾。他的傳統理念論與指稱理論之間的衝突，實爲兩種不相調和的意義結構之間的矛盾。理念論是一種終極價值學說，而指稱理論則是以科學理性（亦即所謂工具理性）爲基礎的認識論。其一欲解釋世界的終極意義，另一欲說明經驗知識之由來。然而，安瑟倫力圖調和兩種意義結構的特有方式，則頗具啓廸性。他提出命題眞值的雙重性。指稱的眞乃是經驗知識的眞；本質的必然的眞，則不源於經驗，而來自終極性的本體或本原。這乃是說，事實與價值的眞理雖然統一於命題的眞值，但在認識的根源上卻各有殊途。此處頗有啓發。現代哲學已經認識到唯理論的知識論有其局限性。科學哲學也承認，獨立於一切理論構架的純粹觀察語言並不存在。作爲科學理論起點的初始原則與公理，旣不可證明，而又被深信不疑地接受，本身便是一種抉擇。一切科學實驗皆有目的選擇性，無選擇便不可能開始實驗。凡此皆說明主體意志抉擇在理性認知中的作用。但過此而往，科學理性所依靠者乃是形式邏輯、經驗觀察、演繹演算與概率統計，此與價值性判斷及理論大異其趣。那麼，諸如意志、感情、價值取向在人類獲取關於世界的知識之全過程中，究以何種具體方式及步驟參與科學理性之活動？抽象地談論理性概念的擴展並無多大意義。問題在於，需要在普遍邏輯及經驗基礎上對其具體步驟給以形式化（或非形式化）的嚴格證明。於此，安瑟倫關於「統一於命題眞值」的特有論證方式似有啓廸意義。

安瑟倫的眞理論文獻選讀

Schmitt, F. S. (ed.), *Sancti Anselmi Opera Omnia,* 6 vols. Edinburgh, 1946-1961.

——, *Ein neues unvollendetes werk des hl. Anselm von Canterbury.* Münster, 1936. (Beiträge zur Geschichte der Philosophie und Theologie des Mittelalters, 33/3.)

Migne, Jacques-Paul, *Patrologiae cursus completus,* Series Latina, 221 vols. Paris, 1844-1866. 安瑟倫全集佔 158、159 兩卷。雖然 Schmitt 的全集號稱標準版，Migne 的全集亦甚可靠（除祈禱文有贋作）。

Deane, S., *St. Anselm: Basic Writings.* La Salle, 1962.

Fairweather, E., *A Scholastic Miscellany: Anselm to Ockham.* Philadelphia, 1956. 僅收《論說篇》及《答高尼羅》。

Hopkin, J. and Richardson, H. W., *Anselm of Canterbury: Trinity, Incarnation and Redemption: Theological Treatises.* New York: Harper & Row, 1970.

——, *Anselm of Canterbury: Truth, Freedom, and Evil: Three Philosophical Dialogues.* New York: Harper & Row, 1967.

Hopkins, J., *A New, Interpretive Translation of St. Anselm's Monologion and Proslogion.* Minneapolis Banning Press, 1986.

Ward, Benedicta, *The Prayers and Meditations of St. Anselm.* Penguin, 1979.

Actes du premier congrès international de philosophie medievale: L'homme et son destin. Louvain, 1960.

其中包括:

Fairweather, E. R., *Truth, Justice and Moral Responsibility in the Thought of Anselm.* 385-391.

Henry, D. P. *The Scope of the Logic of St. Anselm.* 377-383.

Schmitt, F., *Zur Chronologie der werke des hl. Anselm von Canterbury,* Revue Benedictine, 44, 322-350, 1932.

Angelet, Benoît, "Idem Dicere In Corde, et Cogitare Or: What We Still can Learn from an Existential Anselm." *Aquinas* vol. 30, 93-108, Jan. 1987.

Barbour, Ian G., *Issues in Science and Religion.* Englewood Cliffs, N. J.: Prentice-Hall, 1966.

Becker, Jos. "Der Satz des Hl. Anselm: Credo ut intelligam, in seiner Bedeutung und Tragweite," *Philosophische Jahrbuch,* 19 (1906), 115-127, 312-326.

Betzendoerfer, W., "Glauben und Wissen bei Anselm von Canterbury," *Zeitschrift für Kirchengeschichte,* 48 (1929), 354-370.

Bütler, *P. A. Die Seinslehre des hl. Anselm von Canterbury.* Ingenbohl, S. Z., 1959.

Clayton, J., *Saint Anselm: A Critical Biography.* Milwaukee, 1933.

Crouse, R. D., "The Augustinian Background of St. Anselm's Concept of 'Justitia,'" *Canadian Journal of Theology,* 4 (1958), 111-119.

Davies, A. E., "The Problem of Truth and Existence as Treated by Anselm," *Aristolelian Society Proceedings,* 20 (1920), 167-190.

De Vorges, D. & Gardier, J., "L'Objectivité de la connaissance intellectuelle(à propos de S. Anselme)," *Revue de philosophie,* 2 (1901-1902), 243-251, 529-538.

Eadmer, *The Life of St. Anselm.* Edited by R. W. Southern. London, 1962.

Forest, A., F. von Steenberghen & M. de Gandillac, Le Mouvement doctrinale du Xle au Xlve siècle. Paris: Bloud & Gay, 1951.

Folghera, J-D., "La vérité définie par saint Anselme," *Revue Thomiste*, 8 (1900), 414-426.

Gilson, É., *History of Christian Philosophy in the Middle Ages.* New York: Random House, 1955.

——, *The Spirit of Mediaeval Philosophy,* tr. by A.C. Downes. New York: Charles Scribner's Sons, 1936.

Geyer, B., *Die Patristische und Scholastische Philosophie.* Berlin: Mittler, 1928; 12th ed., Basel: Schwabe, 1951. 文獻資料豐富。

Grabmann, M., *Geschichte der Scholastischen Methode.* Freiburg im Breisgau: Herder, 1909, I, Part 5: Anselm von Canterbury, der Vater der Scholastik.

Hempel, C. G., *Aspects of Scientific Explanation and Other Essays in the Philosophy of Science.* New York: Free Press, 1965.

Henry, D. P., "Remarks on Saint Anselm's Treatment of Possibility," *Spicilegium Beccense* I, Paris, 1959, 19-22. Spicilegium Beccense I 有不少關於安瑟倫思想的論文。

——, "An Anselmian Regress," *Notre Dame Journal of Formal Logic,* 3 (1962), 193-198.

——, *Logic of Saint Anselm.* Oxford: The Clarendon Press, 1967.

Hick, J., *Faith and Knowledge.* Ithaca: Cornell University Press, 1966.

Lehrer, K., *Knowledge.* Oxford: Clarendon Press, 1974.

McIntyre, J., "Premises and Conclusions in the System of St. Anselm's Theology," *Spicilegium Beccense I,* Paris, 1959, 95-101.

Porée, A., "L'Ecole du Bec et Saint Anselme," *Revue de Philosophie,* 15 (1909), 618-638.

Southern, R. W., *Saint Anselm and His Biographer.* Cambridge, England, 1963.

Vignaux, P., *Philosophie au moyen âge.* Paris: Leclerc, 1958.

〔附錄二〕
中世紀神學四講

譯者序

一九八三年，多倫多大學中世紀研究中心之皮華德（Walter H. Principe, C. S. B.）教授，應邀將赴中國社會科學院世界宗教研究所講學。其時筆者任多倫多大學訪問教授，皮教授遂請筆者於其講義《中世紀神學導論》中選定四講，譯爲漢文，以爲其講學之稿本。《導論》共爲五章，如下:

第一章　奧古斯丁以前之教父

第二章　希波之奧古斯丁

第三章　利奧一世至十一世紀

第四章　十一與十二世紀

第五章　十三與十四世紀

《四講》之第一講取第一章之《教父論三一上帝》，約佔全章四分之一。第二講爲第二章之全部。第三講取第四章之《坎特伯雷之安瑟倫》，約佔全章四分之一。第四講取第五章之《托馬斯·阿奎那》，約佔全章四分之一。

筆者雖講授基督教思想史，於教義神學則爲局外人（《四講》乃按教義神學之層次立論），此番應人之請，難卻其情，勉其力而爲之。或曰中國學界，凡欲知曉中世紀神學之內容者，宜乎其讀批判神學之著作，而不宜親涉信仰者之原著。此論似通而實未可安。蓋批判者既以神學爲虛妄，焉能著書闡釋神學之義理。其所著之說，爲非神學之說，而非神學之說明。故凡欲理會神學之本來面目者，捨信仰者之博學力作，別無佳徑可循。今觀《四講》之作，廣引旁徵，竟委窮源，論事斷察，井井有理；常持學者之冷靜態度，不作教派之激切宣傳。諸如論及〈馬太福音〉中耶穌之名言時，指出此句與其爲耶穌之話語，毋寧爲早期教會禮拜程式之總結；述及尼西亞信條時，指明此爲「自稱正統的公教教徒用以反對」其他教派（異端）之手段。凡此種種，皆爲學者應有之客觀精神。然作者究爲羅馬天主教司鐸，自有其宗教立場，卽令在學術著作之字裏行間，亦不免有所流露，此本爲題中應有之義也。

神學不同於哲學，不作普遍知識眞僞之證明，僅就信仰前提，作合理可通之闡釋，故神學陳述實爲「分析性命題」。然分析性命題亦未必皆爲「一碼等於三英尺」之重言式。在神學之深入闡釋中，必對概念涵義之諸多可能性，作縝密細緻之探討，新經驗內容可以映入延展之新語義。如希臘文 ὑποστἄσις 之涵義，在尼西亞會議以後之反覆討論中，有所伸延轉變（由「實體」轉爲「位格」義），而反映新時代之宗教經驗（對「三一」之新理解及崇拜方式）。作者之研究法，爲「實存」之描述法，而非分析法，故於此等節目，容有忽略。他如作者指出，現代人格主義及存在主義皆植根於奧古斯丁神學，卻未說明何以如此。凡此等處，須賴細心讀者獨立研討，亦可參閱譯者之注釋及按語。書中資料甚豐，線索頗多，其學術研究價值，不可以講章外貌視之。

書尾之文獻選讀，列舉中世紀神學原典輯本，復列出各講有關專題之完備參考文獻。書目悉爲希、拉、意、西、德、法、英原文，以供專門研究者檢索之需，不予譯出，蓋譯爲漢文，反無從查找原書，故仍其舊，不以似是而非之譯文越俎代之。此乃本書基本價值之一，望讀者諒察。

要之，《四講》雖爲神學史著作，卻於西方中世紀文化之闡明，多有裨益，蓋歐洲中古社會爲一基督敎社會，其社會觀念悉以基督敎信仰爲根柢。故凡欲明瞭歐洲中世紀社會之政治、經濟、法律、文學、藝術、科學、教育、風俗等之學者，皆有閱讀中古神學史之必要。

作者爲天主敎教徒，於中古神學大家之思想人格，多有高山仰止碑載之言，此本在情理之中。譯者爲平人，於迻譯之間，容有疏於麗辭，此亦在情理中也。是爲序。

一九八三年十二月

第一講　教父論三一上帝

古代教父❶們堅持猶太教的一神論傳統，以抵制羅馬帝國的多神教（即羅馬國教，它採取東方宗教諸神的調和教派，以及諾斯替教❷的多種流出說）。在相當早期，有一個特別難對付的教派是馬西昂派。馬西昂是一個基督教的異端分子，他把希伯來聖經中的創造之神與基督教聖經中的博愛之神對立起來，作爲兩個神。馬西昂於公元一六〇年左右死於羅馬。他迫使教會評定正典聖經，因爲他否認希伯來聖經而只承認基督教聖經的若干卷。教父們對他的反應，是肯定上帝在歷史中的統一性和單一性。

馬西昂學說的動機之一是把上帝與世間的罪惡分離開來。另一派是摩尼派，他們承認有一個罪惡的本原，在善的上帝之外還有一個對罪惡負責的上帝。教父們也不得不與此派鬥爭。

古希臘的命運說以爲人類的行爲是命定的，反對自由意志，認爲帝或諸神取消了人類的自主性和因果性。於是教父們在維護上帝觀念的時候堅持了自由意志說。人類之所以爲上帝的形象正因爲人類是自

❶ 古代教父指奧古斯丁以前的基督教早期權威神學家，以其思想與中世紀（常指五至十五世紀）的神學家有不可分的連續性，故一般中世紀神學、哲學史著作大抵將他們括入。——譯者。以下的注，凡未說明爲原注者，爲譯者注。

❷ 於 135-160 年盛行於小亞細亞，衝擊初期基督教。其教義揉合柏拉圖哲學與波斯二元論神學，提出善、惡二創世神及精神、物質二世界，精神世界由至高善神流出的「伊涌」而充滿；將人分爲屬靈、屬心、屬肉三種。

由的，這是教父所反覆宣揚的一種思想。諾斯替教的教義之一是說，有的人生來是屬靈的，必然得救；有的人是屬肉的，必不得救；有的人是屬心的，如能取得諾斯替教的奧義（諾斯）則可能得救。這也是一種由上帝對某些人預定的學說。教父們對此的反應之一是，上帝並不預定，在上帝的計畫中基督的救贖乃是以一切人爲對象。

關於上帝論及教父反對的各種學說，參看參考書總目，如Kelly, *Doctrines;* Pelikan, *Christian Tradition* 1, 兩書索引都很有用。

一、三一上帝

「三一」這個詞直接指聖父、聖子、聖靈的三性或三重性，後來稱作上帝的位格或人格。

間接而言，它表示聖父、聖子、聖靈的本質、實體或本性的統一性。

在希臘文中，「三一」是 Trias，最早見於泰奧菲魯斯❸（Theophilus of Antioch）的《致奧托利庫斯》❹（*Ad Autolycum*）2•15，作於公元一八〇年稍後。

拉丁文 Trinitas 最初見於德爾圖良❺（Tertullian 約死於公元二二〇年稍後）的《論貞潔》（*De Pudicitiis*）21•16（CCL 2•1328）：「……永恆的三一，聖父、聖子、聖靈。」該書成於公元二〇七年以後。又見於他的《反普拉克西安》（*Adversus Praxean*）2•4，可能作於公元二一三年。

---

❸ 爲安提亞哥第五任主教（169 年），希臘教父。《致奧托利庫斯》是現存他的唯一著作。

❹ 奧托利庫斯是希臘神話中傳統之神墨丘利之子，善竊。

❺ 以下還要論及。

二、公元三八一年「正統」公教會的三一教義

公元三二五年的尼西亞會議和公元三八一年的君士坦丁堡會議訂立的基本教義，是自稱正統的公教教徒用以反對阿利安派❻以及其他各派的教義。當時條文的部分確切涵義至今在學者中間尚有爭議。下列所述是通常的釋義，亦即後來成爲公教（天主教）教義的內容。

在上帝的單一本質、實體或本性中有三個人格，即：

（一）聖父、聖子、聖靈不僅是上帝的三個名、三個形、三個演化，三個上帝本體方式，而且在人的頭腦思考認識他們之前就是確實分開的三個位格或人格。

（二）每一位格或人格與其他位格有着共同的本質或實體，因此是相等的。每一個位格具有眞正的、全部的、單一的、不可分離的上帝本質或實體，因此每一位格具有全部的上帝的屬性，如大能、智慧、至善、公義、仁慈、永生。

（三）在上帝的位格之間有發生的次序但沒有時間上的先後或本體上的高下之分。聖父沒有本原，他是聖子和聖靈的本原。聖子，亦即道，是由聖父受生而來，聖靈由聖父出來而非受生。

東部教父在其神學（不是教義或信條）中往往稱聖靈由聖子從聖父出來，或稱由聖父出來而受於聖子，但從來避免說聖靈是由聖父及聖子出來。在奧古斯丁及晚期拉丁教父的神學中，稱聖靈由聖父及聖子出來（Procedit ex Patre Filioque）這一提法入於西方信條，成爲東西方教會衝突的一個根源，此點容後再談。

（四）每一位格雖在本原上與其他位格確實分開，卻是單一的上帝，是一個上帝的絕對實在。

---

❻ 下文詳論。

當四、五世紀時，卡帕多西亞的教父及奧古斯丁，發展一種上帝內部關係的神學，以理解在絕對本質和實體的統一性和單一性之內的位格確實分離性。

下面將三一上帝的信條（也就是對上帝實體之信仰，以條文的形式表達出來）的發展，與教父神學中三一上帝問題的發展，放在一起來討論。教父們運用推論與類比的方法試圖理解他們所信仰的實在。

上文所列教義乃是漫長時期探索、努力及鬥爭的結果，在這過程中，聖經的章句以及早期教會的實踐和粗略表達方式皆用來澄清教會的信仰。

三、早期關於三一信仰的表述

早期基督徒關於聖父、聖子、聖靈奧秘的信仰是以一種先於思辯、先於神學的方式表述的。

(一)聖經最初用於禮拜儀式並被人虔誠地誦讀，後來逐漸集結為正式的經文，即正典聖經。這是指新約正典，因為希伯來文聖經一直受人崇拜，經過相當時期《新約》才取得相等的地位。

關於三一，《新約》經文講上帝，講聖父，講聖子亦即上帝的智慧、上帝和聖父的形象(在〈保羅書信〉中上帝幾乎恆指聖父)。聖子被宣稱為「主」(Kyrios)，是希臘文，相當於猶太人所崇拜的上帝之名。在〈約翰福音〉、〈約翰書信〉及〈啓示錄〉中聖子被四次稱做道或上帝的道（即〈約翰福音〉1•1, 1•14; 〈約翰一書〉1: 1; 〈啓示錄〉19•13)。約翰是新約作者中唯一使用「道」這個詞的作者。保羅用「上帝的智慧」來表達聖子耶穌基督，見〈哥林多前書〉1•25。

在保羅諸篇內有不少「三組合」的提法：上帝、子、靈（〈加拉太書〉4•4-6)；上帝、主、靈（〈哥林多前書〉12•4-6; 〈哥林多後書〉13•13)，但無法確定他以聖靈爲單獨的人格，還是指上帝在人間工作的化身。

在約翰諸篇，卻將聖靈明確作爲上帝之中的單獨實體，另一個「中保」(Paraclete) 或「辯解者」(Advocate)(〈約翰福音〉14•16, 26; 15•26)。

此節可參閱：*Fortman,* ch2；關於聖經表述的論文集 *Lumiere et Vie,* no.29; B. da *Margerie,* ch. 1; A. W. Wainwright, *The Trinity in the New Testanent* (London, 1962)

(二)早期教理要義認爲信仰的對象是聖父、上帝之子（道、主基督）以及聖靈。

里昂的伊雷耐烏斯❼ (Irenaeus of Lyons) 在其《使徒教義詮解》第六章中寫道：

我們信條的次序如下：

聖父，不是被造，不具物體。

無形無影；單一上帝，萬物的創造者，這是信仰的第一條。

第二條是，上帝的道，上帝之子，主耶穌基督，依聖父旨意的方式並按先知各自的預言方式向先知顯現；經由他創造了世界萬物；在末日完成並收集萬物；在人間受生爲人，有形可見，以克服死亡、獻出生命並帶來上帝與人的和解。

第三條是聖靈，通過聖靈，先知們得以預知，教父們得以知道上帝之事，公義的人得以稱義；在末日聖靈重新降臨於世上的衆人，使成爲上帝的人。

(三)早期信條，尤其是用於洗禮的信條，表明受洗者信仰聖父、

---

❼ 希臘教父，約生於一二六年，曾任里昂主教，殉道。主要著作爲《反異端論》。

聖子、聖靈。

聖經學者認爲〈馬太福音〉28・19 的經文「所以你們要去使萬民成爲門徒，因父及子及聖靈之名，給他們施洗禮」。與其說反映耶穌本人的原話，不如說反映了早期教會禮拜的程式。不過，這段經文確實是把聖父、聖子、聖靈放在同等的地位作爲信仰的對象。後世巴西爾❽等人援引了這段經文及實踐。

在公元二世紀（也有人認爲一世紀）的文獻〈十二使徒訓言〉裏，規定洗禮程序如下：

> 解說各條完畢，以聖父、聖子、聖靈之名，在活水中施洗。如無活水，可用他水。不克冷水，可用溫水。如無以上諸水，可以聖父、聖子、聖靈之名，用水自頭頂灌注三遍（7•1-3)。

(四)早期禮拜的祈禱文也說明這種信仰。查士丁❾在描寫禮拜儀式時講到如下的榮耀頌：「以聖子及聖靈之名，榮耀歸於萬物之父。」（《護教首篇》65)。

約於公元一五六年寫成的關於波利卡普❿殉教的記載，說他殉教時的祈禱文如下：「我以永生的天國大祭司耶穌基督聖子之名將榮耀歸於上帝及聖子與聖靈」(14•3)。

以上文獻都說明早期基督徒對這個奧秘的實在性有單純而直接的信仰。有時這一信仰根據每一位格對某一信徒或宗教社團的特有作用而加以表述。

---

❽ St. Basil the Great, c. 331-379. 曾任凱撒里亞主教，爲著名希臘教父之一。著有《駁尤諾米烏斯》《論青年學習希臘文學》本書注中人名用英文名而未錄拉丁名，因本書原文如此。在本書參考文獻中往往用拉丁名。

❾ St. Justin Martyr, c.100-c.165. 早期護教派教父，殉道者，著有《護教首篇》《對話錄》。

❿ St. Polycarp，於一五五年左右在羅馬殉道，是早期使徒教父之一。

但是當基督徒開始思考自己的信仰，意欲表述它，追求更深的理解時，便發生了問題。

他們不得不考慮如何把他們信仰中的以下兩點聯繫起來：

(1) 只有一個上帝。基督徒篤信猶太聖經及猶太傳統。一神教是他們與異教的多神教之間的分水嶺，也是他們與諾斯替教流溢說的分水嶺（諾斯替教有次於最高神的造物神及一聯串的「伊涌」或低級神祇），也是區分於馬西昂二元論的分水嶺。(2) 耶穌基督是主，是 Kyrios，也就是上帝本身。

這裏有兩個問題：(1) 如果耶穌基督是上帝聖父之子，又是如此分明地區分於聖父，而同時又是上帝，上帝怎麼是單一的呢？——這是聖三一的問題；至於聖靈的地位，則是在聖子的問題解決之後才得到進一步的研究。(2) 耶穌基督怎麼既是上帝又是人，而又是單一的？——這是道成肉身的問題，後來又稱位格聯結問題。這一問題雖然在早期已經出現，卻是在五世紀才引人注目。

四、早期受到糾正的錯誤

- 否認
  - 眞區分論
    - 單位格論
    - 聖父受難論（諾埃圖斯）⓫
    - 模態論（撒伯里烏派）
  - 同體論（從屬論）
    - 基督嗣子論（窮人派）
    - 阿里安論道派
    - 反聖靈派（「反聖靈戰士」）

既然耶穌基督是上帝之子又是上帝，上帝怎麼是單一的呢？早期

⓫ Noëtus 見下文。

有一種適於猶太敎一神論土壤的解決方案是，基督是彌賽亞，但不是上帝，是一個具有不尋常使命的平常人。當他在約旦河裏受洗之時，他被授予彌賽亞使命及上界的靈魂。他被上帝認爲嗣子，於是乃有嗣子論之名。這是稱爲窮人派的一個猶太一基督敎派的觀點。

諾斯替派則強調衆神中最高神的超越性和單一性，認爲在最高神與物質世界之間有一種精神體 eon（伊涌），它進入基督使成爲救世主，他所行的救贖不是靠受難中的愛與順從、死而復活，而是靠傳授一種奧秘的知識：諾斯。

二世紀的基督敎護敎者對上述敎義的反應是強調耶穌基督的神性。有的人由此而發展一種聖邏格斯或上帝之道的思想。

上面說過，新約約翰諸篇在舊約關於智慧與道的基礎上，談到聖子基督是邏格斯 (Logos) 或上帝的道。查士丁、塔西安⑫、泰奧菲普斯、阿塔納哥拉斯⑬、德爾圖良等人根據聖經上關於道的觀念，把它和菲洛⑭（希臘化時期亞歷山大里亞的猶太思想家）以及希臘哲學家的學說結合起來，以表述基督對上帝聖父的關係。

他們認爲基督作爲聖父的「思想」（卽道）存在於創世之前，「宇宙之父有子，亦卽是道，初生於上帝，卽上帝」（查士丁，《護敎首篇》1·63）。基督在創世中是作爲聖父的思想被說出或表達出。他與聖父應受同等崇拜。

在其他方面這些作者所使用的詞語頗令研究者費解。他們往往把

⑫ Tatian, C. 120—? 希臘敎父，在羅馬從學於查士丁。其著作有《致希臘人書》。

⑬ Athenagoras，希臘敎父，生平未詳，著有《爲基督徒辯解書》。

⑭ Philo Judaeuj, C. 20 B. C.—A. D. 50 其思想雜揉柏拉圖派、斯多葛派及畢達哥拉派。今存著作頗多，在勒伯古典叢書 (*The Loeb Classical Library*) 中有十三卷。

作爲上帝之子的道的產生或受生與創世之際聯繫起來。

有的學者認爲這只是術語之病，也有人認爲這是指道與上帝共有的永生。但是道的產生或受生，他作爲上帝之子，卻與聖父的創造世界聯繫在一起了：他們這樣講並不是否認道的永生性或是把他說成被造物，而是要表明一個位格的兩個方面，即道的永生一面，與子在創世之際的一面。

至於聖靈，所談甚少，偶有談及也是語焉不詳。但是應該知道，教會的禮拜與信仰卻繼續把聖靈及其救贖工作放在聖父及聖子同等的地位加以崇拜。

五、德爾圖良（約 160—220）對神學術語的貢獻

儘管德爾圖良的思想尚在摸索階段因而並不完善，但他對拉丁神學術語做出不少貢獻，在一定意義上，使西方教父避免了東方教父遇到的許多難題。

德爾圖良清晰地表述上帝的單一實體以及三一的位格爲三。他也講述每一位格的屬性即每一位格之所以區分於他二位格的特質。

他談到「那種自謂掌握純粹眞理，自稱只有信仰聖父、聖子、聖靈爲一位才是信仰一神論的邪說。彷彿不這樣，一就不是全體——既然全體來自一——當然是通過實體的統一性。這樣上帝旨意（oikonomiae)的奧秘才得以保全。正是上帝之意旨，把統一性分爲三一，按聖父、聖子、聖靈的次序，不是根據條件，而是根據程度而成爲三位，不是以實體而是以形態，不是以大能而是以方位分爲三位，而三位具同一實體、條件、大能，因爲只有一個上帝以聖父、聖子、聖靈之名區分三種程度、形態、方位。」(《反普拉西安》2•4 CCL 2.1161)。

下文他講到：「因此他（基督）也明確了二個位格的聯結，以防

止有人把聖父視爲另外可見的一位而認爲聖子只是代表聖父」（同上 24•7; CCL 2.1195)……「從基督所言我在父中，父在我中來看，每一位格的屬性甚明顯。」(同上 24.8)

在引證上述經文之後他又說：「聖子的這些話表明，聖父與聖子是以各自的屬性相區分的，聖子也據此允諾，他將向聖父要求一個聖靈並將派遣這個聖靈。」（25.1）這就是說，正如前述經文表明聖父與聖子爲不同的位格，同樣，聖子既要求於聖父，也表明聖子與聖父的區分。既然聖子要求一個並非他自己的聖靈，這表明聖靈與聖子是區分開來的。（因此也與聖父是有區別的)。

六、否認聖父、聖子、聖靈的眞區別

上面所引德爾圖良的第一段文章說明他在與一種長期以來困擾西方心智的異端做鬥爭。希波利圖斯[15]也參加了這場鬥爭。反對的對象是單位格論或聖父受難論。

由於唯恐邏格斯教義會引出兩個上帝故強調上帝的單一性或 monarchia（一個本原），諾埃圖斯[16]等人於是主張，既然基督是上帝，他必然是聖父，因爲上帝是一個。於是聖父成了經歷基督的人間經驗的人，聖父受了難 —— 這就給這些人招來「聖父受難論者」以及「單位格論者」的別名。

還有人主張聖父與聖子只是賦予同一上帝的不同名稱而已。

撒伯里烏斯（活動於 220 年左右，後被教皇譴責）對這些觀點給予更精緻的解說。他主張單一的上帝以三種功能的模態來表現。於是

[15] Hippolytus,，希臘教父，生平不詳，可能爲伊雷尼烏斯的學生，著有《反諸異端邪說》。

[16] Noetus, d. 235. 於 180-200 年在斯米爾納講學，是最早提出聖父受難論的人。200 年被譴爲異端。

乃有「模態論」之名。

三個模態是：作爲造物主和立法者，他是聖父；作爲救世主，他是聖子；作爲恩典的啓廸者和賜予者，他是聖靈。這樣上帝成了具有三種模態的一個位格。

在批判這種思想中德爾圖良起了特別重要的作用。在這裏，他那關於道的神學再次顯示出重要性，道在上帝中但又區別於聖父。

模態論在西方特具蠱惑力，但在東方也有，受到奧利金（俄利根）⑰的批判。

他強調聖父、聖子、聖靈的區別和三一性。

奧利金稱聖父、聖子、聖靈爲三個 hypostaseis（實體），這個詞的涵義模糊，因爲它可以指本質，也可以指具體、單獨、實存的實體或主體，奧利金是在第二種意義上講的三個實體。

希臘文 hypo-stasis 相當於拉丁文的 sub-stantia；後者有同樣的含糊性，它可以指「本質」，那就成了「次級實體」；也可以指具體實存的實在或主體，那就成了「元級實體」。這種模糊影響之弊引起很大的混亂與誤解。

奧利金不僅強調父子的區別，也強調了他們的同一性，他似乎甚至使用了 homo-ousios（本體同一）來表述二者在實體或本質上的同一性。

但在他的著述中有些文句又似乎把聖子置於聖父之下。研究奧利金的學者在此問題上不能取得一致意見。有的學者認爲，這些原文只是說明聖父是第一本原而聖子除由聖父得到神性而外並無獨立的本原。

---

⑰ Origen 185-254 年。用希臘文著述的主要早期敎父，主張哲學爲導向啓示眞理的必要手段。曾受敎會譴責。主要著作爲《論初始原理》。

七、阿利安派

且不論奧利金本人的立場，在亞歷山大里亞卻實在出現了從屬論的傾向。首先表現在廸昂尼西烏主教反對模態論（撒伯里烏派）的態度上。由於強調父與子的區別，他的口氣似乎是把聖子置於聖父的從屬地位。羅馬主教——也姓廸昂尼西烏——給亞歷山大里亞的廸昂尼西烏寫了一封信去糾正他的從屬論提法。參閱 DS 112-15。

這種傾向在阿利烏斯身上得到充分的發展，他於三二〇年左右在亞歷山大里亞佈道並授徒講學。

他主張，只有上帝是非受生的（正統神學家則認爲只有聖父爲無本原）。既然上帝的道是受生的，故必是被造的，也就不可能是上帝。道確實是高於一切被造物，在它們之前被造，被上帝用以創造萬物。但是「當初他並不存在」，就是說，他並不與上帝同在於永生。只是在參與的意義上他才是上帝，是一種半神，次級意義上的上帝。道從無產生，乃是由上帝的意志創造出來，並非必然的存在。

有人認爲這種說法植根於新柏拉圖主義；有人則認爲亞里士多德的元級次級實體說是其根源。總之，這是一種以宇宙論爲基礎的唯理主義，它把信仰的奧秘置於哲學思想之下。

當時亞歷山大里亞城的主教是亞歷山大，他譴責了阿利烏斯的學說。但是阿利烏斯結識有勢力的大人物，如凱撒里亞的尤西比烏斯⑱和尼科米地亞的尤西比烏斯⑲。阿利烏斯也是一個善於搞宣傳的人，他甚至編了一些讚美詩和聖歌來普及他的神學。

---

⑱ Eusebius of Caesarea, c. 265-c. 339. 希臘教父，教會史家，曾任凱撒里亞主教。

⑲ Eusebius of Nicomedia 死於 c. 341 尼科米地亞主教，反尼西亞信條運動的領袖，曾召集宗教會議，宣佈教會對阿利烏斯的處罰無效。

事態越鬧越大，妨害了帝國的社會秩序，於是乎皇帝君士坦丁在公元三二五年召集了一個主教會議來裁決這個問題。在此之前，這位皇帝已經干預過一次教會的爭端。

於是三百一十八位主教齊集於尼西亞城（在小亞細亞的安納托里亞）。西班牙科多巴的主教何西烏是君士坦丁的顧問，看來他就是決議條文的起草者。教皇西爾維斯特也派出了代表團以表示支持這次會議。

主教們擬定一個新信條，宣稱聖子「來自聖父的實體」，他是「自上帝而來的上帝，自光而來的光，自眞神而來的眞神，受生而非被造，與聖父本體同一 (homo-ousios)，即具有同一實體或本質。」

條文大部分是講聖子或道，這就是今天我們在禮拜中使用的信條的第一部分。至於聖靈，則只簡單地說了「我們也信仰聖靈」。

主教們譴責了阿利安派使用的一些用語，如「當初他並不存在」；「在受生之前，他並不存在」；「他來自無」。參閱 DS 126。

主教們又補充了，聖子與聖父並非來自不同的本質或實體。在這次會議上，本質（ousia）與實體（hypostasis 即次級實體）被當作同義詞。而原先奧利金將 ousia 當作一，將 hypostaseis 當作三。在以後的一次會議上則仍以 hypostaseis 爲三而以 ousia 爲一。

儘管這次會議肯定了本體的同一性，在用語上卻留下相當的混亂，以致會後成立了幾個對立的派別：1.嚴格阿利安派；2.半阿利安派，諸如本體同一派，此派稱聖子與聖父同一本質中相類似(homoi)，以及 3.父子相似派（Homoeans)。

阿塔納西烏（Athanasius, c. 295-373，亞里山大里亞主教）在尼西亞會議上是一個活躍的年輕神學家，後來作爲亞歷山大里亞主教更加活躍起來，他力爭推行尼西亞信條。普瓦提埃的西拉里（Hilary of Poitiers, c. 315-366, 普瓦提埃主教）是當時放逐在東方的西方人"，因而對辯論有直接的經歷，他也強烈支持尼西亞的本體同一條文。他的《三一論》是一部對西方神學具有極大影響的重要著作。

反對尼西亞信條的溫和派實際上是唯恐「本體同一」這個詞會導致模態論或撒伯里烏主義。因爲它可以被理解爲父與子旣屬同一實體必爲一個位格而非兩個不同的主體。因此他們主張三個 hypostaseis 和一個 ousia，而不主張一個 hypostasis 和一個 ousia，如會議所言。

久而久之，這類主教們與阿塔納西烏達成一項諒解，他們按照各自的理解而同意說，稱三個 hypostaseis 和一個 ousia 並不是阿利安派，而阿塔納西烏稱一個 hypostasis 和一個 ousia 亦不是模態論或撒伯里烏派。

在這項諒解過程中，凱撒里亞的巴西爾和他的朋友格利高里・納西安蘇斯⑳起了重要作用。首先，他們將單數的 hypostasis 解釋爲主體，卽單獨存在的實體。其次，他們搞了一種不同屬性與本原關係的理論來說明複數的 hypostaseis 是可區分的。這澄淸了問題，對後世神學貢獻很大。他們贏得多數人承認三個 hypostaseis㉑和一個 ousia 的學說，而解決了許多紛爭。但阿利安派在東方和西方（因爲許多「蠻族人」是阿利安派）仍然是一個強大的歷史勢力。

---

⑳ St. Gregory Nazianzus, c. 330-390. 教會博士，希臘教父，曾被選爲君士坦丁堡主教。節日：一月二日。

㉑ 譯者按希臘文 hypostasis 義爲「實體」或「主體」。在尼西亞會議以後的討論中才逐漸取得「位格」的新涵義。此處巴西爾等人使用 ousia 和 hypostaseis 的涵義正處在過渡完成中。「一個 ousia」＝「一個本性」過渡向：「一個本體」；「三個 hypostaseis」＝「三個主體」過渡向「三個人格（位格）」。

那麼，主教們爲什麼要使用一個語義含糊的詞 hypostasis 而不用那相當於拉丁文 persona 的希臘文 prosopon 呢？因爲在他們心目中 prosopon 這個詞與撒伯里烏主義有着難解難分的聯繫——它可以指「面具」，所以，如稱聖父、聖子、聖靈爲三個 prosopa 可以意爲：他們是一個人格扮演三個角色。後來經過相當時期，在 prosopon 脫離了這種聯想以後，它也就被用於三個 hypostaseis 的同義語了。

八、聖靈

在尼西亞會議以後的這些討論當中，關於聖靈發生了進一步的疑問。聖靈是神嗎？他與聖父、聖子是同一實體嗎？他是上帝嗎？

我們已經講過，禮拜、信仰和信條一向是對聖靈表示信奉的，也一直把他置於父、子的同等地位。但是迄今神學還沒有仔細地研討過聖靈問題。這時從屬論的傾向（也就是產生了阿利安主義的那個傾向）致使另一派認爲聖靈是低於聖子的，是他的第一個被造物。這一派綽號「反聖靈派」。

阿塔納西烏和卡帕多西亞的教父們（即巴西爾、格利高里、納西安蘇斯、尼撒的格利高里[22]）對這派進行鬥爭，方式是：

(一)訴諸教會的實踐，教會一向對聖靈與對父、子同樣信仰禮拜並同樣地對之祈禱；

(二)指出聖經中聖靈是通過參與來賜予神性生命，故聖靈必是神，因爲如果他僅僅參與神性的話，他不可能給別人以神的生命。

巴西爾在佈道時避免使用「本體同一」或「上帝」來表述聖靈，倒不是由於他不信這些概念，而是怕惹是非——因爲他的反對者正在

---

[22] St. Gregory of Nyssa, c. 335-c.395, 巴西爾的兄弟，尼撒主教。

變着法子想搞掉他的有威信的主教職位，於是他就講oikonomia（神意）以避免問題的激化，正如格利高里·納西安蘇斯在爲他辯護時所講的那樣。

但是在公元一八〇年格利高里·納西安蘇斯在一次佈道中明確無誤地宣稱聖靈是上帝（《佈道文》3·10，見 PG 36.144A；以及《佈道文》31.26, 12.6)。

公元三八一年在君士坦丁堡召開了一次會議，會上主教們給本體同一和三個位格的區別下了定義。這個定義的文本已經散佚，但是在參加這次公會議的主教寫給教皇達馬蘇斯及西方主教的一封信內得到淸楚的表述。此信見《公會議教令集》(*Conciliorum oecumenicorum decreta*. Eds. J. Alberigo et al. 3rd. ed. Bologna, 1973. p. 24)。

信上講到聖父、聖子、聖靈的神性、大能和單一本體。還把三個完全的主體（hypostaseis）與三個完全的人格（prosopa）等同起來。(次年在羅馬召開的一次會議稱聖靈爲 Deum verum 卽「眞神」，稱聖三一爲 tres personae 卽「三個人格」。

自從公元三八一年君士坦丁堡第一次會議（稱爲第二次普世公會議，尼西亞會議爲第一次）以後，就有了所謂尼西亞 —— 君士坦丁堡信條。過去認爲在這次會議上制訂了完整的信條，實際上它卻與埃庇法尼烏（St Epiphanius, 310-403, 教會博士）於公元三七四年寫的基本相同。也許是這個信條在公會議上宣讀通過了也未可知。總之，它被教會接受爲官方的信條。

這個信條沒有說明聖靈的本體同一，但是會議寫給教皇和西方主教的信確實談到聖父、聖子、聖靈的一個 ousia（本體）。這個信條表述了聖靈是上帝，應用的是卡帕多西亞教父的觀點：「我們信仰聖靈，主，生命之源，從父出來，與聖父、聖子同受崇拜同得榮耀，由先知代言。」(見 DS 150)這樣，在兩個極端之間，一面是模糊了父、子、靈的眞區別的模態論，另一面是取消了三者共同本體的從屬論，教會逐步將它在禮拜和祈禱中歷來信仰和實踐的內容給以完善的表述與規定。下面在談到奧古斯丁時我們還要回過來討論三一上帝的神學問題。奧古斯丁乃以這個信仰的表述爲基礎而建立一種三一神學，它至今仍有影響。

第二講　希波的奧古斯丁

(公元 354-430)

奧雷里烏斯・奧古斯提奴斯於公元三五四年十一月十三日出生於北非的塔各斯特，其父帕特里奇烏斯爲異教徒，其母蒙尼卡是基督徒。他早年在迦太基的馬道拉受教育。後來在家鄉講學，後又在迦太基、羅馬、米蘭講學。在米蘭時，深受主教安布羅斯的人格及佈道之感化。在閱讀某些柏拉圖主義著作（可能是普羅提奴斯❶）時，精神異常震動，世界觀發生變化。於公元三八七年四月二十五日由安布羅斯施洗入教。三八八年返回非洲過着一種虔修的半僧侶式勤學祈禱生活。但三九一年從主教接受聖職以後則開始其更積極的生活。三九五年升任希波主教，於四三〇年汪德爾人攻城時死於希波。

在三九九年以前奧古斯丁不得不對摩尼派❷進行鬥爭，而他自己原來曾是該派信徒。在三九二年他又開始與多納圖派❸進行鬥爭，因而捲入關於教會統一性、普世性以及聖禮儀式的辯論。約於四一二年他開始全力對付由彼拉鳩斯一派人提出的恩典問題。在晚年他又不得不保衞自己的恩典論來反對一派來自東南高盧的僧侶，他們的修院之

---

❶ Plotinus, 250-270. 希臘化時期思想家，新柏拉圖主義創始人，創流出說。244 年以後在羅馬授徒講學。對早期教父頗有影響。著有《九章》。

❷ Mani (215-276)，主張善惡二元論及諾斯替式救贖，其說於四世紀時在北非流行。

❸ 四世紀時由迦太基主教多那圖創立，主張「義人的教會」，反對羅馬教會准許叛教者任聖職，被羅馬教會處以絕罰。

一在馬賽，故稱爲馬賽派，至十六世紀才被學者稱爲半彼拉鳩派。在四一八年卽阿利安哥特人侵入之前，在北非並沒有阿利安主義的地盤，但自四一八年以後奧古斯丁也就捲入與他們的論爭。

在神學上奧古斯丁的傑出著作是《三一論》，這部書他從三九九年至四二二年之間斷斷續續地寫了二十三年。他的反駁多納圖派的著作則更充分地反映他的教會論和聖事論。雖然他的恩典論在早期著作中已有所表現，但在他與彼拉鳩派和馬西里阿❹派的辯論中得到更鮮明的闡揚。如欲理解他的神學思想，切不可忽略他的大量書信、佈道文以及其他短篇文章。他的聖經評註包括重要的《約翰福音百二十四論》以及他的《詩篇詮解》。

他的《敬神告白》(Confessio 主要涵義爲榮耀上帝，其次才有表白自我弱點的涵義）是一部亙古傑作。他的《上帝之城》原是爲維護基督徒而寫，因爲有人把羅馬的陷落歸罪於他們，然而這部書卻是研究上帝以神意指引歷史的一部鉅著。他的《回顧》則審視了早年的著作並間或予以修正，故永遠有參考價值。

奧古斯丁對後世的影響堪稱無與倫比，在中世紀神學的發展中尤其如此。以彼得・倫巴❺的《箴言集》爲例，這部成於十二世紀中期，歷數世紀而不衰的神學教科書，其徵引的作者名單僅包括有限的幾個希臘教父如奧里金❻，約翰・克里索斯托姆❼、約翰・達馬西安

❹ Massilia 爲馬賽古稱。428 年左右，馬賽的一些僧侶，在約翰・卡西安領導下，反對奧古斯丁在《論恩典及自由意志》中對彼拉鳩派的批判。後來奧古斯丁在《論神之預定》《論堅忍之聖禮》中對他們進行了答辯。

❺ Peter Lombard, c. 1100-c. 1160. 意大利神學家，巴黎大主教。他的《箴言集》收集了各派神學理論，成爲十二世紀以後重要的神學教科書。

❻ 見第一講。

❼ St. John Chrysostom, c. 347-407. 教會博士，重要希臘教父之一，曾任君士坦丁堡宗主教，因譴責宮庭被逐。節日：在東方爲11月13日，在西方爲 9 月13日。

❽等人，而引用拉丁教父則較多，諸如西拉里❾、安布羅斯❿、哲羅姆⓫、格利高里一世⓬、伊西多爾·賽維爾⓭、比德⓮等等；進而徵引奧古斯丁的次數之多則比引用上述教父頻率總和還要多得多。這種數量上的改變僅說明奧古斯丁影響的一個方面，其他方面的例證也頗不少，他的神學原則成了神學研究的基礎。

奧古斯丁的影響，至今不衰。他的影響超出波納文圖拉⓯、阿奎那、司各特⓰、奧卡姆⓱以及他們的信徒，而及於路德、加爾文以及

❽ St. John Damascene, c.675-794. 教會博士，敍利亞神學家，最後一個希臘教父。

❾ St. Hilary cf Poitiers, c.315-366. 拉丁教父，曾任普瓦提埃主教。

❿ St. Ambrose, c.340-397. 拉丁教父，教會博士，曾任米蘭主教，力反阿利烏派，上書皇帝取締異端。

⓫ St. Jerome, c. 347-420. 拉丁教父，教會博士，是《拉丁通俗本聖經》的初稿譯者。

⓬ St. Gregory I, c. 540-604. 拉丁教父，羅馬教皇（590-604）。樹立教皇極權，制訂教會法規，興辦修道院，派遣傳教士至英格蘭，反對北非多納圖派，否認君士坦丁堡宗主教之普世稱號而加速東西教會分裂。著有《約伯書評注》等。

⓭ Isidore of Selville, 死於 636 年。著有中世紀最龐大的百科全書《語源學》，其中包括語法、修辭、幾何、算術、邏輯、地理、天文、音樂、醫藥、營養、社會、動物、礦物、農桑、軍旅、體育、造船等學科，共二十卷。

⓮ St. Bede (Baeda), c. 673-735. 拉丁教父，英格蘭歷史家，本篤會士，著有《英國教會史》。

⓯ St. Bonaventura, 1221-1274. 教會博士，意大利神學家、哲學家，曾任方濟會總裁。其神學有意志論和神秘主義傾向。著有《箴言集評注》等。

⓰ John Duns Scotus, c. 1266-1308. 蘇格蘭神學家、哲學家，方濟會修士。其神學採用亞里士多德方法，自成一派，與同時的托馬斯相對峙。

⓱ William of Ockham, c. 1285-1349. 英國神學家、哲學家。曾受教皇約翰十二世譴責。否認理性在信仰中的作用，主張邏輯獨立於形上學，開近代科學思維方法之先風。

現代的新教神學。當代的人格主義和存在主義也植根於奧古斯丁。

奧古斯丁並未如流星般倏然殞落，沉而不起。他從早期神學家那裏，如西拉里、安布羅斯、維克托里奴斯⑱等人，得到啓發和幫助。不幸他只有初級的希臘文知識，未能閱讀希臘教父的原典。但他汲取並改造了前人的材料，而成爲早期教義研究到達西方的主要中介。

一、奧古斯丁神學的觀念和方法

奧古斯丁神學必須放在 Sapientia（智慧）的博大背景上加以研究。三八六年他皈依於追求智慧的信仰，這在他起初只是關於自我和上帝的知識。照克雷⑲的說法，對奧古斯丁而言有三種不同類型的智慧：

(一)自然智慧　乃是進而達到更高智慧的理性基礎，包括對上帝和神意的知識，是追求信仰的人所必需者。

(二)神學智慧　即神學的德性（信、望、愛）；即受洗的基督徒信望愛上帝因而與上帝結合；此種智慧使他的思想潔化、正化，而使他的生命更新。

(三)沉思或神秘智慧　信賴上帝和神的眞理，容止於完滿與安寧，而期望於永生。對於奧古斯丁，這乃是聖靈恩典的最大成果（見《佈道文》103、104、169、179、255。聖靈的「七典」見〈以賽亞書〉11：2，其中只列舉六「靈」。七十子文本和通俗拉丁文本將原典的第二靈「畏主」改爲「虔誠」，而列七靈，後稱七典。）

在三九一年任聖職以後奧古斯丁爲了牧職而關心教牧方面的知識與行爲，那就是區別於「沉思的智慧」(Contemplativa Sapientia)

⑱ Victorinus d. c. 303. 爲 Pettau 主教，拉丁聖經注釋家、殉道者。

⑲ Cayré 1·739-43，見本講參考文獻。

的「行爲的智慧」(activa sapientia)(見《三一論》13•19•24,)。這種生活促使他更充分地說明神學研究在智慧之內之下的任務與方法，見《論基督教教義》和《三一論》(CCL 50A. 415-17)。

神學中最活躍的智慧似乎是第二種智慧，也就是神學的美德之智慧。第一種，即自然理性的智慧，在一個人達到信仰的過程中起一定的作用。但在信仰一旦打開了靈魂的眼界之後，它便醫治、加深、擴大人的心智，促使其理解所信仰的東西。因此對奧古斯丁來說「對信仰的理解」(intellectus fidei) 乃是神學的主要目的。

有關這個問題的著述有《佈道文》18•3; 43•7•9;《詩篇詮解》118。它們說明兩點：1、爲了信仰而理解，2、但也爲了理解而信仰。後者與〈以賽亞書〉7•9 相符合：Nisicredideritis, non intellegetis (除非你信仰，你便不能理解，見《七十子文本》)。在信仰中——並非在任何信仰中，而是在「虔誠的」信仰中——上帝不僅是知識的對象，而且是愛的對象，因爲一個人的全生命都被引向上帝。因此信仰導向更高的沉思或神秘智慧。

這就是三種典型的奧古斯丁神學方法的第一種：強烈的感情傾向。

他拒絕把知識，不論是科學 (Scientia) 還是智慧(Sapientia)，與知識的用途及道德價值分開來。對於他來說，知識不可能僅僅是推理思維而不考慮上帝與永福。他對於現實世界的基本分類是「有用之物」(res utendae) 和「有福之物」(res fruendi) (見《論基督教教義》1•3•3 CCL 32•8)。這種感情的傾向表現在他神學著作中經常迸發的祈禱或對上帝的讚頌。例如，《三一論》15•28•51；CCL 50A-534。

第二種奧古斯丁方法是在他的闡述中思想的具體性與觀點的複雜

性相結合。儘管他知道區分自然領域與恩典領域，他卻並不把二者截然分淸。他是在具體條件中看待現實，比如，把人看作處於具體條件之下，旣經墮落又得救贖，而不是抽象地看待人。因此他的方法是綜合多於分析，與其說是抽象性的，不如說是實存性的[20]。

第三種方法是他的等級法，亦卽他所謂的 gradatum（見《三一論》13•20•26，15•2•3；CCL50A•418，462)。對於奧古斯丁而言，一切事物都是代表上帝的符號或象徵。他本人總是從外部的、較少代表性的符號和象徵，向內部的、更有代表性的象徵步步深入，（尤其是人類的 mens—心智—卽上帝的形象這一象徵）。從這裏更進而入於超越性範疇（眞、善、美），這些乃是將人引向上帝的東西。

第三種致使奧古斯丁制訂一些神學方法的原則，特別是關於可感知的相似性，也牽涉所有科學和藝術材料的應用。他把神學的這部分原則稱爲 Scientia，卽科學或知識，因爲它是使用受造物作爲理解神與事物的手段。《三一論》和《論基督敎敎義》都是說明和運用這些原則的，在這兩部著作中可以看到這些原則的實際應用。

《三一論》的前四部力圖從聖經的角度來說明敎義；後面三部講有關三一論的術語。從第八部起，他從心理學[21]的角度來硏討人類的靈魂，以找出人類身上的各種三一的類比和形象。這些是比擬，而不是論證；它們是信仰之內尋求理解的手段，旣以信仰爲前提，故只對信者起作用。

---

[20] 譯者按：奧古斯丁是在人的具體存在中看待人，而不是按抽象本質看待人，這裏蘊涵「存在先於本質」的命題。上文作者謂現代存在主義植根於奧古斯丁神學，指此。但是奧古斯丁神學中也包涵理念論的因素，則可導出「本質先於存在」的思想。

[21] 譯者按：中世紀的所謂「心理學」是形上學的一個部門，研究靈魂的不可分性、精神性、不死性、本原、與肉體的結合等問題。應譯作「靈魂論」。

《論基督教教義》是一篇不長的神學論文，第一部論 res，即事物，包括哲理（第 5-22 章）和倫理（23-34 章），以及聖經評註的一般原則，與他在 *Enchiridion*（《讀經手册》）中所述大體相類。

第二部講符號，因爲詞是符號，而經文中的詞義甚難明了。以此之故，他主張研究聖經的語言，有關本體性質的知識、辯證術、修辭法、歷史、法律、乃至農桑以及其他各種知識，因爲這些都有助於理解經文。

第三部繼論符號，而建立了聖經評註的法則，講解各種經義並區別 locutio propria，即日常語言，和 locutio figurata，即修辭語言、比喻語言。

第四部論修辭法或佈道術，由於對基督教教士有指導價値而爲人樂道。

這部書的設想過於龐大，不可能由他一個人來完成；但是由於他的權威，這本書在中世紀思想家面前樹立了一種理想，啓迪他們在信仰之內研究並運用世俗的文化。

他還留下兩種遺產：

(一)關於聖經足敷信仰及神學需要的原則，聖經在教會之內由教會解釋的原則；儘管他也訴諸傳統，比如在嬰兒受洗的問題上即如此。

(二)關於研究聖經的方法：1. 超越歷史和章句義理的寓言比喻法。例如在《上帝之城》15•26•1 中他主張挪亞的方舟與人體的比例相彷彿，即長六倍於廣，而十倍於人頂距地面之高度[22]。這樣，方舟成了基督的形象，而基督是完人的範型，是人類的拯救者，正如挪亞

[22] 指臥位時的高度——原注。

被方舟所拯救。 2.在解釋經義時運用拉丁語法更多於歷史、聖經原文、地理或文化背景。結果他闡釋經義花費的勞力大大多於運用其他方法。其他方法在當時對他或其他教父多半還不存在。參閱本講文獻選讀 note 3。

二、奧古斯丁的三一論

巴德（G. Bardy，見本章參考文獻）曾說，儘管西方的思想家一般而言不如希臘教父有創造性，但是三一論的完整化、系統化卻是一個例外，在這方面西方教父領先。在二五一年以前諾瓦替安㉓的《三一論》已經問世；當西拉里被放逐在小亞細亞期間（356-357 年），他也寫了他的《三一論》十二部。

奧古斯丁於三九九年着手寫他的《三一論》，進行了若干時間。後來當他知道前十二部未經通知他未經他同意便已出版時，他決定不再續寫下去。後來終於難卻朋友們的高情，他於四二二年重拾舊業而完成全書爲十五部。

上面已經講過全書的基本結構。奧古斯丁本人在最後一部卷首也對全書作出總結（15•3•4-5）。此書乃是信仰尋求理解的最高典範。「信仰以求索，理解以發見；故先知有言：『如非信仰，無從理解。』而理智繼而尋求它所發見的那位……」（見 15•2•2; CCL 50A•461）。

又：「我曾盡着你給我的力量留意於這一信條，我曾尋求你，力

㉓ Novatianus, c. 200-258，意大利主教，公元二五〇年，於教皇法比阿（Fabian）殉道後，他成爲羅馬教士的代言人。在二五一年四月，當新教皇選出之後，他還任命過一個主教，以反對新教皇科內里烏斯（Cornelius）對待補贖的態度，因而成爲「敵教皇」。他主張在迫害下叛教者不得贖罪。同年，羅馬宗教會議對他處以絕罰。後殉道。

求以我的理解來認清我所信仰的一切，而我辯言甚多。」（見 15•28•51; CCL 50A•534)。

奥古斯丁有一段最受人景仰、最爲人樂道的關於聖三一的信仰聲明，是《論基督教教義》1•5•5 (CCL 32•9) 的這段話：

「所以我們要榮耀的三個實在便是聖父、聖子、聖靈這聖三一，乃是三位一體的最高實體，如果說它不是一切實體的終極因的話。因爲我們難以給這樣至高至大的完美找出一個適當的名字……三位的每一位是上帝而合起來是一個上帝，每一位充滿實體而合起來是一個實體……在聖父是統一，在聖子是同一，在聖靈是統一與同一的諧和。三位由聖父而爲一，由聖子而同等，由聖靈而聯結。」

奥古斯丁研究三一奥秘的步驟有三：

(一)他深悉聖經，據以研討關於上帝的各種表述，不僅研究關於上帝內部三一性的表述，也研究作爲單一的、不可分的、不可變的、超於範疇的絕對實體之上帝的唯一性和統一性。既然這個統一性與聖父、聖子、聖靈各爲同一的，而他們（雖然互相區別）與它是同一的，因此這與三神論不同，後者猶如屬於同一種的三個個體（例如在人類這個種中的三個人）。而且既然這三位在這個同一中是完全平等的，故對於奥古斯丁來說沒有從屬論之虞。

由三位各自與上帝本質或實體的同一而引出三個結論：

1.所謂上帝的絕對屬性，卽至善、大智、永生、全能，應該作爲單一的表述而不是分爲三：聖父是至善的，聖子是至善的，聖靈是至善的；但只有一個至善（見《三一論》5•8•9, CCL 50•215-16）。

2.三位的行動是共同的、不可分的，因爲只有一個意志共屬於父與子，所以他們對於意志的行使是不可分的（同上 2•10•18; CCL 50•104; 2•5•9; CCL50•90-93;《讀經手册》12•38; CCL46•70-71)。

3.但是可以把屬於或出於三個位格的共同行動歸屬於一個位格。這樣，大能一般歸於聖父，大智歸於聖子，聖愛歸於聖靈。

(二)儘管共有同一的實體或共同本質，三位卻實是互相區分的，而這種區分基於三位的相聯性。奧古斯丁發展了關係說（在東方已由卡帕多西亞教父們奠定基礎），認爲每一位與他所自出的一位相聯繫。這樣，聖子以子的身分與聖父相聯，聖父以父的身分與子相聯。這種相互而相對的關係不能在一位身上等同起來，即：父不能是自己的子，子不能是自己的父。故每一關係與相對的關係是區分的。同樣的，聖靈也區分於父、子，而他們也區分於聖靈。

奧古斯丁不大願意使用「位格」這個詞，因爲它意味着單獨的實體。於是他把上帝中的位格與關係等同起來，說：「當人問我們『三個什麼』？的時候，人類的語言變得笨拙無能。」我們說「三個人格（位格）」並不是爲了這樣說，而是爲了不得不說。（見《三一論》5•8•10; CCL 50•217)。

(三)聖靈出自聖父但也同樣出自聖子。對聖靈而言，父與子乃是同一本原。

「聖子受生於聖父而聖靈自聖父出來，但通過聖父之恩典而且在時間上毫無差別地共同出自聖父與聖子。」(同上 15•26•47; CCL 50A•529)。

照希臘教父的說法，聖靈是通過聖子由聖父出來。奧古斯丁結合了他們的觀點：「既然聖子所有的一切都來自聖父，他當然也由聖父而具有這一點，即聖靈也出自他聖子。」(同上 15•26•47; CCL 50A•529)。

關於聖靈，奧古斯丁也引入屬靈的愛（dilectio）的比喻，見《三一論》15•17•27 (CCL 50A•501)。在他之前，有人應用不少比喩來講聖靈，但奧古斯丁仔細研究了保羅及約翰諸篇關於聖愛與聖靈的章句，因而將關於聖靈的神學提高到一個新的水平。在上帝中，聖父生聖子，是作爲表現父的全知的內在之道而將他說出來。聖父與其道子結合在相互之愛中，聖靈作爲此愛而出來，作爲此愛的人格化或作爲他們的恩典。所以聖靈「表示父與子之間相互的共愛（caritatem）」(見《三一論》15•17•27; CCL 50A•501)。

奧古斯丁在三一問題上也留下一些問題是後世神學家力圖解決的。他公開承認他不能說明爲什麼，既然聖靈是上帝而又出自父與子，他卻不是子，不是受生或被造的（見《三一論》9•12•17–18; 15•19•37; 15•27•48; 15•27•50)。在後一問題中，他幾乎得到答案；他說知識產生形象或影象正如生子，因爲子是父的形象或影象，而意志或愛出自思想卻並不產生形象或影象。

他留下的另一問題是：既然聖靈是上帝的愛，是降臨到我們心中以使我們愛上帝的，那麼我們對上帝的愛就是聖靈本人嗎，或者說我們有一種對上帝的被造的受恩的愛？在十二世紀，彼得・倫巴根據奧古斯丁的章句再度提出這一問題（見《箴言集》1•17•6; 1•148•52)。

奧古斯丁對三一神學的獨創性的貢獻之一是類比的應用，尤其是取自人類靈魂結構的比喩（靈魂論的比喩）。正如在人類的單一實體中有三個方面（官能，行爲等），在上帝中，在無限高的程度上，也有統一的實體和表現爲關係的三個方面。波塔里埃（E. Portalié, 見參考文獻）列舉了奧古斯丁的二十一種這類三一比擬（並不都是取自人類身體的）。奧古斯丁在這方面的章句由莫里歐尼斯（F. Moriones）收在《聖奧古斯丁神學手册》（*Enchiridion theologicum Sancti Augnstini*), Madrid, 1961，pp. 101–41。

上述理論的基礎是他對創世紀 1•26 的闡釋:「我要按我的形象來

創造人」。下面擇其要者略舉幾條來談。

在《三一論》8•8•12-9•2•2（CCL 50. 286-95）中他較詳盡地論述了愛的三個要素的類比，這個類比後[24]來在十二世紀被聖維克多的理查重新應用。「愛有三個要素：愛者、被愛之對象、愛……一個人的靈魂愛朋友的不就是其靈魂嗎？所以說，有三要素：「愛者、被愛的對象、愛」（同上 8•10•14; 50•291。參看同書 15•6•10; 50A•472)。

在同一著作中，他研究了人類感知的三一性，卽：被看見的東西（res visa）、看（Visio）、集中注意力於對象的傾向或意願（intentio, voluntas）（11•2•2-5; 50•334-39)。

在同書（11•3•6-7•8）中他研究內感知而發現下列的三一性：記憶（memoria）、內在的看（internavisio）[25]、將記憶中的印象與外在形象聯繫起來的意志（voluntas)，他把後者稱作「意向」(intentio voluntatis)。

這些早期關於愛和外在的類比並沒有使他感到滿意，於是他進而研究內在的功能和人類行爲。

在同書中（15•3•5）他總結了前面各部中的研究。

他稱第九部講的三一是頭腦或心智（mens)、它用以愛自身的知識（notitia)、它用以愛自身及愛其知識的愛（見 9•4•4; 50•465)。後來他再度使用這個類比，而用 dilectio 代替了 Amor[26]（見 15•

---

[24] Richard of St. Victor, c. 1123—1173 巴黎聖維克多修院副院長，著有《三一論》等。

[25] 在同書 15•3•5 中稱爲 forma (形式)。

[26] 譯者按：這兩個字都是「愛」（名詞)，但 dilectio 是中古拉丁文，爲古典拉丁文中少用，尤指屬靈的愛心。所謂屬靈的愛，卽聖靈的恩典。

6•10; 50A•474)。認爲這三者都在人之中而並非人本身。(見 15•7•11; 50A•474), 因此這個類比不適用於上帝。

他認爲第十部更深入一步地達到「心智中更明顯的三一, 即記憶(memoria)、理解 (intellegentia)、意志(voluntas)」(15•3•5; 50A•466; 參看 10•11•17; CCL 50•329)。

值得注意的是, 這裏對象是自己或自己的頭腦 (memoria sui 即頭腦對自己的潛在知識)、自我理解 (intelligentia sui)、自我意志 (voluntas sui)。雖然他認爲這個說法要更明顯, 更好一些, 但仍然不足, 於是他進而追求最好的、最高的類比。

這種類比在《三一論》14•12•15 中有:「我之所以說這個心智的三一比喻是上帝的形象, 並非因爲心智有自我記憶和自我理解和自愛, 而是因爲它也能記憶、理解、愛那創造它的主。當此之時, 它有了智慧。如果不能如此, 儘管有自我記憶、理解和愛, 也是愚然頑然。那末就讓心智記憶那賦予它以上帝形象的主吧, 讓它理解並愛主吧。」

這個形象在下列情況下出現: meminisse Dei, intellegere Deum, diligere Deum[27], 注意, 在這裏奧古斯丁使用的是主動動詞, 不是名詞。一般這個三一是表述爲: memoria Dei, intellegentia Dei, dilectio Dei (對上帝的記憶等等)。對奧古斯丁來說, 當人確在記憶上帝、確在理解上帝、確在愛上帝的時候, 這個類比是最好的、最高的 (也就是說最不違反聖三一)。

在緊接的一段論述中肯定了這個論點 (14•12•16):「……既然萬物來自主、通過主、在主之中。因此, 既然萬物在主之中, 那末生物

---

[27] 「記憶上帝、理解上帝、榮耀上帝」。

除了在主之中而外又能在什麼地方生活，活動之物又能在什麼地方活動？然而並不是一切人都照着這麼說的與主同在：我願永遠與你同在。主也並不是照我們說的與一切人同在：願主與你同在。人不可能沒有主而存在，所以不與主同在乃是人的最大不幸。毫無疑義就人之存在而言人不可能沒有主而存在，但是如果他不記憶主不理解主不愛主，那麼他並不與主同在。」

奧古斯丁比誰都清楚地知道他在人類身上發現的形象與他們在聖三一之中的實際情況之間的區別。即使在他指出人類取得某些對信仰的理解是有價值的時候，他也經常指出他們的局限性。例如《三一論》15•7•11-13 (50A 474-79) 和 15•22•42-43 (50A•519-20)。參閱第二講文獻選讀 Further selected bibliograph 30。

三、奧古斯丁的救贖論

在西方，通過德爾圖良、西拉里、安布羅斯等人的著述，關於基督的單一性及其神性與人性的區分之間已經有一種均衡的認識。奧古斯丁只是繼續完成他們的工作而沒有多少創建。但是由於他的影響最大，所以他的基督論的論述被人徵引最多（例外是十二世紀的吉爾伯特，波瓦提埃㉘及其學派，他們引用西拉里多於奧古斯丁）。

在這方面奧古斯丁的原典見於 F. Moriones 的 *Enchiridion theologicum Sancti Augnstini* (madrid, 1961), pp. 291-342。

奧古斯丁關於道成肉身的唯一專門著作是他的《書信集》137「致沃盧西安」(ad Volusianum)（見《拉丁教父集》33 卷 515-

---

㉘ Gilbertus Porretanus (Gibbert of Poitiers), 1076-1154。1142 年任波瓦提埃主教。

25）。他關於基督救贖工作的神學在《三一論》13•10•13-13•18•23（CCL SOA.399-414）中論之甚詳。但是應該知道在他的所有重要著作中（例如《上帝之城》《手册》《基督受難論》（*De Agone Christiano*）以及許多布道文及《三一論》的其他部分）基督始終處於他的信仰和神學的中心地位。在《上帝之城》中他稱基督是站在人類歷史的中心。

所以在《佈道文》124•3•3（PL 38,685）中他寫道:「具有如此大能的主忍飢、受渴、疲憊、睏倦、被俘、被鞭，被釘於十字架上而死。這就是我們的道路: 由屈辱而走向永生。上帝基督是我們歸往的家鄉，人基督是我們經由的道路（Deus Christus patris est quo imus; homo Christus via est qua imus)。」

在《三一論》13•19•24（CCL 50A, 416）中他講:「所以我們的知識是基督; 我們的智慧仍然是同一個基督。」

奧古斯丁講，聖三一中的三位共同造成聖子一位身上神性與人性的聯結，但只有聖子一位成爲肉身。見《三一論》2•5•9-10 及 18（CCL 50A, 90 d 104)，這個說法在別處也重複出現。

奧古斯丁往往用「上帝之子」來表述基督神性的一面而用「人子」，來表述其人性的一面。例如《三一論》13•19•24（CCL 50A, 415-16）。應當注意，在這一點上，正如阿塔納西烏一樣，他稍稍偏離聖經的章句。這裏他受〈約翰福音〉的影響多於〈同觀福音〉。㉙

道成肉身在貞女瑪麗亞身上發生是經聖靈的調停。〈約翰福音〉

㉙　譯者按: ＜同觀福音＞並未強調「人子」的人性一面。如＜馬太福音＞25•3「當人子在他榮耀裏同着衆天使歸來的時候，要坐在他榮耀的身上。萬民都要聚集在他面前。要把他們分別出來，好像牧羊人別綿羊山羊一般。」這是秉承《舊約》的傳統，如＜但以理書＞7•13。

1•14 稱道成了肉身，實際是說道成了人：「這裏我們必須把『肉身』理解為『人』。」(《讀經手册》10•34, CCL 46•68)。瑪麗亞一直是貞女，不論是在受孕或生產中（《佈道文》189•2•2; PL 38, 1005)。人類的理性難於認識這一點，但信仰可以理解它：Quod humana ratio non invenit, fides capit, et ubi humana ratio deficit, fides proficit.㉚（見《佈道文》190•2•2; PL38, 1008)。

特别是在布道文中，奧古斯丁使用所謂「習語交通」(Communicatio idiomatum) 或「屬性交換」(Communicatio proprietatum)，比方他講：

「主並未離開父，但他來到人間。他吸吮乳汁，卻包容宇宙。他臥於襁褓，卻培育天使。」(《佈道文》124•3•3; PL 38, 685)。

在這個意義上他可以稱上帝死亡或道成肉身。

他描述道成肉身的語滙變化多端。

這種變化，以及他的特殊用語，在中世紀影響甚深。在彼得·倫巴的《箴言集》3•6•7 中描述有關位格聯結的三派意見都引用了奧古斯丁的用語。

他稱「上帝的道……穿上了肉衣」(vestivit se carne)（見《佈道文》189•2•2; PL 38, 1005)，這個形象頗適宜於第三派卽「衣服論」。在《論不同問題》83, 73 (CCL 44A, 209-212) 中他曾就衣服做詳細的分析，都被這派所引用。

第一派，也就是「升天論者」，指出奧古斯丁的許多別的章句，

㉚ 此句直譯為：「當人類理性不能認識時，信仰可以理解，人類理性無能為力時，信仰可以幫忙。」

㉛ 拉丁動詞 assumo 有「接納」、「嗣養」等義，轉為基督升天的涵義。

裏面談到「被引進天堂的人」(Susceptus homo)(見《佈道文》214•6; 341•9•11)或「升天的人」(被接納的人)(homo assumptus)㉛(《書信集》137; 《三一論》13•18•23; CCL 50A, 413; 《基督受難論》12•20 及 20•22)。

第二派，即「實體人格論」(Subsistence-theory)，也在奧古斯丁的著作中找到對他們有利的引文。

與阿波林納里斯㉜和阿利烏派相對立，奧古斯丁認爲基督有眞正人類的心智或理解力，道並沒有在基督身上取代人類的這個官能。

在《基督受難論》18•20 中他清楚地指出，通過基督的靈魂，那「不可見的、永恆的眞理」(指上帝的道)與身體結合在一起了。㉝

奧古斯丁認爲在基督身上有兩種實體(duae substantiae)，即上帝的和人的實體，但只有一個位格，見《布道文》130•3; PL 38, 727。

不過在更多的地方他講兩個本性在一個人格(位格)的統一中聯合(inunitate personae copulans utramque naturam)(Epistullae 137, PL33. 519)。

當他講上帝和人在一個人格中「混合」的時候(in hac persona mixtura est Dei et hominis)，他又講這兩個本性並不相混(non confusione naturae sed unitate personae)。見《致沃魯西阿努》3•11(PL33. 530)。

在一些著作中奧古斯丁稱基督中的聯和爲「恩典」，這一用語導

㉜ Apollinarius, d. e. 392. 亞力山大里亞主教，持「基督單神性論」。

㉝ 此處原引《基督受難論》(De agone christiano 18•20)一段拉丁原文，講道成肉身而不受人的罪性污染，因與本段內容不甚相關，故從略。

致後世神學家所謂的「恩典聯合」。見《三一論》13•19•24 (CCL 50A, 416) 及 15•26•46 (50A, 526-27)。

奧古斯丁認爲基督具有與他的完善相容的身體與靈魂的缺點，但他沒有犯過罪（《讀經手册》13•41; CCL 46. 72-73)。

他以人類靈魂與肉體的聯合來類比基督身上兩種本性的聯合（《書信集》137•3•11, PL 33, 520; 《佈道文》186•1•1, PL 38. 999)。

這種比擬雖然有益地指出兩種不同要素的聯合保持各自的不同，卻易於導致混亂的思想，因爲人類的肉體與靈魂是合成一個本性。照正統教義，基督卻並非如此，因爲在他身上兩種本性雖然聯合在一個人格之中卻被認爲保持兩種不同的本性。

這個比擬被列入「凡是」信條 (Quicumque Creed, DS 75-76) 而「正典化」。該信條以開首第一個詞爲名。這個信條被當作權威，因爲人們認爲它來自阿塔納西烏，中古的文獻往往稱之爲「阿塔納西烏信條」。現在不應再這樣稱呼了，有些現代學者稱之爲僞阿塔納西烏信條。實際上它不是來自東方的信條（阿塔納西烏是亞歷山大里亞人），而是來自西方，具有典型西方神學特點。

在談到基督的救贖工作時，奧古斯丁有時稱基督爲人類的治病者或醫生 (medicus)。

他也用了許多別的形象來表述基督爲人類所做的工作。其中一個形象是他繼承早期教父而加以改造的，就是稱基督的死是把人類從魔鬼的奴役下解放出來。這一主題他在《三一論》中詳盡發揮，見 (13•10•13-13•18•23 (CCL 50A, 399-414)。

照這個理論，魔鬼被給予了權利來懲罰和奴役人類，因爲人類自主地墮落於罪。上帝允許魔鬼擔任這個角色去懲罰人類的罪。

上帝原可以簡單地制服魔鬼而以他的大能解放人類，但是既然奧古斯丁認爲魔鬼被允許擔任懲罰人類的角色，他也就有理由認爲應該有一種公義：魔鬼不應被大能而是應該被公義所克服。方法是無罪的基督來到人間，而當魔鬼（通過他在人間的代理者）害死了基督時，魔鬼做了不義的事，因此被公正地剝奪了他奴役人類的權利。這樣人類被基督之死所救贖。

在某些章節奧古斯丁幾乎說明（可能已經說明）基督的寶血是對魔鬼的贖金——在鋪張修辭的章節裏是如此。

到了十二世紀時，坎特伯雷的安瑟倫以及阿貝拉將大力反對這一類的說法，儘管他們還是允許魔鬼在上帝允許下有一定的作用。

在論到基督救贖工作時，奧古斯丁相當發揮了基督作爲人與上帝之間的中保，作爲教會之首的主題。

但值得注意的是他在這裏並沒有使用「神秘身體」的用語。到了中古才出現這個術語。

對奧古斯丁來說，教會是道成肉身的繼續。他寫基督有三個階段：

(一)作爲永生的道與上帝聖父同在並在上帝之中。

(二)作爲神——人（通過道成肉身）。

(三)作爲整個基督在教會中，即首與身。（《佈道文》341•1•1; PL39, 1493）

這個全基督，實現在天上的教會中：

「作為當前的朝香者的教會，將與天上的教會相結合，我們將與天使為隣居……於是將出現單一的教會，即上帝之城」

拉丁原文：Adiungitur ista Ecclesia, quae nunc peregina

est, illi coelesti Ecclesiae, ubi Angelos cives habemus …et fit una Ecclesia, civitas Regni magni.

引自《佈道文》341•9•11; PL39, 1500)

奧古斯丁的恩典論

奧古斯丁常被稱爲「恩典博士」，因爲他堅持:

(一)恩典爲原罪所必需的良藥;

(二)在得救之路上，上帝的恩典是人類努力的領路者和伴侶;

(三)恩典醫治墮落的本性而導致眞正的自由;

(四)恩典爲最終堅忍所必需。

奧古斯丁對這些主題給以充分的發揮，尤其在反對皮（彼）拉鳩斯[34]、裘利安[35]以及在晚年反對「馬西利烏派」（卽半彼拉鳩斯派）的過程中是如此。

但是必須指出，這一類的論述只是他那異常豐富的恩典論中的一個方面。

在許多要點上，奧古斯丁實際上繼承發揚了希臘教父的論述：卽，當一個人通過洗禮和聖體進入基督的時候，上帝的恩典與愛給了他以確定的完善。

如同希臘教父，奧古斯丁也講上帝通過恩典使人成聖，成爲上帝的嗣子:

---

[34] Pelagius, c. 350-c. 423 生於英國，反對原罪爲必然，強調自由意志，於 416 年兩次被宗教會議斥爲異端。

[35] Julian（生卒年未詳），埃克拉奴（Eclanum）主教，爲 416 年因拒絕公開譴責皮拉鳩斯而被放逐的十八名義大利主教之一。

「在同一聖詩中請看這是對誰說的，「我說了『你們全是那至高上帝的兒子和神，你們卻要像人那樣死去，如同君主般地倒下去。』」(〈詩篇〉81:6) 所以說他是清楚地把由恩典而成聖的人稱爲神，儘管他們不是由他的實體所生成。他能夠使人稱義因爲他由自身而不是由他人是義的；他能夠使人成聖因爲他由自身而不是通過參與是上帝。使人稱義的人也正是使人成聖的人，因爲使人稱義也就是使他們成爲上帝的兒子。『因爲他給他們能力成爲上帝的兒子。』(〈約翰〉1•12) 旣然我們成了上帝的兒子，我們也就成了神；但這是靠了那收養我們的主的恩典，而不是靠他的本性生了我們。」(引自《詩篇詮解》49•2; PL 36. 565)。此段引文中的主要拉丁文用語是: ex gratia sua deificatos (由他的恩典而成聖); filos Dei facit (成爲神的兒子)；dii facti sumus (我們成了神)。在《佈道文》166•4; PL 38. 909 中有類似的用語，如: totus homo deificatus (整個人成了聖)。在《書信集》140•4•10; CSEL 44•162 中也有類似用語: facti sumus quod non eramus id est, filii Dei… (我們成爲過去不曾是的，也就是神的兒子……)。

恩典以一種新的方式使上帝成爲基督徒的父，首先使基督徒成爲基督的兄弟: 「因爲稱上帝爲父的人也就稱基督爲兄弟」(《詩篇詮解》48•1•8)。基督徒成爲基督的一個肢體而與基督成爲一個「完全的人」:「我們成爲基督: 因爲他是頭，我們是肢體，他和我們成爲一個完全的人。」(《論約翰書》21•8; CCL 36, 216)

在保羅和約翰，以及在較小程度上在伊雷尼烏斯㊱之後，奧古斯丁是教會爲基督身體論的最大闡述者。他喜歡用 christus totus 卽

㊱ St. Irenaeus, c. 126-? 希臘教父，里昂主教，力反諾斯替教。殉道。

「全基督」這個詞來表述教會。「所以既然他（基督）是教會的頭而教會是他的身體，頭與身體構成全基督」（《佈道文》137•1•1)。「道成了肉身住在人間。教會與那肉身相合而成爲全基督有頭有身體。」（《約翰書信評註》1•2; PL 35, 1797)。

奥古斯丁認爲全基督是不可分的，詩篇不僅適用於基督而且也適用於他的肢體（見《詩篇詮解》90: 《佈道文》2•1; CCL39, 1266)。在《約翰書信評註》10•3; PL 35, 2055 中他用「一個基督愛他自己」(Unus Christus, amans seipsum) 來描述基督與基督徒相聯合:「通過愛，我們自己變成一個肢體，通過愛，我們進入基督身體的結構，於是有一個全基督愛他自己。因爲當肢體互愛時，身體愛其自己。」

奥古斯丁恩典論的另一個方面是，派遣聖子與聖靈的使命是最後住在基督徒之內。有一段論述後來曾對神秘經驗和默禱中的靈性發生很大影響，是說聖子與聖靈，當他們被基督徒感知的時候，就住在他們之中:「於是上帝的道由他所自出的上帝派遣來。生他的人派遣他，受生的人被派遣。他被派遣給一切感知他的人，感知的發生是通過理性的靈魂朝向上帝或已經在上帝中達到完善……」

「因爲正如對於聖子來說受生乃是從聖父而來，同樣的，對於聖子來說被派遣就是被感知從父而來。正如對於聖靈來說作爲上帝的恩賜乃是從父出來，同樣的，對於聖靈來說被派遣就是被感知從父出來。」(引自《三一論》4•20•28-29; CCL 50, 198) 此段關鍵用語的拉丁原文是: et tunc unicuique mittiur cum a quoquam cognoscitur atque percipitur (於是他被派遣給感知他的人)： ita mitti est filio cognosci quod ab illo〔patre〕sit (於是那被感知由父而來的聖子乃被派遣)； ita mitti est〔spiritui sancto〕

cognosci quod ab illo〔patre〕 procedat（於是那被感知由父出來的聖靈乃被派遣）。

通過上述這種同在，道給了人的心智以光明，而聖靈給人的靈魂灌注了愛心。這樣，聖三一住在人之中，使人成爲聖三一的形象（上面已經講過，記憶、理解、愛上帝乃是恩典活動和三一臨在的結果）。

既然對於上帝恩典的主動效果具有如此強烈的觀點，奧古斯丁當然會反對皮拉鳩斯的自然主義和外在論。這個可能有愛爾蘭血統的僧侶從 384 年到 410 年羅馬陷落時一直生活在羅馬。後來他就逃往非洲，在那裏奧古斯丁成爲他的最強烈的批判者之一。在四一一年至四一二年之間奧古斯丁發表兩種反對皮拉鳩斯的著作，即《論原罪與功德》和《論靈與道》。那時皮拉鳩斯已往巴勒斯坦，據說死在那裏。他的追隨者裘利安・埃克拉奴[37]是一個很有見地的人，另一個信徒是賽萊斯提烏[38]。

皮拉鳩斯及其學派的罪名是他們宣揚：

(一)即使亞當沒有犯罪他也會死；

(二)亞當之罪僅及於自身而不及於全人類；

(三)初生嬰兒如同亞當未犯罪之時；

(四)全人類不因亞當一人之墮落而死，也不因基督一人之復活而復生。

(五)律法與福音同樣打開天堂之門；

---

[37] Julianus of Eclanum, 380-455. 埃克拉奴主教，因支持皮拉鳩斯被逐，見前註。

[38] Celestius 生平不詳。

(六)即使在基督以前也有完全無罪的人。

在一切爭論中，都不能輕易接受反對者加於被反對者頭上的罪名，因爲反對者往往把對方的論點加以引伸到極端。而這是對方並不持有的觀點。晚近關於皮拉鳩斯的研究傾向於說明，他的觀點並不像反對者說的那麼偏頗。他的著作大多佚散，但有一部分書信近來被編輯在《拉丁教父集補編》(PLS)之中。奧古斯丁在論戰中引用他的章句收在《聖奧古斯丁神學手册》(*F. Moriones ed., Enchiridion*)中，pp. 339-404。

照奧古斯丁的說法，皮拉鳩斯宣稱人類可以無需上帝之助而意願和實行一切道德上的善行，亞當之罪是個人之罪；對於生到這個世界上來的人來說並沒有原罪。因此並不需要施洗來獲得永生。雖然洗禮對成年人有一定好處，例如免罪，但沒有理由實行嬰兒施洗。恩典只是靈魂的一種精神裝飾，對意志並不起作用。基督的影響是外在的，是給信徒一種榜樣，並不具有內在的、靈的力量。未行洗禮的嬰兒死後得永生，因爲他們沒有原罪，但不得進入天國（也不管天國與永生有什麼區別)。

在四一六年，在非洲迦太基和米里夫的兩次宗教會議上，譴責了皮拉鳩斯及上述論點。四一七年，教皇英諾森一世(401-417)也譴責了這些論點並將皮拉鳩斯及賽萊斯提烏處以絕罰（開除教籍）。埃克拉奴的主教裘利安接着他們繼續宣揚這些觀點，被教皇左玆姆斯解除教職予以放逐。裘利安向西奧多爾[39]、奈斯托里烏[40]、教皇錫克斯土斯二世（433-440）等人呼籲。他被世俗政府多次放逐，據說死在西西里。

在這次論爭中牽涉的問題是人性中不受神助的能力與人的自由與上帝命定之間的關係之類。奧古斯丁無疑對這個問題有特殊的個人理解，對於堅持恩典在解救人的罪，給人以眞自由的過程中起的作用等問題皆有特殊的理解 —— 這就是在《敬神告白》中所描寫的他個人的生平與經驗。

奧古斯丁比一切前人都更清晰地闡述並強烈地堅持了原罪及其後果。多數人認爲他的下述觀點是言過其實的：非基督徒的每一行動都是犯罪，整個人類形成一個罪的集合或遭譴的集合（massa perditionis massa damnationis）。「整個人類這個遭譴的集合體，從罪惡走向罪惡」（見《讀經手册》8.27；CCL 46.64）。有時把人類說成「一團罪惡」（una quaedam massa peccati）「一團爛泥」（una massa luti）。見《論諸問題》83.68.3，CCL 44 A. 177。

奧古斯丁把人類的原始狀態 —— 眞自由（Libertas），應涵無慾念和引向上帝 —— 與原罪以後的墮落狀態相比較（已遺傳給亞當的後代）。亞當本有不犯罪的能力（posse non peccare），但他還是犯了罪。墮落之後的人類沒有不犯罪的能力。他的本性受了殘傷，至少對

---

[39] Theodore of Mosuestia, c. 350-428. 莫蘇埃斯替亞主教。在他死後 1～5 年的第二次君士坦丁堡會上被遣爲奈斯托里異端。1932 年發現他的敍利亞文佈道文以後，不少學者認爲他的思想是正統的。

[40] Nestorius, d. c. 451. 君士坦丁堡主教，主張基督其人是道（聖子）的居所，僅前者由聖母所生並死於十字架。被斥爲異端。其教義被波斯的奈斯托里教會承襲（唐朝的景教屬此派）。

於他原來的歷史狀態是如此（後世有人爭論這種殘傷的程度）。他變得無知，因爲他被罪引向慾念而自由受到限制。

奧古斯丁認爲恩典的作用在於打破這種奴役而解放人類。他淸楚地在基督的以下這句話裏看到人類對恩典的需要：「沒有我你們什麼也做不成」（〈約翰福音〉15.5)。奧古斯丁區分了人類的兩種自由：一是人的基本自由意志或自由抉擇的能力（liberum arbitrium），這種能力在一切行動中都使用，包括犯罪；一是人的眞自由（libertas)，它只來自恩典，把人類從罪惡中解放出來。在永生中，恩典將導致一種人不可能犯罪的狀態。(見《讀經手册》30 章)。

奧古斯丁與皮拉鳩斯同樣認爲恩典也是外在的助力，如祈禱、告誡、儆誡、徵兆等，但對奧古斯丁來說絕不止於此。聖靈必須從內面干預人，使罪人稱義，使他實行那如無神助則不能行的善。

恩典並不說明人有功德或功績。皮拉鳩斯被認爲主張人類可以自行開啓他的救贖工作，他的功德成爲取得神助或恩典的根據。奧古斯丁認爲恩典不取決於人的功德，它先於人的行爲：

「除了神召以外，除了上帝使我們意願行善、以靈的助力使我們能夠行善之外，誰能夠去意願並能夠去行善呢？神的仁慈處處走在我們之前，才使我們這些並不意願行善的人受召而要求能夠行我們意願行的事。」（《佈道文》193.2；PL 38.1014-15)

其他這類論述見《論恩典與自由意志》17.33，PL44.901…《佈道文》174.2.2，PL 38.840 及其他著作。

奧古斯丁的恩典論對西方敎會的敎義影響至大。但是他關於恩典無功勞性以及上帝工作的效驗（上帝完成一切，包括善功的前定、恆忍的恩賜等）的強烈觀點，至少遺留了以下三個問題困擾後世的神學家：

(一)既然恩典在上帝手上是如此必然而有力，它與人的自由意志和自由抉擇怎樣調和起來？

(二)如果恩典是純粹白得的，與人類功勞無關，那豈不是上帝抉擇並預定行善者，因而應對那些不中選而罰入地獄的人負責了嗎？(有的人甚至認爲奧古斯丁主張走向地獄的前定論，這似乎過分了)。奧古斯丁會說，一切人由於原罪和個人的罪都是該罰的，上帝通過仁慈選擇並拯救了一些人，不中選的人沒有批評的權利。

(三)如何把這一點與上帝要拯救一切人的意願調和起來？拯救一切人，此點在〈提摩太前書〉2.3 中由保羅非常清楚地闡述過。

「馬西利安派或半皮拉鳩斯派」是早期對奧古斯丁這些觀點的一種反應。後來在九世紀這些觀點再度引起爭論。(關於這個問題的進一步研究，見第二講參考文獻 6）

四、奧古斯丁的聖事論

奧古斯丁繼承了傳統教義，認爲各種聖禮是使承受者成聖的可見表象或符號，即成聖的有效驗的符號。他個人關於聖禮的學說「其豐富與複雜，無法納入一種嚴格系統的理論來加以說明」(見卡米洛《聖事論》(P.-Th. Camelot, Sacramentum) p. 429)。下面所講大體根據此書，因爲這本書是第一部解釋奧古斯丁關於聖禮的定義的著作。

奧古斯丁使用「聖禮」(sacramentum) 這個詞，但也使用相關的詞「奧秘」(mysterium)，這兩個詞在他的著作中都有廣泛不同的涵義 (參閱本講參考文獻中所列 couturier 的論文)。

對於他來說聖禮是處於整個聖經和基督徒的聖事背景上的東西，比後世所論七項聖禮的涵義要廣泛得多，七項聖禮的教義是十二世紀中形成的。

在他的術語中奧秘並不排除禮儀的涵義，但具有更富教義性的涵義，如上帝關於救贖計劃的奧秘，道成肉身的奧秘，聖經的神秘比喻意義等（可以對比：安布羅斯的《聖事論》是關於禮儀的，而其《奥秘論》則是關於聖經表象的）。

五、聖禮的定義與表述

奥古斯丁在討論猶太祭獻問題時給聖禮下的一個有名的定義是：「可見的祭獻是不可見的祭獻的聖禮，即聖符（sacrum signum）。」（引自《上帝之城》10.5； CCL 47.276-7）。這個定義的拉丁原文是：sacrificium ergo visibile invisiblis sacrificii sacramentum, id est, sacrum signum est。

他給「聖符」下的定義是：「聖符除了加給我們感官的表象之外，它自身還使某一別的東西進入我們的思想。」（引自《論基督教教義》2.1.1； CCL 32.32)。這個定義的拉丁原文是：signum et enim res praeter speciem quam ingerit sensibus aliud diquid ex se faciens in cogitationem venire。

他指示有些聖符是自然表象，如煙是火的表象。其他是他所謂「神意所給的表象」(signa divinitus data)，是包含在聖經中由聖經作者指示給我們的。

在他的《書信》55 中，他強調聖禮的行爲和禮儀的一面：「聖禮是一種祝儀，以紀念過去所做的一件事，其紀念方式使我們理解到某種實在被表象出來，此實在由我們以一種神聖的方式承受之。」

後半句將聖禮限定爲宗教符號。在四一一年與四一三年之間寫的另一封信中做了類似的限定。在談到符號有多種時，他說「當符號意指上帝的實在時，稱爲聖禮」(《書信集》138.7 PL37. 528)。故知聖禮是符號，但並非一切符號爲聖禮。

在上述書信中的定義可以分析如下:

celebratio 是宗教祝儀，故對奧古斯丁來說聖禮與禮拜及其全部象徵是不可分的；聖禮是禮拜的祝儀。

rei gestae commemoratio 是對基督通過受難及復活而由死到生這一歷史上的偉大事件的紀念；這一轉變與以色列的逾越是相聯繫的，與按月亮朔望擇日也有關聯。奧古斯丁認爲以色列和基督教的聖禮有統一性，前者預示基督，後者紀念並祝拜基督的偉大行動。

significatio 指某一精神實在的符號，它應以一種屬靈的、神聖的方式來理解和接受。

intelligatur 是信仰所起的作用，信仰能理解聖符，因爲聖符對它講話並喚起它。

聖禮是不可見事物的可見表象。聖禮也稱爲 signacula:「表象是可見的，但在這些表象中的不可見實在卻受到禮拜。」這樣奧古斯丁把肉眼可見的表象與不可見和屬靈的成果加以區分:「它們之所以稱爲聖禮是因爲在其中有的事物是被看見了，而另有事物是被理解了。被看見的是有形物體，被理解的是屬靈的成果。」(以上見《佈道文》272; PL38.1247)。

可見的表象與屬靈的效果並不是同一的東西:"Aliud est sacramentum, aliud virtus sacramenti ㊶ (約翰書信評註》26.11) 但是表象與其靈效是相似的，否則不能稱爲聖禮:「因爲，如果聖禮與那使其成爲聖禮的東西之間沒有相似之點，它們根本不可能是聖

㊶「其一是聖禮，其一是聖禮的屬靈效果」。

禮。」(《書信》13.9 PL 33.363-4)。因此，洗禮中用水灌注（或浸洗）乃是洗淨靈魂之罪的內在效果之表象。

爲了表明一種聖禮是怎樣發生的，奧古斯丁根據洗禮的實踐確立一種原則:「道降臨於聖禮事物，聖禮就發生了」(《約翰書信評註》80.3; CCL 36.529)。

Elementum 指物質的事物，如洗禮中的水，聖餐中的餅與酒等。

verbum 一般解釋爲教士在行聖禮時所用的詞或禱文，後世稱爲聖禮的「形式」，認爲它降臨於聖禮的事物即所謂「質料」。

但近年對奧古斯丁思想的理解認爲 verbum 是多價性的，包括幾種涵義:

(一)洗禮祝辭；聖餐中的祝禱文；對施洗用水的祝聖的禱文。

(二)信仰祝辭，即受洗者表示信仰的話。「既然水注身上可以洗淨靈魂，那水的大能是打哪裏來的，除非是來自祝禱的詞語：並不是由於唸出來，而是因爲信仰它」(《約翰書信評註》12.15; CCL 36.529)。

(三)上帝的道，聖三一的第二位本人在聖禮中的施爲。奧古斯丁的原則之一就是，在一切洗禮中，不管施禮者是誰，眞正施洗的是基督。

歷史上的聖符可以有變化，但它們都指向基督，尤其是指向基督的犧牲（見《上帝之城》10.20; CCL 27.294)。

多納圖派對受過洗的人再施洗是錯誤的，因爲洗禮是神聖的。「因此應該理解，人的墮落雖然應予糾正，但聖禮的神聖性並不因人的墮落而受損。」(引自《反巴門尼亞書信》2.13.30; PL 47.72)。這段引文的拉丁原文是: Unde consequenter intelligitur perversitatem hominem esse corrigendum, sanctitatem autem sacramentorum in nullo perverso esse violandum.

同樣的，教士的功德也不影響聖禮的有效性。「凡是約翰施洗的，基督也施洗了；猶大施洗的，基督也施洗了。」（引自《約翰書信評注》5.18；CCL 36.51）。這段引文的拉丁原文是：Quos enim baptizavit Iohannes, Christus baptizavit; quos autem baptizavit Iudas, Christus baptizavit.

關於聖禮，參閱第二講參考文獻 7。

第三講　坎特伯雷（或阿奥斯塔或貝克）的安瑟倫

（一〇三三／四 —— 一一〇九）

安瑟倫生於意大利西北部的阿奥斯塔（在彼德蒙）。父親干都爾夫原籍倫巴底。安瑟倫前往諾曼底，於一〇六〇年入貝克修道院，從學於郎佛朗。一〇六三年，三十歲時，任修道院副院長，於一〇七八年任院長。一〇九三年升任坎特伯雷大主教後，捲入有關教士授職權的鬥爭，先與英國國王威廉・如夫斯對抗，後與亨利一世抗衡。於一一〇九年逝世，終年七十六歲。

在流放期間，在鬥爭中間，在歐洲大陸奔走之時，一如既往，他始終以和平安詳的心境從事研究與著述。他的容止藹然可親，相與接者無不樂與往還。他既有深篤的宗教精神，這可以從尚存的祈禱文中看出，又有清明犀利的理智；他的傳記作者描寫他於彌留之際尚在勤於探討人類靈魂根源的問題（見埃阿德邁著《安瑟倫傳》R. W. Southern，英譯，拉英對照本，倫敦 —— 多倫多，1962, pp. 141-2）。

這種誠篤的信仰，在他的著作中隨處可見，他寫文章也屬意於澄澈清明的文采。在論爭性的文字中，他依然和藹，但立場堅定而不可移。

有人認爲他是奥古斯丁以來，阿奎那以前，最偉大的神學思想家。他確乎對神學的發展有過重大的影響，他的一系列專論形成一種一以貫之的體系，對許多重大神學問題有所闡揚。以此之故，有人稱他爲「經院神（哲）學之父」❶。

安瑟倫的神學方法: fides quaerens intellectum

安瑟倫的神學方法: fides quaerens intellectum

他的《論說》(*Proslogion*) 原本打算用另一書名:「信仰追求理解」(Fides quaerens intellectum)。在這裏他重述了奧古斯丁的「信仰的理解」(intellectus fidei) 或「沒有信仰便沒有理解」(Nisi credideritus, non intelligetis) 而加以保留。信仰是出發點，信徒要求對信仰的東西有所理解。追求理解的人是由信仰走向永福，那固然不能在今生達到，卻能通過「信仰追求理解」的事功而有所接近。

所以安瑟倫說:「基督徒不應追問，大公教會用心靈信奉和用口傳出的信仰是否存在; 相反，他應該毫不猶豫地堅持這個信仰，熱愛它，遵循它，而同時盡自己的微末能力去尋求它之所以存在的理由 (quomodo sit)。如果能理解，就感謝上帝; 如果不能理解，就低下頭來 — 不是用角去頂撞它，而是低頭膜拜它」。(引自《論道成肉身》F. S. Schmitt, ed. Opera omnia 2, Rome, 1940, 6-7.)。這段引文的拉丁原文是: Nullus quippe christianus debet disputare quomodo quod catholica ecclesia corde credit et ore conf-itetur non sit; sed semper eandem fidem indubitanter tenendo, amando et secundum illam vivendo humiliter quantum potest quaerere rationem quomodo sit. sipotest intelligere, deo gratias agat; si non potest, non immitat cornua ad ventilandum, sed submittat caput ad venerandum.

---

❶ 譯者按: 安瑟倫被稱爲「經院神學之父」，不是由於對神學的貢獻，而是由於他在中世紀最先「全靠理性」(不靠聖經權威)，用推理的方法研究信仰的內容，並堅信理性與信仰之統一。這是經院神學的基本精神。

在《論說篇》開首他講:「主啊,感謝主按主的形象創造了我,使我得以記憶主,思考主,愛慕主。但是這形象被我的墮落所腐蝕,由我的罪愆而蒙垢,除非主洗淨它再造它,便無從按照它的本來目的行事。主啊,我不妄自探測主的深奧,因爲我的心智在主面前如此渺小;但我願望多少理解主的眞理,因爲我的心信奉主愛慕主。不是我的理解使我信仰,而是我的信仰使我理解。因爲我也知道這一點:唯有信仰,方能理解。」

一、必然理由

安瑟倫自稱他寫《獨白篇》和《論說篇》是要證明信仰的內容可以用「必然理由」加以論證;在《上帝何以化成肉身》中他再度使用必然理由。關於他的方法以及他的意圖,有不少爭論。

比如他講:「上帝是單一的實體,具有單純的本性和三個人格,這已由教父們,尤其是聖奧古斯丁追隨在福音書作者和使徒之後,以無可反駁的理由證實了。如果有人肯於讀我的兩本小書,就是《獨白篇》與《論說篇》,其寫作正是要說明我們關於上帝的本性及其人格(除了造成肉身之外)的信仰可以不靠聖經的權威而用必然的理由加以證明,我是說,如果有任何人肯於讀這兩本書的話,我認爲他在書中也會發現他旣不能反駁也不能輕視的證明。」

「如果在書裏我提出了在別處我不曾讀到過或至少我不記得讀到過的(論點)…——目的是爲維護吾人之信仰並答覆那些不願信仰其所不理解之事,反而取笑信仰者的人們;以及爲了幫助那些具有篤誠而虛心尋求理解其所堅信之事的人們——如果是這樣的話,我相信我不應爲此而受到責備。」(引自《關於道成肉身的通信》6; Schmitt 2. 20-21)。

值得注意的是，在最後一段裡提出了使用必然理由的雙重理由：用護教式的論證反駁不信者；以及幫助篤信者加深對信仰的理解。

二、三一論

在《論道成肉身》中安瑟倫打算理解，爲什麼只有聖子而不是聖父或聖靈成爲肉身。爲了回答這個問題，他對「本性」和「人格」的概念進行了透徹的分析。

本性，照他說，在上帝中是絕對和單一的；而人格是相對的、三位的。

安瑟倫依從奧古斯丁和波依修斯❷學說，認爲關係在理解上帝統一性中三位格的眞正區別中，最稱重要。他着重強調上帝的統一性，而運用了一個後來被人傳誦的提法，說在上帝中一切都是一，除非當相反的關係出現時。佛羅倫斯宗教會議（1438-1445 年）採用了這個提法，它在後世神學中一直被引用。

他稱：「……鑑於統一性只有在相反的關係出現時才失去它的屬性，而關係只有在不可分的統一性出現時才失去它的屬性。」(拉丁原文：Quatenus nec unitas amittat aliquando suum consequens, ubi non obviat aliqua relationis oppositio, nec relatio perdat quod suum est, nisi ubi obsistit unitas inseparabilis 見《論聖靈出來》2.)。

佛羅倫斯會議的文本是：「……omniaque sunt unum ubi non

❷ Boethius, C. 480-524 爲北法蘭克王狄奥多里克之大臣，被處死。在獄中著《哲學之安寧》。他對亞里士多德及波弗利的邏輯著作之編譯及評講在西方爲權威達六七百年之久。

obviat relationis oppositio.」❸

在《獨白篇》中安瑟倫對聖三一進行了嚴格系統的研究，從人類靈魂中聖三一形象着手分析，用的是奧古斯丁的方法。

上帝反觀自我，而產生了上帝的話（道），結果有了聖父與聖子的關係，這個關係的相對，產生了父子之間的眞區別。

安瑟倫不能回答，爲什麼只有一個道由上帝出來(見63—64章)。他並未區分本質（本體）行動（intelligere）與觀念行動或個體（位格）行動（dicere）：這一區分將在十三世紀完成，同時也區分了本質的愛與觀念或個體的愛。

安瑟倫將聖靈表述爲聖父與聖子的共同的愛。聖靈由愛的方式出來，就使得它與父、子都有明確的區別。

上述觀點是他與希臘神學家進行有關聖靈出來方式的論爭時提出的。旣然聖靈出自父子之間共同的愛，他也必出自聖子。

關於聖靈也出自聖子的問題，安瑟倫有一個更根本的論證。如果聖靈不出自聖子，他不可能區別於聖子（11章）。這裏他運用了這條原理：任何事物都是單一的，除非有相反的關係；如果聖子與聖靈相區別，他們之間必有一個關係及關係之相對，這只有當聖靈出自聖子時才有可能。

一、道成肉身

當安瑟倫問道，爲什麼在基督之中沒有人的人格，他的回答是，使基督成爲一個人而區別於所有其他人的屬性，是上帝聖子的屬性，

---

❸ 「一切都是單一的，除非相反的關係擋住去路時。」這裏"obviat relationis oppositio"直譯爲「關係的反對擋住去路」，與上文安瑟倫的用語相同。爲行文之便在上文譯作「當相反的關係出現時。」

這些屬性作爲整體是聖子神格的謂詞。

屬性的整體不可能作不同人的謂詞。旣然基督的人性的屬性整體從屬於並謂詞於上帝聖子，故它們不可能再從屬於和謂詞於任何人類個人，因此在基督身上不可能有人類人格。

這個關於屬性整體構成個人的理論至少可追溯到波弗利和波埃修斯。

安瑟倫的立場是用屬性或謂詞來解釋基督之中本性聯合於一個位格，而實際沒有在本體的等級方面給以深刻的說明。

他所作的可能就是說聖經上是如此說的而已。經上把人類屬性謂詞於上帝聖子（「習語交通」，屬性分享），而聖經語言表明，（上帝聖子）沒有人類人格。安瑟倫的原文是：「當我們在說話中指稱那個人或這個人」，或使用專有名詞「耶穌」的時候，我們指的是，除了本性之外，他還具有屬性的整體，這些屬性使一般抽象的人成其爲某一個人而區別於其他個人。

「因爲當我們這樣指稱基督時，指的不是任何人，而是由天使宣佈的那位上帝人，上帝之子和聖母之子，以及他作爲上帝或人的一切眞屬性。因爲上帝之子不可能不作爲人子來給以個體的稱呼，人子也不可能不作爲上帝之子來給以個體的稱呼，因爲他旣是上帝之子又是人子，同一屬性整體屬於道和化成肉身的人。而這一屬性整體不可能從屬於不同的人或謂詞於不同的人。」（《論道成肉身》11）

以上引文的拉丁原文是：Cum ver demonstrative dicimus 'istum vel illum hominem' vel proprio nomine 'Iesum', personam designamus quae cum natura collectionem habet proprietatum, quibus homo communis fit singulus et ab aliis singulis distinguitur. Nam cum ita designatur, non quilibet homo homo intelligitur sed qui angelis annuntiatus est, qui deus et homo, filius dei et filius virginis est, at quidquid de illo aut secundum deum aut secundam hominem verum est dicere. Neque enim personaliter filius dei designari sine filio hominis, nec filius hominis sine filio dei, quia idem ipse est filius dei qui filius hominis, et eddem est verbi et assumpti hominis propriet-atum collectio. Divesarum vero personarum impossibile est eandem esse pro-prietatum collectionem, aut de invicem eas praedicari.（《論道成肉身》）

基督通過贖罪和功勞的救贖工作

安瑟倫的最知名、最富影響力的著作之一是（《上帝何以成人》Cur Deus Homo），該書成於一〇九四（一說一〇九七至一〇九八年之間）。書的形式是安瑟倫與一個最有才氣的學生一僧人伯索之間的對話，這個學生可能確曾促使安瑟倫寫這本書。

在安瑟倫以前，已有不少關於基督救贖人類的理論。

聖經上關於基督的救贖工作，有不同的描述，應用不少比喻：基督爲人類的罪而死；他拯救了人類；他贖了人類的罪；他爲人類流了寶血；他使人類與聖父和解；他爲人類在聖父面前行挽回祭；他以祭司和中保的身分將自己獻爲祭品；他戰勝死亡與魔鬼；他訂立新約，通過死和復活歸於聖父；他進行新的創世，等等。

教父們在著作和佈道中曾力圖將這些主題歸入種種理論構架。

對於某些教父來說，道成肉身本身在原則上就是救贖性的（儘管他們認爲基督之死與復活是重要的）。基督作爲祭司自祭於聖父的主題反覆出現。

有的教父將基督的救贖工作與上帝允許魔鬼所扮的角色，聯繫起來。有一種誇張的、玩弄詞藻的理論，認爲基督把人類從魔鬼的俘虜中贖出來是償付一種贖金，那就是基督的寶血與死（奧里金、安布羅斯、某些奧古斯丁著作）。這個理論的較清醒的說法是：魔鬼被允許對人類有某些統治權是作爲人類追隨魔鬼犯罪的懲罰；但魔鬼濫用了這種權力去引導人類殺死無罪的基督，因此人類由於基督接受了非義處死而獲得自由。

基督由死而復活的主題（以及基督徒通過神秘的相附也由死而復活）在教父的復活節佈道文中反覆出現。

有時也出現這樣的主題，即基督的受難代替了人類應受的苦難（由於罪），就是所謂「抵罪論」。

安瑟倫對於這個問題是從所謂「同等補償論」來入手❹。Adequate 意爲「同等」就是說用同等於所蒙受的屈辱（來補償）。Satisfaction 按字面意爲「做足，補足」(而不是「充分受難」的意思）安瑟倫的理論不是一種 Satis-passion，而是一種 Satis-faction.。補償一詞在德爾圖良已用於告解聖禮，但安瑟倫第一個把它用於基督的救贖工作。

《上帝何以成人》是一部尋求必然理由以說明，甚至證明，上帝爲什麼必定成人的大著作。照安瑟倫的說法，以他討論的某些上帝屬性爲前提，道成肉身不僅是唯一最適宜的，而且是必然的拯救人類的方式。

羅克（René Roques）在他所譯《上帝何以成人》（Paris,

---

❹ 譯者按：Satis 爲拉丁副詞，意爲「充分地」；Passion 來自 Passum，又來自 Patior，意爲「受苦」。faction 來自拉丁文 factio，又來自動詞 facio，意爲「做」。故安瑟倫的理論是「補償論」，而非「受難論」。

1963）的導言中，對這部書的內容、背景、產生、論證都作了詳盡有益的分析。

照安瑟倫的論點，上帝是爲了一定的目的而意願並創造了人，因此上帝必須拯救人類以期達到原定的目的。

人類爲什麼需要救贖？因爲人類犯了罪，而犯罪是對上帝所應有的榮譽的一種最大侵犯。上帝是無限神聖的，安瑟倫銳敏地感到這種神聖性，因此也強烈地感到罪的惡（20—21章）。

對上帝榮譽的侵犯要求同等的賠償或補償。如果上帝簡單地恕了人類之罪而不補償其榮譽，那將是違反自己的本性。

「因此，既然上帝不可能去做不公義不合法的事，那麼如果他讓犯罪者不受懲罰、不償還奪走了的東西，那就不合於他本性中的自由、仁慈或意志。」（同上 1.13）。

「在宇宙秩序中最不可容許的事，莫過於受造物奪走了造物主的榮譽而不償還奪走的東西。」（同上 1.13）。

「因此，要麼必然地償還奪走的榮譽，要麼必然地加以懲罰。否則，上帝不是變成對自己不公義，就是對二者（補償榮譽或懲罰犯罪）失去權威」（同上）。

安瑟倫不厭其煩地說明墮落的人類本身無力償還上帝應有的榮譽，因爲人所能做的一切已經是欠上帝的了。

既然人類無能爲力，而上帝創造人類需要達到一定的目的，因此唯一的解決辦法是上帝成人，以使有一個不欠上帝債的人能向上帝補償由於人犯罪而侵犯了的上帝榮譽。

於是基督降臨人世，以他的愛心與順從（表現於受難與死）來替人類補償。值得注意的是，對於安瑟倫而言，並不是受難與死，而是愛與順從，進行了補償。這也稱爲功勞。

因爲耶穌基督是神，他通過愛與順從而做的一切有足夠的價值向上帝補償而獲取人類所需的一切（恕罪）。

論證的核心在二章六節：「因此，以上已證明了，如果上帝之城的完成必須由普通人來充當居民的話，如果這必須有上述的補償才能完成的話，而且如果只有上帝能夠完成它而只有人類應該完成它的話；那麼就必然由上帝人來完成這個補償。」(拉丁原文：Si ergo, sicut constat, necesse est ut de hominibus perficiatur illa superna civitas, nec hoc esse valet nisi fiat praedicta satisfactio, quam nec potest facere nisi Deus nec debet nisi homo, necesse est ut eam faciat Deus-homo.)

那麼人類怎樣參與呢？那就是，一方面靠基督的仁慈和不自私，另方面靠人類分有基督的本性和血肉。

基督已經有一切永福，故不能由本人受享什麼報酬。於是安瑟倫問道，還有什麼更恰當公正的，除了把他所應得的，由於他的完全和無所不有，而轉贈給他的「親戚和兄弟」，那些分有他的本性和血肉的人？ (2.19)

安瑟倫的論證曾經受人指摘。他是不是把上帝應該補償的必然性講得太絕對了？十三世紀的神學家大抵會把論證降級而說這並不是絕對必然而是最恰當的方式。

再者，他的論證是否太偏於律法性和外在性，因而忽略了保羅的教義，卽人類與基督在受難、死、復活等行動上都是緊密合一的？

復活是否太被忽視了？

他是不是太集中強調豐富的聖經和教父章句中的一兩點內容了？一般地講，安瑟倫不大運用聖經和教父章句的分析，儘管這些章句是他著作的依據。

對這些批評的一個回答是 James Gollnick 的論文《安瑟倫神學的「肉身」》(The "Flesh" in the Theology of St. Anselm of Canterbur)。Iustitute of Christion Thought, Uuiversity of St. Michaels College, 1974。從安瑟倫的思想、生平、祈禱文的全面角度來看，說明他對聖經和教父章句中有關救贖的其他各點也是敏銳地意識到的，儘管在《上帝何以成人》一書中沒有明顯地表現出來。

爲了把安瑟倫其人及其神學統一起來，應該考慮他的〈祈禱文〉3，這是在領聖體之前用的:

「主耶穌基督啊，由聖父的旨意和聖靈的合功，主仁慈地從罪和永死中救贖了世界，用主那自願的死。不顧我那微弱的愛和渺小的崇拜，我感謝主的宏大恩賜，我心中渴望領受主的聖體和寶血，以洗淨我的罪。」

「主啊，我知道我的罪孽深重不配領受主的聖體，但我信靠主的慈悲，主獻出自己的生命以使罪人稱義，主甘願當作虔誠的祭品獻給聖父，賜給罪人，我這個罪人竟領受主的聖體並通過主而稱義。恕罪的主啊，我謙卑地祈求主那洗罪的恩賜莫要加深我的罪孽而要寬恕我的罪愆。」

「主啊，讓我用口和心領受，用信和愛抱住主的聖體，通過舊我的死和稱義的新生命深入到主的死和復活的形象中去，讓我得以結合到主的身體也就是教會中去成爲主的肢體，主成爲我的頭，我居住在主之中主居住在我之中：爲的是如使徒所預言❺在復活中主將我的卑賤身體按照主的光榮身體重新造過，爲的是在主之中我將永世喜悅主

---

❺ <腓立比書>3.21。

的榮耀。上帝啊，主與聖父、聖靈同住同榮，以至永恆。阿們。」

這篇祈禱文中值得注意的是聖父的計畫、聖子的工作、聖靈的合作；基督甘願選擇死以生命救贖罪人；需要敬信愛來深入這個奧秘；由基督的死和復活而稱義；居住到基督的身體即教會中，作為肢體與頭結合；這一切與聖體結合，由聖體完成這種結合，使分享基督的身體，他的死和復活。

這篇以及其他祈禱文比《上帝何以成人》更充分地表明教義中的其他各點。

二、其他神學問題

安瑟倫關於上帝存在的本體論論證是哲學史中的有名論證，到今天還吸引哲學家和神學家的注意。

在原罪學說方面，安瑟倫的重要貢獻是把重點從欲望引開，把邪惡歸於意志的紊亂、失去正確判斷（"rectitudo" 在他著作中是一個關鍵性的術語）、或失去人類意志朝向上帝的正確秩序。這種重點的轉移正是十三、四世紀關於原罪思想的神學發展之一。參看他的《論貞女受胎》。新教卻傾向於反對這點，認為不夠重視由墮落造成的邪惡，所以新教重申了奧古斯丁的較悲觀的論點。阿奎那將採納安瑟倫的學說而用於自己的神學理論。

在恩典論和聖事論方面，安瑟倫的理論並不如其他方面那樣獨出心裁。

不知為什麼安瑟倫似乎在當時並沒有立即受到普遍的承認，直至十二世紀後期，尤其是十三世紀，才發生重大影響。但他當時也是為人所知並被人引用的，他的基督補償救贖論聲勢之大，幾乎成了世所公認的唯一解說。

第四講　托馬斯·阿奎那

(1225—1274)

托馬斯·阿奎那於一二二五年（一說一二二四年）出生於意大利中部卡塞爾塔省的羅卡塞卡。他的名字 d'Aquino 不是出生地名，而是取自家氏。他的父親不是伯爵而只是爵士，他的家庭出身是下層貴族❶。他的母親是那布勒斯的貴族，有諾曼血統：名叫塞奧多拉·那布勒斯。

羅卡塞卡位於當時西西里王國的最西北部，在那布勒斯以北，接近羅馬。所以如果講托馬斯的西西里童年，是不大正確的，除非指的是他受到西西里國王腓德烈二世的影響：只是在政治意義上他才是西西里人。羅卡塞卡臨近蒙特·卡西諾，顯然這個地理位置使得他父親把他送到蒙特·卡西諾的本篤會修道院去過虔誠的生活。有人認爲這除了虔信的理由之外也是出於政治動機，爲的是希望這座有勢力的修道院有朝一日也許會有一個阿奎那家族出身的院長。不管怎麼說，托馬斯受了影響，一直對本篤會心懷景仰，儘管他後來加入了多明我會。

在蒙特·卡西諾住了幾年（1230/31—1239）以後，他往那布勒斯，在那裏成爲學生。（1239—1244），於一二四四年不顧家庭的強烈甚至強暴的反對而加入多明我修會，家人把他刼走在家堡內關了一

❶ 關於他的生平及著作，可參考 J. A. Weisheipl, *Friar Thomas d'Aquino: His Life, Thought and Works,* Garden City, N.Y., 1974.

年。他逃了出來，被送往巴黎，先做見習修士，後爲正式學生（1245—1248)。然後往科隆，從學於大阿爾伯特（1248—1252)，於一二五〇～一二五一間受聖職爲教士。他於一二五二年重返巴黎深入研究神學。

根據 Weisheipl（P. 56）的說法，此時托馬斯已經能夠輕而易舉地講授聖經，不必做兩年的聖經學士，在一開始就做了箴言學士，講授了四年箴言（1252—1256）。於一二五六年任神學主理教授(Regent master of theology)，講授聖經，主持答辯，開始寫作《反異教大全》並爲托鉢修會進行辯護，這些活動從一二五六年持續至一二五九年。

自一二五九年至一二六八年托馬斯居住在意大利，先後在那布勒斯、奧爾維托、羅馬、維太爾伯等地教授神學。在此期間他完成了《反異教大全》。從一二六八年至一二七二年，他返回巴黎講授神學，評註聖經，主持答辯，繼續爲虔修生活（尤其爲托鉢修會）進行辯護。他參加了關於信仰與理性關係的辯論，這場論爭是由於阿維羅伊❷的著作以及西格爾・布拉班❸和波埃修斯・達西亞❹的論點所誘發的。

從一二七二年到一二七四年他回到意大利，在新成立的那布勒斯大學教授神學。一二七三年十二月六日，他因體力不支而中輟寫作。因次年應邀前往參加里昂宗教會議，中途病發，於三月七日客逝於逆

❷ Averroës, 1126～1198. 西班牙——阿拉伯哲學家，其亞里士多德評註在西方影響極大。主張哲學眞理來自理性而非來自信仰。

❸ Siger of Brabant,，生卒年不詳。一二六六年爲巴黎大學教授。觀點接近阿維羅伊。曾受教會譴責。

❹ Boethiùs of Dacia，生卒年不詳。巴黎大學教授，一二七七年與西格爾同受教會譴責。

旅。

在一二七七年，巴黎和牛津大學所譴責的大批觀點中包括一些他的哲學論點。但在一三二三年他被列爲聖品，一三二五年巴黎大學撤銷了原先對他的譴責。

一、托馬斯的著作（根據 Weisheipl pp. 358 起）

(一)神學綜合

1.《論箴言書》巴黎，一二五二 — 五六年。

2.《反異教大全》巴黎、那布勒斯、奧爾維托，一二五九 — 六四年。什麼人是「異教徒」並不淸楚。似乎是爲多明我會傳教士在伊斯蘭教徒、猶太教徒（西班牙、北非）中間工作而寫。

3.《神學大全》

第一部，意大利，一二六六 — 六八年。

第二部上，維太爾伯，一二六八年。

巴黎，一二六八 — 一二七〇年。

・第二部下，巴黎，一二七一 — 一二七二年。

・第三部，開始於巴黎，一二七二年。

大部完成於那布勒斯，一二七二 — 一二七三年。第三部講基督的人格與救贖工作、聖禮一般、洗禮、堅振禮、聖餐、告解前部，至此而中輟。

續編不是托馬斯著作，而是他死後由他的學生從他早期箴言中編選而成。

注意不要引用《續編》，要知道那是他早年思想，後來有所轉變。另，注意托馬斯從來沒有講授過《神學大全》《反異教大全》，他的演講主要是聖經評註及答問。

4.《神學綱要》，見下。

(三)學院辯論（答辯）

1.《眞理答辯》巴黎，一二五六 —— 五九年。

2.《神的大能答辯》羅馬，一二六五 —— 六六年。

3.《邪惡答辯》羅馬，一二六六 —— 六七年。

4.《靈物（天使）答辯》意大利，一二六七——六八年。

5.《靈魂答辯》巴黎，一二六九。

6.《一般美德答辯》巴黎，一二六九 —— 七二年。

7.《論愛答辯》巴黎，一二六九 —— 七二年。

8.《論望答辯》巴黎，一二六九 —— 七二年。

9.《大德答辯》巴黎，一二六九 —— 七二年。

10.《道成肉身答辯》巴黎，一二七二年。

11.《即席答辯》❺，巴黎，一一二五六 —— 一二七二年。

(四)聖經評註

1.《約伯記釋義》奧維埃托，一二六一 —— 六四。

2.《詩篇註釋》那布勒斯，一二七二 —— 七三。

3.《以賽亞書註釋》

4.《耶利米書註釋》

5.《耶利米哀歌註釋》

6.《四福音書集註》奧維埃托，羅馬，一二六二／三 —— 一二六七。

收集了希臘及拉丁教父的有關章句。本書對於研究托馬斯的希臘教父淵源，有重要意義。

7.《馬太福音述評》巴黎，一二五六 —— 五九。

---

❺ 每年於降臨節及大齋節擧行兩次對學院外公衆開放的答辯會，稱爲 Quaestiones de quodlibet，因會上任何人皆可任意提出各種問題，故名。

8.《約翰福音述評》名爲述評，實爲釋義，曾經托馬斯手校，故精確可靠。巴黎，一二六九或一二七〇 —— 一二七二年。

9.《論保羅書信》共五篇，此文的歷史曲折，參看 Weisheipl, pp. 246-48。

10.《聖經評註》是托馬斯初任教職的演講，亦卽佈道文。巴黎，一二五六年。

(五)亞里士多德釋義

1.《論詮釋》巴黎，一二七〇 —— 一二七一年。

2.《論後分析學》一二六九 —— 一二七二年。

3.《論物理學》巴黎，一二六九 —— 一二七〇年。

4.《論天與世界》未完成，終於111•3，那布勒斯，一二七二 —— 七三年。

5.《論生成與消亡》未完成，止於1•17，巴黎，一二七二 —— 七三年。

6.《論流星學》未完，止於11•8，巴黎或那布勒斯，一二六九 —— 七三年。

7.《論靈魂》三部，巴黎，一二六九 —— 七〇年。

8.《論官能與知覺》

9.《論記憶與回想》

10.《論形上學》十二部，巴黎，一二六九 —— 一二七二年。

11.《論論理學》十部，巴黎，一二七一年。

12.《論政治學》未完成，終於111•6，巴黎，一二六九 —— 七二年。

(六)其他解說

1.《波依修斯三一論釋義》未完，止於第二章，巴黎，一二五八 —— 五九年。

2.《論波依修斯七藝》未完，止於 n.46，巴黎，一二五六 — 五九年。

3.《論笛奧尼修神之名》，羅馬，一二六五 — 六七年。

4.《論因論》巴黎，一二七一 — 七二年。

(七)論爭性著作

1.《為修會辯護》巴黎，一二五六年。

2.《論屬靈生活之完善》巴黎，一二六九 — 七〇年。

3.《反傑拉德邪說》巴黎，一二七一年。

4.《論知性統一性反駁阿維羅伊派》巴黎，一二七〇年。

5.《論世界永恆性》巴黎，一二七〇年。

(八)專題論文

1.《論存在與本質》巴黎，一二五二 — 五六年。

2.《神學綱要》未完成。巴黎，一二六九 — 七三年。為神學綜合讀本，對於初學者簡便易讀。

3.《論王權致塞普洛斯國王》羅馬，一二六五 — 六七年。

4.《論天使》巴黎？一二七一 — 七三年

此外，《專家意見》與《書信》包括許多別人❻提出的關於神學等問題的意見。

《禮拜及佈道文》包括一二七三年在那布勒斯大齋節用意大利語作的布道文，他死後譯成拉丁文。

《基督聖體節儀文》奧維埃托，一二六四年七 — 八月。

有些〈祈禱文〉據說為托馬斯所作，但缺乏確據。其中包括著名的《誠心拜主》(Adoro te devote)。

---

❻ 譯者按：一二六九年在巴黎召開的多明我修會會議上教皇及總裁提出一些有關神學的問題。

正如他的老師阿爾伯特，托馬斯在許多方面既深受奧古斯丁影響，但同時比他老師更易接受來自亞里斯多德及其註釋家的方法及觀念。約翰・達馬西斯及僞笛奧尼修❼對他也有重要啓迪。再者，在他那個時代像他那樣力圖理解東方敎父也是罕見的現象。這影響了他的基督論，由於他對有關基督論的各次宗敎會議有較深理解。關於他的基督論參看 I. Backes, Die Christologie der hl. Thomas V. Aquin und die griechischen Kirchenvater, Paderborn, 1931。

但也必須強調指出，托馬斯是一個大膽而富有創見的思想家，他把哲學上的探索用於神學，他的特點絕不僅是他比別人更多地運用亞里士多德。他不斷地根據自己關於存在的獨特哲學來糾正和修正亞里士多德。

這提出了一種全新的關於實在的原理與觀點。不細心的讀者往往忽略這點，因爲托馬斯在使用亞里士多德的概念和術語時卻遠遠地超出了兩者的涵義。其他思潮也湧進他的著作：通過僞笛奧尼修而來的新柏拉圖思想是重要的；此外還有達馬西斯和其他希臘敎父。

另一種構成他生活環境而使他成爲不僅一個亞里士多德主義者的

❼ 譯者按：在中世紀早期，有一批神學著作，包括 De Divinibus Nominibus（<論神名>）在內，署名「雅典大法官笛奧尼修」(Dionysius Areopagita。其思想爲「否定性神學」，認上帝之屬性爲不可知，人所能知者爲上帝不是什麼，而非上帝是什麼。這種思想，與源於希臘哲學的理性思想，從兩個方向對中古神學發生重大影響。笛奧尼修這個名字見於≪新約・使徒行傳≫17.34，在中世紀一直被認爲保羅的門徒，這加強了其著作的權威性。十九世紀六十年代經人考證，這批著作成於五〇〇年左右，著者未詳（見 Corn. de Bye, De Scriptis guae Sub Dionysii nomini circumferentur, Paris, Palmé, 1866, IV）。現代史家大抵同意此種觀點。

思潮，乃是在教會實踐與神學研究方面的福音復興運動。❽

這個新運動本身是由諸如多明我會、聖方濟會提倡的效仿福音生活的復興精神刺激起來的，其端倪已經表現在維克多修院派作者如修·維克多、安德烈·維克多等人的著作中，後來更見於斯梯芬·蘭敦❾的著作。安德烈的重要作用在於強調聖經的歷史意義及章句本義。

在多明我修會裏面，最有影響的聖經神學家是聖歇爾的修（死於一二六三年），在他一二四四年任紅衣主教之前，曾於三十年代在巴黎大學執多明我會的神學講座。他組織了一批聖經學者研究章句，編成一部經文索引，推動了聖經研究。他本人則出版一部聖經全文評註（Postilla 1732年，維尼斯版爲8卷）。正如其他同類著作，它不可能是完全獨出心裁的，但卻發展了聖經研究❿。

另一個在托馬斯以前作了許多聖經評註的人是聖昆廷的魁里克（Gueric of st Quentin，死於一二四五），他是巴黎的主理教授。他有至今尚未編訂過的關於聖經多部的評註，包括全部保羅書信、〈約翰福音〉等等。

托馬斯深受這一運動的影響，也寫了不少重要的聖經評註，都是他在巴黎大學神學院任主理教席和在意大利教學的成果。研究他的哲學，甚至研究他的神學的人，往往忽略他的聖經評註，但近年來總算

---

❽ （參看 M.D. Chenu, *Towards Understanding St. Thomas,* Chicago 1964, Ch. 1, sect. 7 and ch. 7.）

❾ Stephen Langto (?-1228) 坎特伯雷大主教。

❿ （參看 Smalley, Study of the Bible; W. Principe, Hugh of Saint-Cher's Theology of the Hypostatic Union, Toronto, 1970; J.-P. Torrell, Theorie de la prophéfie et philosophie de la connaissance aux environs de 1230: la contribution d'Hugnes de Saint-Cher, Lenven, 1977. 原注

有人開始整理這些著作了。他在這個領域的工作以及他對這項工作的重視，給他的著作增添一種經學的信仰的特色，爲晚期中世紀作者所缺如（關於聖經及其意義參看《神學大全》1•1•9—10)。

托馬斯的生活信仰，以及他個人的聖潔，因爲他不僅是一個極其慈祥的人，而且是一個默思上帝神秘經驗的人，支配着、判斷着、啓廸着他那作爲神學信仰工具的哲學。卽使在他那關於神學的最富技術性的討論中，他也是一個追求思辯地理解上帝的信仰者。所以往往在他使用哲學術語或自然比擬來理解神學問題的時候，他總在這些詞的前面冠以 quidam, quaedam, quoddam, quasi, quodammodo ⓫ 一類的字眼，以表示他知道這些術語或比擬不足以表述他所思考的奧秘；神秘的實在與其說是相似於不如說是不同於他所使用的概念或術語。這彷彿是一種「智力上的屈膝」，表示一個神學家旣膜拜那不可言說的奧秘而又想用人類的語言多少形容它一番。

在這樣深固地植根於信仰和奧秘的基礎上，托馬斯極其大膽地力圖把那在信仰範圍內運用理性的新觀點和那湧入拉丁西方的新概念結合起來。

在十三世紀六十年代末和七十年代初關於信仰與理性的辯論中，波納文圖拉對於巴黎大學人文科的某些教授頗有微辭，似乎把托馬斯也包括在內了，儘管兩個人是好朋友。波納文圖拉稱他們正在把上帝的酒變爲水。而托馬斯的觀點則是，一個在信仰內工作的神學家把人類知識的水變成聖教義的酒，這是模仿基督在戛納的奇蹟！比如《神學大全》1•1•8 ad2 稱："non miscent aquam vino sed convertunt aquam in vinum."（不是用水攪酒而是把水變成酒)。

⓫ 這幾個詞的意思大抵是「彷彿」「猶如」，「以某種方式」，相當於英語中的 Soct of, Kind of, as it were, in a certain manner。

托馬斯運用的哲學具有一種自律性， 有其獨特的形式目的、方法、一致性和決定性。

奧古斯丁路線把一切都直接置於與終極目的（即上帝）的關係之中。思辯的知識對於基督徒是沒有多大意義的，因爲一切都被認爲直接從屬於上帝。事物被視爲處在具體的條件之下 — 此時此地在其墮落但救贖的情況中。墮落的人類本性，由於不可能自主地認識眞理而需要來自本身自然能力之外的神的啓廸（即使是認識自然），因此它不可能自主地達到上帝。

固然托馬斯主張萬物都從屬於上帝這個終極的目的（他在論到人類有晤見上帝的自然願望時說人類捨此而外不可能有別的終極目的），他也確實注意到墮落而被救贖的受造物（包括人）的具體的、實存的狀況。

然而在他看來萬物有自身的本性，可以先按其本性加以研究，然後再探討其本性所存在於其中的那個狀況。（《神學大全》的寫作計劃，在一定程度上反映了這種態度。在一、二兩部中雖然包括了神的歷史的成分，第三部卻強調了現在的具體狀況，如關於基督的學說，聖禮、以及有意安排的關於最終事物的一節）。人類本身是什麼？萬物本身是什麼？對於托馬斯（正如對於阿爾伯特）來說，關於萬物的純思辯知識是合法的和可證的。

照奧古斯丁傳統中的光照學說，只有上帝的光才能保證，哪怕自然知識的確切性和眞理性，這就傾向於取消「自然」與「超自然」，因而也取消哲學與神學的界限。

對於托馬斯來說，知識來自感官，而感官乃由理性的自然之光所照明。理性之光固然也來自上帝，但與奧古斯丁學說相比，此種理性的自然之光乃是一種內在的自然力量。一旦被上帝創造出來以後，它就屬於人類，由人類自主地運用它。如此則更容易區分自然與超自然以及哲學與神學了。

儘管奧古斯丁主義者也使用哲學，而且大大地使用了哲學，但對於他們來講哲學的價值無非是幫助理解啓示而已：哲學變成了神學的馴服婢女。⓬對於托馬斯和阿爾伯特來講，人類知識是關於世界和萬物的眞知識，哲學有其相對的獨立性。他們認爲，作爲神學的自由的婢女，哲學可以更好地爲神學服務。吉爾松曾說："Pour mieux s'assurer les services de son esclave, la theologie vient de commencer par l'affranchir"⓭

托馬斯和阿爾伯特認爲萬物必從屬於上帝；但他們給予理性、自然及人以應有的地位，然後在與上帝的關係中看待他們，而不忽略、不歪曲、不破壞他們通過恩典而提升到與聖父、聖子、聖靈之特殊關係的自然基礎。

應注意：他們兩人並不像有人說的那樣，提倡自主存在的純自然或在純自然狀態中存在的人——這是反宗教改革⓮神學的臆造。

上面已經說過，阿爾伯特保留了（或在晚年返回到）比托馬斯更多的奧古斯丁立場。托馬斯與地方教會當局及巴黎、牛津大學發生了衝突，因爲他的幾個論點被認爲對信仰或至少對流行的教義有害。比

⓬ 譯者按：此語最早見於 Petrus Damiani（彼得・達米安）（1007-1072）所著的≪論神的全能≫（De Divina Omnipotentia），謂辯術的作用是 ancilla dominae（使女），見 PL. 145, 603。「使女」的比喻來自≪舊約・箴言≫9.1-4。

⓭ 「爲了取得奴隸更好服役，神學開始解放他。」見 *Etudes de Philosophie medieévale,* Strasburg, 1921, P. 114.

⓮ Counter-Reformation 指 1545 年特倫特會議（Council of Trent）之後一百年間天主教會進行內部反腐化的改革運動，是對於新教的宗教改革運動之一種反應。

如他說天使沒有質料，這與物形論（hylomorphism）相衝突；他反對人類具有幾種形式的學說，而主張實體形式的統一性。這些觀點在他死後於1277年受到譴責。

二、托馬斯的神學觀

有一個值得注意和有興味的問題：《神學大全》第一部第一題討論的問題並不是「神學」，而是「聖教義」(Sacra doctrina)。托馬斯問道，Sacra doctrina 是否必然的，是否一門科學（他並不是問神學是否科學），是思辯的還是實用的，是否應加以論證，其主題是什麼，等等，共十條。

換句話說，他的分析關係到基督教學說的全部領域，包括啓示（第 1 條），聖經（第 9, 10 條），教義問答，佈道（包含在 1, 9, 10 條中），以及作爲其中一個作用的方面 —— 卽 Sacra doctrina 的科學的方面，一般稱爲神學。

在第一題中托馬斯使用 theologia 這個詞四次，而且不同於一般技術性意義。在 1•1•7sc 中有一個顧名思義的定義：dicitur enim theologia, quasi sermo de Deo"。⑮以及亞里士多德意義上的神學：1•1•2："unde quaedam pars philosophiae dicitur theologia." ……illa theologia quae pars philosophiae ponitur.⑯

在第四種場合他給神學下的定義更接近學術上的涵義，在這裏他清楚地表明，在這全部問題討論中他講的 sacra doctrina 比「神學」有較廣、較綜合性的涵義："Unde theologia quae ad sacram doctrinam pertinet differt ab illa theologia quae pars phil-

⑮ 「它被稱爲神學，猶言關於神的討論。」
⑯ 「由是哲學之某一部分稱爲神學」，「被視爲哲學之一部分的神學」。

osophiae ponitur." (1·1·1 ad2).⑰

因此當托馬斯問聖教義是否是一門科學的時候，他並不是在問聖教義的科學性一面是否聖教義的全部或在每一方面都與聖教義等同。他問的是，聖教義在其一個方面、一個功能、一個活動上是否切合「科學」這一概念。科學指亞里士多德意義上的科學，即根據確切已知的基本原理（前提）去推得結論的先驗性理論體系。

托馬斯對這個問題給以肯定的回答，他援用了亞里士多德的「元級科學」(Subalternating Science) 概念而稱聖教義爲「次級科學」(Subalternated Science)。

次級科學是建立在其本身，並不認識而取自所從屬的元級科學的基本原理之上的科學。托馬斯以光學和音樂爲例，光學以取自幾何學的眞理爲基本原理；音樂(對位法)則以取自算學的眞理爲基本原理。

光學家和音樂家並不一定掌握或理解這些原理爲自明的原則，不一定知道它們何以爲眞，而是根據幾何學者或算學家而把它們當做眞理。

同樣，在聖教義中，「科學地」進行推論的人並不把作爲基本原理的信仰眞理當作自明的眞理，而是自一種更高的科學或知識(Scientia)，取得這些眞理，這就是上帝關於自己的知識或天界有福者關於上帝的知識——在天界有福者不是信仰而是直觀這些眞理。應注意在 Scientia Dei（關於上帝的知識）這個詞語中，Dei 是上帝的名作爲主詞。

在聖教義中，我們接受上帝啓示的眞理，用作基本原理，這些眞理並非自明而是由於信仰的確定性而確定，我們依據它們而進行推論。

---

⑰ 「因此屬於聖教義的神學與稱爲哲學之一部分的神學迥乎不同」。
1·1·2 ad 2 原文注有誤，據 ST 改。

> 我的回答是聖教義是一門科學。但必須知道關於科學有雙分類法。因為有的科學依據的原理是通過自然理性而得知的，如算學、幾何學，以及諸如此類。但也有一種科學依據的原理是來自更高的科學，如光學依據由幾何學得知的原理，音樂依據由算學得知的原理。準此而論聖教義是一門科學，因為它依據的原理得自較高的知識：這是上帝或有福者所掌握的知識。因此，正如音樂相信由算學交給它的原理，聖教義相信由上帝啓示給它的原理。
>
> 引自《神學大全》1.1.2.答題

這裏可以看出維廉・奧克宰爾⑱的比較法被托馬斯繼承發展了。維廉只是簡單地把信仰的眞理與其他科學的基本原理相對比。而托馬斯則把信仰的眞理視爲在某一科學中起作用的基本原理。但由於它們是信仰的眞理，它們仍然是超越性的而不是由理性獨立地認識的眞理。既然如此，它們又怎麼能有助於說明科學的概念呢，既然科學所要求的是那通過理性獨立地被認識的原理？

這就是元級次級科學的概念之所以有用的地方。它說明，可以有這麼一種科學，在這裏理性既不把它的基本原理視爲自明的，而同時又認爲這些原理的眞理性是確定不移的。這種關於聖教義的觀點，其宗教價值在於，即使在科學方面，聖教義作爲一種副屬於由上帝及有福者所掌握的知識的次級科學，必須永遠地制約於、聯繫於上帝的奧秘、上帝的道；它必須依據一個活的信仰才成其爲科學。正如舍奴（Chenu）所說，使神學成其爲科學的正是使神學成其爲神秘的東

---

⑱ William of Auxerre, d. 123 曾被教皇任命爲校正亞里士多德著作委員會成員。著有≪四箴言書大全≫。在倫理思想上有特出創見。

西。⑲

對於托馬斯而言，這僅僅說明了科學的基本原理，但是科學還有另一個作用，就是依據確定已知的原理推論未知的、被視爲來自原理的結論。

這裏他談到聖教義的「論證性」，主要是說它根據原理推得結論：

> 必須說明，正如其他科學並不是以論證來證明其基原理，而是依據基本原理來證明本門科學中的其他真理；同樣地，聖敎義也不是以論證來證明其基本原理，那是信仰的條文；而是依據它們來證明其餘〔真理〕；正如在《哥林多前書》15•12 中使徒依據基督的復活來證明一切人的復活。」
>
> 引自《神學大全》1•1•8 答題

此一觀點在托馬斯對於波依修斯《三一論》的評論中得到更充份的發揮。

這裏，關鍵點並不在於，推得的結論必須是新的，未知的結論。可以是新的、未知的結論，但並不一定如此。對於托馬斯來說推得的結論往往是已知的眞理，因爲它們原是啓示的信仰眞理。

這裏牽涉到的關鍵在於，由作爲基本原理的信仰眞理所推導出的結論，被當作根據於、依賴於、系列於作爲原理的那些眞理。我們尋求的無非是這個系統性和可理解性。

他舉的保羅之例可以說明問題。基督徒的復活乃由信仰而知，正如基督的復活乃由信仰而知。然而基督的復活卻是更爲基本的信仰眞

---

⑲ (*La theólogie comme science au XiIle Siecle,* 3rd ed. paris, 1958, p. 74)—原注。

理，它幫助我們理解次級的眞理，卽人類的復活。這在信仰眞理之間建立起一個系列，由基本信仰而發展成對所信的新理解。

在這裏，神學家的大膽嘗試在於，運用人類知識和論證的方式（因爲神學雖然從信仰出發，卻運用理智和人類知識，所以是一種人類的科學）來力求掌握上帝以一次洞見所知的那種眞理。

上帝以無分際、單一、獨特的對萬物之洞見看淸他自己的內生活（不如說聖父、聖子、聖靈洞見他們的內生活）以及一切由它而生的東西（創世、人類原罪、道成肉身、救贖、基督作爲教會之首及祭司、教會、聖禮），皆在萬物原有的秩序中一次地洞見之。

人類神學家力圖在他所知的種種眞理間尋求一種秩序，並希望儘可能接近地將這一系統建立在他們對神的知識之中。但人類神學家只能以一種零散的、推論的活動，在奧秘和迷茫之中，運用人類比擬法，來進行這種尋求。

在另外一處托馬斯稍換了一點說法，認爲聖教義「似乎是神的知識的一種，印象或印跡」（……velut quaedam impresso divinae scientiae.）（見《神學大全》1•1•3 ad 2）。

聖教義按照與神的關係去思索一切它所論及的問題 —— 人、聖禮、基督、天使、聖史 —— 因此神是神學一切領域的主體。（同上 1•1•7）

既然上帝是最高的因，故聖教義是一種智慧（Sapientia），因爲智慧根據最高因去判斷一切（同上 1•1•6）。在同一條（ad 3）內托馬斯對以下兩者作了重要的區分：在信仰之內通過學習和努力而獲得的智慧（這就是他所說的作爲智慧的聖教義），與聖靈當作恩賜而賦予的智慧不同。後一種智慧卽僞笛奧尼修所謂的通過「經歷聖事」而根據自然傾向去判斷事物，或與被判斷的事物形成「共同自然性」，去判斷事物。因此有道之士往往比有學問的人能夠更確切地進行判斷。這就是托馬斯的「神秘」論的基礎，亦卽他的冥思論，冥思是信望愛在聖靈恩賜作用下的結果。

因此托馬斯在這一點上是正統的，他堅認信仰可以用兩種方式尋求理解：其一是理智的、後天獲得的方式（在信仰之內）；另一是經驗的來自神學的德行和恩典。⑳

儘管托馬斯重視人類理性和事物的本性，卻與波納文圖拉同樣地以追求 incendium mentis㉑為個人的及神學家的理想。至於當一個人每次獲得一些新知識的時候，聖子或道是否重新降臨到他身上（因為知識是對於作為範型之道的參與）？托馬斯的回答是：

> 「靈魂通過恩典而順從於上帝。因此若欲神通過恩典降臨於一個人，此人必成為與通過恩典而降臨的神相彷彿。由於聖靈是愛，故靈魂通過愛心而成為與聖靈相似，因此聖靈是通過愛心而降臨。而聖子是道——不是任意什麼話，而是呼出愛的道 (Verbum Spirans Amorem)，因此奧古斯丁在《三一論》第九章中有言：『我們要討論的道是具愛心的知識』。
> 故聖子並非當人獲得任何種知識時降臨於他，而是當他獲得那種迸發愛的理智之教誨時才降臨，正如《約翰福音》6•45 所言：『凡聽聆父的教誨而學習的人，必到我這裏來』。或如《詩篇》38•4所說：『我在冥想時有如火燒』。因此奧古斯丁明白地講『當聖子被一個人感知時他乃降臨』。『感知』意謂一種經驗知識。它應該恰當地稱為『智慧』，亦卽一種美妙的

⑳ 「神學的德行」卽「信望愛」。

㉑ 「理性之光」。

知識，如《次經・賽拉布智訓》6•23 所言：『訓誨的智慧忠於它的名。』

引自《神學大全》1•43•5 ad 2

在此還有一點值得注意的是托馬斯關於以下兩個方面的發展：理解的恩賜（2•2•8），在神學問題中起主要作用的是聖靈之恩賜，即智慧的恩賜（2•2•45）；以及他關於冥思生活的深入討論（2•2•179-182），後者包括出於愛的意向，沉浸於愛而朝向上帝的智力活動之某些因素。

三、托馬斯著作中的幾點教義問題

㈠上帝在受造物中的臨在

上帝的本質就是存在：在上帝中本質與存在並無區分，與受造物不同。存在，是在潛能（存在的可能性）之外的基本完成或實現。因此上帝是不具任何潛能的純粹的存在之實現。以上參閱《神學大全》1•3; 1•44•2。

受造物不是純粹實現：它們的本質並不同一於其存在或存在之實現，因爲它們的存在受之於上帝。然而一旦受之於上帝以後，這個存在就成爲它們最深刻的完成：本質中的一切其他完成都在這存在之中或一起被給定。恩典將提高這些完成。

由於這個存在或存在之實現是偶性的，因此不僅在開始，而且在每一事例上，上帝必須做它的因；否則，受造物將不復存在（同上1•104•1-2）。

因此得出結論：

1.一切受造物在根本上是偶性的。

2.上帝臨在於每一受造物的最內最深之處，因爲存在是每一物最內最深的方面而上帝必須臨在其中做其不斷的因。也正是作爲一切存在之因的超越性，使上帝臨在於宇宙萬物之最內處（同上 1.8.1）。

3.雖然偶性的事物依賴於上帝，一旦它存在以後，屬靈之物將繼續存在，物質事物的質料亦將繼續存在；當上帝保持被造物於存在之中時，萬物不具有化爲無的傾向，而上帝沒有理由收回保持功能（這與奧古斯丁和波納文圖拉適成對比，他們認爲受造物的本質中有化爲無的傾向）。（同上 1.104.3-4）

托馬斯的一個基本立場是，當上帝賜予時，被給予之物眞正屬於受造物了。上帝的榮耀並不因給予受造物而減少。反之，增加了榮耀，因爲受造物通過自身的活動（在上帝的工作之下）發展並達到了上帝造它的目的。參閱《神學大全》1.6.4；1.47.1-3。

此點對理解托馬斯關於上帝的工作以及受造物的活動是重要的，受造物的活動包括其自然活動以及人類在上帝恩典的給予之下的活動。

托馬斯認爲，上帝和受造物各自都是因，而處於不同的層面；二者作爲因僅具比擬性的相似性。正如一切受造物與上帝之間的比擬那樣，相似甚微，相異甚巨，但這微末的相似卻足以使人多少理解一點上帝。

如果說上帝與受造物皆爲單義的因而起同樣作用（但上帝作爲因具無限大能而受造物是有限的），那末可以設想受造物的因在上帝之因上增加了能，因而取消了一些上帝之因的結果，亦卽減少了上帝的榮耀。但這不是托馬斯的觀點。他認爲，上帝與受造物皆爲作用於果的完整的因，但是在不同層面上起作用。托馬斯可能以樂師手中的樂器爲比喻。樂師與樂器都是完整地產生果，但在不同層面上起作用。

正如樂師操動樂器，同樣上帝啓動受造物——上帝是受造物的因之因，包括自由的受造物之自由意志。

許多人認爲這個問題有矛盾，托馬斯卻認爲不成問題。參看《神學大全》1.105。

(二)三一論

托馬斯遵循但修正了奥古斯丁安瑟論的基本觀點。在早期著作中他像阿爾伯特和波納文圖拉那樣運用 natura 和 voluntas[22] 來表述聖子的出生和聖靈因愛而出來。

後來他更強調「理智」和「意志」這一對用語，把前者看作道或觀念的說出，亦卽聖子的受生（同上 1.27,1-2)。

聖靈因愛出來，托馬斯對此作了更詳盡的分析。奥古斯丁曾提出何以聖靈出自上帝是上帝卻不是聖子的問題。托馬斯對此的回答是，意志中愛的行動按其本性而言並不產生一個類似本人的影象，而理解或說出話按其本性確在頭腦中產生該話的影象；既然生聖子的行動同樣按其本性產生一個影象（卽聖子），故由理解或說話而出來的第二位格是受生的，而第三位由愛出來則不是受生的（同上 1.27.4)。

托馬斯爲了轉向比喻地理解聖三一而對關係與人格的概念進行取精去粗的提高。他對「人格」概念中的區分性加以強調，而稱神的位格爲「存在關係」；確切地說不是作爲三個關係而是作爲一個存在(同上 1.28-29)。

托馬斯把聖三一通過恩典在被造物中居住而使他們接受父、子、靈，描寫爲聖三一以一種新的方式作爲經驗的，愛的知識的對象而臨在（他們原已臨在以維持受造物的存在並通過恩典使受造物接受這新

---

[22] 「受生」和「意志」。

的臨在)。(同上 1.43.3-6)。

這是他的神秘主義的基礎，他進一步發展了這個學說。當人確在感知和愛父子靈或至少經常地傾向如此感知時，(人就是聖三一的形象。)(同上 1.93) 這使人想起奧古斯丁關於人是聖三一形象的學說。

這個關於奧秘或冥思的學說，在討論聖靈的恩賜、信仰的德行、信、望、愛、虔修生活的時候，得到進一步的發展(特別在同書 2.2 各節)。

(三)道成肉身

托馬斯關於存在的哲學，包括受造物的存在與本質具有眞區別等思想，使得他比前人更清楚地看到，何以基督具有完全的人類本質而不具有人類本體的人格。一般的人，其存在之實現，就使他們的人類本質得以實現，而使他們開始存在，成爲一個人。在基督中，上帝道的存在之無限實現，代替了人性存在的有限實現，通過這個(無限的)存在之實現，神的和人的本質聯合在一起了。

由於人類的本質與存在永遠有別，故這裏基督的人性作爲本質是完全的和完成的。上帝之道就存在於這個充分完成的人類本性中，托馬斯可以稱聖子爲「具有人類本性的那位」。《神學綱要》211, 的拉丁原文是: Persona, hypostasis et suppositum Filii Dei est Persona, hypostasis et suppositum humame naturae in christor[23]。(引自 Compendvium theologiae, 211; ed. R. Verurdo, in Opuscula theologica 1, Rome,1154, No 413, P. 97.)

托馬斯詳論基督人類本性的各項完成，如靈魂、身體、功能、作用，自由意志、通過經驗而增長的知識、感情生活、眞實的苦難等。

---

[23] 拉丁文 Persona, hypostasis 和 Suppositum 是重復地表明位格。全句是說聖子的位格就是基督中人性的位格。

同時，由於在這個本性之內及通過它而活動的是聖子的人格，這些活動乃是聖子或道的活動，由他的位格而獲得價值。

以上參看皮華德著《位格聯合》(W. Principe, Hyp. Union, 4.207-209)。

基督的救贖工作

與他的先行者相近，而對他們的學說有所修訂（特別是關於基督人性的因果關係），托馬斯也講基督是通過一生中的順從，特別是通過受難與死，而救贖了人類。基督建立了救贖的功勞，補償了人類對聖父犯的罪，他的獻祭取得了和解和其他恩賜，這些他都傳給他的肢體（教會），他們在他身體之內以他爲頭，他們居住在他之中，分享他的救贖工作（通過信仰及領信仰的聖禮，尤其是洗禮及聖餐)(參閱《神學大全》3.48-49)。

與安瑟倫相反，托馬斯認爲上帝本來可以直截了當地赦免人類的罪，但他認爲基督所作的「充分補償」以及他的「無邊功勞」是上帝廣大仁慈的一個手段，因爲上帝允許人類在上帝主持的救贖工作中有所作爲（參閱《神學大全》3.46.1-3; 3.48.2)。

托馬斯在西方的創新在於，他把希臘教父（歸根結柢取之於保羅的經文）關於恩典的動力因和基督人性的救贖，與基督的死與復活結合起來了。他主張：對於通過信仰和聖禮進入基督的生命、死和復活的人來說，基督的生命、死和復活就是他們新生、罪的消亡、身與靈復活的工具動力因㉔。這使托馬斯能超過前人，把保羅關於基督復活的思想用於救贖論（參閱《神學大全》3.48.6; 3.50.6; 3.56.1-2)。

㉔ 動力因分爲原理動力因和工具動力因，前者以自身的動力造成果，後者以來自原理動力因的動力造成果。

他也把基督在受難、死、復活中的救贖活動當作範型因、基督徒經驗中的原型、應傚法的典範（同上）。

早期討論過的一個問題，在十三世紀引起廣泛注意：假使人類，尤其亞當，不曾犯罪，上帝會不會化成肉身。

托馬斯說，對這個問題沒有清楚明確的答案，但是全部聖經及教父著作顯示，假使沒有原罪，上帝不會化成肉身。波納文圖拉持有相同的立場，不過他列舉了相反意見的種種自圓其說的理由，似乎對相反意見也是躍躍欲試。

哈里斯的亞歷山大㉕及阿爾伯特則傾向予認爲，即使沒有人類的原罪也會有道成肉身——由於上帝有獻身的仁慈，願意與受造物共享最高的恩賜。

後來，特別是在司各特的影響之下，方濟會派形成自己的立場，認爲不管人類有無原罪也會有道成肉身。多明我派則大抵遵循托馬斯和波納文圖拉的立場。

這個問題成了神學史上熱烈爭執之點。而且它也並不全是假設的問題，因爲它探求上帝在實際發生的道成肉身中的原初「動機」，它也影響對基督作用的重點的看法。

(四)恩典和超自然事物

在托馬斯思想中並沒有一種「兩層樓」的建築來表述自然與恩典或自然與超自然的並列關係。作爲上帝的形象，人類是 capax Dei ㉖，具有晤見上帝的天然願望，生來就有朝向超自然的受造理智結構

㉕ Alexander of Hales, e 1170-1245 巴黎大學的方濟會教授。在他名下有一部≪神學大全≫，卻是在他死後十年才完成的。書中強調信仰，攻擊亞里士多德哲學。

㉖ 「可以成聖的」。

(雖然他們不能專靠自然能力或傾向而達到或進入這個超自然領域),(參閱 1.12.1; 1-2.3.8) 。

因此只有晤見上帝才能徹底滿足和完成人類。人的終極目標,人的永福,就是晤見上帝(在愛與喜悅中)。有時候托馬斯也談到「自然的目標」,但這只是次要的目的,而絕不是人的眞正終極性、完成性的目標和永福。在終極的層面上,恩典與超自然在自然上加工而完成它。參閱《神學大全》1.2.48.2c。

在恩典中,上帝的宏大慈愛是根本。沒有任何功勞的人類可以接受恩典。Gratia(恩典)的基本意義在於上帝的仁慈促使上帝恩賜於人。

這個意義上的 Gratia 促使上帝把 Gratia 賜給人,使人身上發生眞變化,用恩典提高靈魂的本質。這裏本質被比喻爲實體性的習性如身體的健康。恩典也賜予功能性的習性,即德行,如信望愛,以及其他習性,如聖靈的恩賜。參閱 1-11.110.1-2。

恩典同時也賜予謹愼、公義、節制、堅毅和其他有關和德行。値得注意的是托馬斯認爲節制位於欲望官能,堅毅位於怒火官能。(謹愼位於理智,公義位於意志)。節制與堅毅位於感官,就是情感起作用的地方,這說明托馬斯認爲當德行堅強起來的時候,感情生活就有了內在秩序,因此他並不認爲良好的感情生活是外在意志強制情感或官能的結果。(現代心理學認爲托馬斯的這一學說甚有價値。)參看 1-2.22-25,61,以及 2-2 關於個別德行的處理。

前面講過的上帝的大因與受造物的因之間的關係,也適用於上帝的恩典與人類自由。上帝那光被宇宙的仁慈和恩典是原初大因,人類蒙恩典的自由活動是總的工具因。上帝允許人類自由地參與完善其本身並參與創造,上帝准許人類具有的自由乃以上帝爲因。

(五)聖事論

托馬斯對於聖禮的象徵(符號)方面和因果方面維持一種平衡的觀點。參閱 3.60,62,64。象徵訴諸信仰,聖禮的因則通過其表象而起作用。作爲象徵,聖禮也與基督徒團契的禮拜相聯系:一切聖禮都是禮拜或崇拜的一部分而不僅是恩典降臨於人的渠道,因爲聖禮既有朝向上帝的運動又有朝向人的運動。

聖禮擴展了基督人性的工具因:他的人性是聯合的工具因(與神格相聯,神格與人格是原理動力因);聖禮是分開的,但在上帝和基督名下,聖禮是其表象的恩典之工具動力因。

在早期著作中,正如他的先行者那樣,托馬斯傾向於把聖禮視爲罪的結果和對罪的補救。但晚期,尤其在《神學大全》中,他視聖禮爲積極因素,當基督徒在基督中的生命處於起始和發展的重要階段時,聖禮被賜予他們。

托馬斯對洗禮、堅振、聖職等儀禮的概念給以新的發展,把它們視爲參予基督的祭司工作。他關於聖餐神學的發展是極其重要的。前者參閱 3.63;後者見 3.73-83。

(六)道德論

這是托馬斯學說中最富創見的一部分。《神學大全》的第二部整個是一種有意識的新組織,正如第二部中每一部分的緒論所標明的那樣。

2.2 的緒論特別講了處理德行、邪惡、恩賜、以及十誡的組織方法。

1.2 的緒論是關於人在道德問題上相對自主性(在上帝之下)、自由、自決等的重要說明。因爲人是按上帝形象創造的:

> 「按照達馬西斯的說法，就人的形象表明理智、自由抉擇、按自己權利去行動而言，人乃是按上帝形象創造的。因此，既然我們講了這個形象的範型，即上帝，講了按上帝的意志、出自上帝大能的事物，我們便要研究上帝的形象（人），因為人也是其工作的主體，因為他有自由抉擇和主理其工作的能力。」

這就是說，在上帝引導之下行使人類道德的人，乃是道德抉擇的根本主體。道德是非不是通過服從律法或立法者的義務而決定的。

在托馬斯看來，福音書新律法乃是聖靈的恩典和臨在。言外之意，聖經和聖禮幫助教育和薰陶人去接受內心的聖靈並在他指引下去自由地按上帝的子女和基督的兄弟那樣行事。托馬斯嘗言新律法中臨在的聖靈使人成爲公義和聖潔；律法的條文，卽使是聖經，如果成爲主導的話，可以殺人。這並非詆毀法和順從，乃是將其置於第二位的教育性的紀律性的，作爲人類自由行爲準備者的應有地位而已。（參閱 1.2.106.1-2）。

原文文獻選讀總目

ACO	*Acta conciliorum oecumenicorum.* Ed. E. Schwartz. 4 tomes (in 13 vols.) Strasbourg-Berlin-Leipzig, 1914-40.
ACW	*Ancient Christian Writers.* Westminster, Md., 1946-.
AHDLMA	*Archives d'histoire doctrinale et littéraire du moyen âge.* Paris, 1926-.
ALMA	*Archivum latinitatis medii aevi* (*Bulletin Du Cange*). Paris-Brussels-Leiden, 1924-.
Altaner	Altaner, Berthold. *Patrology.* Trans. H. Graef of 5th German ed. of *Patrologie*(Freiburg, 1958). New York, 1960.
AmBenRev	*American Benedictine Review.* Collegeville, Minn., 1950-.
AnalAnselm	*Analecta anselmiana.* Frankfurt/Main, 1969-.
AnalAug	*Analecta augustiniana.* Rome, 1905-.
AnalBibl	*Analecta biblica.* Rome, 1952-.
AnalBoll	*Analecta bollandiana.* Paris-Brussels, 1882-.
AnalCist	*Analecta cisterciensia.* Rome, 1945-.
AnalGreg	*Analecta gregoriana.* Rome, 1938-.
ANCL	*The Ante-Nicene Christian Library: Translations of the Writings of the Fathers down to A.D. 325.* Eds. A.

	Roberts and J. Donaldson. 24 vols. Edinburgh, 1866-72. Supplementary vol., ed. A. Menzies. Edinburgh, 1897.
ANF	*The Ante-Nicene Fathers.* American reprint of the Edinburgh edition, revised by A. Cleveland Coxe. 10 vols. Buffalo, 1884-86.
ArchFrancHist	*Archivum franciscanum historicum.* Quaracchi-Grottaferrata, 1908- .
ArchFratPraed	*Archivum fratrum praedicatorum.* Rome, 1930- .
ArchivesHistDLMA	See AHDLMA.
AugStud	*Augustinian Studies.* Villanova, Pa., 1970- .
Beiträge	*Beiträge zur Geschichte der Philosophie und Theologie des Mittelalters.* Münster i. W., 1891-78.
Beiträge NF	*Beiträge Neue Folge.* Münster i. W., 1970- .
Bettenson, EarlyCF	Bettenson, Henry, ed. *The Early Christian Fathers.* London-Toronto, 1956; rpt., 1969.
Bettenson, LaterCF	Bettenson, Henry, ed. *The Later Christian Fathers.* London-Toronto, 1970; paperback ed. also.
Brunhölzl	Brunhölzl, Franz. *Geschichte der lateinischen Literature des Mittelalters.* 3 vols. Munich, 1975- .
BullLittEccl	*Bulletin de littérature ecclésiastique.*

	Toulouse, 1899- .
BullTAM	*Bulltin de théologie ancienne et médiévale.* Louvain, 1929- .
CambHistBible	*The Cambridge History of the Bible.* 3 vols. Eds. P. R. Ackroyd et al. Cambridge Univ., 1963-70; rpt. 1975.
CambHistPhil	*The Cambridge History of Later Greek and Early Medieval Philosophy.* Ed. A. H. Armstrong. Cambridge Univ.,1967.
CahiersCivMéd	*Cahiers de civilisation médiévale.* Poitiers, 1958- .
Cathol	*Catholicisme.* Paris, 1948- .
Cayré	Cayré, F. *Patrologie et histoire de la théologie.* 2 vols. Paris, 1953-55.
CCG	*Corpus christianorum; series graeca.* Turnhout.
CCL	*Corpus christianorum: series latina.* Turnhout.
CCM	*Corpus christianorum: continuatio medievalis.* Turnhout.
Chadwick	Chadwick, Henry. *The Early Church.* The Pelican History, History of the Church, 1. Harmondsworth, Eng., 1967.
Chenu, Nature	Chenu, M.-D. *Nature, Man and Society in the Twelfth Century.* London, 1968. (*Partial* trans. of next item.)
Chenu, Théologie-12e	Chenu, M.-D. *La théologie au douzième siècle.* Paris, 1957.

ChrCent	*The Christian Centuries: A New History of the Catholic Church.* 5 vols. Eds. L. J. Rogier et al. London-New York, 1964-.
CistStud	*Cistercian Studies.* N. p., 1966-.
ClavisPatrGraec	*Clavis patrum graecorum.* 3 vols. Turnhout, 1974-.
ClavisPatrLat	*Clavis patrum latinorum.* 2nd ed. Turnhout, 1961.
COD	*Conciliorum oecumenicorum decreta.* Eds. J. Alberigo et al. 3rd ed. Bologna, 1973.
CollCist	*Collectanea cisterciensia.* Rome-Scourmont, 1934/35-.
CollFranc	*Collectanea francescana.* Assisi-Rome, 1941-.
Congar, Ecclésiologie	Congar, Yves, *L'ecclésiologie du haut moyen âge: De saint Grégoire le Grand à la désunion entre Byzanze et Rome.* Paris, 1968.
Congar, History**	Congar, Yves. *A History of Theology.* Garden City, N. J., 1968.
Congar, L'Église	Congar, Yves. *L'Église: De saint Augustin â l'époque moderne.* Histoire des dogmes 3/2. Paris, 1970. Also in Dogmengeschichte 3/3c. Freiburg-Basel-Vienna, 1971.
Copleston	Copleston, Frederick. *A History of Philosophy,* vols. 2 & 3 (each in 2 par-

ts). Westminster, Md., 1950-53; Image Books, 1962-63.

Cunliffe-Jones — Cunliffe-Jones, Hubert, ed. *A History of Christian Doctrine: In Succession to the Earlier Work of G. P. Fisher*. Edinburgh, 1978. (Sections by 11 different authors.)

Cross — Cross, F. L., and E. A. Livingstone, eds. *The Oxford Dictionary of the Christian Church*. 2nd ed. London-Toronto, 1974.

CSCO — *Corpus scriptorum christianorum orientalium*. Paris-Louvain, 1909- . In four series: *Scriptores aethiopici; Scriptores arabici; Scriptores coptici; Scriptores syriaci.*

CSEL — *Corpus scriptorum ecclesiasticorum latinorum*. Vienna, 1866- .

DACL — *Dictionnaire d'archéologie chrétienne et de liturgie*. 15 vols. in 30 tomes. Paris, 1907-53.

De Ghellinck — DeGhellinck, Joseph. *Le mouvement théologique du XII*ᵉ *siècle*. 2nd ed. Bruges, 1946.

DHGE — *Dictionnaire d'histoire et de géographie ecclésiastiques*. Paris, 1912- .

Diss AbstInt — *Dissertation Abstracts International*. Ann Arbor, Mich., 1969- . Formerly *Dissertation Abstracts* (vols. 1-29). Ibid.,

	1938-69.
Dogmengesch	*Handbuch der Dogmengeschichte.* Eds. M. Schmaus et al. Freiburg-Basel-Vienna, 1951- .
DS	Denzinger, H., and A. Schönmetzer, eds. *Enchiridion symbolorum, definitionum et declarationum de rebus fidei et morum.* 36th Barcelona-Rom e-New York, 1976.
DSciBiog	*Dictionary of Scientific Biography.* 15 vols. New York, 1970-78.
DSpir	*Dictionnaire de spiritualité ascétique et mystique.* Paris, 1932- .
DTC	*Dictionnaire de théologie catholique.* 15 vols., each in two tomes, columns numbered consecutively through each vol. Paris, 1902-50.
DTC Tables	*DTC: Tables générales.* 3 vols., numbered consecutively as to columns. Paris, 1951-72.
EncCatt	*Enciclopedia cattolica.* 12 vols. Vatican City, 1948-54.
EncFilos	*Enciclopedia filosofica.* 4 vols. Venice, 1957-58.
EncPhil	*Encyclopedia of Philosophy.* 8 vols. London-New York, 1967.
EphThLov	*Ephemerides theologicae lovanienses.* Louvain, 1924- .
FC	*The Fathers of the Church.* (A series of

	translations of the Fathers.) New York, 1947- .
**Congar, Théologie	Congar, Yves. 'Théologie', DTC 15/1 (1946) 341-502. (Congar, History, is a somewhat faulty trans. of this article.)
Fliche-Martin	Fliche, Augustin, and Victor Martin, eds. *Histoire de l'Eglise depuis les origines jusqu'à nos jours.* Paris, 1934- . (21 vols. to date.)
Fontaine	Fontaine, Jacques. *La littérature latina cristiana.* Trans. with enlarged bibliography of *La littérature latine chrétienne* (Paris, 1970). Bologna, 1973.
Forest	Forest, A., F. Van Steenberghen, and M. de Gandillac. *Le mouvement doctrinal du XIe* [=*IXe*] *au XIVe siècle.* Vol. 13 of Fliche-Martin. Paris, 1951.
Fortman	Fortman, E. J. *The Triune God: A Historical Study of the Doctrine of the Trinity.* Philadelphia, 1972.
FrancStud	*Franciscan Studies.* St. Bonaventure, N. Y., 1941- .
FranzStud	*Franzischanischer Studien.* Münster Westf.-Werl i. Westf., 1914- .
FreibZPhTh	*Freiburger Zeitschrift für Philosophie und Theologie.* Freiburg (Switz.), 1954- .
GCS (below**)	

Gilson, History	Gilson, E. *History of Christian Philosophy in the Middle Ages.* New York, 1955.
González 1	González, Justo L. *A History of Christian Thought*, vol. 1: *From the Beginnings to the Council of Chalcedon in A. D. 451.* Nashville, 1970.
González 2	González, Justo L. *A History…*, vol. 2: *From Augustine to the Eve of the Reformation.* Nashville, 1971.
Grillmeier, Christ 1	Grillmeier, Aloys. *Christ in Christian Tradition*, vol. 1: *From the Apostolic Age to Chalcedon (451).* London, 1975. 〔2nd ed.〕
HandbookChHist	*Handbook of Church History.* Eds. H. Jedin and J. Dolan.
HandbuchKirch	Trans. (not yet complete) of *Handbuch der Kirchengeschichte,* eds. H. Jedin et al., 6 vols. in 9 (Freiburg, 1965-75: 2nd ed. of vol. 4, 1975).Freiburg-Montreal, 1965- .
Harnack, Dogmen	Harnack, Adolf von. *Lehrbuch der Dogmengeschichte.* 3 vols. 4th ed. Tübingen, 1902-20. Rpt., Tübingen, 1931-32.
Harnack, History	Harnack, Adolf von. *History of Dogma.* 7 vols. in 4. New York, 1961. (Translation of 3rd German edition that appeared ca. 1900.)
Hefele-Leclercq	Hefele, C. J. and H. Leclercq (et al.).

	Histoire des conciles d'après les documents originaux. 11 vols. Paris, 1907-52.
Heick	Heick, Otto W. *A History of Christian Thought.* 2 vols. Philadelphia, 1965-66.
HistChrSp 1	Bouyer, L. *The Spirituality of the New Testament and the Fathers.* Vol. 1 of *History of Christian Spirituality.* London, 1963.
HistChrSp 2	Leclercq, J., F. Vandenbrouke, and L. Bouyer. *The Spirituality of the Middle Ages.* Vol. 2 of *History of Christian Spirituality.* London, 1968.
HistSpChr 1	Bouyer, L. *La spiritualité du Nouveau Testament et des pères.* Vol. 1 of *Histoire de la spiritualité chrétienne.* Paris, 1960
HistSpChr 2	Leclercq, J., F. Vandenbrouke, and L. Bouyer. *La spiritualité du moyen âge.* Vol. 2 of *Histoire….* Paris, 1961.
HistJahr	*Historisches Jahrbuch.* Munich, 1880- .
JTS	*Journal of Theological Studies.* New series, Oxford, 1950- .
Kelly, Creeds	Kelly, J. N. D. *Early Christian Creeds.* London, 1950.
Kelly, Doctrines	Kelly, J. N. D. *Early Christian Doctrines.* 5th ed. London, 1977.
**GCS	*Die griechischen christlichen Schriftsteller der ersten drei Jahrhunderts.* Berlin, 1897- .

Landgraf, Dogmen	Landgraf, A. *Dogmengeschichte der Frühscholastik.* 4 parts, each of 2 vols. Regensburg, 1952-56.
Landgraf, Introd	Landgraf, A. *Introduction à l'histoire de la littérature théologique de la scolastique naissante.* French ed. (updated and enlarged) by A.-M Landry. Montréal-Paris, 1973.
Leff	Leff, G. *Medieval Thought: St. Augustine to Ockham.* Harmondsworth, Middlesex (Penguin), 1958.
LexMittel	*Lexikon des Mittelalters.* Munich-Zurich, 1977- .
LF	*The Library of the Fathers.* Eds. J. Keble, J. H. Newman, and E. Pusey. 45 vols. Oxford, 1938-88.
Loeb-Lombard**	*The Loeb Classical Library.* New York-London.
Lottin	Lottin, O. *Psychologie et morale au XII*e *et XIII*e *siècles.* 6 tomes in 8 vols. Louvain, 1942-60.
LThKirche	*Lexikon für Theologie und Kirche.* 2nd ed. 11 vols. Freiburg, 1957-67. 3 added vols. (1966-68): *Das zweite Vatikanischer Konzil.*
Lubac	Lubac, Henri e. *Exégèse médiévale: Les quatres sens de l'Ecriture.* 4 vols. Paris, 1959-64.
Manitius	Manitius, Maximilianus. *Geschichte der*

lateinischen Literatur des Mittelalters. 3 vols. Munich, 1911-31.

Mansi — Mansi, Giovanni Domenico. *Sacrorum conciliorum nova et amplissima collectio⋯.* 31 vols. Florence-Venice, 1759-98.

Maurer — Maurer, A. A. *Medieval Philosophy.* New York, 1962.

MedStud — *Mediaeval Studies.* Toronto, 1939- .

MGH — *Monumenta Germaniae historica.* 1: *Scriptores.* 2: *Leges.* 3: *Diplomata.* 4: *Epistolae.* 5: *Antiquitates.* Berlin-Hanover, 1826-94.

MiscFranc — *Miscellanea francescana.* Foligno-Assisi-Rome, 1886- .

MonasStud — *Monastic Studies.* Mount Savior, Pine City, N. Y., 1963- .

NCE — *New Catholic Encyclopedia.* 15 vols. New York, 1967. Vol. 16: *Supplement, 1967-74.* New York, 1974.

NPNF — *A Select Library of Nicene and Post-Nicene Fathers of the Christian Church.* Eds. Ph. Schaff and H. Wace, 28 vols. Buffalo-New York, 1886-1900.

Pelikan 1 — Pelikan, Jaroslav. *The Christian Tradition: A History of the Development of Doctrine,* vol. 1: *The Emergence of the Catholic Tradition (100-600).* Chicago, 1971.

Pelikan 2	Pelikan, J. *The Christian Tradition*…, vol. 2: *The Spirit of Eastern Christendom (600-1700)*. Chicago, 1974.
Pelikan 3	Pelikan, J. *The Christian Tradition*…, vol. 3: *The Growth of Medieval Theology (600-1300)*. Chicago, 1978.
PG	*Patrologia graeca*, i. e., *Patrologiae cursus completus: series graeca*. Ed. J.-P. Migne. 161 vols. in 166. Paris, 1857-66.
PL	*Patrologia latina*, i. e., *Patrologiae cursus completus: series latina*. Ed. J.-P. Migne. 221 vols., including 4 vols. of indexes. Paris, 1844-64.
PLS	*Patrologia latina: Supplementum*. Ed. A Hamman. 4 vols. Paris, 1958-71.
Portalié, Guide	Portalié, E. *A Guide to the Thought of Saint Augustine*. Chicago, 1960. Trans. of 'Augustin', DTC 1 (1902) 2268-2472.
Principe, HypUnion	Principe, W. H. *The Theology of the Hypostatic Union in the Early Thirteenth Century*. 4 vols. Toronto, 1963-75.
PO	*Patrologia orientalis*. Paris, 1907- .
PSyr	*Patrologia syriaca*. Paris, 1894- .
**Lombard, *Sent.*	Peter Lombard, *Sententiae in IV libris distinctis*. Edd. Patres Collegii S. Bonaventurae. 2 vols. 3rd ed. Grottaferrata (Rome), 1971, 1981.
Quasten 1	Quasten, J. *Patrology*, vol. 1: *The Begi-*

	nnings of Patristic Literature. Westminster, Md., 1950.
Quasten 2	Quasten, J. *Patrology,* vol. 2: *The Ante-Nicene Literature after Irenaeus.* Westminster, Md., 1953.
Quasten 3	Quasten, J. *Patrology,* vol. 3: *The Golden Age of Greek Patristic Literature from the Council of Nicaea to the Council of Chalcedon.* Westminster, Md., 1960.
RassLittTom	*Rassegna di littèrature tomistica.* Naples, 1969- .
ReallexAntChr	*Reallexikon für Antike und Chaistentum.* Stuttgart, 1950- .
RechAug	*Recherches augustiniennes.* Paris, 1958- .
RechScRel	*Recherches de science religieuse.* Paris, 1910- .
RechTAM	*Recherches de theologie ancienne et médiévale.* Louvain, 1929-
RelGeschGeg	*Die Religion in Geschichte und Gegenwart.* 3rd ed. 7 vols. Tübingen, 1957-65.
RepFontHistMA	*Repertorium fontium historiae medii aevi.* Ed. A. Potthast et al. 2nd ed. Rome, 1962- .
RevAscMyst	*Revue d'ascétique et de mystique.* Toulouse-Paris, 1920-71:see RevHist Spir.
RevBén	*Revue bénédictine.* Maredsous, 1884- .
RevEspTeol	*Revista espanola de teologia.* Madrid, 1940/41- .
RevEtAug	*Revue des études augustiniennes.* Paris,

	1955- .
RivFilNeosc	*Rivista di filosofia neoscolastica.* Milan, 1909- .
RevHistEccl	*Revue d'histoire ecclésiastique.* Louvain, 1900- .
RevHistSpir	*Revue d'histoire de la spiritualité.* Paris, 1971- . See RevAscMyst.
RevMALatin	*Revue du moyen âge latin.* Lyon-Strasbourg, 1945- .
RevNéoscPhil	*Revue néoscolastique de philosophie.* Louvain, 1894-1945.
RevPhilLouv	*Revue philosophique de Louvain*(successor to RevNéoscPhil). Louvain, 1946- .
RevScPhTh	*Revue des sciences philosophiques et théologiques.* Paris, 1907.
RevScRel	*Revue des sciences religieuses.* Strasbourg, 1921- .
RevThom	*Revue thomiste.* Saint-Maximin, 1893- .
Rusch	Rusch, W. G. *The Later Latin Fathers.* London, 1977.
SC	*Sources chretiennes.* Paris, 1941- .
Schol	*Scholastik.* Freiburg, 1926-65. See ThPhil.
Seeberg, Hist	Seeberg, Reinhold. *Text-Book of the History of Doctrines.* 2 vols. in 1. Grand Rapids, 1952.
Seeberg, Lehrbuch	Seeberg, Reinhold. *Lehrbuch der Dogmengeschichte.* 4 vols. Graz, 1953-54 (rpt. of 3rd ed. of 1913-23).
Smalley	Smalley, Beryl. *The Study of the Bible*

in the Middle Ages. 2nd ed. New York, 1952.

ST — *Studi e testi.* Rome: Vatican City, 1900- .

StudiMed — *Studi medioevali.*

StudMon — *Studia monastica.* Montserrat (Barcelona), 1955- .

StudTexts — *Studies and Texts.* Toronto: PIMS, 1955- .

ThPhil — *Theologie und Philosophie* (successor to Schol). Freiburg, 1966.

ThStud — *Theological Studies.* Woodstock-New York, 1940- .

TRE — *Theologische Realenzyklopädie.* Berlin-New York, 1976- .

TU — *Texte und Untersuchungen zur Geschichte der altchristlichen Literature.* Leipzig, 1907- (for 3rd series).

VieSp — *La vie spirituelle.* Paris, 1919- .

Vignaux, Philosophie — Vignaux, P. *Philosophie au moyen âge.* Paris, 1958.

Vignaux, Philosophy — Vignaux, P. *Philosophy in the Middle Ages.* New York, 1959.

Wand — Wand, J. W. C. *Doctors and Councils.* London, 1962.

Wiles — Wiles, M. F. *The Christian Fathers.* London, 1966.

ZKT — *Zeitschrift für katholische Theologie.* Innsbrück, 1877- .

Editions of Texts of the Fathers or Councils- with abbreviations

4 tomes in 13 vols.

ACO *Acta conciliorum oecumenicorum.* Ed. E. Schwartz./ Strasbourg, 1914; Berlin-Leipzig, 1922-1940.

CCG *Corpus christianorum, series graeca* Turnhout, Belgium.

CCL *Corpus christianorum, series latina.* Turnhout, Belgium, 1953-.

COD *Conciliorum oecumenicorum decreta.* Eds. J. Alber go et al. 3rd ed. Bologna: Istituto per le Scienze Religiose, 1973. (Full texts of all councils considered ecumenical by the Roman Catholic Church, including Vatican II in the latest edition.)

CSCO *Corpus scriptorum christianorum orientalium.* Paris-Louvain, 1909-.(It has four series: *Scriptores syriaci; Scriptores coptici; Scriptores arabici; Scriptores aethiopici.*)

CSEL *Corpus scriptorum ecclesiasticorum latinorum.* Vienna, 1866-. (This is sometimes referred to as the 'Corpus of Vienne'.)

DS *Enchiridion symbolorum. definitionum et declarationum de rebus fidei et morum.* 36th ed. Barcelona-Rome-New York, 1967. (A handbook of creeds, definitions and declarations selected from general and local councils, statements of popes, etc. Documents are given in original languages; when the language is other than Latin, a Latin translation is provided. Covers all centuries. Thorough indexes.)

EP *Enchiridion patristicum: Loci as. patrum, doctorum, scriptorum ecclesiasticorum.* Ed. M. J. Rouët de Journel. 24th ed. Barcelona-Freiburg Br., 1969.

GCS *Die griechischen christlichen Schriftsteller der ersten drei Jahr-hunderts.* Berlin, 1897- . (In fact it goes beyond the first three centuries.)

Loeb *The Loeb Classical Library.* New York-London.(Greek and Latin authors; original text with English translation facing the original text.)

Mansi *Sacrorum conciliorum nova et amplissima collectio.* Florence, 1759ff; Venice, 1796ff; Paris-Arnhem-Leipzig, 1901-27.

MGH *Monumenta Germaniae historica: Auctores antiquissimi.* 13 vols. Berlin, 1877-98.

OECT *Oxford Early Christian Texts.* Oxford University.

Editions of texts (continued)

PG *Patrologia graeca,* i. e., *Patrologiae cursus completus: series graeca.* Ed. J.-P. Migna. (Sometimes abbreviated by German authors as MG: *Migne graeca.*) 161 vols. in 166. Paris, 1857-66. Greek texts with Latin translations. Goes to the Council of Florence (1438-39) and so includes medieval authors. Indexes have been made by D. Scholarios, F. Cavallera, and Th. Hopfner. (N. B.: Always check the *Clavis patrum graecorum* about authenticity of texts, newest editions, etc.)

PL *Patrologia latina,* i. e., *Patrologiae cursus completus: series latina.* Ed. J.-P. Migne. (Sometimes abbreviated by German authors as ML: *Migne latina.*) 221 vols, including 4 vols. of indexes: note paris, 1844-64. especially the alphabetical index of *authors* in vol. 218* Goes* to Innocent III (d. 1216) and so includes many medieval authors. (N. B.: Always check the *Clavis patrum latinorum* and PLS about texts, editions, etc., of the Fathers.)

PLS *Patrologia latina: Supplementum.* Ed. A. Hamman. 4 vols. Paris, 1958-71. Goes through each volume of PL and summarizes scholarly opinion on authorship, dates, newer editions, etc., of works given in PL. It adds many new texts of its own. See the last page of each volume to find the correspondence between PL and PLS.

PO *Patrolog a orientalis.* Paris, 1907- .

PSyr *Patrologia syriaca.* Paris, 1894- .

SC *Sources chrétiennes.* Paris, 1941- . (Original text with French translation facing the original text. Later volumes have more critical editions and more elaborate introductions than earlier ones.)

SD *Studies and Documents.* London-Philadelphia, 1934- .

SLH *Scriptores latini Hiberniae.* Dublin: Dublin Institute for Advanced Studies. (Original texts with translations of the sources for the study of the Latin culture of Ireland, including later patristic times.)

SPM *Stromata patristica et mediaevalia.* Utrecht-Brussels, 1950- .

ST *Studi e testi.* Rome: Bibliotecha Vaticana, 1900- .

TC *Traditio christiana.* Neuchâtel-Zurich-Turin. (Presentation, with commentary, of the most important texts of early Christianity; the texts are grouped around central themes of the Christian faith. Original Greek and Latin with translations facing the text.)

Teubner *Bibliotheca Teubneriana.* Leipzig.(Classical texts, but includes many of the Fathers.)

TPL *Textus patristici et liturgici.* Ed. Institutum Liturgicum Ratisbonense. Regensburg, 1964-.

TS *Texts and Studies: Contributions to Biblical and Patristic Literature.* Cambridge, Eng., 1891-.

TU *Texte und Untersuchungen zur Geschichte der altchristlichen Literature.* Leipzig, 1882–97 (15 vols.); Neue Folge, 15 vols., Leipzig, 1897–1906; Dritte Reihe, Leipzig, 1907-. [Note that within this series are found many volumes of *Studia patristica,* the title given to the publications of the proceedings of the patristic congresses held at Oxford every four years. These are not texts of Fathers but rather communications by scholars about patristic themes. Therefore references to *Studia patristica* are not to some periodical or journal but rather to these volumes of TU, which; itself also contains texts.]**

Translations of Patristic Texts into English—series only

ACW *Ancient Christian Writers.* Westminster, Md., 1946-.

ANCL *The Ante-Nicene Christian Library: Translations of the Writings of the Fathers down to A. D. 325.* Eds. A. Roberts and J. Donaldson. 24 vols. Edinburgh, 1866–72. Supplementary volume, ed. A. Menzies. Edinburgh, 1897.

ANF *The Ante-Nicene Fathers.* American reprint of the Edinburgh edition, revised by A. Cleveland Coxe.

8 vols., with a supplement by A. Menzies (vol. 9) and A. Cleveland Coxe (vol. 10). Buffalo, 1884-86. Bibliographical synopsis and general index in vol. 10.

FC *The Fathers of the Church.* New York, 1947-.

LF *The Library of the Fathers.* Eds. J. Keble, J. H. Newman, and E. Pusey. 45 vols. Oxford, 1838-88.

NPNF *A Select Library of Nicene and Post-Nicene Fathers of the Christian Church.* Eds. Ph. Schaff and H. Wace. 28 vols. Buffalo-New York, 1886-1900.

TCL *Translations of Christian Literature.* London: Society for Promoting Christian Knowledge (S.P.C.K.), 1917-. --Four series: Greek texts; Latin texts; liturgical texts; Oriental texts.

Bettenson, Henry, ed. *Documents of the Christian Church.* 2nd ed. London-New York-Toronto: Oxford University Press, 1963.

Bettenson, Henry, ed. *The Early Christian Fathers.* London-Toronto: Oxford University Press, 1956 (small format; hard cover); paperback rpt., 1969 (larger format). (Texts of individual Fathers; subdivision according to topics.)

Bettenson, Henry, ed. *The Later Christian Fathers.* London-Toronto: Oxford University Press, 1970; paperback rpt. (Same format as preceding.)

**Proceedings of the Eighth International Conference on Patristic Studies, Oxford, 3rd-8th September 1979, will be published by Pergamon Press, Oxford; publication is expected in 1982.

Translations (oontinued)

Freemantle, Anne, ed. *A Treasury of Early Christianity.* New

York: Mentor (New American Library), 1960 (paperback).

Grant, Robert M., ed. *The Apostolic Fathers: A New Translation and Commentary*. 6 vols. Toronto: Thomas Nelson and Sons, 1964-68.

Staniforth, Maxwell, trans. *Early Christian Writings: The Apostolic Fathers*. Harmondsworth, Eng.: Penguin Books(L 197), 1968.

Stevenson, J., ed. *A New Eusebius: Documents Illustrative of the History of the Church to A.D. 337*. London: S.P.C.K., 1963 (paperback).

Stevenson, J., ed. *Creeds, Councils and Controversies: Documents Illustrative of the History of the Church, A. D. 337-461*. London: S.P.C.K., 1972 (paperback).

Wiles, Maurice F., and Mark Santer, eds. *Documents in Early Christian Thought*. Cambridge: University Press, 1975. (Texts gathered under different theological themes.)

Willis, John R., ed. *The Teachings of the Church Fathers*. Montreal: Palm, 1966. (Based on EP; topical arrangement, not chronological.)

Some histories

Adam, Alfred. *Lehrbuch der Dogmengeschichte*. Cütersloh, 1965 (vol. 1).

Altaner, Berthold. *Patrology*. Trans. of 5th German ed. of *Patrologie* (Freiburg: Herder, 1958). New York: Herder and Herder, 1960.

Bourke, V. J. *History of Ethics: A Comprehensive Survey of the History of Ethics from the Early Greeks to the Present Time*. Garden City, N. Y.: Doubleday, 1968, ch. 4 ('Patristic and Early Medieval Ethics').

Burkill, T.A. *The Evolution of Christian Thought*. Ithaca-London: Cornell University Press, 1971.

The Cambridge History of the Bible, vol. 1: *From the Beginnings to Jerome*. Eds. P.R. Ackroyd and C.F. Evans. Cambridge: University Press, 1970; paperback rpt., 1975.

The Cambridge History of the Bible, vol. 2: *The West from the Fathers to the Reformation*. Ed. G. W.H. Lampe. Cambridge: University Press, 1969; paperback rpt., 1975, chs. 1-4.

Campenhausen, Hans Freiherr von. *The Fathers of the Greek Church*. Eng. trans. revised by L.A. Garrard, of *Griechische Kirchenvater* (Stuttgart: Kohlhammer, 1955; New York: Pantheon, 1959). London: A. and C. Black, 1963. (Twelve chapters on 12 different Greek Fathers.)

Some histories (continuəd)

Campenhausen, Hans Freiherr von. *Men who Shaped the Western Church*. (English edition: *The Fathers of the Latin Church*.) Trans. Manfred Hoffmann. New York: Harper and Rowe, 1964; London: A. and C. Black 1964. (Seven chapters on 7 different Latin Fathers: ch. 6 is Augustine, ch. 7 Boethius.) (German: *Lateinische Kirchenväter*.)

Cayré, F. *Patrologie et histoire de la théologie*, vol. 1. Paris-Tournai-Rome, 1953.

Chadwick, Henry. *The Early Church*. The Pelican History of the Church, 1. Harmondsworth. Eng.: Penguin Books. 1967.

Cunliffe-Jones, H., ed. *A History of Christian Doctrine* (see Abbreviations), pp.1-180 (H. Cunliffe Jones and G.W.H. Lampe)

Copleston, Frederick. *A History of Philosophy*, vol. 2: *Mediaeval Philosophy*, Part 1: *Augustine to Bonaventure*. Garden City, N.Y.: Doubleday (Image Books), 1962 rpt. of 1950 edition, chs. 1-2.

Daniélou, Jean. *A Theology of Jewish Christianity*. Trans. John F. Baker of *Théologie du judéo-christianisme* (Tournai-Paris, 1958). A History of Early Christian Doctrines before the Council of Nicaea, 1. London-Chicago, 1964.

Daniélou, Jean. *Gospel Message and Hellenistic Culture*. Trans. John Austin Baker of *Message évangélique et culture hellénistique au IIe et IIIe siècles* (Tournai-Paris, 1961). A History of Early Christian Doctrines…, 2. London, 1973.

Danielou, Jean. *The Origins of Latin Christianity*. Trans. David Smith and John Austin Baker of *Les origines du christianisme latin* (Tournai-Paris, 19). A History of Early Christian Doctrines…, 3. London-Philadelphia, 1977.

Fontaine, Jacques. *La littératura latina cristiana: Profilo storico*. Trans. Salvatore D'Elia of *La littérature latine chrétienne* (Paris,1970). Bologna, 1973. (Italian translation adds to bibliography to a considerable degree.)

Gilson, Etienne. *History of Christian Philosophy in the Middle Ages*. New York: Random House, 1955, Parts 1-3 (pp. 3-109).

González, Justo L. *A History of Christian Thought*, vol. 1: *From the Beginnings to the Council of Chalcedon*. Nashville, 1970.

Grant, Robert M. *After the New Testament: Studies in Early Christian Literature and Theology*. Philadelphia, 1967.

Handbuch der Dogmengeschichte. Eds. Michael Schmaus, Alois Grillmeier, Leo Scheffczyk, and Michael Seybold. Freiburg-Basel-Vienna, 1951- . (A large series of individual fascicules tracing the history of the main doctrinal themes -- broader than dogma in its restricted sense. Bibliographies for each chapter.)

Harnack, A. *Lehrbuch der Dogmengeschichte.* 5th ed. 3 vols. Tübingen, 1931-32. (PIMS library has 1888-90 edition [rev. ed. of vol. 1, lst ed. of vols. 2 and 3].)

Harnack, A. *Geschichte der altchristlichen Literature bis auf Eusebius.* 2 vols. of 2 parts each. 2nd ed. Leipzig, 1893-1904.

Harnack, A. *History of Dogma.* 7 vols. in 4. Trans. from 3rd German ed. (1894ff.) by Neil Buchanan. New York, 1961. (Paperback ed.)

Heick, Otto V. *A History of Christian Thought,* vol. 1. Philadelphia, 1965, chs. 1-13.

History of Christian Spirituality, 1: *The Spirituality of the New Testament and the Fathers* by Louis Bouyer. Trans. Mary P. Ryan of *La spiritualité du Nouveau Testament et des Pères* (Paris, 1960). New York, 1963. (Goes to Gregory the Great and the Pseudo-Dionysius).

Kelly, J.N.D. *Early Christian Doctrines.* 5th revised ed. London-San Francisco, 1977.

Lampe, G.W.H. 'Christian Theology in the Patristic Period', in Cunliffe-Jones, 21-180.

Lods, Marc. *Précis d'histoire de la théologie du 2ᵉ au début du 4ᵉ siècle.* Neuchâtel, 1966.

Lohse, Bernhard. *A Short History of Christian Doctrine.* Trans. F. Ernest Stoeffler of *Epochen der Dogmengeschichte* (Stuttgart, 1963). Philadelphia, 1966.

Lubac, Henri de *Exégèse médiévale: Les quatre sens de l'Écriture.* 4 vols. Paris, 1959-64. (Despite the title, this work has much on patristic exegesis.)

Maurer, Armand A. *Medieval Philosophy.* New York: Random House, 1962, chs. 1-2(Augustine and Boethius).

Pelikan, Jaroslav. *The Christian Tradition: A History of the Development of Doctrine.* Vol. 1: *The Emergence of the Catholic Tradition(100-600).* Chicago-London: University of Chicago Press, 1971. Vol. 2: *The Spirit of Eastern Christendom (600-1700).* Chicago-London: University of Chicago Press, 1974, chs. 1-2.

Quasten, Johannes. *Patrology.* 3 vols. to date, 4th in preparation. Westminster, Md.-Utrecht-Brussels, 1950- .

Quasten, Johannes. *Initiation aux pères de l'Église.* Trans. J. Laporte. Paris, 1955- . (A translation of the English; Quasten made addtiions to the text and brought the bibliographies up to date to the time of the translations.)

Quasten, Johannes. *Patrologia.* 2 vols. to date (includes the first 3 vols. of the English). Spanish trans. and ed. I. Onatibia. Madrid, 1961-62. (Updated.)

Rondet, Henri. *Histoire du dogme.* Paris, 1970, chs. 1-13.

Rusch, William G. *The Later Latin Fathers.* London, 1976.

Seeberg, R. *Lehrbuch der Dogmengeschichte,* vols. 1 & 2. 3rd ed. Leipzig, 1922-23: rpt. Graz, 1953.

Seeberg, R. *Text-Book of the History of Doctrines,* vol. 1. Trans. Charles E, Hay from an earlier edition. Grand Rapids, Mich., 1952.

Werner, M. *The Formation of Christian Dogma: An Historical Study of Its Problem.* Boston, 1965.

Willis, John Randolph. *A History of Christian Thought from Apostolic Times to St. Augustine.* Hicksville, N.Y.: Exposition Press, 1967.

〔附錄二〕之參考文獻

第　一　講

BACKES, 'Das trinitarische Glaubensverständnis beim hl. Athanasius dem Grossen', *Trierer theologische Zeitschrift* 82 (1973) 103-13. E. BOULANDARD, *L'hérésie d'Arius et la 'foi' de Nicèé,* 2 vols. (Paris 1972). Th. Camelot, 'Le dogme de la Trinité: Origine et formation des formules dogmatiques' *Lumière et Vie,* no. 30 (Nov. 1956) 9-48; Eng. trans. by J. Strickland (Toronto, 1957: in USMC library). R. M. GRANT, *The Early Christian Doctrine of God* (Charlotteville, Va., 1966). D. L. HOLLAND, 'The Third Article of the Creed: A Study in Second- and Third-Century Theology', in *Studia Patristica* 13, TU 116 (1975) 189-97. J. N. D. Kelly, *The Athanasian Creed* (London, 1964). G. Kretschmer, *Studien zur frühchristlichen Trinitätslehre* (Tübingen, 1956). M.-J. Le Guillou, *Le Mystère du Père: Foi des Apôtres et gnoses actuelles* (Paris, 1973). IDEM, 'Réflexions sur la théologie des Pères grecs en rapport avec le "Filioque", in *L'Esprit-Saint et l'Eglise* (Paris, 1969), pp. 125-52. IDEM, 'Réflexions sur la théologie trinitaire à propos de quelques livres anciens et récents', *Istina* 17 (1972) 457-64.

W. MARCUS, Der Subordinatianismus als historisches Phänomen (Munich, 1963). B. de MARGERIE, *La Trinité chrétienne dans l'histoire* (Paris, 1975), chs. 2-3. J. C. McLELLAND, *God the Anonymous: A Study in Alexandrian Philosophical Theology* (Philadelphia, 1976). *Mysterium Salutis: Grundriss heilsgesc-*

hichtlicher Dogmatik, 2 (Einsiedeln, 1967), ch. 3. *Mysterium Salutis: Dogmatique de l'histoire du salut* (Paris, 1970), ch. 3 of vol. 5. R. A. NORRIS, *God and World in Early Christian Theology* (New York, 1965). H. OFFERMANS, *Der christologische und trinitarische Personbegriff der früher Kirche: Ein Beitrag zum Verständnis von Dogmenentwicklung und Dogmengeschichte* (Berne, 1976).

W. PANNENBERG, 'The Appropriation of the Philosophical Concept of God as a Dogmatic Problem of Early Christian Theology', in his *Basic Questions in Theology* 2 (London, 1971), pp. 119-83. G. PRESTIGE, *God in Patristic Thought* (London, 1956: 2nd ed.). A. M. RITTER, *Das Konzil von Konstantinopel und sein Symbol* (Göttingen, 1965). T. SPIDLIK, 'La libertà come riflesso del mistero trinitario nei Padri Greci', *Augustinianum* 13 (1973) 515-23. G. C. STEAD, 'The Significance of the *Homoousios*', in *Studia Patristica* 3, in TU 78 (Berlin, 1961), pp. 397-412. P. M. STROHM, 'Die Trinitätslehre des heiligen Athanasius und ihr Missverstehen im Abendland', *Kyrios* 14 (1974) 43-60. A. TUILIER, 'Le sens du terme *homoousios* dans le vocabulaire théologique d'Arius e l'école d'Antioche', in *Studia Patriatica* 3, in TU 78 (Berlin, 1961), pp. 421-30. V. VENANZI, 'Dogma e linguaggio trinitario nei Padr della Chiesa: Un panorama bibliografico: 1960-1972', *Augustinianum* 13 (1973) 425-53. M. WILES, *The Making of Christian Doctrine: A Study in the Principles of Early Doctrinal Development* (Cambridge, Eng., 1967), ch. 8. H. A. WOLFSON, *The Philosophy of the Church Fathers,* vol. 1: *Faith, Trinity, Incarnation,* 2nd. ed. (Cambridge, Mass., 1964), chs. 7-15.

C. J. BERRY, 'On the Meaning of Progress and Providence

in the Fourth Century', *Heythrop Journal* 18 (1977) 257-70. W.A. BIENERT, 'Das vornicaenische *ομοουσιος* als Ausdruck der Rechtgläubigkeit', *Zeitschrift für Kirchengeschichte* 90 (1979) 151-75. F. BOLGIANI, 'La théologie de l'Esprit Saint: De la fin du 1er siècle après Jésus-Christ au concile de Constantinople (381)', *Quatre fleuves* 9 (1979) 33-72. R. J. H. COLLINS, 'Athanasianisches Symbol', *TRE* 4 (1979) 5-39. A. de HALLEUX, 'Cyrille, Théodoret et le *Filioque*', *RevHistEccl* 74 (1979) 597-625. IDEM, 'Dieu le Père tout-puissant', *Revue théologique de Louvain* 8 (1976) 401-422. IDEM, 'La profession de l'Esprit-Saint dans le symbole de Constantinople', ibid. 10 (1979) 5-39. A. HAMMAN, 'L' Esprit-Saint dans la vie de l'Eglise au cours des trois premières siècles', in *Corona gratiarum* (*Miscellanea E. Dekkers, O. S. B.*) 1 (Bruges, 1975), pp. 11-35. M. HARL, 'Citations et commentaires d'Exode 3, 14 chez les Pères Grecs des quatre premiers siècles', in P. VIGNAUX, ed., *Dieu et iétre Exégèses d'Exode 3, 14 et de Coran. 20, 11-24* (Paris, 1978), pp. 87-108.

G. KRETSCHMAR, 'Der Heilige Geist in der Geschichte: Grundzüge frühchristlicher Pneumatologie', in W. KASPER, ed., *Gegenwart des Geistes: Aspekte der Pneumatologie* (Basel-Vienna, 1979), pp. 92-130. B. LONERGAN, *The Way to Nicea: The Dialectical Development of Trinitarian Theology* (London, 1976). R. LORENZ, *Arius judaizans? Untersuchungen zur dogmengeschichtlichen Einordnung des Arius* (Göttingen, 1980). C. LUIBHEID, 'Finding Arius', *Irish Theological Quarterly* 45 (1978) 81-100. C. MADEC, '《Ego sum qui sum》 de Tertullien à Jérôme', in P. VIGNAUX, ed., *Dieu et l'etre*…. (Paris, 1978), pp. 121-39. T. MARSH, 'Holy Spirit in Early Christian Teaching', *Irish Theological Quarterly* 45 (1978) 101-116. G. MAY, *Schöpfung aus dem Nichts: Die Entstehung der Lehre von der Creatio ex nihilo* (Berlin, 1978). J. McLELLAND, *God the Anonymous: A Study in Alexandrian Philosophical Theology*(Philadelphia, 1978). R. MOHR, 'Das Konzil und das Glaubensbekenntnis von Nicäa', *Evangelische Theologie* 37 (1977) 600-616. R. NORRIS, 'The Transcendence and Freedom of God: Irenaeus, the Greek Tradition, and Gnosticism', in *Early Christian Literature* and the classical Intellectual Tradition: In honor of Robert M. Grant (Paris, 1979), pp. 87-100. M. A. ORPHANOS, 'The Procession of the Holy Spirit according to Certain Greek Fathers', *Θεολογια* 51 (1980) 87-107. A. QUACQUARELLI, 'Lo Spirito Santo e la iconografia del II e III secolo', *Vetera christianorum* 16 (1979) 173-93. A. R. RITTER, 'Arianismus', *TRE* 3 (1978) 692-719. IDEM, 'Zum homousios von Nizäa und Konstantinopel: Kritische Nachlese zu einigen neueren Diskussionen', in *Kerygma und Dogma*, Göttingen, 1979, pp. 404-23.

W. R. SCHOEDEL, 'Enclosing, not Enclosed: The Early Christian Doctrine of God', in *Early Christian Literature* and the classical Intellectual Tradition: In honor of Robert M. Grant (Paris, 1979), pp. 75-86. IDEM, 'A Neglected Motive for IInd Century Trinitarianism', *JTS* 31 (1980) 356-67. G. C. STEAD, *Divine Substance* (Oxford, 1977). C. J. de VOGEL, 'L'acceptation de la notion philosophique de Dieu comme problème doctrinal de la théologie chrétienne des premiers siècles', *Scripta theologica* 11 (1979) 929-52. F. M. YOUNG, 'The God of the Greeks and the Nature of Religious Language', in *Early Christian Literature* and the classical Intellectual Tradition: In honor of Robert M. Grant (Paris, 1979), pp. 45-74.

第二講

1. BIBLIOGRAPHICAL TOOLS FOR AUGUSTINE

Two excellent retrospective bibliographies on all aspects of Augustine are Carl Andersen, *Bibliographia augustiniana,* 2nd ed. (Darmstadt, 1972) (317 pp. of organized bibliography), and Institut des Études Augustiniennes (Paris), *Fichier augustinien-Augustine Bibliography,* 4 vols. (Boston, 1972), a photocopy of the card catalogue of the library of this important center of research on Augustine. Two volumes deal with subjects (matières), two with authors of studies (auteurs).

Other good retrospective bibliographies are contained in the encyclopedia and dictionary articles that will be referred to below, and also in the following books: Altaner, 487-517 passim. Peter Brown, *Augustine of Hippo: A Biography* (London, 1967).* Jacques Fontaine, *La litteratura latina cristiana: Profilo storico* (Bologna, 1973: from French: *La littérature latine chrienne* [Paris, 1970]), pp. 203-205. E. Gilson, *The Christian Philosophy of Saint Augustine,* trans. L.E.M. Lynch(New York, 1960), pp. 367-83. Eugene TeSelle, *Augustine the Theologian* (New York, 1970), pp. 351-60. (*In Brown, pp. 435-52.) See below***

To keep up on new books and articles appearing after the above tools, there are several good continuing bibliographies or current bibliographies. The best of these is the annual bibliography of Augustine in the Revue des études augustiniennes, which gives information about and summarizes with critical comments any article or book having some relation to Augustine, his life, texts, sources, teachings, influence, etc.

Other good current bibliographies for Augustine: *L'Année*

philologique (section dealing with 'auteurs'). *Augustinus. Bibliographia patristica. Bulletin de théologie ancienne et médiévale* (summarizes contents and makes critical comments). *Revue d'histoire ecciésiastique: Bibliographie.*

2. LIFE, WORKS, INFLUENCE OF AUGUSTINE

Altaner, 487-517. Cath 1 (1954) 1027-31 (G. Bardy). Cayré 1. 689-728. Chadwick, 216-19. Copleston 2/1, 55-62. Cross, 108-110. DHGE 5 (1931) 441-73 (P. de Labriolle). DSpir 1 (1937) 1101-05 (C. Boyer). DTC 1/2 (1902) 2268-2317(E. Portalié). DTC Tables, 297-98 (A. Michel). Fontaine, ch. 7. Gilson, History, 589-91. Gonzalez 2. 13-24. Leff, 33-34. LThKirche 1 (1957) 1094-96, 1099-1101 (E. Hendrickx). NCE 1 (1967) 1040-50(NB very useful table of writings by O. DuRoy). Portalié, Guide, 5-77. RelGeschGeg 1 (1957) 738-44 (R. Lorenz) & index, 325-26. Rusch, 105-47. TRE 4 (1979) 646-723. Wand, Part II, ch. l. Willis, History, 319-21. /// Roy W. Battenhouse, ed., *A Companion to the Study of St. Augustine* (New York, 1955), chs. 1-10. Gerald Bonner, *St. Augustine of Hippo: Life and Controversies* (London, 1963). P. Brown, *Augustine.* E. Gilson, *Christian Philosophy.* E. TeSelle, *Augustine,* pp. 25-55. F. Van der Meer, *Augustine the Bishop: Church and Society at the Dawn of the Middle Ages*(New York: Harper Torchbooks, 1965).

***Also T. Van Bavel, *Répertoire bibliographique de saint Augustin, 1950-1960.* Instrumental Patristica, 3. (The Hague, 1963); E. Lamirande, *Un siècle et demi d'études sur l'ecolésiologie de saint Augustine: Essai* bibliographique (Paris, 1962) (broader in scope than the church).

3. CONCEPT AND METHOD OF THEOLOGY (some PHILO-

SOPHY)

Altaner, 519-20. CambHistBible, ch. 17. Cath 1(1954) 1031-32 (G. Bardy). Cayré 1. 728-52, 771-85. Congar, History, 74-77. Copleston 2/1, 728-52, 771-85. DTC 1/2 (1902) 2317-44 (E. Portalié) and 15/1 (1946) 350-53 (Y. Congar). DTC Tables, 298-300 (A. Michel). Gilson, History, 74-77. Gonzalez 2.233-35. Harnack, Dogmen 3. chs. 1, 3, 4 (pp. 84-91). Harnack, History 5, chs. 1-3, 4. Heick 1. 130-35. Leff, 34-37, 38-42. LThKirche 1 (1957) 1096-97 (E. Hendrickx). Lubac, H. de 1. 177-87, 212-21, 314-25, 381-82; 2. 533-37. Maurer, 4-8. NCE 1(1967)1048, 1051-54. Portalié, Guide, 81-124. RelGeschGeg 1 (1957) 743-44 (R. Lorenz). Seeberg, History 1. 307-312. Seeberg, Lehrbuch 2. 396-424. Willis, 321-23, 325-28./// Balthasar, Hans Urs von, *La gloire et la croix: Les aspects esthétiques de la révélation* 2: *Styles: D'Irénée à Dante,* trans. R. Givord and H. Bourboulon, Théologie, 74 (Paris, 1968) pp. 85-129. Battenhouse, *Companion,* ch. 11 (R. E. Cushman). J. Beumer, *Die theologische Methode,* Dogmengesch 1: *Dasein im Glauben* (Freiburg-Basel-Vienna, 1922). I. Escribano-Alberca, *Glaube und Gotteserkenntnis in der Schrift und Patristik,* Dogmengesch 1: *Dasein im Glauben* 2a (Freiburg-Basel-Vienna, 1974). Gilson, *Christian Philosophy of Augustine,* 3-126, 187-209. A. Mandouze, *Saint Augustin: L'aventure de la raison et de la grâce* (Paris, 1968) (on it see M. Testard, *Revue des études latines* 46 [1968] 68-83). A. D. R. Polman, *The Word of God according to St. Augustine,* trans. A. J. Pomerans (London, 1961). M. Pontet, *L'exégèse de saint Augustine prédicateur,* Théologie, 7 (Paris, n. d.). H. Rondet, 'La théologie de saint Augustine, prédicateur' *Bulletin de littérature ecclésiastique* 72 (1971) 81-105, 241-57. TeSelle, *Augustine* 92-116, 123-31, 135-46.

4. GOD-TRINITY

Altaner, 520-21. Cayré 1. 753-68, 785-91. Chadwick, 235-39. Copleston 2/1, 83-88. DTC 1/2 (1902) 2344-49 (E. Portalié). DTC Tables, 300-301 (A. Michel). Fortman, 139-50. Gilson, History, 70-72. Gonzalez 2. 35-36. Harnack, Dogmen 2. 294-97. Harnack, History 4. 129-33. Heick 1. 164-66. Kelly, Doctrines, 271-79. Leff, 42-43. LThKirche 1 (1957) 1097-98 (E. Hendrickx). Maurer, 12-13. NCE 1 (1967) 1051, 1053 (O. DuRoy). Pelikan 1. 294-97. Portalié, Guide, 125-35. RelGesch Geg 1 (1957) 744-45 (R. Lorenz). Willis, History, 328-36./// Battenhouse, *Companion,* ch. 10 (C.C. Richardson). E. Bailleux, 'Dieu notre Père, selon le "De Trinitate" de saint Augustine', RevTh 72 (1972) 181-97. E. Bailleux, 'Dieu Trinité et son oeuvre', *Recherches augustiniennes* 7(Paris, 1971) 189-218. G. Bardy, 'Trinité', DTC 15/2 (1950) 1681-92. F. Cayré, 'Les images de la Trinité', *L'Année théologique augustinienne* 13 (1953) 363-65. O. DuRoy, *L'intelligence de la foi en la Trinité selon S. Augustine: Genèse de sa théologie trinitaire jusqu'en 391* (Paris, 1966) (544 pp.). Gilson, *Christian Philosophy of Augustine,* 210-24. E. Hill, 'St. Augustine's *De Trinitate:* The Doctrinal Significance of its Structure', *Revue des études augustiniennes* 19 (1973) 277-86. F. K. Mayr, 'Trinität und Familie in "De Trinitate XII", ibid. 18 (1972) 51-86. Michael Schmaus, *Die psychologische Trinitätslehre des heiligen Augustinus,* Münsterische Beiträge zur Theologie, 11 (Münster Westf., 1967 reprint with additions to 1927 edition). Aimé Solignac, 'Image et ressemblance II: Pères de l'Eglise', DSpir 7 (1970) 1406-25. TeSelle, *Augustine,* 116-23, 223-37, 294-307.

5. INCARNATION AND REDEMPTION

Altaner, 523-24. Cath 1 (1957) 1033-34 (G. Bardy). Cayré 1. 791-94. DTC 1/2 (1902) 2361-74 (E. Portalié). DTC Tables, 301 (A. Michel). Kelly, Doctrines, 336-37, 390-95. LThKirche 1 (1957) 1098 (E. Hendrickx). NCE 1 (1967) 1052-54 (O. DuRoy). Pelikan 1. 256, 258, 290, 293. Portalié, Guide, 152-56. Seeberg, History 1. 257-61. Seeberg, Lehrbuch 2. 424-29. Willis, History, 360-64.

F. Arsenault, *Augustie: Qui est Jésus-Christ? Essai théologique et pastoral* (Montreal, 1974). William S. Babcock, *The Christ of the Exchange: A Study of the Christology of Augustine's 'Enarrationes in Psalmos'*, Diss. Yale 1971, summarized in *Dissertation Abstracts* A 32 (1971-72), p. 6495. E. Bailleux, 'La Christologie de s. Augustin dans le"De Trinitate", *Recherches augustiniennes* 7 (Paris, 1971), pp. 219-43. E. Bailleux, 'La Sotériologie de s. Augustin dans le "De Trinitate", *MélScRel* 23 (1966) 149-73. O. Brabant, *Le Christ, centre et source de la vie morale chez saint Augustine* (Gembloux, Belg., 1971). Aloys Grillmeier, *Christ in Christian Tradition* 1: *From the Apostolic Age to Chalcedon (451)*, 2nd ed., trans. J. Bowden (London-Oxford, 1975), pp. 406-13, 464-66 and passim. John T. Newton,'The Importance of Augustine's Use of the Neoplatonic Doctrine of Hypostatic Union for the Development of Christology', *Augustinian Studies* 2 (1971) 1-16. John T. Newton, 'Neoplatonism and Augustine's Doctrine of the Person and Work of Christ', Diss. Emory (Atlanta, Ga.), 1969. S. Poques, introd., ed., trans., notes, *Augustin d'Hippone: Sermons pour la Pâque,* Sources chrétiennes, 116 (Paris, 1966), pp. 9-153 (introd. and bibl.). E. Schiltz, 'La christologie de saint Augustin', *NouvReyWh* 58 (1936) 689-713. TeSelle, *Augustine the Theologian,* 146-56, 165-76. T. van Bavel,

Recherches sur la christologie de saint Augustin(Fribourg, Suisse, 1954) (bibl., pp. ix-xiii).

Addenda: Battenhouse, *Companion,* ch. 13 (A. C. Outler). R. Bernard, *La prédestination du Christ total selon saint Augustin* (Montreal-Paris, 1965), also in *Recherches augustiniennes* 3 (Paris, 1965), pp. 1-58.

6. GRACE, ORIGINAL SIN, PREDESTINATION, CHRISTIAN LIFE IN THE SPIRIT

Altaner, 522-27. Cath 1 (1954) 1032-33 (G. Bardy). Cayré 1.705-10, 794-99, 804-808, 813-24. Chadwick, 227-35. DSpir 1(1937) 1105-26 (C. Boyer). DTC 1/2 (1902) 2432-43, 2375-2408 (E. Portalié). DTC Tables, 303-306 (A. Michel). Fontaines, 77-79. Gilson, History, 77-79. Gonzalez 2. 27-33, 42-49. Harnack, Dogmen 3. 151-99. Harnack, History 5. 168-221. Heick 1.196-205. HistoireSpChr 1. 555-86 (L. Bouyer). HistoryChrSp 1.467-94 (L. Bouyer). Kelly, Doctrines, 361-69. Leff, 44-45. LThKirche 1 (1957) 1098-99 (E. Hendrickx). Maurer, 16-18. NCE 1 (1967) 1055-56 (O. DuRoy). Pelikan 1. 294-307, 315, 329. Portalié, Guide, 177-229, 270-88. RelGeschGeg 1(1957) 745-46 (R. Lorenz). Seeberg, History 1. 328-57. Seeberg, Lehrbuch 2.429-34, 482-550. Willis, History, 340-59.

Battenhouse, *Companion,* chs. 14-15. Ch. Baumgartner, *Le péché originel* (Paris, 1969), pp. 89-105. Ch. Baumgartner, *La grâce du Christ* (Tournai, 1963), pp. 57-71. G. Bonner, *Augustine and Modern Research on Pelagianism* (Villanova, Pa., 1972). G. Bonner, *St. Augustine of Hippo: Life and Controversies* (London, 1963), chs. 8-9. Brown, chs. 30-33. C. Butler, *Western Mysticism: The Teaching of Augustine, Gregory and Bernard on Contempla-*

tion and the Contemplative Life (London, 1967). J. Chéné, 'La grâce d'après s. Augustin', in *Oeuvres de Saint Augustin* 24: *Aux moines d'Andrumète et de Provence,* 3e série: *La grâce,* introd., trans. and notes J. Chéné and J. Pintard, pp. 9-28 (bibl., pp. 29-38). J. Chéné, 'Saint Augustin, enseigne-t-il dans le "De Spiritu et Littera" l'universalité de la volonté salvifique de Dieu?' *RechScRel* 47 (1959) 215-24. J. Chéné, introd., ed., trans., *La théologie de Saintt Augustin: Grâce et Prédestination* (Le Puy-Lyon, 1962) (introd., pp. 11-88: good summary of his doctrine). Gilson, *Christian Philosophy of Augustine,* 127-71. G. Greshake, *Gnade als konkrete Freiheit: Eine Untersuchung zur Gnadenlehre des Pelagius* (Mainz, 1972). J. Gross, *Geschichte des Erbsündendogmas: Ein Beitrag zur Geschichte des Problems vom Ursprung des Übels* 1 (Munich, 1960), pp. 257-376 (bibl., 377-84). M. Huftier,'Libre arbitre, liberté et péché chez saint Augustin', *RechTAM* 33 (1966) 187-281. Idem, *Le tragique de la condition chrétienne chez S. Augustie.* (Tournai, 1964). H. Jonas, *Augustine und das paulinische Freiheitsproblem: Eine philosophische Studie zum pelagianischen Streit,* 2nd ed. (Göttingen, 1965). J.-R. Lucas, 'Pelagius and St. Augustine', *JTS* 22 (1971) 73-85. G. Philips, 'Saint Augustinea-t-il connu une "grâce créée?' EphThLov 47 (1971) 97-116. Idem, *L'Union personnelle avec le Dieu vivant: Essai sur l'origine et le sens de la grâce créée* (Gembloux, Belg., 1974). P. Riga, 'Created Grace in St. Augustine', *Augustinian Studies* 3 (1972) 113-30. H. Rondet, *Gratia Christi* (Paris, 1948), chs. 6-8. Idem, *Le Péché originel dans la tradition patristique et théologique* (Paris, 1967), pp. 134-55. A. Sage, 'Péché originel. Naissance d'un dogme', *Revue des études augustiniennes* 13(1967) 211-48. Idem, 'Le péché originel dans la pensée de saint Augustine, de 412 à 430', ibid. 15 (1969) 75-112. Idem, 'La volonté salvifique universelle de Dieu dans la pensée de saint Augustin', in *Recherches augustiniennes* 3 (Paris, 1965), pp. 107-31. H. Staffner, 'Die Lehre des hl. Augustinus über das Wesen der Erbsunde', *ZkT* 79 (1957) 385-416. TeSelle, *Augustine the Theologian,* pp. 156-82, 258-66, 270-94, 310-38.

7. SACRAMENTS AND THE CHURCH

Altaner, 528-31, 527-28. Cath 1 (1954) 1033-34 (G. Bardy). Cayré 2. 799-803, 808-13. Chadwick, 219-27, 239-42./* DHGE 5 (1931) 462-67 (P. de Labriolle). DSpir 1(1937) 1126-30(C. Boyer). DTC 1/2 (1902) 2415-32, 2408-15 (E. Portalié). **DTC Tables, 301-303 (A. Michel). Fontaine, 79-81. Gilson, History, 79-81. Gonzalez 2.24-27, **DTC 14/1 (1939) 498-515 (A. Michel), 49-53. Harnack, Dogmen 3. 140-51, 127-40. Harnack, History 5. 140-62. Heick 1. 218-19, 227-29, 135-39, 163-68. HistoireSpChr 1. 579-81, 587-92. Kelly, Doctrines, 412-17, 422-48, 437-40. Leff, 45-46. LTh Kirche 1 (1957) 1098-99 (E. Hendrickx). Maurer, 18-20. NCE 1 (1967)1055 (O. DuRoy). Pelikan 1. 302-306, 309-12. Portalié, Guide, 230-69. RelGeschGeg 1 (1957) 746 (R. Lorenz. Seeberg, History 1. 302-24. Seeberg, Lehrbuch 2. 437-82. Willis, History, 323-25. (*Congar, *L'Église* ch. 1)

Battenhouse, *Companion,* chs. 7-16. Bonner, chs. 6-7. Brown, chs. 19-23. P.-Th. Camelot, '"Sacramentum": Notes de théologie augustinienne', RevTh 57 (1957) 429-49. Idem, 'Le baptême des petits enfants dans l'Eglise des premiers siècles', *La Maison-Dieu,* no. 88 (1966) 23-42. C. Couturier, '*Sacramentum* et *Mysterium* dans l'oeuvre de saint Augustin', in H. Rondet et al., *Etudes augustiniennes* (Paris, 1953), pp. 161-332 (a thorough wordstudy of usage of these important terms). R. F. Evans, *One and Holy: The Church in Latin Patristic Thought* (London, 1972), pp. 65-128. H.-M. Féret, '"Sacramentum, Res" dans la langue théologique de saint Augustin', *RevScPhTh* 29 (1940) 218-43. J. Gaillard, 'St. Augustine et les sacrements de la foi', *RevTh* 59 (1959) 664-703. Gilson, *Christian Philosophy of Augustine,* 171-84. E. Lamirande, *Études sur l'ecclésiologie de saint Augustin* (Ottawa, 1969). R. Palmero Ramos *"Ecclesia" Mater" en San Agustin: Teologia de la imagen en los escritos antidonatistas*(Madrid, 1970). L. Robitaille, *L'Eglise. Epouse dn Christ dans l'interprétation du Psaume 44 (45)*(Québec, 1971). A. Sage, 'L'Eucharistie dans la pensée de saint Augustin', *Revue des études augustiniennes* 15 (1969) 209-40. TeSelle, *Augustine the Theologian,* 267-78. F.-J. Thonnard, 'La morale conjugale selon saint Augustin', *Revue des études augustiniennes* 15 (1969) 113-31. F. Van der Meer, '"Sacramentum" chez saint Augustin', *La Maison-Dieu,* no. 13 (1948) 50-64.

Further selected bibliography

1. *BIBLOGRAPHICAL TOOLS FOR AUGUSTINE*

E. LAMIRANDE, 'Supplément biblographique sur l'ecclésiologie de S. Augustin', *RevEtAug* 17 (1971)177-82. R. LORENZ, 'Zwölf Jahre Augustinus-forschung (1959-1970): Mit einigen Nachträgen', *Theologische Rundschau* 38(1974) 292-333. J. OROZ, 'Proyecto de un Augustinus-Lexikon', *Helmantica* 31 (1980)405-431

2. *LIFE, WORKS, INFLUENCE*

G. P. LAWLESS, 'Interior Peace in the *Confessions* of St. Augustine', *RevEtAug* 26(1980) 45-61. R. LORENZ, 'Zwölf Jahre

Augustinusforschung (1959-1970): Mit einigen Nachträgen, II: Biographie und Umwelt Augustins', *Theologische Rundschau* 38 (1974) 95-138. W. MALLARD, 'The Incarnation in Augustine's Conversion', *RechAug* 15 (1980) 305-46. J. J. O'DONNELL, 'Augustine's Classical Readings', *RechAug* 15 (1980) 144-75. J. J. O'MEARA, *The Young Augustine: An Introduction to the 'Confessions' of St. Augustine* (London, 1980). R. REFOULÉ, 'La mystique d'Évagre et l'origénisme: La conversion d'Augustin', *La vie spirituelle: Supplément* 3 (1963) 453-72. V. ZANGARA, 'La visione di Ostia [*Confessioni* IX]', *Rivista di storia e litterature religiosa* 15 (1979) 63-82.

J. DALY, 'Psychohistory and St. Augustine's Conversion Process: An Historiographical Critique', *Augustiniana* 28 (1978) 231-54. T. KLOSE, 'Quaerere Deum --Suche nach Gott und Verständnis Gottes in den Bekenntnissen Augustins', *Theologie und Philosophie* 54 (1979) 183-218. P.-P. VERBRAKEN, *Études critiques sur les sermons authentiques de saint Augustin* (Bruges-The Hague, 1976).

3. *CONCEPT AND METHOD OF THEOLOGY*

G.-H. ALLARD, 'L'articulation du sens et du signe dans Le *De doctrina christiana* de S. Augustin', *Studia patristica* 14, in TU 116(Berlin, 1976), 377-88. J.-P. BELCHE, 'Die Bekehrung zum Christentum nach Augustins Büch-lein *De catechizandis rudibus*', *Augustiniana* 28 (1978) 255-87; 29 (1979) 247-79. M. BERTON EWBANK, 'Algunas considerationes sobre *ratio* y *voluntas* en el pensiamiento de S. Sagustìn', *La ciudad de Dios* 192 (1979) 35-56. J. F. CALLAHAN, *Augustine and the Greek Philosophers.*(Villanova, Pa., 1967). J. K. COYLE, *Augustine's "De moribus Ecclesiae Catholicae": A Study of the Work, its Composition and its Sources* (Fribourg, Switz., 1978). M. PELLEGRINO, 'Appunti sull'uso della Bibbia nei sermoni di S. Agostino', *Revue biblique* 27 (1979) 7-39. G. MAYER, *Die Zeichen in der geistigen Entwicklung und in der Theologie Augustins,* vol. 2: *Die antimanichäische Epoche* (Würzburg, 1974). R. J. O'CONNELL, *Art and the Christian Intelligence in St. Augustine* (Cambridge, Mass., 1978). J. STENGERS, 'S. -Augustin et l'inerrance biblique', in G. Cambier, ed., *Christianisme d'hier et d'aujourd'hui* (Brussels, 1979), pp. 27-39. A. TRAPE, 'S. Agostino e la catechesi: teoria e prassi', *Salesianum* 41 (1979) 323-31. E. BOOTH, 'St. Augustine's 《notitia sui》 Related to Aristotle and the Early Neo-Platonists', *Augustiniana* 29 (1979) 97-124. J. PINTARD, 'La prédication selon Saint Augustin', *Evangile et Vic* 89 (1979) 603-605. F. PORZIO, 'Teologia e linguaggio nella 《Confessioni》 di S. Agostino', *Rassegna di Teologia* 20 (1979) 134-43.

4. *GOD-TRINITY*

F. BOURASSA, 'Théologie trinitaire chez s. Augustin', *Gregorianum* 58 (1977) 675-725. IDEM, 'Théologie trinitaire de s. Augustin, II', ibid. 59 (1978) 375-412. CUNLIFFE-JONES, pp. 117-20. R. LACROIX, 'Augustine on the Simplicity of God', *New Scholasticism* 51 (1977) 453-69 (reply by W. WAINRIGHT, ibid. 53 1979 118-23; rejoinder by R. LACROIX, ibid. 53 1979 124-27). J. VERHEES, 'Heiliger Geist und Inkarnation in der Theologie des Augustínus von Hippo: Unlöslicher Zusammenhang zwischen Theologie und Oekonomie', *RevEtAug* 22 (1976) 234-53.

5. *INCARNATION AND REDEMPTION*

G. ARMAS, 'Tergiversaciones en la Soteriología agustiniana', *Augustinus* 6 (1961) 499-512. C. BASEVI, 'Alle fonti della dottrina agostiniana dell'Incarnazione: Influenza della cristologia di S. Ambrogio', *Scripta theologica* 7 (1975) 499-529. J. CHÉNÉ, 'S. Augustin, enseigne-t-il dans le 《De spiritu et littera》 l'universalité de la volonté salvifique de Dieu?', *RechScRel* 47 (1959) 215-24. T. E. CLARKE, 'St. Augustine and the Cosmic Redemption', *Thstud* 19 (1958) 133-64. W. GEERLINGS, *Christus Exemplum: Studien zur Christologie und Christusverkündigung Augustins* (Mainz, 1978). J. GUITTON, *Le temps et l'éternité chez Plotin et saint Augustin,* 2nd ed. (Paris, 1955), pp. 298-306, 322-24. J.M. IMIZCOZ, 'La realeza sacerdotal de Jesucristo en San Agustin', *Scriptorium Victoriense* 5 (1958) 262-302. J. McWILLIAM DEWART, 'The Influence of Theodore of Mopsuestia on Augustine's *Letter 187', Augustinian Studies* 10 (1971)113-32. W.H. MARREVEE, *The Ascension of Christ in the Works of St. Augustine* (Ottawa, 1967). J. T. NEWTON, 'The Importance of Augustine's Use of the Neoplatonic Doctrine of Hypostatic Union for the Development of Christology', *Augustinian Studies* 2 (1971) 1-16. A. M. POPPI, 'Lo Spiritu Santo e l'unità del Corpo Mistico in S. Agostino', *MiscFranc* 54 (1954) 345-98. G. REMY, *Le Christ médiateur dans l'oeuvre de S. Augustin.* 2 vols. (Paris, 1979). B. STUDER, 'Le Christ, notre justice, selon S. Augustin', *RechAug* 15 (1980) 99-143. J. RIES, 'Jésus-Christ dans la religion de Mani: Quelques éléments d'une confrontation de S. Augustin avec un hymnaire christologique manichéen copte', *Augustiniana* 14 (1964) 437-54. J. VERHEES, 'Heiliger Geist und Inkarnation'(see above, p. 105, under 'God-Trinity'). B. STUDER, 'Zur Christologie Augus-tins', *Augustinianum* 19 (1979) 539-46.

6. *GRACE, ORIGINAL SIN, PREDESTINATION, CHRISTIAN LIFE IN THE SPIRIT*

G. ARMAS, 'Visión sinóptica de la vida religiosa, según san Agustín', *Augustinus* 24 (1979) 205-13. P. BEATPICE, *Tradux peccati: Alle fonte della dottrina agostiniana del peccato originale* (Milan, 1979). G. BONNET, Ethique et foi chrétienne dans la pensée de s. Augustin', *RechAug* 12 (1977) 46-104. R. F. BROWN, 'The First Evil Will Must Be Incomprehensible: A Critique of Augustine', *Journal of the American Academy of Religion* 46 (1978) 315-29. V. CAPÁNAGA, 'Tres adjetivos en la antropología religiosa agustiniana', *Augustinus* 22 (1977) 3-37. J. CHRISTES, 'Christliche und heidnisch-römische Gerechtigkeit in Augustins Werk *De civitate Dei*', *Rheinisches Museum für Philologie* 123 (1980) 163-77. Cunliffe-Jones, pp. 153-69(Lampe). M. DeBRABANDERE, 'Doctrina agustiniana sobre la caridad', *Augustinus* 21 (1976) 241-76. D. DeCELLES, 'Divine Prescience and Human Freedom in Augustine', *AugStud* 8 (1977) 151-60.

P. De LETTER,'*Gratia generalis* in the *De vocatione omnium gentium* and St. Augustine', *Studia patristica* 14, in TU 117 (Berline, 1976) 393-401. A. Di GIOVANNI, 'La partecipazione alla "immortalità" di Dio, eschaton dell'uomo in S. Agostino', *Augustinianum* 18 (1978). IDEM, *Verità, parola, immortalità in S. Agostino* (Palermo, 1979). Y.-M. DUVAL, 'Julien d'Éclane et Rufin d'Aquilée: Du concile de Rimini à la répression pélagienne: L'intervention impériale en matière religieuse', *RevEt Aug* 24 (1978) 243-71. G. GARCIA MONTAÑO, 'Doctrina agustiniana de la oración: Naturaleza de la eficacia', *Augustinus* 24 (1979) 289-319. IDEM, 'La oración y sus efectos en la doctrina agustiniana', *Augustinus* 22 (1977) 151-79. S. IODICE, *Legge e grazia in S. Agostıno* (Naples, 1977). P. LANGA, 'Equilibrio agustiniano entre matrimonio y virginidad', *Revista agustiniana* 21 (1980) 73-134.

J. P. LANGAN, 'Augustine on the Unity and the Interconnection of the Virtues', *Harvard Theological Review* 72 (1979) 289-319. G. P. LAWLESS, 'Interior Peace in the *Confessions* of St. Augustine', *RevEtAug* 26 (1980) 45-61. A. MENGARELLI, 'La Libertà nelte opere antipelagiane di S. Agostino', *Sapienza* 29 (1976) 73-81. M. R. MILES, *Augustine on the Body* (Missoula, Mont., 1979). R. J. O'CONNELL, 'Pre-existence in the Early Augustine', *RevEtAug* 26 (1980) 176-88. J. PEGUEROLES, 'El concepto di alienación en el pensamiento antropologico de S. Agustíne', *Pensamiento* 34 (1978) 131-44. R. REILLY, 'Plato and Augustine on Human Weakness', *Cithara* 18 (1979) 48-69. H. G. SURMOND, '《Factus eram ipse mihi magna quaestio》 (Confessiones IV, 4): Untersuchungen zu Erfahrung und Deutung des Todes bei Augustinus unter besonderer Berücksichtigung des Problems der 《mors immatura》', Diss. Wilhelms-Universität (Münster i. W.), 1977. P. WATLE, *Structures philosophiques du péché originel: S. Augustin, S. Thomas, Kant* (Gembloux, 1974).

J. B. VALERO, *Las bases antropológicas de Pelagio en su tratado de las 'Expositiones'* (Madrid, 1980).

A. BECKER, *L'appel des béatitudes: À l'écoute de saint Augustinc* (Paris, 1978). J. P.BURNS, 'Augustine's Role in the Imperial Action against Pelagius' *JTS* 30 (1979) 67-83. B. T. McDONOUGH, 'The Notion of Order in St. Augustine's *On*

Free Choice of the Will', *Irish Theological Quarterly* 46 (1979) 51-55. E. P. MEIJERING, *Augustin über Schöpfung, Ewigheit und Zeit: Das elfte Buch der Bekenntnisse* (Leiden, 1979).

J. BURNABY, *Amor Dei: A Study of the Religion of St. Augustine* (London, 1938). O. O'DONOVAN, *The Problem of Self-Love in st. Augustine* (New Haven-London, 1980).

7. *SACRAMENTS AND THE CHURCH*

M.-F. BERROUARD, 'L'être sacramentel de l'eucharistie selon S. Augustin', *NouvRevTh* 94 (1977) 701-721. C. BROCKWELL,'Augustine's Ideal of Monastic Community: A Paradigm for His Doctrine of the Church', *Augustinian Studies* 8 (1977) 91-109. G. BOUCHARD, 'La conception augustinienne du signe selon Tzvetan Todorov', *RechAug* 15 (1980) 305-346. Cunliffe-Jones, pp. 179-80 (Lampe). N. ESCOBAR, 'Consecuencías de la santidad de la Iglesia según S. Agustín', *Augustinus* 24 (1979) 133-55. E.L. FORTIN, 'Augustine's *City of God* and the Modern Historical Consciousness', *Review of Politics* 41 (1979) 323-43.

A. CIACOBI, *La Chiesa in S. Agostino,* vol. 1: *Mistero di communione* (Rome, 1978). A.-M. LA BONNARDIÉRE, 'L'interprétation augustinienne du *magnum sacramentum* de Ephés. v, 32', *RechAug* 12 (1977) 3-45. B. MANVILLE, 'Donatism and St. Augustine: The Confessions of a Fourth-Century Bishop', *AugStud* 8 (1977) 71-89. D. PUŠKARIĆ, 'La Chiesa e il mistero trinitario nella predicazione di S. Agostino', *Augustinianum* 19 (1979) 487-506. T. J. van BAVEL, 'What Kind of Church Do You Want? The Breadth of Augustine's Ecclesiology', *Louvain Studies* 7 (1978-79) 147-71.

E. LAMIRANDE, 'L'Église dans l'*Enchiridion* de saint Augustin: Quelques questions aux théologiens', *Église et théologie* 10 (1979) 195-206. A. SCHINDLER, 'Die Unterscheidung von Schisma und Häresie in Gesetzgebung und Polemik gegen den Donatismus (mit einer Bemerkung zur Datierung von Augustins Schrift: *Contra epistulam Parmeniani*)', in E. Dassmann and K. S. Frank, eds., *Pietas: Festschrift für Bernhard Kotting* (Münster i. W., 1980), pp. 228-36.

第 三 講

S. Anselmi Cantuariensis archiepiscopi opera omnia. 6 vols. Ed. Franciscus Salesius Schmitt. 6 vols. Seckau, Styria, 1938 (1); Rome, 1940 (2); Edinburgh, 1946 (3, rpt. of 1-2)-1961. (Note the index of terms in volume 6: although it is not complete, it is helpful.) Manual edition, 6 vols. in 2 (Stuttgart-Bad Canstatt, 1968).

There are many translations in English and other languages: J. Hopkins and H. Richardson are bringing out a series of translations in *Theological Treatises,* reprinted in Harper Torchbooks. E. R. Fairweather has important texts of Anselm (including *Cur Deus Homo*) in *A Scholastic Miscellany: Anselm to Ockham* (New York, 1970 for paperback edition). The Penguin Classics have Sister Benedicta Ward's translation, *The Prayers and Meditations of St. Anselm.* There are many others too numerous to mention here.

CamHistPhil, 611-39. Cathol 1(1948) 615-19 (P. Rousseau). Cayré 2. 334-53. Chenu, 53, 336, 350. Coñgar, History 65-68. Congar, Théologie 362-64. Copleston 1. 177-86 and passim. DeGhellinck, 80-89 and passim. DHGE 3(1924) 464-85(P. Richard).

DSpir 1 (1937) 690-96 (M. Mähler). DTC 1/2 (1902) 1327-60 (J. Bainvel). DTC Tables 174-78 (P. Glorieux). EncCatt 1 (1948) 1406-15 (C. Vagaggini). Forest, 49-68 (ch. 3). Fortman, 173-76. Gilson, 128-39, 616-19. Gonzalez 2. 156-66. Harnack, Dogmen 3. 341-58. Harnack, History 5.54-79. HistSpChr 2. 203-208 and passim. HistChrSp 2. 162-66 and passim. Landgraf Introd 24-25, 61-66, 76-77. Leff, 98-103 and passim. LThKirche 1 (1957) 592-94 (F. S. Schmitt). Maurer, 48-58, 314-16 and passim. NCE 1 (1967) 581-83 (F. S. Schmitt). Pelikan 3. RelGeschGeg 1 (1957) 397-98 (F. S. Schmitt). Seeberg, Hist 2. 56-57, 66-70. 106-118, 139-44. Seeberg, Lehrbuch 3. 155-63, 164-72. TRE 2/5 (1978) 759-78 (L. Hödl). Vignaux, 30-48 (French). Cunliffe-Jones, 247-49 (D. Knowles).

Memorials of St. Anselm, ed. R. W. SOUTHERN and F. S. SCHMITT (London). R. E. ALLEN and E. R. FAIRWEATHER, 'Anselm, St.', *Encyclopedia of Philosophy* 1. 128-30. M. CORBIN, 'Nécessité et liberté: Sens et structure de l'argument du *Cur Deus Homo* d'Anselme de Cantorbéry', in *Humanisme et foi chrétienne* (Paris, 1976), pp. 599-632. W. J. COURTENAY, 'Necessity and Freedom in Anselm's Conception of God', *Analecta anselmiana* 4 (1975) 39-64. H. DOMBOIS, 'Juristische Bemerkungen zur Satisfaktionslehre des Anselm von Canterbury', *Neue Zeitschrift f. systematische Theologie und Religionsphilosophie* 9 (1967) 339-55. EADMER (d. 1124?), *The Life of St. Anselm. Archbishop of Canterbury,* ed., introd., notes, trans. R. W. Southern (Oxford, 1972). G. R. EVANS, 'St. Anselm's Analogies', *Vivarium* 14 (1976) 81-93. G. R. EVANS, 'St. Anselm's Images of the Trinity', JTS 27 (1976) 46-57. J. T. GOLLHICK, '"Flesh" in the Theology of Anselm of Canterbury', *Disserta-*

tion Abstracts 36 (1975) 2285. Idem, 'The Monastic-Devotional Context of Anselm of Canterbury's Theology', *Monastic Studies* 12 (1976) 239-48. G. GRESHOHE, 'Erlösung und Freiheit: Zur Heu-interpretation der Erlösungslehre Anselms von Canterbury', *Theologische Quartalschrift* 153 (1973) 323-45. F. HAMMER, *Genugtuung und Heil: Absicht, Sinn und Grenzen der Erlösungslehre Anselms von Canterbury* (Vienna, 1967). R. HAUBST, Anselms Satisfaktionslehre einst und heute', *Trierer theol. Zeitschrift* 80 (1971) 88-109. Idem, *Von Sinn der Menschwerdung: Cur Deus Homo* (Munio 1969). J. HOPKINS, *A Companion to the Study of St. Anselm* (Minneapolis, 1972).

R. JAVELET, *Image et ressemblance au XIIe siècle: De saint Anselme à Alain de Lille* (Strasbourg, 1967: 2 vols.). H. KOHLENBERGER, *Similitudo und Ratio: Uberlegungen zur Methode bei Anselm von Canterbury* (Bonn, 1972). B. P. McGUIRE, 'Love, Friendship and Sex in the Eleventh Century: The Experience of Anselm', *Studia Theologica* 28 (1974) 111-52. J. McINTYRE, 'Cur Deus-homo: The Axis of the Argument" in *Sola Ratione* (Stuttgart, 1970), pp. 111-18. Idem, *St. Anselm and His Critics* (Edinburgh, 1954). D. A. PAILIN, '*Crede ut intelligam* as the Method of Theology and of its Verification: A Study in Anselm's Proslogion', *Analecta anselmiana* 4(1975)111-29. G. B. PHELAN, *The Wisdom of Saint Anselm* (Latrobe, Pa., 1960). R. POUCHET, *La rectitudo chez saint Anselme* (Paris, 1964). V. W. ROBERTS, 'St. Anselm of Canterbury's Teaching on Faith', *American Benedictine Review* 21 (1970) 389-406. R. ROQUES, 'Structure et caractères de la prière anselmienne', in *Sola Ratione* (Stuttgart, 1970), pp. 119-87. H. SANTIAGO,'La libertad de Cristo según la doctrina de S. Anselmo de Canterbury',

Salmanticensis 14 (1967) 209-15. F. S. SCHMITT et al, eds., *Analecta anselmiana: Untersuchungen über Person und Werk Anselms von Canterbury* (Frankfurt/Main, 1969-). **M. SCHMAUS,'Die metaphysisch-psychologische Lehre über den Heiligen Geist im *Monologion* Anselms von Canterbury', in *Sola Ratione* (Stuttgart, 1970), pp. 189-219. Idem, 'Die theologie-geschtliche Tragweite der Trinitätslehre des Anselm von Canterbury', in *Analecta anselmiana* 4 (1975), pp. 29-45. W. SIMONIS, *Trinität und Vernunft: Untersuchungen zur Möglichkeit einer rationalen Trinitätslehre bei Anselm, Abaelard, den Viktorinen, A. Günther und J. Froechammer* (Frankfurt i.M., 1972). *Sola Ratione: Anselm-Studien iür Pater Dr. h. c. Franciscus Salesius Schmitt,* ed. H. K. Kohlenberger et al. (Stuttgart, 1970). R. W. SOUTHERN, *Saint Anselm and His Biographer* (Cambridge, 1963). B. WARD, 'The Place of St. Anselm in the Development of Christian Prayer', *Cistercian Studies* 8 (1973) 72-81.

**A series of volumes containing essays on Anselm. Begun by F.S. Schmitt as editor, it has other editors now.

R. CAMPBELL, *From Belief to Understanding: A Study of Anselm's Proslogion Argument on the Existence of God*(Canberra, 1976). G. R. EVANS, 'Anselm's Analogies', *Vivarium* 14 (1976) 81-93. Eadem,'St. Anselm and St. Bruno of Segni: The Common Ground', *Journal of Ecclesiastical History* 29(1978) 129-44. Eadem, 'St. Anselm and Knowing God', *Journal of Theological Studies* 28 (1977) 430-44. Eadem, '"Interior homo": Two Great Monastic Scholars on the Soul, Anselm and Ailred of Rievaulx', *Studia monastica* 19 (1977) 57-73. G. B. GRAY, 'Freedom and Necessity in St. Anselm's *Cur Deus homo*', *FrancStud* 26 (1976) 177-91. A. P. MARTINICH, 'Scotus and Anselm on the Existence of God',

FrancStud 37 (1977) 139-52. J. ROBERT POUCHET, *Saint Anselme: Un croyant cherche à comprendre* (Paris, 1970). M. B. PRANGER, *Consequente theologie: Een studie over het denken van Anselmus van Canterbury* (Assen, 1975).

Further Bibliography

G. EVANS, *Anselm and a New Generation* (Oxford-New York, 1980). EADEM, *Anselm and Talking about God* (Oxford-New York, 1978). EADEM, 'The Theology of Change in the Writings of St. Anselm and His Contemporaries', *RechTAM* 47 (1980) 53-76. J. D. HANNAH, 'Anselm on the Doctrine of Atonement', *Bibliotheca sacra* 135 (1978) 333-44. J. HOPKINS, 'Anselm and Talking about God', *The New Scholasticism* 55 (1981) 387-96 (review of G. Evans' book of same name). H. de LUBAC, *Recherches dans la foi: Trois études sur Origène, saint Anselme et la philosophie chrétienne*(Paris, 1979). M. SERENTHA, 'La discussione più recente sulla teoria anselmiana della soddisfazione: Attuale *status quaestionis*', *La scuola cattolica* 108 (1980) 344-93. W. ULLMANN, 'Zur Auseinandersetzung Anselms von Canterbury mit der trinitätstheologischen Terminologie Augustins', *Philologus* 123 (1979) 75-79. P. VIGNAUX, 'Nécessité des raisons dans le Monologion', *RevScPhTh* 64 (1980) 3-25. H.-U. WIESE, 'Die Lehre Anselms von Canterbury über den Tod Jesu in der Schrift *Cur deus homo*', *Wissenschaft und Weisheit* 41 (1978) 149-79; 42 (1979) 34-55.

第 四 講

Editions

Opera omnia: Pians edition(named for Pope Pius V), Rome, 1570-1571. *Parma* edition, Parma, 1852-1873; rpt. New York,

1948-1950. *Vivès* edition, Paris, 1871-1872. *LEONINA* (Leonine, named for Pope Leo XIII), Rome 1880-: this edition is still in progress; later volumes have been and are being done with great care and critically, but the earlier volumes will need revision.

Individual works: Most of Thomas' writings have been published by the Casa Marietti of Rome and Turin, and other numerous editions of individual works exist.

Indexes

Parma edition, vol. 25: Peter of Bergamo, *Tabula aurea:* incomplete but useful for a quick beginning.

Leonine edition, vol.: indexes to the *Summa contra Gentiles* and *Summa theologiae.*

Index thomisticus: Sancti Thomae Aquinatis operum omnium indices et concordantiae. Ed. Robertus Buss. *Indices distributionis.* 8 vols. Stuttgart: Frommann-Eolzbcog, 1975-1976. *Concordantia prima.* 23 vols. Stuttgart, 1974-1975. Further indexes are to come.

—By far the most thorough index; prepared by computers. The first index indicates distribution of terms. The second index or 'first concordance' lists all terms used, giving each usage with part of the text in which it is used, so that the context can be seen.

Life, dating of works

Weisheipl, James A. *Frian Thomas d'Aquino: His Life, Thought and Works.* Garden City, N. Y.: Doubleday, 1974.

Subsequent data: *Rassegna di litteratura tomistica* (see below).

Bibliographical tools

Mandonnet, P., and J. Destrez. *Bibliographie thomiste.* 2nd ed. by M.-D. Chenu (unchanged from lst ed.). Bibliothèque thomiste, 1. Paris, 1960 (but materials go only to 1921; see the next item).

Bourke, Vernon J. *Thomistic Bibliography: 1920-1940.* St. Louis The Modern Schoolman, 1945. Continues the previous one, using same divisions.***

Bulletin thomiste. Bellevue (S.-et-O.), France, 1924, then Le Saulchoir (S.-et-O.), France, until 1968, when it was succeeded by the following publication. A current or continuing bibliography for its years of publication, listing books and articles related in any way to Thomas Aquinas' life, writings; editions, translations of his work; historical setting; doctrinal influence; authority. Critical comments and occasional studies are often important contributions.

Rassegna dı letteratura tomistica. Naples, 1969-. Current bibliography, continuing the same divisions as those in the *Bulletin thomiste.* Brief summaries and often important commentaries or criticisms. Each volume covers materials published three years before the date of the volume, e. g., 1977 volume covers materials published in 1974.

Because of the time lag resulting from this three-year period, one should consult other standard bibliographical tools for medieval theology, e. g., *Catholic Periodical and Literature Index* (good coverage of books and articles in English; some foreign coverage; up-to-date); *International Medieval Bibliography* (articles and collections of essays, not books; thorough and up-to-date); *Répertoire bibliographique de la philosophie* (books, collections, articles; thorough and up-to-date); *Revue d'histoire ecclésiastique*

***MIETHE, Terry L, and V. J. BOURKE, *Thomistic Bibliography, 1940-78.* Westport, Conn.: Greenwood Press, 1980. Pp. xxii, 318. Continues Bourke's(books, articles, collections, BOOK REVIEWS; thorough and up-to-date; listing of reviews of books is very valuable [the *Cath. Per. and Lit. Index* also lists reviews]); *Bulletin de théologie ancienne et médiévale* (books, articles; excellent indexes for Thomas [and others] and for doctrines and manuscripts; as a bulletin, it summarizes contents of books and articles and often makes critical comments; less up-to-date but good for summaries and remarks); *Bulletin signalétique: Sciences religieuses et philosophie*(articles, not books, but major book reviews sometimes listed, and these guide to some books; short summaries of contents; thorough and up-to-date); *Revue des sciences philosophiques et théologiques* (consult 'table des matières' for Thomas and for doctrines; has bulletins of medieval philosophy and theology that include Thomas; summaries of contents of periodicals).

Studies

CambHistBible 2. 215-16, 276-77. Cathol Cayré 2. 486-622, 662. Chenu, Théologie-12e (see index). Congar, Église, 232-41. Congar, History, 86-114, 117-23, 125-27. Congar, Théologie, 378-92, 398-402. Copleston 2/2, chs. 31-41 (pp. 20-155). Cross, 1371-73. DSciBiog 1 (1970) 196-200 (W. A. Wallace). DSpir DTC 15/1 (1946) 618-761 (P. Walz et al.). DTC Tables, 4174-87. EncCatt 12 (1954) 252-97 (C. Fabro). Forest, 246-65. Fortman, 204-210.

Gilson, 361-81, 421-27 et passim. Gonzalez 2. 258-79. Harnack, History 6. 149-60. HistSpChr 2. 399-413 et passim (see index). HistChrSp 2. 330-43 et passim (see index). Landgraf, 178-79 et passim. Leff, 211-24. Lottin, passim (see index). LThKirche 12 (1965) 119-34 (H.-F. Dondaine 〔works〕, D Schlüter 〔philosophy〕, O. H. Pesch 〔theology〕). Lubac 2. 272-303 et passim.(see index). Maurer, 163-91, 404-407. NCE 14 (1967) 102-115 (W. A. Wallace, J. Weisheipl). RelGeschGeg 6 (1962) 856-63 (W. Pannenberg). Seeberg, Hist 2/2, ch. 2 passim. Seeberg, Lehrbuch 3. ch. 4 passim. Smalley, passim (see index). Vignaux, Philosophie, 119-33. Vignaux, Philosophy, 116-29. Cunliffe-Jones, 271-79.

Books: M. ARIAS REYERO, *Thomas von Aquin als Exeget* (Einsiedeln,1971). R. A. ARMSTRONG, *Primary and Secondary Precepts in Thomistic Natural Law Precepts* (The Hague, 1966). *Ch.-A. BERNARD, *Théologie de l'espérance selon saint Thomas d'Aquin* (Paris, 1961). I. BIFFI, *I misteri della vita di Cristo in San Tomraso d'Aquino* (Venegone Inferiore 〔Verese〕, 1972). V. J. BOURKE, *Aquinas' Searcch for Wisdom* (Milwaukce, 1965). P. BLASQUEZ, *De la causalidad dispositiva de los sacramentos segun Sto. Tomás* (Rome, 1972). S. BRETON, *Saint Thomas d'Aquin* (Paris, 1965). O. BROWN, 'Natural Rectitude and Divine Law in Aquinas' Ph. D. Thesis (Univ. of Toronto, 1977). L. CACCIABUE, *La carità soprannaturale come amicizia con Dio*(Brescia, 1972). B. CATAO, *Salut et rédemption chez s. Thomas d'Aquin* (Paris, 1965). G. K. CHESTERTON, *St. Thomas Aquinas* (New York, 1933). M·-D. CHENU, *St Thomas d'Aquin et la théologie* (Paris, 1960: excellent). IDEM, *Introduction à l'étude de saint Thomas d'Aquin* (Paris, 1950; rpt., Paris, 1974), trans. A.-M.

Landry and D. Hughes (Chicago, 1964). F. COMPAGNONI, *La specificità della morale cristiana* (Bologna, 1972). M. CORBIN, *Le chemin de la théologie chez Thomas d'Aquin* (Paris, 1974). G. CROSIGNANI, *La teorea del naturale e del sopranaturale secondo S. Thommaso d'Aquino* (Piacenza, 1974). F. L. B. CUNNINGHAM, *The Indwelling of the Trinity: A Historico-Doctrinal Study of the Theory of St. Thomas Aquinas* (Dubuque, Iowa, 1955). M. C. DALY, 'The Notion of Justification in the Commentary of St. Thomas Aquinas on the Epistle to the Romans', Ph. D. thesis (Marquette, 1971: see *Dissertation Abstracts* 32 [1972] 4702-03A). F. DINGJAN, "*Discretio*": *Les origines patristiques et monastiques de la doctrine sur la prudence chez saint Thomas d'Aquin* (Assen, 1967).

*I. BACKES, *Die Christologie der hl. Thomas von Aquin und die griechischen Kirchenvätern* (Paderborn, 1931).

J. F. DEDEK, *Experimental Knowledge of the Indwelling Trinity: An Historical Study of the Doctrine of St. Thomas* (Mundelein, Ill., 1958). J. DURANTEL, *Saint Thomas et le Pseudo-Denis* (Paris, 1919). B. DUROUX, *La psychologie de la foi chez s. Thomas d'Aquin* (Tournai, 1963). H. ERREN, *Die theologische Innendichkeit: Ihre biblischen Grundlagen und ihre Deutung bei Thomas von Aquin* (Rome, 1973). L.-B. GEIGER, *Le problème de l'amour chez saint Thomas d'Aquin* (Montréal, 1952). F. M. GENUYT, *Vérité de l'être et affirmation de Dieu: Essai sur la philosophie de Saint Thomas* (Paris, 1974). M. GRABMANN, *The Interior Life of St. Thomas Aquinas*… (Milwaukee, 1951). E. GILSON, *Le thomisme: Introduction á la philosophie de saint Thomas d'Aquin,* 6th ed. (Paris, 1965), trans. (of 5th ed.) L. Shook, *The Christian Philosophy of St. Thomas Aquinas* (New York,

1956). R. GUINDON, *Béatitude et théologie morale chez saint Thomas d'Aquin: Origines-Interprétation* (Ottawa, 1956).

W. J. HOYE, *Actualitas omnium actuum: Man's Beatific Vision of God as Apprehended by Thomas Aquinas* (Meisenheim, 1975). E. HECK, *Der Begriff Religio bei Thomas von Aquin: Seine Bedeutung für unser heutiges Verständnis von Religion* (Munich, 1971). M. HEGHMANS, *Gloria Dei: Ein biblisch-theologischer Begriff nach dem Schriftenkommentar des hl. Thomas von Aquin* (Siegburg, 1968). T. HORVATH, *Caritas est in ratione: Die Lehre des H. Thomas über die Einheit der intellektiven und affektiven Begnadung des Menschen* (Munster, 1966). A. ILIEN, *Wesen und Funktion der Liebe bei Thomas von Aquin*(Freiburg im Br., 1975). J. JACOB, *Passiones: Ihr Wesen und ihre Anteilenahme an der Vernunft nach dem hl. Thomas von Aquin* (Mödling, 1958). J. KADOWSKI, *Cognitio secundum connaturalitatem uxta S. Thomam* (Bern-Frankfurt, 1974). H.P. KAINZ, *Active and Passive Potency in Thomistic Angelology* (The Hague, 1972). U. KUHN, *Via caritatis: Theologie des Gesetzes bei Thomas von Aquin*(Gottingen, 1964).

G. LAFONT, *Structures et méthodes dans la Somme théologique de saint Thomas d'Aquin* (a good survey of the S. T.). G. LANGEVIN, *'Capax Dei': La créature intellectuelle. et l'intimité de Dieu* (Bruges, 1966). J. LAPORTA, *La destinée de la nature humaine selon Thomas d'Aquin* (Paris, 1965). J.-M. LAPORTE, *Les structures dynamiques de la grâce: Grâce médicinale et grâce élévante selon Thomas d'Aquin* (Tournai-Montreal, 1973). M. LEMONNIER, *Riflessioni per una teologia dei carisme* (Rome, 1972). P. LEROY, 'La conscience dans le commentaire Ad Romanos de S. Thomas', 2 vols., Doctoral thesis, Louvain, 1970.

B. F. LONERGAN, *Grace and Freedom: Operative Grace in the Thought of St. Thomas Aquinas,* ed. J. P. Burns (London, 1971). O. LOTTIN, *Psychologie et Morale au XIIe et XIIIe siècles,* 6 tomes in 8 vols. (Gembloux, 1942-60; 2nd ed. of vol. 1, 1957). *A. LOUGHERY, *The Eucharist: The End of All Sacraments according to St. Thomas,* 2. vols. (Fribourg, Switz., 1972). R. R. McGINNIS, *The Wisdom of Love: A Study in the Psychometaphysics of Love according to the Principles of St. Thomas* (Rome, 1951).

J. MARITAIN, *St. Thomas Aquinas* (New York, 1958). IDEM, *Dieu et la permission du mal* (Paris, 1963). IDEM, *Saint Thomas and the Problem of Evil* (Milwaukee, 1942). F. MARTY, *La perfection de l'homme selon saint Thomas* (Rome, 1962). É. MENARD, *La tradition: Révélation-Ecriture-Église selon saint Thomas d'Aquin* (Paris, 1970). J. B. METZ, *Christliche Anthropozentrik: Über die Denkform des Thomas von Aquin* (Munich, 1962). J. A. MOHLER, *The Beginning of Eternal Life: The Dynamic Faith of Thomas Aquinas: Origins and Interpretation* (New York, 1968). C. MOLARI, *Teologia e diritto canonico in San Tommaso d'Aquino* (Rome, 1961).

*In Lottin's work is found a very important essay, 'Pour un commentaire historique de la morale de saint Thomas d'Aquin', in 3/2 (1949) 579-601. Here the author describes the correct historical method for reading Thomas Aquinas. On how to read Thomas Aquinas, see also part 1 of Chenu, *Introduction* (see p. 39), whose English translation title is: *Towards Understanding St. Thomas.*

W. M. NEIDL, *Thearchie: Die Frage nach dem Sinn von Gott bei Pseudo-Dionysius Areopagit und Thomas von Aquin*··· (Regensburg, 1976). A.C. PEGIS, *At the Origins of the Thomistic Notion of Man* (New York-London, 1963). IDEM, *St. Thomas and the Problem of the Soul in the Thirteenth Century* (Toronto, 1941). J. PIEPER, *Hinführung zu Thomas von Aquin* (Munich, 1958), trans. R. and C. Winston, *Guide to Thomas Aquinas* (New York, 1962). IDEM, *Philosophia negativa: Zwei Versuche über Thomas von Aquin* (Munich, 1953). T. R. POTVIN, *The Theology of the Primacy of Christ according to St. Thomas and Its Scriptural Foundations* (Fribourg, Switz., 1973).

J. W. RAUSCH, *Agape and Amicitia: A Comparison between St. Paul and St. Thomas*(Rome, 1958). C. RUINI, *La trascendenza della gratia nella teologia di san Tommaso d'Aquino*(Rome, 1971). M. SECKLER, *Das Heil in der Geschichte: Geschichtstheologisches Denken bei Thomas von Aquin* (Munich, 1964), French trans., *Le Salut et l'histoire: La pensée de saint Thomas d'Aquin sur la théologie de l'histoire*(Paris, 1967). IDEM, *Instinkt und Glaubenswille nach Thomas von Aquin* (Mainz, 1961). C. A. J. VAN OUWERKERK, *Caritas et Ratio: Etude sur le double principe de la vie chrétienne d'après s. Thomas d'Aquin* (Ni jmegen, 1956). W. A. VAN ROO, *Grace vnd Original Justice according to St. Thomas* (Rome, 1955). R. VÖLKL, *Die Selbstliebe in der Heiligen Schrift und bei Thommas von Aquin* (Munich, 1956). V. WHITE, *Holy Teaching: The Idea of Theology according to St. Thomas Aquinas* (London, 1958). N. WICKI, *Die Lehre von der himmlischen Seligkeit in der mittelalterlichen Scholastik von Petrus Lombardus bis Thomas von Aquin* (Freiburg, Switz., 1954). H. WILMS, *Divine Friendship according to St. Thomas,* trans. Sr. M. Fulgence (London, 1958). M. WINKLER, *Die Tugendlohre des hl. Thomas von Aquin*…(Bamberg, 1913). V. WOLFER, *The Prayer of Christ according to the Teaching of St. Thomas Aquinas* (Washington, 1958). E. ZIMMOLAG, *Valor soteriologicus resurrectionis Christi secundum sanctum Thomam Aquinatem* (Rome, 1972).

Articles: It is impossible to begin even a selection of articles; for these consult the bibliography tools listed above (pp. 34-35) for the particular topic. The 700th anniversary of Thomas' death was the occasion of a number of collections of articles or essays: some of these are listed here:

Aquinas and Problems of His Time, eds. G. VERBEKE and D. VERHELST (Leuven-The Hague, 1976). *Das Menschenverständnis nach Thomas von Aquin,* ed. N. A. LUYTEN (Freiburg, Switz., 1976). *St. Thomas Aquinas, 1274-1974: Commemorative Studies,* eds. A. MAURER ET AL., 2 vols. (Toronto, 1974). *Studi tomistici,* ed. A. PIOLANTI, 4 vols. (Rome, 1975). *Thomas von Aquin, 1274/1974,* ed. L. OEING-HANHOFF (Munich, 1974). *Thomas von Aquino: Interpretation und Rezeption: Studien und Texte,* ed. W. P. ECKERT (Mainz, 1974). *Tommaso d'Aquino nel suo settimo centenario: Atti del Congresso internazionale (Roma-Napoli-17/24 Aprile 1974),* 5 vols. (Naples, 1975). *Veritas et sapientia en el VII centenario de Santo Tomás de Aquino,* eds. J. J. RODRIGUEZ ROSADO and P. RODRIGUEZ GAROIA (Pamplona, 1975).

A few more recent articles: L. DEWAN, 'St. Thomas and the Causality of God's Goodness', *Laval philosophique et théologique* 34 (1978) 291-304. IDEM, 'St. Thomas and the Possibles', *New Scholasticism* 53 (1979) 76-85. L. MACKAY, 'Entreatments of God: Reflections on Aquinas' Five Ways', *FrancStud* 37 (1977) 103-119. J. WALGRAVE, 'Understanding of God according to Thomas Aquinas', *Louvain Studies* 7 (1978) 85-90.

Furtherbibliography:

C. ALLEGRO, *Il metodo e il pensiero di san Tommaso d'-Aquino* (Rome, 1978). J. AUMANN, 'Thomas Evaluation of Love and Charity', *Angelicum* 53 (1978) 534-56. K. BERNATH, ed., *Thomas von Aquin,* vol. 1: *Chronologie und Werkanalyse* (Darmstadt, 1978). I. BIFFI, 'I misteri della vita di Cristo nei commentari biblici di san Tommaso d'Aquino', *Divus Thomas* 79 (1976) 217-54. A. PAREL, ed., *Calgary Aquinas Studies* (Toronto: PIMS, 1978). D. DUBARLE, 'L' ontologie du mystère chrétien chez S. Thomas d'Aquin', *Angelicum* 52 (1975) 277-301; 53 (1976) 227-68. P. FAUCON, *Aspects néoplatoniciena de la doctrine de S. Thomas d'Aquin.* (Lille, 1975). T. A. FAY, 'The Problem of God-Language in Thomas Aquinas: What Can and Cannot be Said' *RivFilNeosc* 63 (1977) 385-91. P. FERNANDEZ, 'Liturgia y teologia en la *Summa* de S. Tomás', *Angelicum* 51 (1974) 383-418. IDEM, 'Teologia de los carismas en la *Summa Theologiae* de Santo Tomás', *Ciencia tomista* 105 (1978). A. GUINDON, *La pédagogie de la crainte dans l'histoire du salut selon Thomas d'Aquin* (Paris-Montréal, 1975). G. KUYKENDALL, 'Thomas' Proofs as fides quaerens intellectum: Towards a Trinitarian Analogia', *Scottish Journal of Theology* 31 (1978) 113-31. B. Mc-GINN, 'The Development of the Thought of Thomas Aquinas on the Reconciliation of Divine Providence and Contingent Action', *Thomist* 39 (1975) 741-52. A. SANCHIS, 'La estructura moral de la persona en la pensamiento de San Tomás', *Angelicum* 51(1974) 212-34. E.D. SYLLA, 'Autonomous and Handmaid Science: St. Thomas Aquinas and William of Ockham on the Physics of the Eucharist', in *The Cultural Context of Mediaeval Learning* (Boston, 1975), pp. 349-91. W. VANDER MARCK, 'Faith: What it Depends Upon and What it Relates to: A Study on the Object of Faith in the Theology of Thomas Aquinas', *RechTAM* 43 (1976) 121-66.

P. J. BEARSLEY, 'Jesus the Son of Mary according to St. Thomas Aquinas', *Angelicum* 55 (1978) 104-23. Cl. CONNARUMMA, 'Gli Apostoli nella dottrina di S. Tommaso d'Aquino', *Asprenas* 24 (1977) 159-76. B. McCARTHY, 'El modo del conocimiento profético y escrituristico según S. Tomés de Aquino', *Scripta theologica* 9 (1977) 425-84. G. M. PIZZUTI, 'Per una interpretazione storicizzata di Tommaso d'Aquino: Senso e limiti di una prospettiva', *Sapienza* 29 (1976) 429-64. J. C. SMITH, 'Christ as "Pastor", "Ostium" and "Agnus" in St. Thomas', *Angelicum* 56 (1979) 93-118.

Recent bibliographical Studies

I. BIFFI, 'Saggio bibliografico sui misteri della vita di Cristo in S. Tommaso d'Aquino', *La scuola cattolica* 99 (1971) *Suppl.*, 175*-238*. B. GARCEAU, 'Les études thomistes (1966-1974)', *Église et théologie* 5 (1974) 275-316. S. COMEZ NOGALES, 'S. Tomás y los arabes: Bibliografía', *Miscelánea Comillas* 33 (1975) 205-250. G. PERINI, 'Pagini recenti di letteratura tomista, I', *Divus Thomas* 80 (1977) 398-422; 81 (1978) 141-68.

G. M. ROSCHINI, 'Ciò che è stato scritto sulla mariologia di S. Tommaso', in *San Tommaso e l'odierna problematica teologica* (Rome, 1974), pp. 159-95.

Still further bibliography

G. ABBA, 'La funzione dell' *habitus* virtuoso nell' atto morale secondo lo *Scriptum super Sententiis* di S. Tommaso d'Aquino' *Saleslanum* 42 (1980) 3-34. J. AUMANN, 'Spiritual

Theology in the Thomistic Tradition', *Angelicum* 51 (1974) 571-98. L. J. BATAILLON, 'L'édition léonine des oeuvres de S. Thomas et les études médiévales', in *L'enciclica Aeterni Patris' nell'arco di un secolo: Atti dell' VIII Congresso Tomistico Internazionale (8-13 sett. 1980)*, vol. 1(Vatican City, 1981), pp. 452-64.

T. G. BELMANS, *Le sens objectif de lagir humain: Pour relire la morale conjugale de S. Thomas* (Vatican City, 1980). F. BOURASSA, 'Note sur le traité de la Trinité de la *Somme Theologique* de S. Thomas', *Science et esprit* 27 (1975) 187-207. B. BUJO, *Moralautonomie und Normenfindung bei Thomas von Aquin: Unter Einbeziehung der neutestamentlichen Kommentare* (Paderborn, 1979). T. P. BUKOWSKI, 'John Pecham, Thomas Aquinas, et al., on the Eternity of the World', *RechTAM* 46 (1979) 216-21. D. B. BURRELL, *Aquinas, God and Action*(Notre Dame, Ind., 1979). R. BUSA, 'L'*Index Thomisticus*', *Studi medievali* 21 (1980) 411-21.

R. CALLANGAN AQUINO, 'St. Thomas and Existentialists: Links in Epistemology', *Philippiniana sacra* 14 (1979) 303-348. R. G. CAMBARERI, *Alle radici del male morale: Fondamenti metafisici e genesi psicologica in St. Tommaso* (Naples, 1974). Y. CONGAR, 'Vision de l'Église chez Thomas d'Aquin' *RevScPhTh* 62 (1978) 523-42. J. F. DEDEK, 'Intrinsically Evil Acts: An Historical Study of the Mind of St. Thomas', *The Thomist* 43 (1979) 385-413. T. DOMANYI, *Der Römerbriefkommentar des Thomas von Aquin: Ein Beitrag zur Erage des Intellektualismus bei Thomas von Aquin* (Freiburg, Schweiz, 1979). D. DUBARLE, 'L'ontologie du mystère chrétien chez saint Thomas d'Aquin', *Angelicum* 52 (1975) 277-301, 485-521; 53 (1976) 227-68.

P. ENGELBERT, '*De Veritate* und die Sekretäre des Thomas von Aquin', *Theologie und Philosophie* 55 (1980) 78-100. P. FERNÁNDEZ, 'Liturgía y teología en la Summa de S. Tomás'. *Angelicum* 51 (1974) 383-418. H.-M. FÉRET, 'Christologie médiévale de saint Thomas et Christologie concrète et historique pour aujourd 'hui', *Memorie Domenicane* 6 (1975) 107-141. R. L. FETZ, 'Liebe als Ekstasis: Ueber den Realismus der Liebe nach Thomas von Aquin', *FreibZPhTh* 23 (1976) 166-89. G. GENACCHI, *Il lavoro nel pensiero di Tomasso d'Aquino* (Rome, 1977). J. HABERMAN, *Maimonides and Aquinas: A Contemporary Appraisal* (New York, 1979). E. KACZYNSKI, *La legge nuova: L'elemento esterno della legge nuova secondo S. Tommaso* (Rome, 1974).

L.A. KENNEDY, 'A New Disputed Question of St. Thomas Aquinas on the Immortality of the Soul', *ArchHistDLMA* 45 (1978)205-223. A. HUERGA, *Sto. Tomás de Aquino teólogo de la vida cristiana,* Conferencías, 23 (Madrid: Fundación universit. espanola, 1974). A. KENNY, *The Five Ways: St. Thomas Aquinas' Proofs of God's Existence* (Notre Dame, Ind., 1980). P.LEROY, 'L'exégèse thomiste de *Rom.* XIV, 23', *Rech TAM* 38 (1971) 149-95 (on the strong and weak in faith). C. H. LOHR, *Thomas Aquinas, Scriptum super Sententiis: An Index of Authorities Cited* (London, 1980).

H. M. MANTEAU-BONAMY, 'La liberté de l'homme selon Thomas d'Aquin(La datation de la Q. Disp. *De Malo*)', *Archives HistDLMA* 46 (1979) 7-34. V. McNABB, 'The Mysticism of St. Thomas Aquinas', in *St. Thomas Aquinas: Being Papers Read at Celebrations…held at Manchester, 1924* (Oxford, 1925) pp. 89-109. E. MICHEL, *Nullus potest amare aliquid incognitum: Ein Beitrag zur Frage des Intellecktualismus bei Thomas von Aquin*(Freiburg,

Sehweiz, 1979). P. MIGUEL, 'La place et le rôle de l'expérience dans la théologie de saint Thomas', *RechTAM* 39 (1972) 63-70.

Eternal Life: The dynamic Faith of Thomas Aquinas: Origins and Interpretations(New fork, 1968). A. PERNOUD,'The Theory of the *Potentia Dei* according to Aquinas, Scotus and Ockham', *Antonianum* 47 (1972) 69-95. H. POPE, 'St. Thomas as an Interpreter of Holy Scripture', in *St. Thomas Aquinas Papers* (see above, under V. McNabb), pp. 111-44. A. ROYO and J. AUMANN, *The Theology of Christian Perfection* (based upon Thomas' theology) (Dubuque, 1962). A. SANCHIS, 'La estructura moral de la persona en el pensamiento de S. Tomás', *Angelicum* 51 (1974) 212-34. J.I. SARANYANA,'Tomás de Aquino: Significante, significado y 《palabras fundamentales》', *Scripta theologica* 11 (1979) 187-95.

W. H. J. SCHACHTEN, *Ordo salutis: Das Gesetz als Weise der Heilsvermittlung: Zur Kritik des hl. Thomas von Aquin an Joachim von Flore,* Beiträge, N. S. (Münster in W., 1980). A. STAGNITTA, 'Precisazioni su essere e autocoscienza assoluta in Tommaso d'Aquino', *Sapienza* 32 (1979) 72-88. R.C. TAYLOR, 'St. Thomas and the *Liber de causis* on the Hylomorphic Composition of Separate Substances', *MedStud* 41 (1979) 7-34. S. TERAN, *Sto Tomās poeta del Santismo Sacramento* (San Miguel de Tucumán, Argentina 1979). F. van STEENBERGHEN, *Thomas Aquinas and Radical Aristotelianism* (Washington, D. C., 1980). D. WELP, *Willensfreiheit bei Thomas von Aquin: Versuch einer Interpretation* (Fribourg, Suisse, 1979).

